NATURAL BORN LEARNERS

ALEX BEARD

最先端の教育 世界を変える学び手

アレックス・ベアード
岩崎晋也 訳

東洋館出版社

そのころ知の探究に捧げられる「学問の《アカデミックな》」クラブを新たに開くためにその大部分を買いとった。

プラトンの学園《アカデミー》では現在のマサチューセッツ工科大学（ＭＩＴ）やケンブリッジ大学のように盛んな知的探究が行われるようになり、多くの著名人を輩出した。たとえばアリストテレスはのちにアレクサンドロス大王の家庭教師となり、リュケイオンに自らも学園を創設している。その理念は文明世界に広まった。特定のテキストをめぐる議論とケーススタディからなり、教師（ときにはプラトン自ら）が対話のなかで参加者に検討すべき課題を与えるという学問の方法は、現在のハーバード・ビジネス・スクールと同じだ。トピックは数学や哲学、あるいは天体の運行の科学的分析や最善の統治形態まで多岐にわたる。プラトンは、師ソクラテスが教師、周囲の人々が教え子として登場する対話篇を数多く書き残した。なかでも洞窟の寓話はよく知られている(2)。

狭い洞穴を想像してほしい。壁際の床に数人が鎖でつながれている。壁しか見えないように、足と首は固定されている。彼らは幼い子供のころからその姿勢で監禁されており、目の前の壁以外のものは何も見たことがない。背後には火がともされ、その手前に低いスクリーンがあって、隠れた協力者がそこにさまざまな物を映したり、音を立てたりする。囚人は壁に映る影が動くのを見て、その不思議な形が音の原因だと思う。自分が見ているものには意味があると思い、影の動きを現実だと考える。彼らはそれしか知らないし、ゆらめく形や恐ろしい音が彼らの世界のすべてなのだから。

では、囚人のひとりが鎖を解かれたらどうなるだろう、とソクラテスは問う。

振り返ると、まず炎の明るい光で目がくらみ、おそらくその物体の形を捉えることはできないか、あるいは初めて目にする光景を理解できないだろう。そして怖くなってまた壁のほうへ向き直る。誰かが無理やり彼を洞窟の外へ連れ出したらどうなるだろう。囚人は怒って拒もうとし、ほとんど何も見ることができないまま、周囲の事物に対する以前からの考えにしがみつくだろう。壁と影しか知らない彼にとって、周囲の天然色の世界は恐ろしい幻覚のようだ。だがしだいに目が明るさに慣れてきて、苦痛もやわらぎ、これまでよりもずっと美しい新たな現実を少しずつ受けいれていく。そして変化に感謝し、洞窟につながれたほかの者たちを解放しようとそちらに走っていくだろう。

プラトンの洞窟の寓話が表しているのは、学びについてだ。二千五百年経ったいまでも、知と無知の隠喩である光と闇のイメージはよくわかる。私たちは自らを、「光を見た」ことがある、感覚と意識を持った合理的な存在だと考える。人々はつぎつぎに洞窟を出て外の世界へ出ていっているように感じる。しかしプラトンは明らかに、多くの人間はまだ洞窟につながれたままだと考えていた。彼の、そして学園の使命は、より多くの人々を太陽が照らす明るい場所へ連れていくことにあった。哲学者の仕事とは、人間の知識を広げること、世界をよりよく理解すること、そして個人と社会のあるべき姿を正しく判断することだった。

今日では、その使命を果たすのはより困難になっている。教育を受けるべきは、貴族だけでなく世界中のあらゆる人々だ。世界の変化はますます加速し、未来は不透明だが、若い世代はそのなかで成功を収めなければならない。ところが現在の学校制度には、人類の向上を図るといったプラトンのような明確な使命は見当たらず、政府は暗がりを照らすわずかな光をどうにか見失うまいとするばかりだ。その光は、曇った夜空を通して現代のアテネをともす星明かりのように心許ない。

新任教師の失敗

十年前のある明るい九月の朝のこと、私は自転車でオールド・ケント・ロードを進んでいた。それが教師としての生活の始まりだった。学校はロンドンで最も貧しく、雑多な人々が暮らすエレファント・アンド・キャッスルという地区にあった。その名が十八世紀の馬車宿に由来するということは知っていたが、実際に行くのははじめてだった。地区はエイルズベリーとハイゲートという二つの団地で占められ、迷路のような通路と薄汚い階段を見るだけで、暗くなったら足を踏みいれてはいけない場所だとわかる。[3] ウォルワース・アカデミーの雰囲気もそれとあまり変わらなかった。近隣の学校に赴任した新任教師の会議に行くと、近くに住むベテランの中等学校の教師から、「自分の生徒には、ちゃんと勉強しないとあそこに住むことになるんだぞと言って聞かせている」と言われた。最初の集会では、十四歳の少年がサッカーの試合後に刺されて亡くなったことが告げられた。

しかしそのころからウォルワース・アカデミーは生まれ変わった。[*] 問題を抱えた都市部の学校に予算を与え、自主的な活動を認める政府の計画によって、「アカデミー」としてスタートを切ったばかりだった。ただし、アテネの本家とは程遠いものではあったが。私は新任教師につきものの、不安からくる震え、自信のなさ、そしてプラトンのような理想を抱えて校門へ近づいていった。怖かったし、実力も備わっていなかったのに、私にははっきりとわかっていた。三週間もすれば、きっと自分は映画『いまを生きる』のロビン・ウィリアムズのようになれる。それまでの学校生活や大学での経験からしても、教育とは単純なものだ。正しい問題を課し、興味深い思考実験の説明をしたら、あとはゆったりと腰を下ろし、意識を集中して議論すればいい。

ところが、最初のクラスはうまくいかなかった。はじめて小学校に来てみると、小さな子供たちは熱心だったが、何を考えているのかよくわからなかった。あるとき授業中に、十一歳のカイという子供が私のほうへ歩いてきた。靴下がむき出しで、どうやらその四階の教室の窓から靴を落としたらしく、取りに行ってもいいですかと尋ねた。また、休憩時間に教室の片側にいたショーンと反対側にいたマーセルが、椅子を大砲に、机を盾にして戦争ごっこを始めたこともあった。授業中はいつも本がなくなったとか宿題を忘れたと騒ぎたて、トイレへ行って好きなことをしようとした。私が苦労していることが知れ渡ると、有能な同僚の先生が授業を補佐してくれた。学園の理想など、夢のまた夢だった。

中等学校もあまりいい状況ではなかった。読書や作文をときどきするという生徒も少しはいたけれど、その年頃の生徒たちは、たいてい授業に興味がなさそうに窓の外を見ていたり、信じがたい誤解をしたり、「お前の母ちゃん〇〇」という悪口の新しいバージョンをつぎつぎに

---

* ウォルワース・アカデミーはこの十年で変化を遂げた。二〇〇八年には、英語と数学を含めた五科目でA*からCの成績をとった生徒の割合で、イギリス全国で下位十二パーセントに入っていた。現在では生徒の成績は全国平均に近い。貧困家庭の生徒では、達成度で全国の上位三分の一、成績の伸びでは上位二十パーセントに位置している。

考えだすばかりだった。ある十年生のクラスはまるで国連総会のように、イギリス、アイルランド、中国、ジャマイカ、リベリア、コンゴ、アフガニスタン、ソマリア、スーダン、ナイジェリア、トルコ、ポルトガル、ベトナムといった社会的背景を持つ生徒が集まっており、互いの関係はよくなかった。多くの生徒が、家庭ではまったく英語を話さない。しかも、この先にはさらなる困難が待ち構えている。将来を決める大事な試験、ＧＣＳＥ（イギリスの全国統一試験）に向けて準備をしなければならないのだが、そのクラスは平均でＤからＦくらいの成績だった。あと十八カ月のうちに、進学に必要とされるＡからＣに上げなければならない。

その十八カ月のあいだに、クラスでは課題としてシェイクスピアのふたつの戯曲を扱うことになっていた。作品を変えたほうがいいと忠告する人もいたが、私は自分の実力を示すいい機会だと楽しみにしていた（この学校の採用面接を受けたときには、文学が好きで、科目の知識の不足を補うために夏のあいだにミルトンやアンドルー・マーヴェル、あるいはヴァージニア・ウルフやエリオットなどを読むつもりだと話した。面接官は何か言いたげに私を見て、それから「それはすばらしいですね。でも私だったら、最初は『穴』〔ルイス・サッカー作の児童文学。幸田敦子訳、講談社文庫〕か『縞模様のパジャマの少年』〔ジョン・ボイン作の児童文学。千葉茂樹訳、岩波書店〕くらいにしておきますが」と答えた）。学校は『ロミオとジュリエット』と『マクベス』を教材に指定していたので、私は数週間かけてコメントを用意した。難しい課題だが、子供たちはきっと成長するだろう。このために教師になったんだ。

だが、授業は失敗だった。『ロミオとジュリエット』はなかなか進まなかった。最初の一週間は、プロローグをどうにか理解しようとして、いくつかの場面を読むだけで終わってしまった。生徒たちは、穴埋め問題で、しかも三つの形容詞のなかから選ぶ問題なら意見を言えるのだが、そうしないとなかなか考えが浮かばなかった。バズ・ラーマン監督の翻案による映画を観てストーリーの合間を埋めたら、そのあとに提出された作文に書かれていたのは名前入りの銃やマイアミのマッスルカー、爆発するガソリンスタンドのことばかりだった。理解の足りないところを補うことや文学を堪能することに達成感を感じるだろうという希望は打ち砕かれ、一作目に取り組んでいるあいだずっと、クラスの成績は低空飛行を続けた。

私は自分が生徒だったころを思い起こした。幸運にも入ることができたミッドランド地方の小さな町のよい小学校で、まるで代理母かおばあちゃんのような先生たちからいい影響を受けた。それから、奨学金をもらいプライベートスクールへ進学した。その学校の自慢はイギリスで一番広く、手入れの行き届いた芝生と、古フランス語に由来するリアドスという名で呼ばれる、およそ六百万ポンドの価値がある祭壇の装飾だった（牧師は宗教教育の時間になると児童たちを呼び寄せ、まるで怪盗のように、セキュリティ・システムのレーザー光線をかいくぐって祭壇をめざすゲームをさせていた）。私たちは学監の先生たちや校長先生のことを格式ある呼び名で呼んでいた。英語の授業ではジェーン・オースティンやT・S・エリオットについてもっともらしいことを語った論文で、AやA*の成績をもらった。それは、いたって当然のことのように思えた。ちょうど、私の教えていたクラスがうまくいかないことが当然であるように。

それでも、私はしだいに気づきはじめた。南ロンドンの子供たちを少しずつ知り、毎日話していると、すぐに、彼らと私が子供だったころにいっしょに学んだ仲間たちとのあいだに、本質的な違いは何もないということがわかってきた。同じように夢を見て、友情を育み、仲たがいをするし、同じ十代の怒りを抱えていた。私の親と同じように、生徒たちの親はどうにかしてよい成績をとって、幸せになってほしいと願っていた。彼らはガウンを着て登校することもなければ、校内にはビーグル犬の群れも飼われていなかったけれど、それは表面的なことにすぎない。内に秘めた力や、叶えたい夢、あるいはジョークのセンスでは、寄宿学校の生徒たちにもまったく見劣りしなかった。ところが、寄宿学校の生徒には社会から手が差し伸べられている一方で、この学校の生徒は誰からも相手にされていない。

プラトンなどはるか彼方に霞んでいた。ロビン・ウィリアムズも遠かった。クラスはうまくいかず、私は途方に暮れていた。

解決策

この本のアイデアは、南ロンドンの子供たちとのふれあいから生まれたものだ。驚くべきことに、学校はプラトンの時代と根本的に何も変わっていない。古代アテネからタイムトリップをしてきた子供がいたら、スマートフォンはわけがわからないだろうし、巨大都市には圧倒され、車や道路には危険を感じるだろう。それでも、先生と生徒がいる場所が教室だということはすぐにわかるはずだ。医学や神経科学、心理学や工学など、ほかの学問分野は大きく発展したというのに、教育はずいぶんと遅れを取っているのではないだろうか。

この二千四百年のあいだには大きな変化があった。想像を絶するほどの世界的な人口増加、農業や工業、技術の進化。知識を生みだし、改善していく方法の信じられないほどの変化。政治や社会では新しい組織形態が生まれ、人間の意識の謎も少しずつ解明されてきた。またそれによって、グローバル化やオートメーション、気候変動など多くの問題が発生している。それを克服するためには、創造性をさらに高め、能力をしっかりと開花させ、人類全体が協力して人間の可能性を解き放たなくてはならない。学びは、私たちの世代にとって最も大切なものなのだ。

では、今日の教育問題にどのように対処すればよいのだろう。以下のページで私は、変化の激しい現代の世界で成功するとはどういうことか、そしてすべての子供が成功するために私たちに何ができるかを考察する。プラトンの時代の主な関心事は、人類の知識の最前線まで行き、大人として必要なことを理解することだった。今日では、それももちろんだが、もっと重要なのは、人類が手にした最先端の知識をすべての子供や大人の手に届けることだ。古代都市国家の小数の哲学的市民の繁栄ではなく、高度な技術を持つグローバル化した文明に生きる人類全体が繁栄することが目標となる。

十年前、クラスがうまくいかず、子供の学習レベルの低さに驚いたことで、私は学校のあり方を描きなおし、世界の教育システムを再構築するための新しいアイデアと、わくわくするような革新的な方法について考えはじめた。その途中で、私はあらゆる学びの中心にある、なぜという自問を繰りかえした。なぜ、いまの学校は古代アテネの学校とこれほどまでによく似ているのか？　なぜ、私たちは何よりも学校の成績を称賛するのか？　なぜ子供たちは勉強があれほど嫌いなのか？　なぜ私たちは時代遅れになった産業モデルをまだ追い求めているのか？　そしてそう問いながら、私はひとつの目標、つまり二十一世紀の学習のあるべき姿を提示することをいつも思い描いていた。

これからお付き合いいただく探究のために、私は世界中を旅した。シリコンバレーの高度な知能を持った機械から、ソウルの大学受験事情、フィンランドのすばらしい教師、イギリスで一番頭のいい生徒、ロボットを製作しているMITの教授や、巨大な力と戦う香港の学生など、さまざまな場所や人を訪ねた。地球上のあらゆる大陸の学校へ行き、最先端の神経科学者や経験豊富な心理学者の話を聞き、伝説的な教育者に会った。人間の意識についての最新の知見や最先端のテクノロジーについて学んだ。ハリウッドにも行った。読んでいただければわかるが、すばらしいことに、学び方の変革が始まっているという兆しはどこへ行っても見つけられた。

この本は、変革を推し進める三つの主要な発想の概要を示すため、三部に分かれている。

第一部で述べるのは、新たな視点で考えることだ。脳の働きへの科学的探究が始まり、人間の学習能力は意外なほど高いことがわかってきた。私たちはひとり残らず、生まれながらの学習者なのだ。自分の知性はもうこれ以上成長しないと誤解し、何かを始めることに二の足を踏んでしまう人も多いが、それは間違っている。知性は往々にしてコンピュータに似たものと捉えられるが、それは学校によってプログラムされる機械ではない。脳は生きていて、手に負えず、終わることのない探究を続けている。医学は十九世紀の科学革命を経て変化したが、今日の教育も同じように変化のときを迎えている。新たな視点で考えるべきは人間の能力を高めることであって、テクノロジーのことではない。

第二部のテーマは、能力を高めることだ。いまの学校がつぎつぎに輩出している人物像は、それが設立された当初から変わっていない。それはウィリアム・カーティス卿が一八二五年の英国議会での演説で述べたように、読み書き、計算に習熟したホワイトカラーとブルーカラーの労働力だ。[4] しかしオートメーションとグローバル化によって従来の仕事がなくなりつつあるいま、学校教育のモデルも、創造性や目的意識を育てるものに変わらなくてはならない。職人は美しい作品を作ることを強く願い、適切な道具を使いこなし、集中して技術を習得する。能力を高めるとは、つまり人間の創造性を出発点にするということだ。究極的には、子供たちが自己表現する手段を身につけ、自分の居場所を見つけられるという現実的な目標を目指している。

　第三部では、人を思いやることの大切さを述べる。子供たちの教育には時間がかかり、人間にとって最も重要な仕事であることは昔もいまも変わりない。だが、最近の教育は人間の内面に触れなくなってしまった。学校は工場やマーケットのパラダイムを導入し、効率性と競争を重視してきた。それによって識字率や試験の成績は大きく伸びたが、子供たちは頂点を目指す熾烈な競争に駆りたてられ、学ぶことの意味は狭められ、経済的な成果のみによって教育が評価されるようになった。私たちは学習の倫理的、人間的な側面を再発見しなければならない。新しいテクノロジーではなく共有できる価値観によって、企業ではなく生態系に似たシステムを作ることが大切だ。人類と地球の繁栄は、私たちの社会的な知性や共感の発達にかかっている。望ましい未来をもたらすために学ぶべきことは協力だ。

　その出発点となるのは安定した基礎を作ることだ。現代はかつてないほど学びやすい時代で、十二億人もの子供たちが学校に通っている。そして世界中で、熱意にあふれた有能で献身的な五千万人以上の教師が教壇に立っている[5]。それでもなお、今日の世界で必要とされることに合わせて学ぶ方法を早急に変えなければ、失われた世代を生みだすことになってしまうだろう。すでに現在、六億人もの子供たちが、成功のために必要なツールの使い方はおろか、基本的な学習内容すら習得できていない状況にある[6]。一方で、私たちの経験は過去ともつながっている。誰でも、学校のことはよく知っているように感じるものだ。たいていの人は教室で少なくとも十二年過ごしている（これは有名な法則の一万時間を超えている）。だが私たちは学校について誤解してきた。技術としても科学としても、教育にはいまだ深い、統一された専門的知識は確立されていない。

いまこそ専門的知識をひとつにまとめるべきだ。新たな視点で考え、能力を高め、人を思いやることで、教育に二十一世紀の啓蒙をもたらし、より多くの子供たちの可能性を開花させることができるだろう。自然科学者には万物の理論が、そして哲学者には絶対精神がある。私たち教育者は、あらゆる人間性の繁栄を追い求めなければならない。知恵と学習は現生人類の最大の特徴であり、それこそがヒト科の先祖との違いだ。この特徴を育むことが種としての最高の目的となる。テクノロジーが人々を混乱に陥れ、仕事が失われ、資源が枯渇しつつある状況にあってこそ、人間の発達を中心に置く世界を想像してみよう。あらゆることは、私たちの能力にかかっている。

上手に間違える

一年後、私のＧＣＳＥのクラスは十一年生になろうとしていた。最初の試験まで六カ月あまり。彼らはやがてシックスフォーム・カレッジ、そして大学への進学のために巣立っていく。これから進む学校や就職先に自分の能力として示すことができるのは、試験の成績しかない。学位を持たない若者の失業率は五十パーセントを超えている。そんな道は考えたくもない。夢に賭けるのは不確かなことだ。

ある日、『マクベス』のとくに難しい文章に行き当たった。コンゴ生まれで、ロッテルダムで数年過ごしてからロンドンに来た十五歳のファブリスは、その意味がわからず苦しんでいた。彼は問題行動を起こすグループのリーダーだったが、そのころ、ようやく学習に身を入れるようになっていた。取りあげたのは舞台上の指示についてで、「目の前にあるのは短剣か」というセリフの部分で舞台監督がどのような指示をするかが検討の対象だった。私は高度な思考力を駆使しなければ答えられない質問を生徒に投げかけた。もし監督が短剣を見せることを選んだ場合、あるいはそれを見せないことを選んだ場合、観客はマクベスの性格をどう理解するか。

プラトンの洞窟の寓話にも匹敵する難問だ。アフガニスタンの少年で、私のクラスに来たころは問題をよく起こしていた、やせ型のアミールが勢いこんで手を挙げた。彼はまだイギリスの文化にそれほどなじんでおらず（猫には邪悪な魔力があると心から信じていた）、魔術や魔法使いに夢中で、シェイクスピアに対してもやはり一種独特な見解を抱いていた。一方、ファブリスはまだ考えこんでいる。

「あっ」と、ファブリスが突然声を上げた。「わかりました」

アミールが椅子の上で手を挙げながらその場で跳ねているのを尻目に、ファブリスは自信ありげにその先を続けた。それは私が目撃した数少ない、教室での目に見える学びの瞬間だった。アミールの脳が猛烈な勢いで回転しているのが目に見えるようだった。それはまさに、新しい複雑な思考法を獲得した瞬間だった。

「もし短剣が見えたら、魔法使いが魔法で彼をだましていると考えると思います」

「じゃあ、短剣が見えなかったら?」

「もし短剣が見えなかったら、たぶん……」そこで彼は考えこんだ。アミールはまだ跳ねている。ふいにファブリスの顔が何かを理解したように輝いた。「マクベスが完全に狂っていると思うでしょう」

ファブリスはアミールのほうを振り向き、口に指をあてた。相手チームから得点を挙げたサッカー選手のような動作だ。

それをきっかけに、その後ファブリスはGCSEでAかBを、そしてアミールはAかA*を取りつづけた。試験が来ると、クラスの全員が進学に必要なC以上の成績を収めた。

そのことは嬉しかったが、満足はできなかった。生徒たちは成功したけれど、それはただ狭い意味においてだけだった。必要なGCSEの成績を取ることができたものの、学校が彼らに与えることができたのはそれくらいだった。適切な取り組みをし、よりよい教師がいれば、もっといい成績が取れただろう。私がクラスを受けもったときにはかなり学習は遅れていて、八年も学校に通っているのに、多くが読み書きすらちゃんとできなかった。Cを取ったのは立派だが、それでも世界を変えることはできないだろう。しかも、私はなぜ生徒たちの成績が上がったのかわからなかった。明確な科学的方法論もないままがむしゃらに教えていただけだった。はじめのころは能力や想像力が足りず、貴重な学習時間を無駄にしてしまっていた。意識や脳、身体に関する知識、さらには人間の行動やパフォーマンスに関する科学があれば、よりよい方法ができるはずだ。また私たちの社会が直面している困難を思えば、そうした方法を生みだす必要があるだろう。

十年生でのささやかな成功によって、私は二十一世紀の教育が生徒に生きる力を与え、社会に活力を生む力を持っているという自信を持った。だが、そのためには正しい理解が必要だ。子供たちの可能性について考えなおし、現代を生きていくための道具を身につけさせ、全員に心を配らなくてはならない。すべての子供は学ぶように生まれついているが、現在の教育システムは、その可能性を生かすのではなく、むしろ妨げているように思える。私はシリコンバレーを手始めに、はじめて訪れる国々や教室へと、改革の出発点を探る旅に出た。

あの遅れていた生徒たちが新任教師のもとで成功できたのだから、きっと誰にでもできるはずだ。この急速に変わりつづける複雑な世界で生きていくために、すべての子供がそれを必要としている。

NATURAL BORN LEARNERS

目次

最先端の教育
世界を変える学び手

chapter 5

創造——創造者に会う

chapter 6

一流の教師——教育界の達人たち

まとめ

学習革命

謝辞

Part 1
THINKING ANEW

新たな視点で考える

chapter 1

人工知能
——才能あるコンピュータ・マニア

滅ぼそうとする者を、神々はまず有望だと讃える。
——シリル・コノリー

ロボット教師がやってくる

ブレット・シルクはカリフォルニア州マウンテンビューのシンギュラリティ大学本部の奥の部屋にすわり、未来について語っていた。彼は学生時代からすでに、学習に大きな変革をもたらすことを自分の使命としていた。「僕は『なぜこれを勉強しなきゃいけないの?』といつも質問するような子供だった。ひとり、本当に癪にさわる先生がいたんだ。何度尋ねても同じ答えしか返さない。まるでテレビ番組の『フー・ウォンツ・ビー・ア・ミリオネア』〈日本版は『クイズ$ミリオネア』〉みたいにね。僕はいつも反抗して、ちゃんとした答えを求めたり、ふてくされて帰ってしまったこともあった」

シルクは大学を卒業すると教育に携わり、当然ながら優秀な能力を発揮した。彼は情熱を包み隠さない。冒険家で、教育者で、人の心を動かし、物語と駄洒落とハイタッチをこよなく愛している。シベリアとトランシルヴァニア(「そう、前者は寒かった。いいや、後者に吸血鬼はいなかったよ[1]」)で文化、芸術、教育発達プログラムを立ち上げたのち、数年前にアメリカ中西部に戻って非営利の教育機関IDEAcoを創設した。そこでは子供のための問題解決や3D印刷を行うCity Xなどのプロジェクトが行われている。その後、未来学の権威で『ポスト・ヒューマン誕生 コンピュータが人類の知性を超えるとき』の著者であるレイ・カーツワイルが、「指数関数的に発展する科学技術によって人類の最大の困難に立ち向かうリーダーを育て、発想や力を与えるために[2]」設立したシンギュラリティ大学に加わった。

シンギュラリティとは未来における仮説的な時点を表すカーツワイルの用語だ。そのとき、人工知能は人間の一兆倍もの能力を得て、「人類の体や脳の限界を超えることを可能にする[3]」新しい文明が到来する。少し怖いが、魅力的な発想だ。グーグルのAI部門を統括するカーツワイルは、高められた知性によって想像を超えた認識力が得られるユートピアの到来を予測しているが、一方ですさまじい知性を獲得したロボットの前につぶされ、人間たちが用済みになってしまうという未来を想像する人々もいる。シンギュラリティ大学は支持者たちにSUと呼ばれている。カーツワイルはここで、自らの予測実現の可能性を高めようと努めている。

シルクは若者と教育者の交流に関するSUの責任者になったばかりだった。学習（それは教育や学校とは区別しなければならない）の未来をひたすら考えつづけることが彼の仕事だ。*

シルクのうしろには、ハーレーダビッドソンのバイクに乗ったロボットが、凍ったドーナツ

＊ 少なくともアリストテレス以来、私たちは教室のなかで行われることと学習の理想とを分けて考えてきた。マーク・トウェインも、学校に行くことが学習の妨げになってはならないと書いている。二〇一七年に発表された世界銀行の世界開発報告二〇一八（はじめて全編教育のみをテーマとしていた）でも、まっさきに「学校へ通うことは学習と同じものではない」と述べられている。この本のタイトルからもおわかりだろうが、私はこの区別を重視している。

の塔から黄金に輝く地平線へ向かって飛んでいる絵がかかっている。彼は早口で、電子レンジのなかのポップコーンのようにアイデアがつぎつぎに浮かんでくる。

「生きていることに、すごくわくわくする。ありふれた言い方かもしれないけれど、本当にそうなんだ。これはとんでもないことだよ。毎日、信じられないようなことが起こるんだ」

彼は澄んだ瞳で私を見つめた。

「それはすごい」

彼が話しているのは、科学技術が世界を変えつつあり、世界と学校が、それに合わせてどのように変わらなければならないかということだった。シリコンバレーでは、人間にはもっと多くのことができるという考えと、科学技術には長所しかないという信念が一般的だ。シルクはすでにテクノロジーというこの謎の飲み物《クールエイド》を飲み干し、それを信じきっている。私たちは機械の補助によって能力を開花させるために、ともに学び、創造しなければならない、と彼は言った。まだそれが行われていないのは、歴史的な理由だという。

「いまのシステムは産業革命に合わせて設計されている。それが近代的な教育の起源だ。当時は単純作業を延々と繰りかえす大量の労働者を生みだすことが必要とされた。その方法は？幼い子供を捕まえてきて、背筋を伸ばしてすわり質問されたら手を挙げるように教えること」

彼はそこで間を置いた。声が少し興奮していた。

「つまり軍隊みたいな人間の集団を作っていたわけだ」

これは広い範囲で当てはまる。教育システムはかつて軍隊のモデルに影響を受けたからだ。一八三〇年代、マサチューセッツ州の教育長だったホーレス・マンが整えた州の学校制度は、やがてアメリカ合衆国全土で無償で提供される普通教育の基礎となった。それに先立って彼が訪問し、モデルとしたプロイセンは、厳格な階級構造や権威と軍事力への服従で知られた国で、その数十年前にフリードリヒ大王が世界ではじめての国民教育制度を設立していた。産業化と機械化、画一化という発想で強化されたそのモデルは、やがて世界中で行われるようになる普通教育制度を方向づけた。シルクは、コンピュータなどの新しいテクノロジーの出現でようやくそれに異議を唱えられるようになったと感じている。

私が世界の教育改革をめぐる旅の最初の行き先としてシリコンバレーを選んだのは、その方法が知りたかったからだ。サンフランシスコ・ベイエリアのテクノヒューマニストは人類の未来観に大きな影響を与えている。人工知能によって、人間の脳の力について何がわかるのだろう。ときに指摘されるように、人間の学習は時代遅れになりつつあるのか、それともコンピュータを使うことで、人間の脳の力は想像を超えたレベルにまで高められるのか。私は、それでは数百万年にわたって適応すべく進化してきた、人間が持って生まれた能力を過小評価することになるのではないかと考えた。むしろ、デジタル時代における学びについて、私たち自身の能力を考えなおしてみるべきではないだろうか。脳について理解を深め、科学技術を適切に使うことによって、これまで気づかなかったほどの能力を発揮することができるかもしれない。

シルクによれば、はじめに理解すべきは、単に最新の機材に投資すればよいわけではなく、学習に関する考え方を大きく変えなければならないということだ。

「ＳＵは、今後のより大きな技術的、社会的な傾向に合わせて教員をどのように確保するかを考えている。ここでは、たとえば会計士になるための仕事のスキルを教えるように、３Ｄ印刷のやり方を教えているわけではない。３Ｄ印刷を教えるのは、３Ｄ的に考え、概念を説明する方法を教えるためなんだ」

　このように高度な思考を重視することを裏づける研究はますます増えている。社会の変化を予測し、対策の計画を立てるために設立されたオックスフォード大学マーティン・スクールで、未来予測を行っている二人の研究者によると、現在人間によって行われている七百二（と彼らは算出している）の仕事のうち、およそ半分が近い将来人工知能の機械に奪われるという。[4] 産業化の時代に起こったのが肉体労働のロボットによる置き換えだとしたら、コンピュータ化の時代に起こるのは、頭脳労働の置き換えだ。これは学校にとってふたつの困難な課題を生じさせる。ひとつは最新のテクノロジーを学習の過程に取りいれること、そしてもうひとつは有益な教育内容を考え直さなければならないことだ。この課題を解決する策を持っている人がどこかにいるとしたら、それはシルクのような科学技術の信奉者だろうと私は考えた。

　話のまえに、私たちはＳＵの本部があるキャンパスを散歩した。そこはかつてＮＡＳＡの研究所と軍事施設があった場所で、一九五〇年代には宇宙船が建造されていた古い格納庫だった、骨組みがむき出しの建物がかなりの面積を占めている。いまではがらんとしていて、ときどきグーグルの社員が集まってパーティをしている。キャンパスはさらに三方に敷地を広げていた。フェンスのすぐ向こうには、かつて空軍基地だったモフェット・フィールドの滑走路があり、現在はグーグルが無人航空機の実験を行っていて、以前はオバマ大統領がサンフランシスコ・ベイエリアを訪れる際、エアフォース・ワンの着陸に使用されていた。一羽の鷺が上空を旋回した。自然が生んだ無人航空機の原型だ。

シルクはイノベーションの中心地であるSUにいることを存分に楽しんでいる。地下にある、マクドナルドの店舗だった場所は、ずっとまえから別の用途で使用されている。「そこでは、月の表面の地図を作成するプロジェクトが行われている」とシルクは言った。「クールだよね。みんなはそこをマックムーンと呼んでいる」。その場所には、テスラやカーネギーメロン大学、ムーン・エクスプレスなど、有名なテクノロジー企業が集まっていた。遠くにはNASAのロケットエンジンの実験施設が屹立し、駐車場には最新のハイブリッド車や電気自動車がまばらに置かれている。陽光に恵まれ、周囲には山と、政府が所有していた巨大な倉庫に囲まれたこの場所は、いまは平和なテクノロジー企業のもと、世界中の新しいもののすべてを生みだす中心になっている。夢のような光景だ。

この旅の最終目的地は教室だった。シルクは、そこに置いてある玩具について興奮気味に語った。私がファブリスやアミールを教えていたころは、最新のテクノロジーといえば古いノートパソコンを指していたが、それはむしろ生徒の進歩の邪魔になっていた。いま私は、ヴァーチャル・リアリティによる講義室やロボットの教師、3Dプリンター、ナノマテリアルなどを待ちきれない思いで見た。数秒のうちに脳に情報をダウンロードして学習していた映画『マトリックス』の主人公ネオが頭に浮かぶ。ひょっとしたら、テクノロジーは本当に学びに革命をもたらすのかもしれない。この部屋は、未来の学校なのかもしれない。

それが私の最初の一口だった。クールエイドの味は悪くなかった。

コンピュータは新しい本なのか、新しいテレビなのか

人類の未来をもたらすことに専念している人々から見れば、私たち教師は新しいものを取り入れるのに驚くほど消極的だ。自分の経験から、新しいものを拒絶する傾向がある。自分が子供のころには学校にそんなものはなかったし、それでちゃんと学べたのだから。確かに一九八〇年代のセント・ジェームズ小学校には、コンピュータは一台もなかった。私が一年生だったときの担任のカルカット先生は、はじめに習う言葉や数字をチョーク（子供たちはそれを投げて遊んでいた）で書いていた。学習の道具は、鉛筆と紙、それに本だった。書く練習をしたり、キャラクターの助けを借りることで文字を覚えた。テクノロジーはいっさいなかった。それでうまくいったのだから、いまの子供だってちゃんと学べるはずだ、と私たちは考えるのだ。

学び方を変えてしまうような最新のテクノロジーに対しては慎重になったほうがいい。新しいものの魅力に、私たちは弱い。たとえば一九二二年に、トーマス・エジソンは公立学校が劇的に変化すると予測した。

> 映画は私たちの教育制度を一変させるだろう……数年のうちに、すべてではないまでも大部分の教科書に取って代わるはずだ。今日書かれている教科書は、平均して二パーセントほどしか効率的に使えていないと言わざるをえない……映画という媒体ならば……百パーセントの効率性が得られるだろう。[5]

そうした傾向はその後も続いた。一九六六年には、アメリカ国民の行動や習慣を形作った広告の力に惑わされ、リンドン・ジョンソン大統領は「残念ながら、必要とされる教員の数はまるで足りないが」、これは「教育テレビ」によって完全に埋めあわせることができる、と語った。(6) 私がたまたまそうした教室に行ったことがないだけ、というのでなければ、彼らが予言した革命はどちらも起きなかった。

だが、新しいテクノロジーが実際に学びを劇的に変えることもある。五千年前、人類は文字を発明したことで、時間と空間を超えて知識を伝え、それ以前とはまるで異なる仕方で知識を頭の外に蓄積することができるようになった。だがそのころにも懐疑派はいて、たとえばソクラテスは『パイドロス』で、文字は記憶力を損ない、私たちを真実から遠ざけると主張している。* だが、大きな変化はたしかに起こっていた。教師の質によって学習が規定されてしまうことも、知の進化がふたりの人物の対話に限られることもなくなった。考えは時間と空間を超えて多くの人々によって共有され、修正されて、新しい思考が生みだされる。この変化は五百年ほど前、さらに加速することになった。印刷機が発明され、各国語の聖書が現れたとき、大衆の知へのアクセスは転換点を迎えた。安価に大量の書籍が手に入るようになり、十九世紀後半の西欧では識字率が急激に上昇した。

＊ プラトンの『パイドロス』で、エジプトの神トト（別名テウト）はタムス王に文字を、記憶を助ける「薬（パルマコン）」として差し出す。しかしタムスはその発明の効果を疑い、むしろ人々が文字を使ってさまざまなことを書くようになったら、記憶力を使うことを忘れ、書かれたものに頼るようになるだろうと述べた。フランスの哲学者ジャック・デリダは、薬であり、同時に毒でもあるパルマコンについて鮮やかに描きだしている。

私たちの親はおそらく正しかった。たしかに、本はテレビよりも子供にとってよいものだった。とすると、今日の教育にもたらされたテクノロジーに効果があるのかどうかわからないとしたら、問うてみるべきことは、コンピュータは新しい本なのか、それとも新しいテレビなのかということだ。

コンピュータは本を超えるかもしれない

ある人の教育程度を測る方法のひとつは知性であり、チェスの世界は長くその実験場だった。冷戦時代の一九七二年に行われたボリス・スパスキーとボビー・フィッシャーの頂上対決は世界中の人々の心をつかんだ。なぜならそれは、アメリカの頭脳によるソ連の頭脳への勝利(フィッシャーはヨーロッパからの移民の子ではあるが)と考えられたからだ。若き一匹狼と脂の乗った王者がレイキャビクの世紀の一戦で対峙していたのとちょうど同じころ、アメリカのコンピュータ科学者たちは一見あまり重要とも思えない難題に挑んでいた——コンピュータは人間にチェスで勝てるのか?

一九七二年当時、少なくともアマチュアのレベルでは、その答えがイエスであるという動かしがたい証拠がすでに集まっていた。一九六七年にＭＩＴの学生グループが制作したマックハックⅣは、哲学科教授のヒューバート・ドレイファス博士にチェスで挑戦した。アマチュアの強豪にして学者でもある博士はコンピュータを子供だましと見下し、十歳の子供にすらチェスで勝つことはできないだろうと宣言していたからだ。(7) 博士は対局を優勢に進めていたが、悪手が出て機械に負けた。同じ年、マックハックⅣはチェスの公式トーナメントでコンピュータとしてはじめて勝利を収めた。やがて、挑戦は人間対機械の頭脳による戦いへと変化していった。その最高の目標は、チェスのグランドマスターに勝つことだった。

一九九七年、数十年におよぶ試みのすえ、ＩＢＭのチームは任務達成の期待が持てる機械を製作した。一九七二年の世紀の試合の後を受け、スーパーコンピュータのディープ・ブルー（ダグラス・アダムスの『銀河ヒッチハイク・ガイド』に登場する全知全能のコンピュータにちなんで名づけられたディープ・ソートの後継機）は、人類最高のプレーヤーであり、その前年にフィラデルフィアでコンピュータを破っていたガルリ・カスパロフに再び挑戦した。再戦はニューヨークで行われ、ソフトウェア開発者のチーム（彼らはのちに、ルールを破ってコンピュータを助けたと非難される[8]）の補佐を受けたディープ・ブルーは、緊迫した戦いののち、3½－2½（計6試合）でグランドマスターを打ち破った[9]。

ロボット対人間、一対〇。

機械は考えることができる。それは大きなことではあったが、機械には機械なりの考え方しかできなかった。「ディープ・ブルーの優秀さは、プログラミング可能な目覚まし時計の優秀さに過ぎない。一千万ドルの目覚まし時計に負けるのは気分がいいことじゃないけれど[10]」。また、チェスへの挑戦は、ごく限られた分野のことだった。人間の知性の優秀さはチェスのゲームに勝つだけではないし、学校はグランドマスターを輩出するためだけにあるのではない。

しかしＩＢＭは、そこで立ちどまらなかった。人間に挑みつづけることに特別の喜びを見出したらしい。カスパロフ戦ののち、つぎはアメリカのクイズ番組「ジェパディ！」に挑戦の矛先を向けた。ここでは、機械はより人間的な能力を示す必要があった。たとえばあまり役に立たないクイズの答えをたくさん覚えなければならないし、駄洒落や言葉遊びを正しく理解する能力も欠かせない。開発者たちはもっと人間のように考えることのできる機械を作りはじめた。そして、私たちの未来の支配者にそぐわない優しげな性質を持ったその機械をワトソンと名づけた。

二〇一一年、テレビ番組のなかで、ワトソンは「ジェパディ！」の歴史上最大のチャンピオンであるブラッド・ラターとケン・ジェニングスのふたりを大差で破った。ゲームの結果はジェニングス二万四千ドル、ラターが二万一千六百ドルに対し、ワトソンが七万七千百四十七ドルで賞金の百万ドルをさらった（賞金は寄付された）。その後、ジェニングスは「二十世紀に工場労働者が新しい組み立てラインの機械によって駆逐されたように、ブラッドと私は新世代の『考える』機械によって仕事を失った最初の知識産業の労働者だ」と書き、さらに「『クイズ番組回答者』はワトソンによって不要になった最初の仕事だが、きっとほかの仕事もそれに続くだろう[11]」と付け加えた。

これまでにも本は知識を体系化し、蓄積し、共有することによってパラダイムシフトを促進してきたが、自ら考えるものではなかった。しかしこの五十年のあいだに、コンピュータは知識を使い、応用し、さらには生みだす（これはどこかＧＣＳＥの採点基準に似ている）ことができるのだとわかってきた。ディープ・ブルーはすばらしい戦略的な鋭さでカスパロフを破った。数百万の指し手を読み、独創的とも思える手を放ってグランドマスターを翻弄した。ワトソンは駄洒落や言葉遊びをマスターし、二億ページもの難解な事実を記憶した。それは狭い意味での人工的な知能にすぎない（それに、ごく簡単なジョークすら言うことはできない）が、コンピュータの知能の幅は、明らかに広がっている。この機械は、あるレベルまでなら考えることができる。

人工知能が人間の学び方を大きく変える可能性があると考えているのはブレット・シルクだけではない。文字や本が人間の認知的発達に革命を起こしたとするなら、コンピュータも同様だろう。シリコンバレーの、SUからわずか三十キロほどのところに、新しいコンピュータ教師に多額の投資をした最初の学校がある。コンピュータに教師の仕事をさせることで子供たちにどのような影響があるのかに興味を抱き、そこへ行ってみることにした。

教えることと、学習する機械

明るい十月の朝、シリコンバレーで働く人々がドライブスルーのスターバックスに集まっているとき、宇宙船《ロケットシップ》フエルサ・コミュニティ・プレップスクールの四百人の生徒たちは校庭から出ていくところだった。ゲレーロ校長がマイクを装着して、若い乗組員たちにクラスの準備をさせ、忠誠の誓いを復唱させ、チアリーダーが登場して歌をうたい、「やり抜く力《グリット》」や「ガナス」＊の表彰が行われる「発射台《ローンチパッド》」の時間がちょうど終わったばかりだった。ハイライト

＊　スペイン語の「ガナス」は、訳すなら「やる気」となるだろうか。この言葉は映画『落ちこぼれの天使たち』のおかげでアメリカ中の学校に広まっている。それは伝説の数学教師ジェイミー・エスカランテの物語をもとにしている。ボリビアからイースト・ロサンゼルスへやってきた彼は、貧しい地区で育った生徒たちに高度な微積分を教え、大方の予想に反して生徒たちを成功に（しかも教師の話が映画になってしまうほどの成功に）導いたのだ。「生徒たちは期待される水準まで伸びるでしょう」と彼は講演で語っている。「ガナス、必要なのはこれだけです。ガナスがあればいい」

は、デズリーの「ユー・ガッタ・ビー」を歌い、保護者も含めて学校全体でテイラー・スウィフトの「シェイク・イット・オフ」に合わせてダンスをする。

「生徒たちにとっては、朝のコーヒーみたいなものですよ」と、ある教師は言った。たしかにそうらしい。ブロンコスやスパルタンズといったチームごとに分かれていく乗組員たちは活気づいていた。

ここで用いられている独特な用語は周到に選ばれたものだ。この「宇宙船」は、押し寄せるテクノロジーの新しい波に気づき、それに乗った西海岸の学校の第一陣として二〇〇七年に始動した。設立資金の半分はソフトウェア開発を行う起業家のジョン・ダナーが負担した。進化しつつある機械学習の能力を利用して、子供たちの学校での経験を個人化できるだろう。無料で繰りかえし利用できるというデジタル機器の性質も、起業家である彼には好条件だと思えた。計画通りなら、きわめて効率的な学校のモデルをテストし、比較検討することによって、二十年以内に全国で二千五百校を設立し、二百五十万人の子供が学べるようになる。ＡＩは「ジェパディ！」で勝利を収めることができるのだから、小学生に算数の問題の解き方を教えることもできるにちがいない。

もうひとりの設立者は、キャリア教育のスーパースターで、貧困地区の子供たちの学校をサンノゼで経営し、成功を収めているプレストン・スミスだ。ダウンタウンのオフィスで、彼は思考する機械が学校でどのように活用されているか話してくれた。「教師が教えにくいところにテクノロジーの活躍の場があります。数学では、視覚に訴えることが効果的です。それに、反復練習も。子供ひとりひとりに綴りを教えているようでは教師の能力がもったいないので、機械に任せます。重視しているのは、時間当たりの学習機会を増やすことです。負担を減らすことは教師のためでもあります。効率がよくなり、しかも乗組員たちももっと早く習得できるでしょう。それによってできた時間は、批判的思考や、より高いレベルのことに使えます。いつも考えているのはそのことですね」

宇宙船は、テクノロジー、とりわけＡＩの力に賭け、学習の一部をオートメーション化することを目指している。

この方法を支えているのは学習ラボだ。児童たちは毎日そこへ行き、機械から指導を受ける。

朝食後、ゲレーロ校長と私はそこへ向かった。ラボは百八十五平方メートルのがらんとした空間で、両側にホワイトボードがある。その中央、円形に並んだ机の後ろに大人の監督者がすわっている。監督者から両側の壁のホワイトボードに向かって、机が六列に長く並べられており、百人の五歳児が席に着いている。その全員が紫色の宇宙船の制服を着ていて、膝にノートパソコンを乗せ、耳には大きなヘッドフォンをあてている。宇宙時代の神学校の小さな新入生といったところだ。半分はＳＴマスというオンラインの算数プラットフォームに、半分はレクシルという読書プログラムに取り組んでいる。子供たちは身長百八十センチの訪問者のことなど気にもせず、懸命にプログラムを進めている。

小さな指がキーボードをそっと叩く音のほか、室内を奇妙なほどの静けさが包んでいる。

私は身体をかがめてひとりの少女の画面をのぞきこんだ。マーサはコンピュータ・ゲームで遊んでいた。九〇年代初めのものと思われる、原始的なスペースシャトルで小惑星のあいだを進んでいくゲームだが、なかなかうまくいかない。私はゲレーロ校長にゲームのことを指摘した。

「あまり長時間は集中できませんから。プログラムからご褒美にゲームをさせてもらえるんです」

壁に、ラボでの行動のルールが張りだしてある。フエルサ（FUERZA）の「Fは前を向き（Facing forward）、Uはよそ見をせず（Undivided attention）、Eは話している人を見て（Eyes tracking the speaker）、Rは敬意をもって対し（Respectful responding）、Zは熱心に参加し（Zealous participant）、Aは一生懸命（All four on the floor）」を意味している。LAZERの「Lは一列になって（Line order）、Aは気をつけ（Arms at your sides）、Zは口を閉じ（Zipped lips）、Eは前を見て（Eyes forward）、Rは歩く準備（Ready to walk）」を意味する。格言も掲げられている。

君が意識を向けない限り、物事は決してよい方向へは向かわない。[12]
——ドクター・スース

できると思えばできるし、できないと思えばできない。[13]
——ヘンリー・フォード

ここは肯定的で丁寧に作られた環境だ。子供のためのオフィスと言える。

マーサが宇宙船を無事地球に着陸させると、コンピュータはさらなるプログラムを提示した。いまは冬。雪玉を10個用意してあったけれど、友達をめがけて8個は投げてしまった。あと何個残っているでしょう？　画面にはこの問題を視覚化する方法が四通り挙げられている。まず、1から10までの数字の図。マーサはすばやくひとつひとつ数字をクリックしていく。1、2、3、4、5、6、7、8、そこでやめる。一回クリックするごとに、緑色のチェックが入る。それから、二列に分かれた箱があり、それぞれの列に5個の雪玉が入っている。またマーサが上の列のすべてをクリックし、下の列を3個クリックすると、緑色のチェックが入る。快調だ。三番目に、問題が数式で表現されている。10－8＝〔　〕。マーサは数字の2を入力した。また緑色のチェックが入る。最後は、問題が文章で書かれている。「10引く8は？」。マーサは「2」と入力した。

かつては先生がこうした問題を用意し、進めていかなければならなかった。子供たちはみな同じ問題を答え、それから解答用紙を交換して、お互いに採点をしていた。このシステムのすばらしいところは、子供たちがそれぞれ、自分に必要なドリルを組みあわせられる点だ。かけ算が苦手なら、ソフトウェアはデータ分析からそのことを知り、その子供にさまざまな方法でかけ算の問題を練習させる。子供がすべての問題でよくできたら、ソフトウェアはさらに複雑な問題を出す。ヒントや励ましが必要なときには、画面上のキャラクターが与える。教師は必要ない。ほかの子供に採点してもらう必要もない。子供たちは、毎日七十から九十分をラボで過ごす。そのあいだにたっぷり問題をこなすことができる。

プレストンのオフィスに戻ったあとで、私は会議室の紫色の壁に掲示されていたスローガンのことを思いだした。

私たちの教え方では身につかないという子供がいたら、その子供が身につく教え方に変える。

「私たちが大切にしているのは、時間当たりの成果なのです」とプレストンは言った。「学習は繰りかえしです。まず教室で教える。そこでは直接教わります。それから、生徒を同じレベルのグループに入れる。あるいは、ひとりで学ぶこともあるでしょう。ラボへ行くと、自分にあったレベルをやり、さらにもう一度やることになる。個人指導を受けるかもしれない。だから、理解度の低い子供なら、同じ内容を一日のうちに、異なった形式で六回習う可能性もあります。まだ分析システムは十分に安定しているとは言えませんが、最も効率のよい、ベストの形式はわかってきました。そうすれば、ぐっと最適化が進みます」

ここでいう最適化は、プレストンが興奮気味に語った、教育の個人化という流れのなかにある。それがここではたしかにうまくいっている。子供たちは宇宙船で成果を収めている。彼らは都市の同じ社会階層の子供たちのなかで数学は上位十パーセントに、言語では上位十五パーセントに入っている。またこのテクノロジーにより、教師にかかる時間が大幅に削減された。私が訪れたとき、ラボには四クラス、約百人の子供たちがいた。つまり一回のセッションで専門の教師の時間が六時間も削減されているということだ。監督しているふたりの大人は、教員課程に入ったばかりの若い助手だった。

だが、最適化と効率についての話は心に引っかかった。宇宙船でもやはり、情け容赦ない機械のパラダイムを熱心に信じているのだろうか？　生徒たちはまだ子供であり、オフィス・ワーカーではない。ディープ・ブルーとの対戦から何年も経ったあと、ガルリ・カスパロフは、ＡＩの信奉者は結果には満足したものの、その方法には落胆したと書いている。「人間のように考えてチェスを指す、人間のような創造性と直感を備えたコンピュータではなく、機械的に、チェス盤の上で可能な二億通りの指し手を一秒のうちにシステマティックに検討し、野蛮で膨大な計算力を駆使して勝つコンピュータが出現した」。人工知能が発展することで、人間の知性がより機械的なものに退化してしまう危険がある。機械による学習の端緒は、いささか非人間的なものかもしれない。

プレストンは、宇宙船がはじめは洗練されていない計算機にすぎなかったと認めている。担当のソフトウェア技術者と子供たちが教室にいる光景は、学校なのかテクノロジー企業なのか、見分けがつかなかった。だが現在では、かなり人間に重点が移ってきた。教育の個人化、つまり「最新の機器とソフトウェアにより生徒の学習量を増やすこと」を最優先の課題としつつ、才能の育成にも力を注いでいる。技術的にも、少しずつ改善されている。プログラムがわずかにバージョンアップし、判断や時間節約のためのデータの信頼性が高まってきた。

こうしてシステムが効率化されることで、将来的には学習はすべて監督者つきのラボでできるようになるのだろうか。

「『学校がなくなり、子供たちは自宅で学習できるようになる』といったたわ言は、実現するとは思えませんね。実際、それはよくないことだと思っています」

プレストンは顔をしかめ、天を仰いだ。
「子供たちは社会のなかで協力してやっていく方法を学ぶ必要があります。相手の顔を平手打ちしたら、そのあとで謝ることを。子供たちは社会規範を学ばなければなりません」
と相手に伝えることを。やられた子供は、『痛い！　それにぶたれて悲しかった』
私も同意見だ。子供たちはラボで認知的発達を遂げるが、発達すべき点はほかにもたくさんある。フエルサ・プレップスクールのラボ以外の場所でも、教師たちはすばらしい指導をしていた。そしてそれが学習の中心となっていた。これは幸いなことだろう。ラボで子供たちが学習しているのは、オックスフォード大学マーティン・スクールの報告で自動化されにくい職業の第一位として挙げられたレクリエーション・セラピストに必要なスキルではない。むしろ、七百二位のテレマーケターのような型にはまった認知スキルそのものだ。コンピュータで反復練習できるスキルは、機械による自動化もたやすい。こうした学習は、子供たちの発達に必要なのだろうか？　あるいは、それは取りもどすことのできない過ちで、フエルサなどの学校はいずれ消えてなくなるのだろうか？

結局、ロボット教師は出現しないかもしれない

プレストンの話に出てきた「たわ言」を支持している人は誰もいない。それは人工知能の研究者たちが望んでいることにすぎない。

そうした流れは、スガタ・ミトラによる「壁の穴」のTEDトークが作ったものだ。[14]その題材になったのは、彼がかつてニューデリーの巨大スラム街で行った研究だった。彼は、なぜ裕

福な家の子供はつねに（とりわけ、コンピュータに関して）才能があるとみなされ、貧しい家の子供はそうみなされないのか、という疑問を抱いた。そして、インターネットに接続された（盗難やモンスーン、大人の妨害に負けない）一台のコンピュータ端末をスラム街の境界の壁に設置するという実験を行った。コンピュータの電源を入れたとたん、何が始まるのかと興味を持った子供たちのグループがミトラを囲んだ。実験結果に影響をおよぼさないように、彼はただ肩をすくめてその場を立ち去った。つぎに戻ってくると、不思議なことが起こっていた。「八時間後、子供たちはインターネットのブラウジングをし、しかもそのやり方を教えあっていた。私は言った。『ありえない、だって——できるはずがないじゃないか。何も知らないんだから[15]』」。ここから彼は驚くべき結論に達した。適切な技術的サポートがあれば、子供たちは自分で学習できるのだ。

　この発見をもとに、ミトラは自己学習環境のアイデアを生みだした。方法は簡単だ。学習者に何か探究をうながし、発見の旅に誘うような問いかけをし、少し背中を押してあげる——たとえば、後ろに立っていて、彼らが何であれやり遂げたときには決まって、「あらまあ、どんなふうにやったの？　つぎのページはどうなってるの？　おやおや、私があなたくらいの年のころには、絶対そんなことできなかったわ」と声をかけ、彼らが何かを学ぶのを待つ。彼はこれを「おばあちゃんメソッド」と名づけた。

　ミトラはこのスピーチでその年のＴＥＤ賞を受賞し、百万ドルを手に入れた。受賞式で、彼はコンピュータ端末とおばあちゃん（時間がたっぷりある本物のおばあちゃんで、スカイプを通じてコンピュータの前にいる子供をサポートする）、そしてオンラインの学習インフラストラクチャーからなる新しい学校の構想を語った。それはどこでも、インターネットができる環境があれば誰でも利用できる。ミトラのメッセージは明らかだ――既存の学校に別れを告げて、「クラウド上の学校」を立ちあげること。

このスピーチは重要な洞察を含んでいる。デジタル・テクノロジーによって、インターネット上のすべての情報にアクセスすることが可能になった。その方法は急速に進化し、いまでは教師を世界のどこへでも送信できる。そのあとを追うようにカーンアカデミーが登場した。その原型はマイクロソフトの社員サルマン・カーンが、別の州に住む従兄弟に個人指導をするために立ちあげた巨大なオンラインの数学指導動画ライブラリーだ。どちらのプロジェクトも、シリコンバレーで信じられている重要な神話に基づいている。科学技術には目的があり、それは世界の問題を解決することだ。「われわれの健全な、すばらしい、テクノロジーのユートピアへようこそ！」。こうしたプロジェクトを、未来の教育の唯一の救世主だとみなすことに懐疑的な人もいれば、学習の新たな夜明けを告げるものだと考える人もいる。それが正しいとしたら、子供たちにノートパソコンを渡せばあとはなんでも自分で学ぶことができるはずだ。

やはりそのように考えたのがアメリカのロサンゼルス統一学区だった。二〇一三年には市内のすべての生徒に、ピアソン・エデュケーション社のソフトがあらかじめ組みこまれたｉＰａｄを支給すると発表した。これは教育関連のテクノロジーではアメリカ合衆国でかつてないほどの野心的な計画であり、十三億ドルの予算がつぎ込まれた。

だが、それは成功しなかった。

大量のｉＰａｄが実験校に送られたが、その多くは黒い輸送ケースに入れられたまま放置され、また教師のほうも、授業でどう使えばいいかわかっていなかった。器用な生徒は学習機能に限定したロックを解除してしまった。結局、学区の教育テクノロジー部門はその契約を破棄することになり、ピアソン・エデュケーション社のソフトをコンスタントに利用している生徒は全体の五パーセントにすぎなかったことを発表した。さらに悪いことに、アップル、ピアソン両社とロサンゼルス統一学区の担当者のあいだのEメールが発見され、そのなかで、入札の一年も前の段階で、担当者が両社と仕事ができることへの喜びを示していたことが明らかになった。[16] かつてタイでも、全生徒に学習を補助するタブレットPCを配布したことがあるが、やはり失敗に終わっていた。教師への研修が不十分で、生徒たちの成績が下落してしまったのだ。[17]

専門家の調査によって、スガタ・ミトラの「壁の穴」の実態ははじめに受けた印象とは異なっていたことも明らかになった。彼は「学校は時代遅れだ」と述べているが、実は実験計画の一部であるコンピュータ端末はたいていスラム街の学校の建物に設置されていたのだ。ミトラ自身も、壁の穴の端末は優秀な教師が指導を行う学習プログラムの一部に組みこまれることでより効果を発揮すると主張している。

実は学習における決定的な要素は道具よりも教師なのだということは、科学技術のイノベーションを追求する際にはしばしば見過ごされている。接続速度と処理能力は急速に高まり、反転授業やアダプティブ・ラーニング、ブレンド型学習、学習の個人化など、さまざまな学習の潮流ができつつある。だが、それらが有効であることを示す証拠はまだ蓄積されていない。OECDが四十カ国以上、数万人の子供に行った調査によると、コンピュータの前で過ごす時間が長いほど、テストの点数は低いことがわかっている。[18]また、各国政府は生産性を高めるデバイスを過度に期待し、教師の存在を忘れてしまっている。テクノロジーに巨額の投資をしてきた国々では、テストの点数の「向上はいっさい見られなかった」。報告は、「二十世紀型の学習に二十一世紀の科学技術を継ぎ足しても、教員による指導の効果を低下させてしまうだけだ」と結論づけている。

ロボット対人間、一対一。

だが大切な点は、学習を改善するためのテクノロジーの可能性を否定することではない。OECDの報告から、タイの事例と壁の穴について明らかにわかることがある。コンピュータは学習を変えうるが、そこには専門家の関与が欠かせないということだ。この報告は、かつてないほど教師の重要性が増していることを示している。とはいえ、教師はどのような指導を目指せばいいのだろうか。そこで私はロサンゼルスへ向かうことにした。iPadの配布を主導したバーナデット・ルーカスは、現在ロサンゼルス中央部にあるメルローズ小学校の校長を務めていた。学区が十三億ドルもの予算を投資することになったきっかけは、その学校の教師たちがiPadを児童たちの学習に上手に組みこんだことだった。

そこにはiPadのジェダイと呼ばれる、ウィリス先生という優秀な教師がいた。

ハイブリッドの原則

星条旗に忠誠を誓ったあと、ロサンゼルス中央部にあるメルローズ小学校併設の幼稚園に通う子供たちは本の基本情報を読みあげる――タイトル、著者、そしてボーナスポイントとして、献辞のページ。それから自分の席に戻る。開け放たれた扉から、十月の朝の暖かい光が射しこんでいる。

子供たちは六人ずつのグループになっている。それぞれの机には、クレヨン、画用紙、鉛筆、定規などとともに各自のｉＰａｄがある。子供たちはスイッチを入れて、背景に設定した自撮りの画像を嬉しそうに見せてくれる。ウィリス先生はプロジェクターに注意を集め、自分の動画を発表したいかい、と尋ねる。チェックのシャツとカーキ色のズボンをはいた彼は、子供の意識を意のままに自分に向けることができる。多くの手が挙がったなかから、先生はまず三人を選んだ。ネイサンとジェイド、エドゥアルド。

ネイサンはブルートゥースでクラスのノートパソコンに接続し、慣れた手つきでアイムービーを起動させる。タップして動画を再生させると、両目を小さな手で覆う。ミレニアル世代のあとの、いわゆるｉジェネレーションの子供でも、自分の作品を見せるのはすぐには慣れないようだ。

カメラは絵本『ザ・リトル・レッド・ヘン』の最初のページをゆっくりと映していき、それからナレーションが入る。

「これが」と、ネイサンの舌足らずの声が言う。「タイトル」。二番目のショットでは、彼は指のあいだからのぞきこんでいる。「それで、これが書いた人の名前」。映画はあと三シーン続いた。終わるころにはネイサンは夢中になり、立ちあがっている。クラスメートたちも興奮し、歓声が上がる。

まだ五歳で、読み書きもできないのに、映画を製作してしまったのだ。

休憩時間のあいだ、ウィリス先生は興奮した様子で、子供たちがどのようにデバイスを使っているかを説明してくれた。「立派なものですよ」。彼は子供たちに、できるだけよい紙飛行機を作るという課題を与えた。それから、どんなふうにやり方を学べばいいだろうと質問した。すると最初に、家族や友達に聞く、という答えが返ってきた。実際にそうしてみたところ、家族や友達はあまり紙飛行機について知らなかった。つぎに本を読むことにしたが、飛行機について情報が書かれている本はなかなか見つけられず、見つかっても、指示どおりにやるのはむずかしかった。

最後に、子供たちは自分と同じくらいの年齢でやり方を知っている子供を見つけられないかと考え、iPadとグーグルで探すことにした。すると、フロリダに住む紙飛行機が大好きな七歳の女の子のビデオブログが見つかった。「それでうまくいきました」と、ウィリス先生は言った。説明は子供たちが理解でき、自分で作れないほど複雑すぎるものでもなかった。ここで大切なのは、子供たちが目的と、なぜだろうという疑問から出発したことだ。テクノロジーを使うことを前提にしていたわけではないが、このタスクではそれが最適だと子供たちは発見した。

ウィリス先生はネイサンに感想を伝えた。「ネイサン、タイトルを長めのトラッキング・ショットで映したところは最高だったし、はっきりした声が出ていたのもよかったよ。このつぎは、全画面で発表できるといいかな」

ネイサンはうなずいた。

エドゥアルドは自分の順番が来るとアイムービーを起動した。カメラが長くゆっくりと回り、タイトルを映していく。(アメリカの偉大なドキュメンタリー映像作家にちなんだ)ケン・バーンズ・エフェクトです、とウィリス先生は言った。ところが惜しいことに、音声が入っていなかった。

「エドゥアルド、音が出るようにできるかな。声を録音するボタンはどれだったっけ?」

ウィリス先生は駆けよって、エドゥアルドがボタンを探すのを手伝った。そこにすわって、クラスのみんなが見ているなかで、エドゥアルドはナレーションを録音した。失敗(ナレーションなし)から指摘(ナレーションが必要だ)、修正(ちゃんとナレーションを入れる)まで、かかった時間はわずか二分ほどだった。さらに、その様子がプロジェクト・スクリーンに映されていたことで、クラスのみなが学ぶことができた。教育という仕事において、目に見える改善がなされ、子供の理解も進むという学習の過程が子供たちで埋まった教室全体に可視化されることはめったにない。だが私はここに来てわずか二十分ほどでそれを目にしていた。テクノロジーは誰の目にも見え、子供ができることを増やす。だが、教師による直接の指導も同じだ。

ウィリス先生はベテランだ。彼のような教師たちの働きと、テクノロジーの魅力もあり、学区全体が全生徒にタブレットを購入することになった。だが、その魅力は機械だけで生みだせるものではない。誰が、どう使うかが重要なのだ。こうした人間と機械の融合は「ハイブリッド」と呼ばれる。

宇宙船の学習ラボは(もちろんすばらしい成果を挙げているが)どこかそぐわないところがあったのだが、ここでは机に散らばった画用紙やクレヨンと同じように自然にiPadがあるように思える。オフィスというより、設計事務所や立ちあげたばかりのテクノロジー企業のような雰囲気だ。子供たちはアイデアについて話しあい、使えるメディアはすべて使い、互いについての批判にも開かれた態度をとり、検討している。五歳児だが、そんなことは関係ない。テクノロジーは学習の目的にちゃんと主役を譲り、使い方も可視化されている。

現在の校長はニードルマン先生だ。彼は学区で働いていたが、ルーカス先生が退任しｉＰａｄの配布事業に加わったときにその後任として赴任した。ニードルマン先生は、「テクノロジーは正しい使い方をしなければならない」と感じている。学校が考えるべきは、「どうやってこのツールを使えばいいだろう」という問いではない。「私は何をやろうとしているのか、そのためにこのツールは役立つだろうか」ということだ。ただｉＰａｄを学校に導入すれば学習が改善されるなどと期待することはできないし、テクノロジーにこだわりすぎてはならない。こだわるべきところは教師と、学習目標を達成することのほうだ。

「いまは大勢の人が反転授業はすばらしいと言っています」。話は、最近多くの教師たちが行っている指導法に移った。自分の講義を動画にし、生徒が家で見る宿題として渡し、授業時間は議論や問題解決に使うというものだ。「教師たちは反転された側の、動画の作り方のほうにばかり気を取られていますが、それは間違いです。『講義を撮れば、子供たちは家でそれが見られる』と考えてしまう。テクノロジーの勉強会では、では授業時間に何をするかという話は出ません。いままではそこで講義をしてきましたが、これから何をして効果を上げるのか。成果に結びつくのはその点なのです」

私はウィリス先生のクラスで別のことに気づいた。私が会った五歳児たちは、ｉＰａｄが学習への入り口であることを理解しているようだった。世界最大の会社が設計し、フォックスコン社が生産したそのデバイスは、机の上にいつでも置いてある。フォックスコン社のCEOテリー・ゴウは、今後二十年で全従業員をロボットに転換したいと述べている。[19] それと比較すると、ペンや鉛筆、本には、たとえ力はなくても高貴さが感じられる。コンピュータが学習に革命的な影響をおよぼすことはたしかだと思われるが、この革命には危険が伴っている。

子供たちが鉛筆も本も持たない教室など、本当に考えるべきだったのだろうか？　ロボットが教師の仕事までも奪ってしまったら、子供たちは何を本当に学ぶべきかわかるのだろうか？

私自身が一年生だったときに、チョークとレターランドの教材を使って文字を教えてくれたカルカット先生だったら、このことをどう考えるだろう？

チェスの教訓

ハイブリッドの力は、人間対コンピュータのチェスの発展にも現れている。二〇〇〇年代後半には、グランドマスターでもたやすく負かしてしまうチェスのアプリをスマートフォンにダウンロードできるようになった。そのため対決そのものが行き詰まりに向かっているように思われた。ムーアの法則によれば、十八カ月でコンピュータの処理速度は二倍になり、同じ能力を保つために必要なサイズは二分の一になる。あとは、どのデバイスでグランドマスターを倒せるか、という問題しか残っていない。スマートウォッチか、カーナビか、それとも目覚まし時計か。そこで関係者たちはルールブックを破り捨て、人間と機械のどのような組みあわせでも参戦できるフリースタイルのトーナメントを行うことにした。

ガルリ・カスパロフはこの競技の発展を観察し、ニューヨーク・レビュー・オブ・ブックス誌に投稿した。強力なグランドマスターと複数のコンピュータがタッグを組み、競技に参加した。その結果は大方の予想どおりとなった。人間と機械のチームは最強のコンピュータをも凌駕したのだ。「チェスに特化したスーパーコンピュータ」でディープ・ブルーの最強の後継機であるハイドラでさえ、ノートパソコンを使った強力な人間のプレーヤーには敵わなかった。カスパロフは、「人間が戦略的な導き手となり、コンピュータの読み筋の正確さと組みあわせると敵なしだった」と書いた。だが、その先に驚きの結果が待っていた。

勝者となったのは、最新のPCを使用したグランドマスターではなく、三台のコンピュータを同時に使ったふたりのアメリカ人アマチュア・プレーヤーだったのだ。彼らはコンピュータを巧みに操作し、「コーチング」して局面を非常に深く読むことで、対戦相手の卓越した実力を持つグランドマスターや、またより強力な計算力を備えたPCを使うほかの参加者と渡りあった。「弱い人間＋機械＋巧みなデータ処理」という組みあわせは、単体の強力なコンピュータや、さらに驚くべきことに、「強い人間＋機械＋劣ったデータ処理」よりも優勢だった。[20]

チェスの勝敗は、最上の思考力ではなく、認知能力の最適な組みあわせ――すなわち優秀なハイブリッドによって決まるのだ。この逸話は、未来学者エリック・ブリニョルフソンとアンドリュー・マカフィーの著書『機械との競争』でも語られている。その中で彼らは、ある熾烈なレースを描いている。イギリスの作家、テクノロジーに関する年代記編者のジョン・ランチェスターは「ロボットがやってきて、すべての職を食い尽くす(21)」と書いている。だが著者たちは楽観的で、このチェスの競技の結果は、私たち教育者の仕事はまだなくならないという証拠だとみなしている。人間は、まだいまのところ機械の知性に打ちのめされてはいない。

これにはいくつかの要因がある。第一に、モラベックのパラドックスがある。それは、歩行や、靴ひもを結ぶこと、人の顔を見分けることといった私たちにとっていたって簡単なことは、機械で置き換えることが最も困難で（そのため、掃除をし、朝食の準備をするロボット執事はまだ出現していない）、その一方、私たちにとってかなり困難な膨大なデータの処理や円周率を小数点以下十万桁まで計算するといったことはコンピュータにとって驚くほど簡単だ、というものだ(22)。人間の進化からその理由を説明する理論もある。物を手でつかむことを例にとろう。これをロボットに習得させることは、（急速に進歩しているものの）きわめてむずかしい。だが私たち人間にとっては、何百万年も森に棲んでいた先祖のおかげで感覚が研ぎすまされており、少し練習しただけでできるようになる。

第二に、現在の機械は特定のあるスキル（たとえばチェスなど）で高いレベルの能力を持つが、一般的な知性は持っていない。ディープ・ブルーは、「ジェパディ！」で一点も獲得できないし、ワトソンはチェスのゲームで最も基礎的な手すら指せないだろう。それらはひとつのタスクのためにプログラムされており、その点においては人間を超えたレベルにまで達することができる。それに対し私たち人間は、多くの目的をこなせるように作られていて、いつもたくさんのことを同時に行っている。だが、これはあまり慰めにならない。SUのレイ・カーツワイルなど多くの人々が、今後二十年以内にこの本でのちに触れる、新型の「強い」ＡＩによってコンピュータは一般的な知性を手に入れると考えているのだ。そうなれば、考察は一からやり直しだ。

さしあたって、学び方に関して重大な影響をおよぼすことがある。チェスの教訓から、人間＋機械＋巧みなデータ処理は最強の機械よりも強いことがわかった。ならば、巧みなデータ処理とは何を意味するのだろう。子供たちはどんな種類の機械を持つべきなのか。そして競争で優位を保つためにどんな種類のスキルを身につけるべきなのか。慌てる必要はないが、こうした問いへの答えを早急に検討しなければならないだろう。

テクノロジーの予言者はすでに考えはじめている。ブリニョルフソンとマカフィーは自動運転車や自動翻訳ソフトといった最新の科学技術を研究し、いまのところ人間が優位を保っている三つの分野を提唱した。それは、アイデアを思いつき、創造性を発揮し、目標を持つことのできる能力である「概念化」、高度に洗練されたしかたで話し、書き、聞き、読む能力すなわち「複雑なコミュニケーション」、そして膨大な量の、複数の感覚に訴える情報を同時に処理し、それに適切に対応する能力である「大きな枠組みでのパターン認識」の三つだ。創造性、複雑なコミュニケーション、そして批判的思考。それらはこれからの学校の適切な設計図となるだろう。

今日私たちが直面している問題は、大多数の子供たちはこの三つのスキルを身につけていないという点にある。私が受け持った十年生は、英語のＧＣＳＥのコースをどうにか通過したことで、ある程度の複雑なコミュニケーション能力を身につけた（基礎的な論文を書くことができる）。だが、Cの成績を取ったけれども、発想力や創造的な知識の活用、スキルを新たな組みあわせで使うことなどが本当の意味で身についているとは言えない。生徒たちはベルトコンベアに乗せられて読み書き計算の能力を習得したけれども、学校を卒業してしまえば、多くはそれすらできなくなってしまうだろう。彼らが持っているPCには計算機と百科事典とオートコレクト機能、動画再生ソフトがついていて、作文も計算も自分よりはるかにうまくやってくれる。

それらの機械が将来的にどの程度の性能になるのかはまだよくわからないが、それを無視するのは得策ではない。これから何世代もの子供たちにケン・ジェニングスやヒューバート・ドレイファス博士のような気持ちを味わわせたくない。むしろ、子供たちが最新のテクノロジーを自分の目的を達成するためのツールとして使うように育てなければならない。だが、学校が人間の能力をできるだけ活用するためには、どうすればいいのだろう。私はこうした疑問を抱えながら、あの十月の朝、ブレット・シルクに会いにマウンテンビューへ行ったのだった。

私は心配をやめ、AIを好きになった

「さあ、ここだ」。シルクはSUの教室のドアで立ち止まった。暗証番号を入力したが、反応がない。どうやら科学技術にもユーモアのセンスがないわけではないらしい。デジタルキーの新しい暗証番号を調べて、私たちはなかへ入った。室内にあるコンピュータのモニター、3Dプリンター、ロボット、ドローンなどを見ていると、十代の若者向けのガジェットが積みあがった、謎めいた玩具店のコーナーを思いだした。まあ、あまり玩具店へ行くような年頃でも

ないし、カードゲームやレゴ、サッカーが好きな子供たちは足を向けない場所ではあるけれど。

壁には、ライトセーバーなど一式を装着したダース・ベイダーの二分の一サイズの模型が寄りかかっている。

教室はまるで実験室だった。ＳＵの学生とスタッフはさまざまなメーカーの最新のガジェットで遊ぶことができる。私はバーチャル・リアリティ・ヘッドセットを装着してみた。やがてプリンストン大学でアインシュタインが行った相対性理論の講義に出て、三次元化された仮想宇宙についての思考実験を体験できる日が来るかもしれないが、そのとき体験できたのは、郊外の家のリビングルームで映画『ミクロキッズ』を題材にしたアトラクションに乗ることだった。シルクならクールだと言うかもしれないが、学習革命とはあまり関係はなさそうだ。

近くの作業台の上にプラスティックでも金属でも、ほとんどあらゆるものを作りだせるいくつもの３Ｄプリンターがあり、それに接続されたセンサーのなかで手を動かすことで、使用者が『マイノリティ・リポート』のトム・クルーズのように素材を変形させることができる。(24) またそこには最新のロボサピエンスのロボット（そのときは動かなかった）と、立ち乗り二輪車のハンドルのところにｉＰａｄを吊したようなテレプレゼンスの装置がある。* だが、私はがっかりした。ここに入れば、はるか遠い未来が見られると期待していたのだ。知識は人間の脳に直接ダウンロードされ、日本でいまお年寄りが子供たちの世話をしているように、ロボット教師が子供たちの集団を指導しているのだと思っていた。(24) だがここにあるのは、すべてこれまでに見たことがあるものばかりだ。

私は、映画は学習に革命を起こすというトーマス・エジソンの言葉を思いだした。学習における革命は、たしかに起こってはいるものの、その速度は緩やかなようだ。文字が私たちの文化に浸透するには数千年の（そして本は数百年の）時間がかかったのだ。

長年シリコンバレーにいるシルクは、その時間が今回は早まるだろうと考えている。「いまは誰もが教育のことを語っている。二、三年できっと爆発的に変化するよ」

シリコンバレーの裕福な若者たちは、それにかなりの金額と思考を費やしている。テスラのCEOで未来主義者のイーロン・マスクは、自分の子供と選ばれた少数の子供たちを実験的にアンスクーリングによって教育している。[25] サンフランシスコには、元グーグルのマックス・ヴェンティラがオルトスクールという新しいタイプの学校を設立し、それぞれの子供のために個人化された最新のソフトウェアを備えるため、一億五千万ドルの資金を調達した。[26] 教師たちはそこを不幸なことに「会社」と呼んでいる。[28] フェイスブックは学校を設立する準備を進めているという噂がある。グーグルにはすでに著名な幼児教育センターがあり、従業員たちはそこに子供を預けて最先端の世話を受けることができる。

シリコンバレー全体が、教育の（そしてもちろんテクノロジーの）実験場と化している。億万長者たちは年を重ね、自分が子供を持つようになると、既存の学校がひどい有様だということに気づいた。彼らにはその問題に対処するだけの資産（と、自分は特別だという感覚）が

＊　これらはテクノユートピア主義が現実化したときに与えてしまう失望の象徴だ。それぞれ、チンパンジーの赤ん坊サイズのおもちゃのロボットで二〇一五年のクリスマスプレゼントの一番人気だったものと、車輪の上に棒が立っていて、人の胸の高さにビデオ画面がついた、会議室に顔の画像を送信するための機器だ。

あった。テクノユートピア主義者の問題解決能力と、かってないほどの難問が出合った。これはまさに、彼らにしかできないことだろう。

シルクは話を続けた。

「まさに誰のためにもなっていない状況だということがわかってきた。子供たちが教室に放りこまれ、ひとりの人物の話を十二年間も聞きつづけるという状況は、いったい誰が望むというのだろう。そんなことはその後の人生でもう起こらないのに。まったくの無駄だね」

子供が何に時間を費やすべきかをすぐにでも明らかにしなければならない。

「綴りや算数を教えるべきだという理由は何もない。最後に自分の頭で足し算をしたのはいつか覚えてるかい。電話を取りだして入力するだけでいいのに。綴りがわからなくたって、グーグルがオートコレクト機能で直してくれる」

たしかにそうしたことは機械のほうが人間よりうまくできることは認めざるをえない。だが、そうした基礎的なスキルは、より高度な能力を構築するための素材にもなっているのだ。そうした能力を、機械ではできないような面白い独特な方法で結びつけるためにこそ、基礎を固めなくてはならないのではないか。アメリカ西海岸を旅してきた私には、鉛筆も紙もない学校が想像できる。たぶん、本すらない学校も。だがそれは、もう綴りやかけ算を学ぶ必要はないという意味では決してない。私はこの点に関してさらなる探究が必要だと気づいた。私たちの意識はどのように働くのか、機械とどこが似ていて、どこが異なっているのかを調べなければならない。

シルクは私たちがカリキュラムに組みこむべき二十一世紀のスキルを数えあげるのではな

く、学校の未来に関してもっとシリコンバレー的な定義をした。

「学校、あるいは学習の目的は、自分の強みを生かして、世の中で求められているものに合わせ、チャンスを捕まえることだと思う。それだけのことさ。そのために僕たちは学校へ行かなきゃならない」

陳腐な言葉にも思えるが、そこには真実が含まれている。学校へ行かなければならないのは、まさにそのためだ。そのチャンスに創造力や芸術、そして知識そのものの追求が含まれている限りは。この言葉と、私たちは機械と競争しているというもうひとつの考えとを両立させるのはむずかしい。だがシルクにとっては、そんな競争はどこにもありはしない。AIは必然的に発展していくということは彼にとってあまりに明白であって、私たちとはその点でまったく異なった考え方をしているのだ。たぶんそれもクールエイドの効果のひとつなのだろう。

彼は、まるで両親が説教師や教師だったかのような落ち着いた威厳のある話し方をする。

「結局こうしたものは」と、彼はハード機器の乗った棚を指して言った。「人間をより人間らしくしてくれるものなんだ」

そう思いたくもなるが、やはり腑に落ちないところがある。シルクはまたこうも言う。もしフェイスブックが世界を支配しようと思うなら、「才能があって枠にとらわれず、賢く、クリエイティブで思考力のある人々が大量にいなければならない。だから、そういう人々を育成する学校を近くに建てようとしているわけだ」。そして将来については「僕たちはやがて、食べて、愛しあうだけの存在になる。人間らしさとはそういうものだ。僕たちはそれを実現できる。自分で目的を定められる。共有し、教え、指導し、精神的に導くことができる」

いかにもカリフォルニア的な発想だ。

シリコンバレーのテクノロジーの予言者は、新たな教育観を推進し、世界のしくみを変える革命を起こしつつある。学習を変革することほど複雑で、解決する価値のある問題はない。社会学者のロバート・パットナムは、開拓すべき西部が消滅すると、アメリカン・ドリームは内側へ向かい、幌馬車隊は精神の地平へと広がったと書いた。[28] 夢を描く対象は土地への投機から、学校へと変わった。シリコンバレーの大金持ちはすでに学校を建設してそれを成し遂げ、今度は未来の精神を追いかけはじめている。

外へ出て、駐車場に停められたテスラやプリウスを眺めながらひとりでレンタカーのほうへ向かう途中、さまざまなことを考えた。人間性を発達させるというシルクの主張は理解できる。コンピュータのほうが人間よりも上手にできるスキルを身につけることに必死になるべきではないという点も正しいと思える。私たちは機械とともに仕事をする（ほかにうまい言葉が見つからないので）ハイブリッドであることを認めるべきだ。だが、これが限られた子供たちだけに与えられるべきだという点には賛成できない。シリコンバレーには、自分をアウトサイダーだとみなす感覚がとても強くある。それは、彼らの眼差しを歪めてはいないだろうか。

私はエンジンをかけた。道路上で、何台の自動運転車とすれちがうだろう。

勝つのは、人間＋機械＋巧みなデータ処理だ。学校は、少なくともそれだけはわかっていなければならない。進歩を目指して全力疾走するうちに、人間は機械の性能を高めることに集中しすぎてしまったように私には思える。同じだけの努力を、人間の精神の成長に傾けてはどうだろうか。ウォルワース・アカデミーの私の生徒たちは、知性の限界からはほど遠い場所にいた。その広大な無人の地に分け入らなければならない。結局のところ、あらゆるテクノロジーは人間の創造力がもたらしたものなのだ。世界のあちこちで、大胆な開拓者たちが人間の知性に関する新たな知識を獲得している。とりわけ、幼児期の発達の領域ではたしかな進展が見られ、幼児の脳の秘密は明らかになりつつある。世界の主だった大学で、幼児に関する実験がつぎつぎに行われている。旅のつぎの行き先はそこになるだろう。

「僕たちが必要とする基本的なスキルはまだある」とシルクが語っていた。たしかにそれはなくなっていない。急速にテクノロジーが発達する時代において、学校の主な役割は、よい人生を送ることを可能にするツールの使い方を学びつつ、同時に人間の知的な優位性を維持することだ。シルクの背後にかけられた絵が少しちがったものに見えてきた。バイクに乗ったアンドロイドは、人間を表しているのだ。開けた道路を、安物の金メッキの髪を風になびかせながら疾走していく。

「ＡＩが何をしているか理解しなければならない」と、彼は言った。「さもないとロボットに世界をのっとられてしまうかもしれない」

ボストンでは、あるＡＩの研究者が幼児の脳と機械の脳を戦わせていた。私はその研究者を訪ねることにした。

chapter 2

学ぶために生まれた
——赤ん坊のように進む

人は動物のように生きるために生まれたのではなく、
美徳を追求し、知識を持つために生まれたのだ。
——ダンテ

はじめに言葉ありき

二〇〇五年七月のある晴れた日、デブ・ロイとルーパル・パテルは自宅のドライブウェイに車を停めた。はじめての親になったばかりの人につきものの、輝くような笑顔と睡眠不足から来るほてりが顔に浮かんでいる。ボストン郊外の自宅の玄関口でポーズをとっておじいちゃんに写真を撮ってもらい、いまは水色のチャイルドシートのなかにいる生まれたばかりの大切な息子を上からのぞきこんで、笑顔で言葉を交わす。ただし、この大学教授の両親は少し普通とはちがうところがある。ロイはＭＩＴに所属するＡＩとロボット工学の専門家で、パテルは近隣のノースイースタン大学の優秀な言語学研究者だ。彼らには計画があった。もし赤ん坊の視力がもっと発達していたら、その目には硬貨くらいの大きさの、ひとつずつ独立した黒い点が天井で点滅しているのが見えただろう。その点は間仕切りのないリビングやダイニングルームにもついている。キッチン、バスルーム、廊下、寝室のものを合わせて合計で二十五個。それらは日本から輸入した十四の集音マイクと十一の魚眼レンズをつけたカメラだ。そのシステムの一部は退院に先立って、新生児のあらゆる動きを記録するためにすでに作動しはじめていた。

このごく普通の外見をした郊外の両親は、空前のホームビデオ・コレクションを録画し、それを収集しようとしていた。タイトルは、「トータル・リコール（完全な記憶）」。

ロイとパテルは十年前、互いに心の科学に関する研究員だったことが縁で知りあった。ロイは生まれ育ったカナダ、マニトバ州ウィニペグで一九七〇年代にはじめてロボットを作り、それ以来ずっと作りつづけている。最初のころのものには精神はなく、初期のSF映画に出てくる悪役のように純粋に形だけだったが、やがてアンドロイドの脳について疑問を抱くようになった。自分の機械が考えるというのは、どんなことなのだろう。「小説を読んで子供たちのやり方を知ればいいと思った。そうすれば言語を持ち、学習するロボットの設計図がかけるだろうと」と、彼はワイアード誌に語っている。(1) ある晩食卓で、その当時人間の言語の病理学について博士論文を書いていたパテルに、彼は人間の子供と同じ方法で学習するロボットを作ったことを自慢した。「ねえ、そいつに子供たちと同じインプットが与えられれば、ちゃんと学ぶことができるんだよ」

彼が作った最良の学習ロボット、トコは、メカノ社のロボット用フレームにカメラとマイクを搭載したもので、ピンポン球のような目と逆立った赤い羽毛、ゆがんだ黄色いくちばしがついている。だが、それは賢かった。音声認識とパターン分析のアルゴリズムを用いて、ロイはトコに毎日耳にする話し言葉の渦のなかで言葉と概念をひとつずつ区別することを教えた。それまでは、コンピュータは言語をデジタルに学び、ほかの単語との関連で言葉の意味を理解していた。ここにはじめて、もとの言葉の関係を理解する機械が現れたのだ。トコは指示に従って、いくつかの物のなかから赤いボールを選び出すことができた。

じゃあそれを証明してみせて、とパテルはロイに言った。そこで彼は彼女の幼児ラボがあるトロントへ飛行機で行き、さっそくやってみた。遊戯をしている母親と幼児たちを見て、彼はトコへの教え方がまずかったことに気づいた。「学習アルゴリズムが適切でなかった」と彼は当時説明した。「親たちはみな、生後十一カ月の子に話すときには、同じものの話をずっと続ける。コップの話なら、そのことを何度も口にし、それを使って遊び、赤ん坊が飽きてきたところでコップをしまう[2]」。ロボットは事前に、それまでに聞いたことのあるすべての音素[*]を確認していたのだが、ロイはそのアルゴリズムを、新しい経験をより重視するように変更し、パテルの幼児ラボで録音された音声データを与えた。突然、トコはＡＩの研究でこれまで見たことのない速度で基礎的な語彙を習得しはじめた。夢だった「音を聞き、ものを見ることで学習するロボット」がもうすぐできるのではないかと思えた。だが、そのためには記録されたデータを与える必要があるのだが、それはなかなか見つけられるものではない。「子供が実際に聞

＊　音素とは、言語を形成する、弁別的な音の集まりを意味する。実際に言葉を話すときの、文字や文字の組みあわせの発音の仕方だ。つまり、ｐやｄ、ｂ、ｔといった文字を、アルファベットとして声に出すときではなく、「pad」や「pat」、「bad」、「bat」といった単語を話すときの発音の仕方である。英語には四十四の音素があり、アルファベットの発音はかなり奇妙で直感に反したものだ。

いている現実のサンプルを手に入れることができず、なかなか進められなかった[3]」

かつて、子供にとって重要な最初の数年間に何が起きているのかを「自然状態で」観察した者はいなかった。パテルは週に一時間、研究室で母親と幼児を観察したことがあるが、せいぜいその程度だった。自分自身の子供を研究しようとした先駆的な心理学者もいたが、たとえば認知科学者のマイケル・トマセロは、娘がある日褒められるような行動をしたあとで自分のほうを向き、「パパ、このことを本に書くんでしょう?」と言ったことで研究をあきらめた。問題は、観察者がいることで変化が加わってしまうことだった。ごく少ないサンプルから多くの推論をしなければならないこともある。しかし、言葉はほかから切り離されて単独で生じるものではない。学校ではそうであるかのように扱われているが。認知心理学の生みの親、ジェローム・ブルーナーは「言語習得の研究は研究室という人工の環境ではなく、家という自然の環境でのみ行うことができる」と書いた[4]。赤ん坊がどのようにして話せるようになるかを研究するのであれば、家中に隠された記録装置を設置するような変わり者が必要だ。ここで、パテルとロイの出番となる。

ふたりは、いくつかの基本ルールを定めた。記録を利用できるのは、信頼できる研究者仲間に限る。映像を記録することに心地悪さを感じるときが来たら、撮ったものはすべて捨てる。「うっかり」ボタンが各部屋につけられ、録画したばかりのものを削除することができる。プライバシーが必要な場合には、システムを一時的に停止する。こうしたルールの目的は、生活をできるだけ覗かれないように、またできるだけ科学的に役立つものにすることだった。「記録されることと、自ら記録することの違いです」と、ロイはボストンの研究室を訪れた私に言った。信頼がなくてはできないことだが、彼らはやる価値があると考えた。この実験には、幼児の意識の働きについての新しい洞察を開くだけの力があった。

「この言語学習の研究がひとりの子供にどう作用するでしょう？　おそらく言葉だけでなく、周囲の状況が大きな意味を持つはずです」と、ロイは言った。

トコはピノキオであり、ロイはゼペットじいさんだった。ただし、彼の疑問は本物の子供がロボットに何を教えられるか、という点だったのに対し、私が知りたかったのは、そのホームビデオが幼年期の子供の学習を高めうるヒントになるのではないかということだった。科学が幼児教育の重要性を示すことになるだろう。

言葉の格差

一九八五年、私自身の幼児期はすでに終わっていたが、ベティ・ハートとトッド・リズリーというふたりの研究者が、カンザス・シティの四十二の家族を調査し、低所得者層と高所得者層、それぞれの就学前児童を比較した研究結果を発表した。生後九カ月から、二年半にわたって幼児を定期的に観察し、一時間の訪問のあいだの親と子の会話をすべて録音し、書き写した。結果は驚くべきものだった。子供が三歳の誕生日までに耳にした累計の単語の数が、九歳時の学力と強く結びついていたのだ。その差は、予測もできないほどの大きさだ。彼らの推定では、聞いた言葉の数が最も多い子供と、最も少ない子供の差は三千万語にも達していた。[5]

「子供たちの入学時の能力差という問題は、考えていた以上に大きく、困難で、重要だった」と、ハートとリズリーは注意を喚起した。できる限り早くこの問題に取り組まなければならない。「その努力が先送りされれば、この問題は取りかえしがつかなくなる」[6]。この三千万語の格差という問題はメディアでも大きく取りあげられ、言葉ブームが生まれた。親たちはこぞってフラッシュカードや知育玩具を買った。各国政府は公的な幼児教育に予算を投入し、幼児の「就学準備」を測定するテストを行った。のちに、新しい技術を導入することで、赤ん坊がわずか一歳半のときに六カ月もの言語習得の差が生じていることが明らかになった[7]。その差は出生時からすでにあり、蓄積されていくものだ。格差を埋められるのは言葉しかない。

それこそまさに、ロイがトコに関して仮定していたことのように思えるが、私にはやや単純化された解釈のように感じられた。成績の格差を縮めなければならないのはたしかだが、幼児教育とは言葉だけのものではないだろう。ペンシルベニア州にあるテンプル大学の幼児発達学の教授は、「ちょうどファーストフード業界が私たちを空っぽなカロリーで満たすように、いわゆる『教育産業』は、学習内容を記憶しさえすれば、学習も人生も成功できると多くの人々に信じさせてきた」と書いている[8]。彼女はまた、言葉ブームへの懸念を表明した影響力のある本、『子供の「遊び」は魔法の授業』も著している。その言葉にはなるほどと思わせるものがある。

ゆりかごのなかの科学者

研究室はフィラデルフィアにあり、ボストンからはそれほど遠くない。そこで幼児の心の本当の学び方を知ることができるかもしれないと考え、列車で彼女に会いにいった。

「バードーガービーバーボーウィーガーバー」。キャシー・ハーシュ＝パセックは、緑豊かなフィラデルフィア郊外、アードモアの自宅のキッチンに腰を下ろし、ポテトパンケーキの朝食を食べながら口ずさんだ。その広い家屋は、その晩予定されているパーティの最後の準備で忙しかった。人々が来ては装飾していく。友人たちが訪ねてきて、ご近所や政治についてのうわさ話をする。ハーシュ＝パセックはその忙しさの中心で、エネルギーの源になっている。彼女は研究と同じくらい人が大好きだ（取材を申しこむとすぐに、二日間の滞在を招待してくれた）。これまでに十一冊の著書と百五十の研究論文を発表しており、幼児の発達に関する分野の伝説的存在で、テンプル大学の幼児言語研究所の所長を務めている。研究所のスローガンは、「子供が大人に教える場所」。

この研究所では、科学者と熱意ある大学院生が幼児の能力を研究しているとのこと。私たちはあとでそこを訪れる予定だった。

「ドーガードーボーバーシーデーミーガーミーバー」。彼女は続けて口ずさみ、節をつけて同じメロディを繰りかえした。

この不思議な歌は、友人で同僚のジェニー・サフランが行った幼児の意識に関する研究の再現だった。ハーシュ＝パセックが歌っていたのは、生後八カ月の幼児が二分間発しつづけた意味のない片言をサフランが読みとったものの口真似だ。ただしそれは、まったく無意味な言葉の羅列ではなかった。気まぐれに変わる音のなかで、いくつかの音素（この場合は「ガー」）がほかのものよりも頻繁に登場する。幼児の脳は、なんとその繰りかえしに気づいている。そして、繰りかえしを楽しんでいる。サフランはそれを統計的学習と名づけた。[9] 心理学者のアリソン・ゴプニックらは、赤ん坊を「ゆりかごのなかの科学者」[10]と呼ぶ。幼児の脳は、世界一強力な学習デバイスだ。私たちは学ぶように生まれついているのだ。

「バーシージーメーボーディーベーリーガーデー」。彼女は息を吐きつづけ、最後には息を切らした。

「赤ん坊たちは可能性の高いものを選びとっているんです」と、目を見開いて彼女は大きな声で言った。「『かわいい赤ちゃん（pretty baby）』という言葉を聞いたとき、彼らは「pre」と「tty」はつながっていて、「ty」と「ba」のあいだはつながっていないということを知っています。なぜわかるんでしょう?」。ハーシュ＝パセックは子供の精神に畏怖を感じている。その理由が、少しずつわかりはじめた。サフランの巧みな実験により、幼児がどのくらいの時間言葉を聞いているのかがわかり、心拍数の変化が計測された。それは、八カ月の子供の知識量を示している。「彼らは携帯電話が自分のところに落ちてこないことを知っています」と、ハーシュ＝パセックは言った。「私がこのお皿をテーブルの上で落としても、お皿はテーブルの下まで落ちないと知っています。それは、本当にすごいことですよ。私があなたと向かいあってすわっていると、あなたから私の下半身が見えないことを知っています。では、私には下半身があるでしょうか?」私はためらいつつ、はいと答えた。

「赤ん坊もあなたがそう答えると予想しているんです。すごいでしょう」

それはたしかにすごい。一九九〇年代まで、幼児は非理性的、非合理的で自己中心的な存在だと考えられていた。一八九〇年に、作家ヘンリー・ジェームズの兄で哲学者、心理学者のウィリアム・ジェームズは『心理学原理』で「赤ん坊は目、耳、鼻、皮膚、内臓で、同時にさまざまな感覚に責めたてられ、それをひとつの大きな混乱だと感じている」と書き、赤ん坊を過剰な感覚に苦しむ存在だとみなした。

だが、それは正しくない。

「赤ちゃんの目をのぞきこむとわかりますが」と、ハーシュ＝パセックは敬意を示すように小声で言った。「すでにパターンを見分けることができます。これは信じられないことです」

子宮のなかにいるときすでに、胎児は音を聞くことができる。生後一時間の赤ん坊は、母親の声とほかの人の声を聞き分けることができる[11]。この世界に生まれてくるときすでに、たとえば日本語ではなく英語を話す家族のところへ生まれてきたことを知っており、口から何かを吸いこんだり息をしたりといった遺伝的能力を備え、脳は感覚的な刺激や科学に似た方法を通じて学ぶことができる。あらゆる感覚を使って、新生児は世界へと手を差しのべ、「自分が持つ限られたスキルでより多くの情報を得て、それについて詳しく知ろうとします」

私たちは生まれつき科学的探究の能力を持った冒険者なのだ。この点を理解しなければ、人間の学習の可能性に気づくことはできない。

「進化はおおむねよい効果をもたらしています」と、ハーシュ＝パセックは言った。私たちは「環境から完全な手がかりを読みとることができる」状態で生まれてくる。私はトコのことを思いだした。彼もまた環境を読みとる。少なくとも、カメラで見ることができるし、耳のマイクで聞くことができる。だがほかのロボットもそうだが、あらかじめプログラムされた方法でしか環境に触れられず、注意を向けるよう指示された刺激からしか学ぶことはできない。そのため彼らの行動を形成する経験は狭い範囲に限られてしまう。彼らの方法に、意味は存在しない。一方で赤ん坊は科学的探究を行っている。しかも、それ以上の能力も持っている。赤ん坊は社会的に学習することができるのだ。

「私たちは形作られるものであると同時に、形作るものでもあります」とハーシュ＝パセックは続けた。「私たちはほかの人間や社会と交流できる状態で生まれてきます」

人間の赤ん坊の本当の天才性は、ただ環境から学ぶだけでないという点だ。それならば、ほかの動物にもできる。人間の幼児には、独特の技術がある。それは、人の心を読みとることだ。

人間の認識の起源

機械の出現によって、人間の意識について研究すべき一連の課題が生まれた。人間は近縁の霊長類とどんな能力を共有し、どんな能力を共有していないのだろう。ライプツィヒのマックス・プランク進化人類学研究所で、マイケル・トマセロ博士は数十年かけて、学習の仕方を分析するため、誕生から二十四カ月間の人間と（人間と九十九パーセント遺伝子を共有している）チンパンジーを研究した。物質的な世界に関する理解については、両者でほとんど違いはなかった。心理学者が人間について示したものを、トマセロはチンパンジーについても示した。四カ月で、どちらの種も手を伸ばして物をつかめるようになる。八カ月で、消えたものを探そうとするようになる。一年経つと、分類し、ちいさな量について推定し、他人の視点から見ることができ、物を隠すということの意味を理解するようになる。一歳半になると、物のあいだの空間的、時間的、因果的関係を把握する。つまり、ビリヤードの球の動きを理解するようになる。

ふたつの種の大きな違いはただ一点しかない。それは他者の意識についての認識だ。

トマセロによれば、二百万年のあいだ、ヒト科の種の意識は類人猿とあまり変わらなかった。その後、およそ二十万年前に、進化の流れのなかのある一点で岐路が訪れ、人類の認知に革命が起こった。突然、私たちは新しい石器を作りはじめた。シンボルを作って意思疎通し、洞窟壁画や彫刻などの新しい表現方法を生みだした。死者の埋葬や植物の栽培、動物の家畜化といった文化的儀式が出現した。それらは今日のコンピュータや文字、宗教の起源となった。だが、なぜこうしたことが起こったのだろう。トマセロは、人間のある能力のためだと考えている。それは、他の人間を自分と同じ存在として、そして最も重要なことは、自分と同じような内面を持ち、自らの意図を持っている存在として理解するようになったことだ。[12]

私たちは社会的な第六感を発達させた。それによって社会的、文化的な伝達が可能になった。[13]

言語という出発点によって、言語なしでは抽象的な概念や象徴にすぎなかったものを、ふたりの人間が共通の意味を持つ言葉で表現できる可能性が生まれた。そのことが文化を生みだした。私たちのヒト科の祖先は突然、自分の周りの環境や人工物をほかの人々による創造的な行為の結果だと理解するようになった。その萌芽は、生まれたばかりの赤ん坊にも認められるだろう。一歳未満の赤ん坊は、世話をする人と会話の前段階にあたる行為を行う。ばぶばぶと声を発し、ママやパパと目を見交わし、物を交換し、親の表情や行動を真似しようとする。また道具を試し、口に入れてみたり、それで物を叩いたりする。

トマセロは「文化的ラチェット効果」について書いている。ほかの動物とは異なり、人間はそれ以前の世代の成果の上に立つことができる。若い人々は「社会的グループ全体の文化史を通じた集合的知性のすべてが込められた最新の人工物と社会的営為からなる環境で」学ぶ[14]。学び手としての人間の可能性を引きだすために課題となるのは、どのようにしてその環境を作るかだ。

私たちの脳は学習に適している。成熟するまでの時間が長いことは進化的にリスクがあり、捕食動物や病気に弱く、生殖が可能になるまでに長い年月がかかるが、その見返りは大きい。周囲や社会的グループから得られる最新の情報を積極的に集め、認知的に発達する時間があることだ[15]。学習は、私たちの遺伝子の変化さえ促した。遺伝か環境かという議論が誤りだということは、科学者たちには以前からわかっていた。いまでは遺伝は、旅の方向や成長の限界を定める（チンパンジーの子供は、どれだけ望んでも人間の子供にはなれない）ものだと認められている。だがそれを発現させるには、周囲の環境との相互作用がなければならない。

そのため、生まれてからの数年間が学習するうえできわめて重要になる。脳の発達のうちかなりの部分が、人生のはじめの三年間に行われる。誕生から三十六カ月で、脳は重さにして、三百グラムから一・二キロに増える。その間に、最重要の認知構造、なかでも言葉ができあがる。有名な話だが、その最初の三年間に放置されるか、野生状態で人間の言語から遠ざけられて育った子供は、生理学的に可能な時期が過ぎてしまい、多くの場合まったく言葉を習得することができない[16]。その数年間に、脳は環境と関係しながら成長し、ほとんど無限の感覚を経験することで形作られていく。

ハートとリズリーが言語の格差の研究で示したように、そうした経験が、その人がどのような人物になるかに大きな影響をおよぼすのだ。

人間という種は、教師と学習者になるべく進化してきた。そして、トマセロが「九カ月革命」と名づけた、赤ん坊が物を握ったり指さしたりすることで他者の意識を確認しようとする瞬間が訪れると、心を読む能力が備わる。一歳になると、赤ん坊はほかの人と同じ物を見つめたり、触ったり、聞くことで他者の意識を追うことができるようになる。十五カ月で、「あれを聞いて！」「あっちを見て！」といったように指示できるようになる。同じものを意識することは、意識的な人間の学習のはじまりだ。幼児がビデオやオーディオ、あるいは両親の会話を脇で聞いていても話せるようにならない理由はそこにある。私たちの進化はそうした方向へは進まなかった。それこそが子供と会話をすることが重要である理由だ。そして、ロボットから学べない理由でもある。まだ、いまのところは。

このことが学校に与える影響はほとんどが常識の範囲内だが、少しばかりカルト的な要素も含まれる。生まれてから数年間に、その時点での文化の道具、象徴、社会的行為に子供を親しませることはあらゆる世代の義務だ。私は以前、イギリス、ミッドランド地方のかつての鉄鋼の町までドライブし、それを試している場所へ行ったことがある。生まれ持った学習能力を最もよく伸ばすには、どのような環境が望ましいのだろうか。

人間のための自然保護区

海岸は寒く、曇っているが、子供たちはおかまいなしだ。ふたりの小さな男の子が、竹藪の近くにある砂の城と出しっぱなしの水道で泥を跳ねあげている。「濡れちゃうよ」。ふたりは嬉しそうに甲高い声を上げている。ひとりの先生が、よちよち歩きの子供の前にかがみこんであやしている。子供はパファージャケットとウェリントンブーツ、そして車好きなことをうかがわせるTシャツを着ている。四人の小さな女の子たちが真剣な様子で会話を交わしながら、上の空で砂を掘りおこし、色とりどりのバケツに入れている。四方を囲っている板の遊歩道の上で、ふたりの少年が架空の任務のために何度も走って往復している。ここ、ペン・グリーン幼児センターでは、子供たちは豊かな自然のなかで過ごしている。

三歳のバットマンがジョーカーといっしょに木の枝の下で地面に膝をつき、何やら話しあっている。ふたりのあいだにはスーパーマンがしゃがんでいる。死んでいることを表すために、顔が青く塗られている。

竹藪の脇では、ふたりのエンジニアが楽しそうに砂を掘って運河を作り、自分たちで作ったオアシスに水を引きこんでいる。

「これは滝だよ！」と彼らははしゃいだ声を上げた。

車好きの男の子がそれを見にいく。力の働きを調べる、三人の小さな科学者だ。

「早く戻っておいでよ」死んでいるスーパーマンが大きな声で言う。この日は彼の誕生日で、ふたりの悪い仲間とともに、すっかり役になりきっている。だが、突然泣きだしてしまう。バットマンとジョーカーがどこかへ行ってしまったので、スーパーマンもあとに続いた。

「早く戻っておいでよ」彼はもう一度言うと、決して追いつかない速度で追いかけ、ビーチを一周するごとにうなり声を上げ、木のテラスの周りを走り、逸れてオアシスのほうへ向かい、それから竹藪の奥にある難破船の客室に入り、また出てきた。

ひとりの先生が、金髪の少年の前でかがみ、抱きしめた。少年は泣きながら、砂を投げている問題児ふたりを指さした。先生は少年をふたりのところへ連れていき、一緒に問題を解決しようとした。何があったの？　ゲームに入れてあげたら？

「早く戻っておいでよ」死んでいるスーパーマンがまた声を上げた。四人の女の子たちは砂を掘りつづけている。この子供たちの頭のなかでは何が起こっているのだろう？

これに先立って、私はペン・グリーン幼児センターの所長、アンジェラ・プロジャーの話を聞いていた。彼女は伝説的な前任者のマージー・ウェアリーから引き継いだばかりだった。ウェアリーはブラジルとパプアニューギニアでプログラムを運営したあと、三十五年前にセンターを開いた。ロンドンから車で北へ数時間のところにある、ノーサンプトンシャー州のコルビーという町に設立されたペン・グリーン幼児センターは、幼児教育と家族のサポートで世界的に高い評価を得ており、「シュア・スタート」*や「アーリー・エクセレンス」など、その後の政府による教育政策の原型となった。一九八〇年代、コルビーはイギリスで最も貧しく、教育の遅れた地域で、地域のスコットランド移民は製鉄所の閉鎖により行き場を失い、一万一千人もの人々が失業して南へ移動した。次世代のための救済案となることを目指して幼児センターは設立された。現在では、イギリスで最も貧しい千四百の家庭に職を提供している。

＊「シュア・スタート」とは、二〇〇〇年に開始されたイギリスの国家政策で、すべての貧困家庭の子供が地域共同体のセンターを自由に利用できるようにし、彼らとその両親がより裕福な家庭との教育格差を克服するためのサポートなどを受けることができる。二〇一〇年には三千五百のセンターが存在し、恵まれない子供たちの支援をしていたが、二〇〇八年の金融危機の余波で予算が削減されたため、現在では閉鎖されたり、規模を縮小した施設も多い。

「私たちはこのセンターを共同体の中心だと考えています」とプロジャーは言った。それを裏づけるかのように、朝一番に蛍光素材入りの作業着とワークブーツを履いた父親たちがベビーカーを押した母親たちと並んで一斉に入ってきた。よちよち歩きの子供たちも膝をついて辺りをうろうろしていたが、両開きの扉が開くとその向こうへ動いていった。センターではさまざまなサービスが提供されている。二、三歳児の保育所が三カ所、九カ月から二歳向けのエリアが二カ所、問題を抱えた家族のための託児所と、子育てがむずかしい親への支援サービスがある。施設内のいたるところに女性のボランティアや専門家がいる。そのひとりは、自分の子供もこのセンターに来ていて、それから二十年経って子供ははるか昔に大人になってしまったけれど、自分はまだここに来ていると嬉しそうに話してくれた。ペン・グリーン幼児センターにはそうした人々が資格を取得できる付属の施設があり、親が子育てをしながら資格取得の訓練を受けられるようになっている。

私は子供の言語学習について質問した。言葉が大切なことはわかっていたが、それについてあまり話を聞いたことはなかった。

「その準備として、まずは個人的、社会的、感情的発達のことを先にお話ししなければなりません」とプロジャーはなだめるように言った。子供が話すことや言語という道具を獲得するのに先立って、子供たちが「そこにいて、受けいれられている」としっかり感じることができなければならない。彼女の見解では、学習を研究する際にはその点が忘れられている。だが思いがけず、それが必須の条件であることが明らかになってきた。

一九五〇年代、イギリスの心理分析家ジョン・ボウルビィは心理学者ハリー・ハーローが行った幼いアカゲザルの実験を基に、愛着理論を提唱した。ハーローはアカゲザルの幼児を母ザルの人形ふたつといっしょにかごに入れた。ひとつは毛で覆われたもので、ひとつはただの針金でできた骨組みだった。どちらも疑似の乳首がついており、そこからミルクが飲めるようになっている。この実験で、乳を与えるのがどちらの「母」であっても、幼いサルは針金ではなく毛で覆われたほうの人形に身を寄せて過ごすことがわかった。つまり、現在一般的な「行動主義者」の（動物が母に寄り添うのは、餌を与えてくれるから、という）見解は的はずれだということだ。[17]他者との親密さ（ハーローの言葉では「愛」）は、哺乳類として生きていくには欠かせないものだ。ボウルビィは、幼児は自分の感情を抑えることができないため、空腹や悲しみ、寂しさを覚えると怒りだすという仮説を立てた。世話をする人はその感情を「ともに抑える」手助けをする必要があり、それによって、やがて子供たちは、幼いころに適切な経験をしていれば自分で抑えられるようになる。[18]

その後の科学的研究により、この愛着理論は実証されている。十三歳未満の女の子たちに、観衆の前でむずかしいパズルを解いてもらうという実験がある。ストレスを引き起こす難題のあと、女の子たちは、母親に直接会う、電話で話をする、手紙（私の母だったら、たぶんすべて大文字だろう）を受けとる、あるいはまったく接しない、という四つのグループに分かれた。研究者たちはその後、それぞれのグループのコルチゾール（ストレスホルモン）の値を計測した。その結果、直接母親に会った女の子たちはストレスが最も減少していた。それは母親に会ったあと、脳のオキシトシン放出量が増加したためだった。[19]また、この効果によって、遺伝子の発現に生涯にわたる変化が生じる可能性があることもまた示された。[20]マイケル・ミーニー教授の実験により、生後一週間で、母親に見守られ、舐められたり世話をされたネズミの子供は一生のあいだストレスを抑える能力が高いことがわかっている。[21]

つまり、親の愛によって厳しい経験を和らげられた経験がないと、それは脳にずっと刻みこまれる可能性があるということだ。極度の貧困やトラウマが残るような環境で育つことが子供に与える影響は大きい。ペン・グリーンで子供を受けいれることが第一に考えられているのはそのためだ。ウォルワース・アカデミーの生徒たちの行動も、それで少し理解できたような気がした。生徒たちは育った環境へのストレスを感じているサインを出していたのだが、私はそれを見落として居残りをさせてしまっていた。ところがペン・グリーンではスタッフが協力し、子供たちが保育園や学校でやっていくための強い関係を築くことができるようにしている。私はそれまでずっと、子供たちは混沌を生みだしたいのだと思っていた。環境によって行動が条件づけられているだけなのだとは考えもしなかった。

「行動はいつも、子供があなたに伝えようとしていることのしるしなのです」と、プロジャー所長は言った。

それぞれ「クーシー（快適な）」「ネスト（巣）」「デン（ねぐら）」「スナッグ（心地よい）」と名づけられた建物をまわりながら、プロジャーはさらに説明してくれた。ペン・グリーンの職員たちは、グループのなかにいる子供の気持ちに注意し、子供が発している信号を、子供自身が言語で表現するまえに読みとることができる。子供たちはいつも私たちに気持ちを伝えている。必要なのはそれを理解できるようになることだ。

「大切なのは見ることです。子供たちは何に興味を持っているか。何を見つけようとしているか」

最近プロジャーは、少年たちのグループが走りまわってヒーローと悪役を演じる遊びをしていることに気づいた。ほかの場所なら、彼らは外へ追いだされて、あとは放っておかれたかもしれない。「君たち、ちょっとうるさいぞ。やりたいんだったら外へ出て発散してこい、と言われてしまうでしょう」。だが、彼女はおかしなことに気づいた。それはある種の劇であり、子供たちは物語のキャラクターを演じていたのだ。言語能力を伸ばすために使えるのではと思い、つぎの日にプロジャーはキャラクターの人形を用意した。人形の腕は小さく扱いにくいため、微細運動のスキルを発達させるのに理想的だ。やがて鉛筆を使うための準備にもなる。彼女は子供たちに、キャラクターたちの物語を話して聞かせてほしいと言い、「ねえ、悪役の絵を描いてくれない?」と、それをもとに本を書くように促した。四歳児全員をすわらせて同じ課題を強制的にやらせ、それから科学的根拠に基づいていっせいに遊ばせる(アメリカでもイギリスでも政府はその方針を押し進めているが)方法との違いはこうした点にある。

数カ月前にオフィスを訪れたとき、マージー・ウェアリーは「子供たちは学習するようにあらかじめプログラムされている」と語っていた。幼児センターでよく交わされる言葉のとおり、「子供たちはきちんと収まる」のだ。はじめは、家族や共同体の一員として、それからスキーマと呼ばれる行動パターンに。その概念を最初に提唱したのはジャン・ピアジェで、それから現代の認知科学者によって一般に知られるようになった。スキーマは小さな子供に自然にわき上がる欲求に関連している。「包む」という行為のスキーマは、子供たちが布や絵の具で自分を包み、身につけるのを楽しむことで、「移動」することのスキーマはあちこち走ったり、飛んだり、ものを投げたりすることだ。ほかには「回転」「オリエンテーション」「配置」「つながり」「輸送」「変形」などのスキーマがある。よちよち歩きの子供がおもちゃの車やぬいぐるみを並べているのを見たことがあるとしたら、それは「配置」のスキーマだ。

幼児がこうした欲求を抱くのは、のちの学習に対する準備の一環だ。それによって想像力や物語る能力、空間認識や数の感覚が発達し、創造性や言語、数学、科学を学ぶ基礎となる。フラッシュカードをあまりに早く始めると、こうした発達段階を損なってしまうだろう。

「大切なのは自由です」と、プロジャーは言った。「そして危険を許容することです」。ペン・グリーンでは子供たちを週に二、三度森へ連れていき、火を燃やし、はさみを使って実験をさせ、マウンテンバイクに乗せる。子供たち全員でマラソン大会をする。野外へ行きたくなれば野外へ行く。一番年齢の低い子供たちがいる「クーシー」に戻りたくなれば、そこへ向かう。学ぶべきことは環境のなかにある。大人はただ子供たちをそこに連れていき、意識を共有すればいい。カリフォルニア大学ロサンゼルス校の教授ダン・シーゲルはこれを「マインドサイト」と呼ぶ[22]。読み書きはそのあとでかまわないのだ。保育園はできるだけ人と交流させ、子供たちを自由に遊ばせて、大人はそのあとについていくべきだ。子供たちが学習を進めるようになるまえに、自分の居場所があると安心させてあげなければならない。

「スナッグ」では、サラ先生がひざをついてバットマンにハグをしていた。子供たちの将来の言語能力を育むことを狙って、テーブルに手足が動く人形を置き、遊ぶことができるようにしてある。彼女は子供たちが自分自身の物語の登場人物となるスキーマを構築し、それを社会的な、想像力を使った、言語的な遊びにつなげようとしていた。人形といっしょに自分が登場するスーパーヒーローの物語を生みだせるだろうか？　やがてその物語を話して聞かせることができるようになれば、先生はそれを書きとめられる。二、三週間前には、スーパーマンは汽車を見にきていた。今日は腰を下ろして、スタッフに物語を聞かせている。私が見ていると、父親のところへ走っていった。父親は作業着を着て、ワークブーツをはいている。子供は誇らしげにほほえんだ。読むことも書くこともできないが、手には生まれてはじめて本を握りしめている。

「ひとりの子供を育てるには村人全員の協力が必要だ」とウェアリーは語っていた。その村には、古い栗の木も生えている。小さな子供たちにとって一番いい村は、ペン・グリーンのような村だろう。そこで幸せに過ごし、自分の居場所があると感じ、遊びを通じて将来の成功の基礎を築く。だがそれでも、子供たちの早期学習をさらに進めるためにもっとできることがあるのではないだろうか。デブ・ロイの実験からも、すべての瞬間が大切だということは明らかだ。偶然に多くを委ねてしまっていいのだろうか。

学習曲線の形

数学の公式は普通、天才の頭のなかや大学の黒板に現れるものだが、ヘックマンの等式はホームページに載っていて、メーリングリストもある。あとは、今週の行動がわかるインスタグラムのフィードがあれば完璧だろう。それはノーベル経済学賞を受賞したジェームズ・ヘックマンが二〇〇〇年ごろに考案したもので、単純なグラフで表すことができる。x軸は誕生から死までの人間の一生を表し、y軸は（意外なようだが、やはり経済学者らしく）投資に対する収益を表す。人生には数値化することのできるものがほかにもあるだろうが、ここは後期資本主義の価値観に従っておこう。ヘックマンの問いは、〇歳から十八歳の子供への投資額に対し、社会はどれだけの利益を得るか、というものだった。

そのグラフは、自転車で下ったらさぞ気持ちよさそうな曲線をなしている。〇歳から三歳までは投資に対して大きな利益が、四歳から十八歳ではそれなりの利益が得られ、そして十九歳以降はゼロに近い。

これは、ペリー・プレスクール・プロジェクトなど、アメリカで過去に行われてきた幼児教育の分析から生まれたものだ。それはミシガン州イプシランティ市で一九六〇年代初頭に行われた実験で、貧しい家庭の三歳児が二年間、毎日平日に二時間半、問題解決や意思決定といったアクティブ・ラーニングを促す就学前のクラスに参加した。子供たちが遊んでいるときに、大人たちはやさしく計画（アイデアを思いつく）、実行（やってみる）、評価（何が起きたか考えてみる）という方法をとるようにさとす。さらに、教師たちは毎週家庭訪問をした。この画期的な研究では、『セブン・アップ』や『チャイルド・オブ・アワ・タイム』[23]のように、プロジェクトに参加した子供たちの十五、十九、二十七、四十歳のときの状況を追跡調査している。

その結果は明確だった。今日の価値に換算して一万六千五百ドルを投資して、二年間、就学前の子供に良質な学習を受けさせることで、生涯賃金の上昇や、犯罪や社会福祉費用の減少によって十四万五千ドルの利益が生まれたのだ[24]。

言われてみれば、これは当然のことだろう。ところが、学習に関する従来の一般的な見解はそうではなかったのだ。私はそれまで、最も教師の資質が問われるのは大学入試資格を得るA

レベルだと思っていた。六時四十五分発の混みあったバスのなかで人間らしくあるとはどのようなことか、といったソクラテス式問答法で対話をする必要がある。そのつぎが中等学校だ。教えた内容をすぐに忘れてしまう十代の生徒たちを励まし、意欲を駆りたて、人生を決めるGCSEに向かわせなければならない。そのつぎが小学校。子供たちは幸せそうに走りまわっているが、いざとなったらちゃんとやるべきことをやり、お話の時間には集まってしっかりと話を聞けばいい。先生は子供から「ママ」と呼ばれてしまうこともある。最後が保育園だ。すばらしい保育が、時間のある母親によって行われているはずの場所だ。私の知っている曲線は、ヘックマンの逆だった。

「アメリカでは、生まれが不平等の最大の原因だ」とヘックマンは書いている[25]。その状況はイギリスでも変わらない。学習革命を起こそうとするなら、学校を改革するだけでは十分ではない。ヘックマンの曲線に合わせて、はるかに早い時期から始めなければならない。私はこうしたことを考えながらキャシー・ハーシュ＝パセックの研究室へ向かった。

子供が大人を教える！

テンプル大学幼児言語研究所は由緒正しい十九世紀の（あるいはそれらしき）建物で、緑の野原に囲まれている。ハーシュ＝パセックと私は彼女の友人にレモネードを届けてから、午前十時にそこに着いた。この研究所は若いころオックスフォード大学に在籍し、ジェローム・「ジェリー」・ブルーナー（「私は文字どおり彼に夢中だった。これまでに会ったなかで、一番の教師だと思う」と彼女は言った）の指導を受けていた時代から、現在までに築いてきた輝かしいキャリアによって彼女が手に入れたものだ。その後もハーシュ＝パセックは数多くの本や論文を著し、アメリカ心理学会の最も栄誉ある賞をいくつも受賞している。

研究所には彼女の人となりが反映されている。鋭い洞察と満面の笑みであふれていて、儀式ばったところはまるでない。

受付に入っていくと、トリケラトプスとディプロドクス、ステゴサウルスが私たちを迎え、幼児向けのおもちゃが散乱している。恐竜たちの前にあるのはミニチュアの電話ボックス、キッチンカウンター、色鮮やかなトラック、高さが大人のひざくらいの本棚の上に勢ぞろいした、『おさるのジョージ』やドクター・スースの絵本、『はらぺこあおむし』などのキャラクターのぬいぐるみ。研究所というより家のようで、老朽化が進んでいる。「オリエンタル・トレーディング」の印がついた厚紙の箱が食器棚の上に乗っている。その箱にはフラミンゴの漫画が描かれ、「いつでもどこでも楽しめる」という文字で修飾されている。小さい部屋のドアがいくつか開いていて、そこから研究を思わせるものが覗いていた。ノートパソコンがカムコーダーに接続されてつぎの出番を待っている。

二階では、カジュアルな服装をした十九人の初々しい博士研究員がフライドポテトとソース、それにパワーポイントを用意して待っていた。レベッカ・アルパー博士が行っている「基礎的コミュニケーションの向上」に関する研究のメンバーだ。博士はビデオの再生ボタンを押した。

赤いセーターを着た母親が絨毯の上で、幼い息子とは反対側に横になっている。たったいま通ってきた一階の遊び場にあった、町の地図が書かれた奇妙なカーペットが映っている。ふたりのあいだに、シリアルの入った皿がある。

母親は息子が見ている前でシリアルを自分の口に入れる。

「ひとつはママの」と、彼女は息子の目を見つめながら言う。幼児は白い遊び着を着ていて、玩具に囲まれて嬉しそうだ。

幼児はさらに手を伸ばしてシリアルをつかみ、自分の口に放りこむ。その動作を繰りかえす。

「ママも食べていい？」と、母親が尋ねる。

息子はもうひとつシリアルを自分の口に放りこむ。

「ひとつは君の。ひとつはママのだよ」と母親は言い、シリアルをいくつか手に持ってひとつを息子に与え、ひとつは自分で食べる。

「ねえ、ママにひとつ食べさせてくれる？」

息子は口に入ったシリアルをかみながら、何かを考えるように母親を見て、慎重に手を乾いたシリアルに伸ばし、小麦の輪っかをひとつつまんで母親の口に運ぶ。

「ありがとう！」母親は息子を褒め、互いにむしゃむしゃと食べながら見つめあう。

これが会話のデュエットです、とアルパーは説明した。このビデオは研究室の別の博士研究員ルーファン・ルオと準備したものだ。彼らはアメリカ中の貧しい子供がよい人生のスタートを切れるように母親と協力し、子供たちが健康で、愛情を注がれることを目指しているマタニティ・ケア連合と共同で研究している。アルパーとルオは現在、連合から家庭を訪問するスタッフを、両親と幼児の会話のやりとりの質を高める手助けができるように訓練しているところだった。デュエットのひな型は子供が生まれ持っている超能力を元にしている。幼児は科学的に学ぶことできるが、豊かな学習素材を探すために、大人が方向性を示す必要がある。それが教師の役割だ。意味のある発見をする可能性を高め、大切なことを試すサポートをする。言葉の量だけでなく、やりとりの質も大事なのだ。皿に盛ったシリアルを共有することは意識の共有につながっている。

会話のデュエットは研究室で行われている実験のひとつで、目標としているのは、裕福な家庭と貧しい家庭の子供の格差を埋めることだ。ほかに、言語の発達や遊びによる学び、空間認識といったものがあり、いずれも科学技術が使われている。

私は、幼児は画面から学ぶことはできないものと考えていた。

「私がこの『助言とパートナー』方式を考えたんです」とハーシュ＝パセックは言った。「機械にできないのは、パートナーになることです。機械は対人関係が築けません。やりとりはできても、状況に応じた対応はできないのです」

ロボットには話しかけることもできないし、ロボットから大切にされていると感じることもない。だが大人たちはロボットから学ぶことができ、ロボットは話すべきタイミングを助言してくれる。いまは全アプリ業界が、ある単純な規則を記したハーシュ＝パセックの論文に飛びついている。規則とは、まず受動的ではなく、能動的であること。「それも、何かを強く打つといった愚かな能動性ではありません」。気をそらさず、注意を惹くこと。「たとえば、集中して続けられることや、どこかちがう場所へ連れていってくれること」。意味があること。つまり、「誰の気も引けず、何にもつながらないことを教えてはいないかどうか」。そして、社会的で双方向なものであること。「そこにほかの人がいるかどうか」。もしこれらの規則に則っており、学びの目標があって、簡単すぎるものでない（さもないと、やる必要がない）場合、それはハーシュ＝パセック公認のアプリとしてシールが貼られる。このシステムはかなり儲かるだろう。

なかにはこの基準を満たすことができず、子供たちは心から自社のアプリを楽しんでいるのに、と不満を漏らした企業もある。

「ええ、子供たちはおやつも好きでしょう。でもケーキやクッキーだけで一食としてはよくないですよね」というのがそれに対する彼女の返答だった。

ハーシュ＝パセックの使命は、私たちの学習に対する、とりわけ貧しい子供の学習に対する考えを変えさせることだ。著書のなかで、彼女はスタンフォード大学教授のリンダ・ダーリング＝ハモンドの言葉を引用している。「私たちは、教育の本来の使命を忘れさせてしまうような選択肢問題を解くためではなく、子供たちがこれから育っていく二十一世紀への備えをさせたい」。彼女がとりわけ心配しているのは最も弱い子供たちへの押しつけだ。「貧しい家庭の子に基礎を身につけさせることはとても重要だ、という考えがある。だから、休憩などとっている暇はないと考える。ふれあいは子供の学習を助けるが、それを脳の発達に限定して理解してしまう。やるべきことはとにかく読みと算数で、芸術はやめ、また社会科のような小手先の知識を身につける必要はないと考えてしまう」

これはハーシュ＝パセックに重くのしかかっていた。政治家などの素人は科学を自分の目的に合わせてねじ曲げてしまう。科学者は誰も、フラッシュカードが有効だとは考えていない。

これ以上早く読み書きを学びはじめるべきだとも考えていない。それは政府の幻想にすぎない。

最近の研究によって、ハートとリズリーのカンザス・シティでの研究よりも、さらに言語に関する理解は進んでいる。二〇〇三年、心理学者のパトリシア・クールはアメリカ人の赤ん坊に中国語を教える実験をした。何から学ぶかによって、ビデオ、オーディオ、血の通った人間の三グループに分かれたのだが、わずかでも習得できたのは人間から学んだグループだけだった。[26]二〇一〇年に行われた爆発的な人気DVD『ベイビー・アインシュタイン』(タイム誌は「赤ちゃんのコカイン」[27]と呼んだ)を調査したところ、それを見た幼児は「見ていない子供と比べて、言葉に対する理解度はまったく変わらない」[28]ことがわかった。また幼児は両親の会話やイギリスBBCのラジオ4の番組『イン・アワ・タイム』をただ聞いているだけでは(司会者の声がどれだけ心地よくても)言葉を理解するようにはならない。赤ん坊が言語を学ぶには、言葉だけでなく人間がそこにいなければならないのだ。画面を眺めていても、学ぶことはできない。

学校では、まだ幼児の学習に関するこうした事実は無視されている。イェール大学のエリカ・クリスタキスは、就学前の学習において、多次元の多彩なアイデアを駆使した手法から二次元の名指ししてラベルを貼る手法への変化が進んでいることを示した。[29]ハーシュ＝パセックの友人であるヴァージニア大学のダフナ・バソックは、幼稚園ですでに一年生のような教育が行われているのではないかと疑問を抱いて研究を行ったところ、それを裏づける結果が出た。[30]いままでは当たり前だった芸術の時間は十六パーセント減り、テストは二十九パーセント増えていたのだ。

り前のように、幼稚園のころに文字を読めるようになるべきと期待される。しかしそれは、これまでの研究成果に照らして正しいとは言えない。読み書きを五歳から始めた子供と七歳から始めた子供の比較をしたケンブリッジ大学の研究によれば、二年早く始めても、十一歳の時点での読解の成績にはまったく変化がなかったが、「五歳から始めた子供は読書に対して消極的で、テキストの理解度もあとから始めた子供に対して低かった」[31]。国際的な学校のデータ比較では、就学時の年齢が四歳でも七歳でも、十五歳の時点での成績には関係がないことが示されている[32]。デンマークの研究者によれば、五歳で学習を始めた子供よりも六歳で始めた子供のほうが、五年たっても多動や注意欠陥と診断されることが少ないという[33]。

こうした研究が示していることははっきりしている。つまり、物語や経験、感覚、感情に対する内面的な理解力が育つまえに文章の読解を始めると、読む力が身につかないのだ。それは決して望ましいことではない。現在の早期学習のやり方は、子供たちを大切なものから遠ざけてしまっている。

ハーシュ＝パセックは、子供たちに学習や成長の楽しさを感じとってほしいと考えている。彼女は子供のほかにも音楽が好きで、孫娘と電話していて突然歌いだすこともある。自分の子供が小さかったころは、近所の子供たちのためにコンサートやピアノの演奏会を開いていた。そうした経験から、学習に必要なものは知っている。著書では現代の学習における六つのCを挙げている。協力（collaboration）、コミュニケーション（communication）、内容（content）、批判的思考（critical thinking）、創造的なイノベーション（creative innovation）、自信（confidence）だ。当然のことだが、学問的な研究結果から導きだされた教育方針とはちがっている。学問的な研究からひとつ取り入れるとしたら、「最も初期の段階から、赤ん坊は人から学ぶ」という点だ、とハーシュ＝パセックは言う。

それは、自宅の内部をひたすら録画しつづけた研究者夫婦の見解とも一致している。

世界最大のホームビデオ・コレクション

私と会ったとき、デブ・ロイは黒い服を着て、まだ若々しく、十一年を親として過ごしてきた証しに、髪に白いものが混じっていた。ヒューマン・スピーチホーム・プロジェクトが始まったのは、人工知能が大きな話題になっていた二〇〇〇年ごろのことで、インターネットというすべてを一望できる力のもと、チャット・ルーレット〔無作為に選ばれた相手とチャットができるインターネット上のサービス〕などが生まれ、『WE LIVE IN PUBLIC～公開生活24時』などのドキュメンタリー[34]ができた時代だった。一九六〇年代、サイコパスにLSDを投与して裸にさせ、施錠した共同の部屋に押しこむといったことが行われていた心理学の全盛時代にも似ていた。[35]ロイのホームビデオは、いまでは埃をかぶっていた。「コレクションはまだ全部持っていますよ」と、彼は言った。「子供の結婚式の日にこれを見せてみんなを退屈させるのが楽しみですね」。ビデオには山場がいくつかある。初日の朝、おじいちゃんが家で写真を撮る場面は、これまでに二百五十万人が視聴した。子供がはじめて歩いた場面も多くの人が目にしている。だがそれらは、信頼できる少数のグループの人々以外に対して公開された映像のうちごく一部に過ぎない。

「プライバシーについて心配ではありませんか、とよく質問されます。そんなときは、『日常生活が、とくに振り返ってみたときどんなに退屈なものか、あなたはご存じないんですよ』と答えます」

彼らはこの実験で、九万時間分のビデオと十四万時間分の音声を残した。息子が生まれてから三年間（そしてその妹ができてから十八カ月）のうちの八十五パーセントを総天然色で記録したものだ。

ある意味でそれは、偉大な失われたホームビデオでもある。ＭＩＴの彼のチームとともに、ロイは記録したデータを視覚化し、研究する新たな手法を開発していた。「時空イモムシ」は、人が家のなかでどのように動くかを抽象表現主義の絵画のように描きだす。「スペシャル・ホットスポット」は二本の繊細な３Ｄの線が幾重にも重なった結び目のように絡みあっているが、これは親子が一緒に来て話し、学び、探究しあう美しい瞬間を表している。「ワードスケープ」は、特定の言葉がよく聞かれた場所を示しており、リビングルームやキッチンが最高峰をなしている。これらのツールは、ツイッターの内容を分析する方法に応用され、かなりの儲けを生みだした。ロイとひとりの大学院生は十年かけて新しいメディア会社を立ちあげていた。

「自分のクローンが作れたなら、これほど苦労せずに立ちあげられたでしょう」。本気でそう思っているような口調だった。

ロイはいま、異なった視点を持って研究に戻ってきた。ＭＩＴでの新しいグループの名は、ソーシャル・マシーンズという。彼は人間と競争するロボットを作ることはあきらめ、人間の学習を進化させることを目指している。私たちが話しているあいだ、トコは会議室の台座に、遠い過去の競争の遺物として背中を丸めて動かずに立っていた。ロイはパテルとの賭けに負けたのだ。

　彼はもう人間のようなロボットが作れるとは思っていない。その必要性にも疑問を抱いている。ロボットがひとりの人間の子供時代とまったく同じように育ち、まったく同じような若者に育ったとしても、あまり得るものはないだろう。人々がやろうとしているのは、そのようなことだ。そのあとには、想像力や感情、自分が自分であるという感覚、愛といった、トコには不可能なことが待っている。自分の息子を観察していて、ロイは「生身の言語学習者の見た目や行為が、信じがたいほど洗練されていること」に圧倒された。人間の幼児はただオウム返しに言葉を発するだけではない。新しい意味を創造し、感情を共有しあっている。

「あなたも私も、まだ学びつづけています」と、ロイは話した。学習とは、彼がはじめ考えていたのとはちがって、読み解くことではなく、もっとずっととぎれることなく続く、複雑な、社会的な行為だ。彼は子供にヘレン・ケラーの伝記を読み聞かせていて、彼女がはじめて言葉を理解した場面で心を打たれた。幼いころの病気で耳が聞こえず、目も見えなかったヘレンが七歳だったときのことだ。「突然、私は忘れていたものをぼんやりと意識した」と彼女は書いている。「思考が呼び覚まされる興奮。どういうわけか、言葉の謎がわかった。そのとき私は、「w-a-t-e-r」が、私の手のうえを流れる冷たいものだということを理解した。あの生きた言葉が私の心を目覚めさせ、光と希望、喜びを与え、自由にしてくれた。すべてのものに名前があり、それぞれの名前が新しい思考を生みだす。家への帰り道で触れたあらゆるものがいきいきと躍動していた[36]」

ロイはこれを読んで確信を強めた。言語の習得は身体と感情、心に関わるものだ。それはAIとはまったく逆のものだ。

ロイはこの発想をさらに押しすすめようとしている。子供と暮らすことで、「社会的側面の重要性がよりいっそう」わかってきた。いまはキャシー・ハーシュ＝パセックとプロジェクトを行っている。「ある意味で、当たり前のことです。言葉がコミュニケーションと関係ないと考えることは、言語学者としてはかなり奇妙なことでしょう。それに、コミュニケーションが社会的つながりと関係ないと考えることも」。この真実は見落とされがちだ。「でも、キャンパスのあちこちをそんな言語学者が歩いてます」。ロイはにやりと笑い、MITのほうに目をやった。「噂に聞くだけですが」

ロイは現在、「言語とテクノロジーと子供が交わるところ」で研究をしている。そこではAIは主役ではないものの、学習を改革する上で補助的な役割を果たすかもしれない。それを推進するのは、コンピュータの分析力と「地域のなかで」人間が発揮する力のふたつだ。理想どおりの親の役割を果たすのは、とくに貧しい家庭の子供ではとても難しい。幼児期には、「学習者が置かれた社会的、感情的状況」にすべてがかかっている。ところがこうした状況を生み出すはずの両親は、心理的な余裕も時間もなければ、どうすればいいのかもわかっていないのだ。ロイは彼らに成功のためのツールを与えたかった。

「両親が子供のためにすることを妨げるものは、テクノロジーの力で取り除けます」と彼は言った。これは少しテクノユートピア主義的だが、またペン・グリーン幼児センターの理念とも似たところがある。彼がいま考えているのは親と「家庭の学習コーチ」、子供の「三者をつなぐソーシャル・ネットワーク」だ。子供用学習ゲームのモバイル・テクノロジーがそれをサポートする。データは自動的に分析され、子供の発達について教えてくれ、親とコーチに助言を送る。ロイは「不可欠な人間のつながり」、この場合はコーチと親のつながりが失われてはならないと考えた。「その部分を自動化できるとも、したいとも思いませんね」。ひとりの人のサポートのほうが、子守用ロボットに電話で聞くよりも価値がある。

これは学習を考える上で重要なことだ。人工知能の優秀な専門家であるロイは、未来の教育の鍵は自分自身の能力を追求することだと結論を下している。そのために、テクノロジーは役立つだろう。ペン・グリーンやテンプル大学幼児言語研究所はそのヒントを与えてくれるが、私たちにできるのはそれだけではない。言葉は大切だ。そして遊ぶことも。生まれたときから、人は関わりあいのなかで学び、愛されていると感じる必要がある。そのすべてを高めるにはどうすればよいか。ロイは、私たち人間にとって自然な方法に従うことがベストだと考えている。

話をしているあいだに、ロイは息子が廊下ではじめて歩いたときのビデオを見せながら、半年かかって「ウォーター」という言葉を言えるようになるまでの音声データを聞かせてくれた。はじめは繰りかえし「ガガ」という音が聞こえてくる。心地よさげな声、あるいはささやき声、問いかけるような、あるいは怒ったような声。少しずつ「ウー」や「ター」という音が混じりはじめ、また消えては復活し、ついに「ウォーター」という音になる。ロイはデータから、この変化の軌跡を二千カ所切りとった。それを聞くと、ただ畏怖の念に打たれるばかりだ。だがそれでも、ロイは学習の本質についてごくわずかしか明らかにできていないと考えている。ロイが気に入っているのは、べつの瞬間だ。なによりも、息子がはじめて言葉を発したときのことが一番記憶に残っている。

はじめてのことばは片言などではなかった。ロイは息子とすわって写真を見ていた。

「『ファー』と言ったんです」と、ロイは説明した。「でもそれは、ふたりで見ていた壁の魚の写真のことでした」ロイは細かいところまですべて覚えている。「そこに魚があり、息子がそれのことを言ったとわかったのは、偶然ではありませんでした。息子はそれを見たすぐあとにそう言って、私のほうを向いたんです。漫画で、電球がピカッとついたときのような、『あ、わかった』という表情でね。息子は一歳にもなっていなかったけれど、内省的な意識はすでに持っていました」。ロイはそこで少し言葉を探した。「ただわかるだけでなく、ちゃんと自分がわかっているという意識があったんです」

人間は生まれたばかりのときが最も学習に対して開かれている。あらゆるものが流れこんでくる。進化はまだテクノロジーに負けていない。読み書きや計算を詰めこむよりも、数百万年の適応とともに進め、自然に従ったほうがいい。「われわれは探究をやめることはないだろう」と、T・S・エリオットは書いた。ロイは探究をやめず、その探究心はゆりかごのなかの科学者と響きあった。ロボットの脳について研究したことで、彼は人間の幼児が生まれ持っている学習能力により深い畏敬の念を覚えた。おそらくトコはやがて復活するだろうが、そのときはちゃんとロボットの限界をわきまえたものになるだろう。私たちの精神には、まだ探究されていない領域が残されている。脳インプラントは実現しないだろう。むしろ人間が学習する動物であることをあらためて理解することがスタート地点になる。九九の表や事実の記憶よりはるかに広い射程を持った新たな学習の科学が必要だ。エリオットが言うように、「われわれの探究は、最後には出発点に戻り、その場所をはじめて知ることになるだろう」[37]

長期的に見て、どうすれば人間の能力をできるだけ引きだすことができるのだろう。学習の科学はどうすれば生みだせるのか。その答えをどこへ探しに行けばいいか、私にはあてがあった。この旅の第一部の最終目的地は、七年のうちにイギリスで最も学習効果を上げたロンドンの学校だ。その学校の理念は、テクノロジーとは対極にある。

chapter 3

脳は成長する
――フロー体験

私とは、私が直接コントロールしている部分の総和である。
――ダニエル・デネット

山を登る

イフラ・カーンがその一風変わった新設の中等学校のことを知ったのは、八年前の春のことだった。その日、ふたりの「生真面目で礼儀正しい」男性が、彼女が両親と三人のきょうだいと暮らしているフラットのドアをノックした。「みんな、『この人たちは誰？』という感じでした」とイフラは回想した。シーシャ（水タバコ）バーや持ち帰りの飲食店が並ぶロンドン、エッジウェア・ロードに近いホール・パーク・エステートでは、洒落たスーツを目にするのは結婚式か正式なデートのときくらいだ。だがそのふたりは、イフラに会いにきたのだった。男たちはハイメンドルフとパターソンという名前で、ソファに腰を下ろすと同意書の話を始めた。テーブルの反対側でママとパパのあいだにすわっていた十歳のイフラはびっくりした。

「同意書に署名をさせるために家まで来た校長先生はほかにはいませんでした」。ヨークシャーの暗い冬の一日、イフラは紅茶を飲みながら私に話した。いまイフラはリーズ大学法学部の一年生だ。スマートフォンで動画やアプリを見てペストソースのパスタが作れるようになった。レポートの提出がギリギリだったときには、チョコレートとポテトチップスとダイエットコークでどうにか乗りきった。生粋のロンドンっ子で、人といて言葉に詰まることはない。細身の身体に白いキルティングコートを着ていて、メイクはかなり上手だ。独特のアイデアを持ち、強い決断力がある。不法行為法やイギリスの法制度に関する本を読むばかりでなく、『ゴシップガール』などのテレビドラマを観るのも好きだし、街のナイトクラブに行くこともある。学業にもしっかり取り組んでいる。これまでに講義を欠席したのは一度だけで、シティ・オブ・ロンドンの法律事務所で働くことを目標にしている。

「自分の現状と、目標を達成するための方法はわかっています」。イフラは、共有スペースでルームメイトが観ていたドラマを手で遮りながら説明した。カウンターの上に置かれたホットプレートからいい香りが漂ってくる。イフラは成功への道は険しいことを知っている。ここへ来る途中にも、法学部の本部に立ち寄って情報をチェックしていた。

「まさか自分がこんな立場になれるなんて」と、彼女は言った。

私がここを訪れたのはそれが理由だった。イギリスではいまだに家族の社会的背景や両親の稼ぎによって人生のチャンスが決まるため、イフラにはリーズ大学に進学するチャンスはないはずだった。ロンドンの最貧地区で生まれた子供たちを待っている運命は、ラッセル・グループ〔イギリスの二十四の公立大学による構成団体〕に属する大学ではなく、地元のギャングだ。イフラのふたりの兄はギャングになり、罪を犯して刑務所に入っていた。両親も逮捕されたときには、イフラは保護を受けることになった。そして大学入学を控えた夏にようやく、家族は八年ぶりにいっしょに暮らすことができた。パキスタン系イギリス人のイスラム教徒の少女を待つ状況はさらに厳しい。「伝統に従えば、結婚して子供を生み、親と同じ生き方をすることになったでしょう」と彼女は言う。姉は専業主婦だ。もしあの日ふたりの男性が訪ねてこなかったら、イフラもそうなったはずだ。それを選び、幸せに生きていく人もいるだろうが、イフラはそれを望まなかった。

「とても早い段階から、君はいずれここに行くんだよと頭に植えつけられました」。彼女は巨大な古い図書館と近くの生協を手で示しながら言った。「これが君の将来だ、と」

あの日、ソファでの話が終わると、両親は紙にペンでサインした。イフラも肩をすくめて同じようにした。「話はそれで終わりだと思っていました」。ところがその年の七月、チャーチ・ストリート地区の六十人の子供たちといっしょに二週間のプログラムに参加することになると知って驚いた。「軍隊の集中訓練みたいで、普通ではありませんでした」。外でキックボードをして遊ぼうと思っていたのに、むし暑い八月に毎日午前八時に学校へ登校し、そこに午後五時までいなければならない。みじめな気分だった。「私はとてもいたずら好きでした」。母親には頑張って続けなさいと言われた。『勤勉に、人に優しく』というプリント入りのTシャツを着せられました。家に帰ると、みんなに笑われました」。夏に学校へ行って何をしているのかと友達に尋ねられると、「ＫＳＡよ。ＫＳＡに行ってるの」と答えた。

ＫＳＡとは「キング・ソロモン・アカデミー（King Solomon Academy）」の略だ。それはスーツの男たちがイフラを訪問した年の夏に、そのうちのひとりが設立した学校だ。彼は子供にはもっと学ぶ能力があると信じて三歳から十八歳までが通う学校を設立し、最も貧しい家庭の子供と、学習が最も遅れた子供だけを対象とした。「言い訳無用で実績をあげ、大学受験準備を目指す」と彼は私に語った。生徒もスタッフも成功するためにあらゆる努力をしている。環境さえ整っていれば、すべての子供の脳に成功を植えつけることができるというのが彼の考えだ。イフラの両親は小学校の説明会でその学校について知り、娘を入学させた。二週間のブートキャンプを皮切りに、貧しい家庭の子供たちは驚くべき旅路をたどり、成績表の上位へと行き着いた。私がある曇った十一月の晩にリーズ行きの列車に乗ってイフラに会いにいったのはそれについて知りたかったからだ。それだけ成績を向上させるのは、子供にも教師にも大変なことだろう。そこには、子供の学習の可能性についてのヒントがあるはずだ。この章はイフラの物語だ。そして、人間の脳の潜在能力と、多くの子供がそこに到達するために私たちに何ができるかに関する物語でもある。

「いつもお話ししていることですが、これはハイメンドルフ先生の力です」と、イフラは言った。「彼がすべてを変えてくれました」

知性の限界

人間はどれくらい学ぶことができるのか？　ウォルワース・アカデミーで、私は十年四組の生徒たちはもっと学べるはずだと確信していた。学ぶ能力について考えなおすための最終目的地をＫＳＡにしたのは、実際に子供たちの成績が伸びていたからだ。以前は曖昧なまま行っていたことが、いまでは不十分だとわかっている。経済状況は変化し、地球環境は限界に達しつつあるなか、私たちは人間の潜在能力をすべて使う必要に迫られている。ところが貧しい国々では四人に三人の子供が読み書き、算数、理科の力が十分ではなく、先進国の子供のうち三割が、それらの能力のうちどれかを欠いている。KSAはこれに対する解決策を与えてくれるかもしれない。過去には、学習に不向きな子供もいるという言い訳がまかり通っていた。イフラはKSAに進まなければ、元の小学校からIQが低いと評価されていただろう。学校はこうした悪しき科学に満ちている。母と私がふたりとも教師をしていたころ、ハワード・ガードナーの多重知能理論に基づいて互いのノートを比較したことがある。それは、すべての子供には言語、空間、音楽、運動など、得意な学習のスタイルがあり、教えるときにはそれに合わせなければならないというのだ。この理論は一九八〇年代に発表され、九〇年代に一度否定されたが、二〇一〇年代には教員養成のシラバスに入った。

この発想をさかのぼると、チャールズ・ダーウィンの従兄弟フランシス・ゴールトンに行きつく。一八六八年、彼は人間の知性に関する二千年来の論争に決着をつけようとした。人間は経験が書きこまれるタブラ・ラサ（まっさらな板）であり、環境によって能力が決まるのか、それとも、生まれつき人間の能力は決まっているのか。自分自身、五歳のときに級友の誰もホメロスの『イーリアス』を読んでいないことにがっかりしたほどの神童だったゴールトンは、頭のいい人には才能豊かな子供が生まれることに気づいていた。彼はそこから仮説を立て、実地に検証し、はじめての著書『遺伝的天才』を書いた。タイトルから、内容は察しがつくだろう。知性の高い両親からは利口な子供が生まれる。それが彼の考えだった。[1] そのアイデアを広めたのがアルフレッド・ビネーだ。二十世紀初頭、このフランス人心理学者は子供の発達段階を測定し、どの子供が学校で補助を必要とするかを判断するためのテストを考案した。たとえば、子供に光の筋の先を追うように指示したり、無作為に選ばれた七つの数を記憶する、あるいは「obedient（従順な）」という単語と韻を踏む三つの単語を挙げさせる*、といった問題だった。テストの結果から、それぞれの子供の精神年齢が推定された。彼がこの道具に込めた意図は、単に子供のその時点までの達成度を測ることだったのだが、ひとりのアメリカ人心理学者によって、それとは異なる観点から利用されることになった。

ルイス・ターマン（その息子であるフレデリック・ターマンは偶然にものちにシリコンバレーの父となる）は優生学者でゴールトンの信奉者だった。知性は遺伝するものであり、ビネーのテストを使えば精神的能力を測定できると考えた。第一次世界大戦中、彼は自ら開発したスタンフォード改訂版ビネー知能検査によってはじめての大規模な知能測定を行い、百七十万人の兵士の一般的知性をAからEの五段階に分類した。Aと判定された兵士は将校としての、Eは歩兵としての訓練に回された。これが現代のIQテストの元になり、人の知性は変化しないという誤った発想の元になった。だが実際には、IQによってわかるのはそのことではない。テストのスコアを実年齢で割り、百をかけることで算出された数値から、精神年齢を導きだすことだ。単純だが、誤解を生じやすい検査だ。IQとはそもそも相対的な評価であり、時間のなかの一瞬を切りとったものにすぎない。ところが、人々はそれを生涯変わることのない固定されたものとみなすようになってしまった。[2]

だが、そうした状況は過去のものになりつつある。神経科学によって、現在ではヒトの頭のなかにある灰色の物質に関する解明は進んでいる。

海のナメクジが告げる新たな真実

アメフラシは奇妙な生き物だ。熱帯の浅瀬の海に暮らし、雌雄同体の軟体動物で体の大きさはモルモットくらい。攻撃されると毒入りのアンモニアを噴射する。二本の触角があり、まだらな茶色をしていることから、古代ギリシャ人はそれを「海のウサギ」と名づけたが、見た目はむしろ海のナメクジのようだ。また、動物界の劣等生でもある。人間は脳に一億ものニューロンを持つが、アメフラシはわずか二十万だ。このためアメフラシ（なかでもジャンボアメフラシ）は神経科学者に大人気だ。オーストリア系アメリカ人でノーベル賞受賞者であるエリック・カンデルは、ハーバード大学の学生だった一九四〇年代に、そのころ流行していた行動主義の創始者であるB・F・スキナーから深い影響を受けた。だが、心理学とは厳密に行動の研究であり、思考（たとえば自由意思）は幻想だと考えたスキナーに対し、文学を学び、フロイトの信奉者だったカンデルは思考に関心を持ち、その神経学的な基礎を解明しようとした。

彼が疑問に思ったのは、意識を働かせているとき、脳のなかで何が起こっているのか、ということだった。

若き日のカンデルはある午後のこと、パリの研究所でアメフラシを見かけ、一目惚れした。この動物の神経系はごく単純で、脳のニューロンやシナプスを個別に研究できるだろうし、刺激を受けるとエラを引っこめるという反射は格好の実験対象になるだろう。カンデルの研究は

＊ deviant、ingredient、expedient など。

画期的で、エラを四十回以上優しくなでる（「刺激的でない接触」*を行う）と、反射がなくなることを発見した。しかも反射の停止は、アメフラシの脳の神経機構によるものだった。アメフラシの脳の変化は生化学的なもの（運動ニューロンのあいだの神経伝達物質の濃度が下がる）だけでなく、構造的なもの（ニューロンの軸索と樹状突起の物理的形状が変化する）でもあった。「脳のシナプスの数は固定されてはいないということがはじめてわかった」と、カンデルは著書『In Search of Memory』で書いている。「それは学習によって変わるのだ[3]」

カンデルの革新的な発見は、脳の可塑性に関するはじめての明白な証拠となった。それまでは、神経の構造は生まれたときに決定されており、水につけると少しずつ変化してやがてトリケラトプスやティラノサウルスになる恐竜の卵の玩具のように、あらかじめ予定された形へと成長していくだけだと考えられていた[4]。ここから、知性は固定されたものだという考えが生まれた。だがカンデルは、脳の構造は、経路を通過する信号だけでなくその経路そのものが、経験によって変化するのだということを示した。ゴールトンに始まる神話はまだ残っているが、カンデルがアメフラシの脳の変化を観察したことによって、知性は変化するということがわかったのだ。そこには自然と環境の、どちらもが働いている。アメフラシに当てはまることは人間にも当てはまる。遺伝子はある種のガードレールを脳のなかに建てる。しかし知性はそれを超えてどこまでも、それぞれの過程を経て成長していく[5]。

これは学校にとっても画期的な発見だった。成績はその生徒の限界を決めてしまうものではなく、単にそれまでの到達点を表しているにすぎない。さらに、あらゆる子供は互いにちがっており、神経回路によって、それぞれに独自の強みや能力がある。とりわけ多様な神経回路を持っているのが、学習が困難だと診断された人々だ。個人差や自己同一性に関する最上の著作『Far From the Tree』の著者アンドリュー・ソロモンにカンデルが語ったように、「自閉症を理解できれば、脳を理解できる」のだ。＊＊その研究はまだ始まったばかりだ。すべての学習者はそれぞれ異なっている。現在の成績がすべてではない。ＫＳＡが乗りこえた困難は、私たち全員に関わるものだ。十一歳のとき、イフラとクラスメートたちはほかの子供よりも学習が遅れていたが、これは彼らの責任ではない。ＫＳＡはこのことを認識した上で、すべての生徒が、家庭環境に関係なく、まだ実現していない大きな可能性を秘めていることに賭けた。

イフラに会ったあと、ロンドンへ戻る列車のなかで、私はどうすればそれができるのかを考えていた。精神のあらゆる可能性を引きだすことができるすばらしい方法があるのだろうか？

学習に夢中になる

テクノユートピア主義者は隠された真理を発見したと考えた。「現在の学習法は間違っている」と、シンギュラリティ大学の創設者のひとり、ピーター・ディアマンディスは書いている

＊　だからこそ、懐疑主義者がなんと言おうと、恋愛はなくならない。

＊＊　『Far From the Tree』は、個人差に関する必読書で、いくつもの賞を受賞している。ソロモンは個人差という主題を、私にはまったくおよびもつかない信頼性と共感をもって扱っている。関心があったら、ぜひともこの本を一度脇に置き、そちらを手に取ってほしい（それから読み終わったらこの本へ戻ってきてほしい）。この主題がとても重要なことはわかっているが、この本では取りあげる余裕がない。それに関してはトッド・ローズの『平均思考は捨てなさい』もすばらしく、有益な本だ。

る。起業家のディアマンディスはXプライズ財団の創設者だ。この財団は、誰もが持つ「創造的で、起業家精神に富み、創意のある精神」を目覚めさせることで世界の「大問題」を解くことを通じて「すべての人にとっての豊かさへの橋」を架けることを目指している。乗客を乗せることができる宇宙船や、ＴＥＤでの発表ができるＡＩ、医師よりも正確な診断を下せる携帯機器などを開発した人に一千万ドルの賞金を提供したことがある。シリコンバレーでは残念ながら会うことができなかったが、学校に関心を抱いていることは知っていた。科学技術は経験の無駄をなくす。学習の退屈さをなくし、利用しやすくなれば、精神の発達を強く促進することができるだろう。

「学習から暗記の要素を減らし」と彼は書いている。「（モバイルゲームの）アングリーバードのようにしなければならない[6]」。これはキャシー・ハーシュ＝パセックの見解からは離れるが、その言葉の意図はわかる。子供たちは教室とは比べものにならないほどテクノロジーに夢中になっている。

私は教師として迎えたはじめてのクリスマス休暇のことを思いだした。自分の状況が少しずつわかりはじめていた。最初の学期は、生徒たちが新入りの先生に対して慎重になるから、さほど大変ではない。彼らはおとなしくすわって先生を値踏みしている。厳しい先生か、熱心か。どれくらいの経験があるか。優しいか。どこまでやったら怒るだろう。それとも、どこまででもやっていいのか。それから、生徒たちは試しはじめる。指示を無視するようになる。勉強が大変だと愚痴をこぼす。トイレでさぼろうとする。私は二週間分くらい授業の計画に余裕を持たせ、どうふるまうべきかを慎重に決めていった。

「トイレに行ってもいいですか？」ディーンが、私の脇の下のあたりに急に現れて尋ねた。九年生のクラスは、『縞模様のパジャマの少年』を読みはじめたところだった。

「だめだ、ディーン、すわって」私は静かに、そして威厳が出ているように願いながら答えた。それにしても、どうやってここまで来たのだろう？

ディーンは動かない。

「お願いします。許可ももらってあります」

「本当ですよ、先生。行ってもいいと言われてるんです」と、マリアが言った。「許可されています」

私たち教師は、授業中は何があっても教室から出ることを許してはならないと校長から告げられていた。

「授業が終わるまで待ちなさい」

ディーンは動かずにこちらを見つめている。私は突然無力感に襲われた。十三歳の少年を席に着かせる方法がわからない。膠着状態になりつつあった。

「行かせてやってください」と、ハリーが言う。

「お願いします」今度はディーンだ。

「急いで行ってきなさい」降参だ。何も悪いことはない。ディーンは感謝するような表情であわてて出ていき、授業に戻った。

あれが最初の油断だったのだ、と私はあとになって気づいた。実家の居間でコーヒーテーブルの模様を憮然として眺めながら紅茶を飲んでいるときだった。ニューヨーク市長のルディ・

ジュリアーニが犯罪について語っていたことに似ている。小さなこと（たとえば、割れた一枚の窓）をきちんとしておかないと、大きなことが起こってしまう。まさにそのとおりだった。きれいに線が引かれ、しっかり段落分けがされていて、見た目もきれいな本も数冊あるが、ほとんどは授業が機能不全に陥っていることを伝えていた。ひっかき傷や、書きかけの文、漫画のような落書き。「つまんない」とひとり言が書かれたものもある。私はソファにもたれかかった。はっきりしているのは、子供たちがあまり学んでいないということだった。

「生徒たちの気持ちをつかまないと」。休暇に入るまえの、とくにひどい授業のあとで、指導教官に言われた。ここでディアマンディスの出番だ。無限の情報が手に入る現代において、最も価値あるものは人の意識を集めることだ。(7) グーグルやフェイスブックといったテクノロジー企業のすごさはその点にある。二〇一六年現在、私たちは一日に推定で二百二十一回携帯電話をチェックしている。イギリスの十六から二十四歳の若者は一日四時間インターネットを利用しているというのは衝撃的だが、それでもアメリカの同年齢層が一日五時間半なんらかのモニターを見つめているという数字に比べればまだ少ないと言える。アメリカ人のうち一億五千五百万人がテレビゲームで遊び、オンラインの仮想世界でアバターを操作するのに週あたり三十億時間を費やしている。私たちは救いがたいほど画面の虜になってしまっている。(8)

一九九八年、新進気鋭の心理学者Ｂ・Ｊ・フォッグはスタンフォード大学にパースウェイシブ・テクノロジー研究所を開いた。彼は人間の行動がいかにコンピュータに影響を受けるかを示した実験で有名になった。「シリコンのゴマすり――褒めるコンピュータの効果」は、人間の実験対象者が、コンピュータの協力者から異なったレベルの励まし（誠意ある褒め言葉、ゴマすり、総括的なフィードバック）をもらいながらさまざまなタスクをこなすという実験だった[9]。その結果は、その励ましが機械によるものだと知っていても、ゴマすりをされた対象者の成績は、総括的なフィードバックを受けた対象者よりもよく、誠意ある褒め言葉を受け取った対象者と同等だった。さらに自分の経験をより楽しみ、ロボットの同僚に対してより「好意」を抱いていた。

「コンピュータによるゴマすりの効果は」と、フォッグは結論づけている。「一般に人間のゴマすりと同じ効果をもたらす」

双方向性技術の世界で、このニュースはかわいいネコの画像のように一挙に拡散した。心理学の「互恵性の原則」は人間関係を支配している（人は自分が扱われたように相手を扱う）が、どうやら人間と機械にも同じ関係が成り立っているらしい。これは、コンピュータはやがて社会的に行動する主体になるという考えを裏づけるとともに、機械がいかにたやすく人間を操作するかということも示していた。「われわれはゴマすりに弱い」とフォッグは書いた。人が一日に四十分フェイスブックに費やしていた時代に、その事実は大きな力を持っていた。この心理学的な気づきを使えば、人間の行動に影響を与えるアプリを作ることができる。フォッグはこの新しい分野を「カプトロジー（captology）」と名づけた。それは人の気持ちを捕まえる（capture）力を意味するのではなく、「computers as persuasive technology（人を動かすテクノロジーとしてのコンピュータ）」の頭文字を取ったものだ。想像はつくことだが、彼は生徒を説得してもっと長い時間勉強をさせる教育ソフトウェアを使ったユートピア的未来を思い描いている。それをビジネスチャンスととらえている人々もいる。

現在、行動デザインという名で知られている分野は新しいものではない。一九三〇年代にB・F・スキナーがハーバード大学で修士号を取るために研究していたとき、最初のネズミを「オペラント条件づけ箱」に入れたことがその始まりだ。やがてスキナー箱と呼ばれるようになるその箱は小さな密閉された容器で、片方の端に、押すとエサが出てくるレバーがついている。最初の数回、腹を空かせたネズミは偶然レバーを押し、理由がわからないままエサを手に入れる。だがしばらくやっていると、そのネズミは箱に入るなりレバーへ向かっていくようになる。報酬によって行動が強化されるのだ。スキナーは、ネズミであれ鳩であれ人間であれ、オペラント行動という同じしくみに従うと考えるようになった。意識的な選択ではなく環境条件が行動を引き起こす。自由意思とは幻想にすぎない、と。

一九四八年、第二次世界大戦のさなかに行われた大虐殺と自らの実験結果に駆りたてられ、スキナーは小説を発表した。『ウォールデン・ツー——森の生活』は、彼の新しい科学によって、すべての人々にとっての社会的正義と幸福がもたらされるユートピアを描いている。そのなかで、市民は、「計画者」の厳密な設計によってコミュニティから「自然に」与えられることを行う。個人は、今日の教師にはおなじみの正の強化と負の強化の影響にさらされる。スキナーの学説はメディアや広告業界、学校でいまも多く残っているが、このユートピアの実現は当時のメディアによって阻まれた。それを現実化するには、全体主義的政府がなければならなかった。だが、今日までその条件は満たされていない。

私たちはポケットに各自のスキナー箱を持っている。それによって行動を決めるようプログラムできないはずがあるだろうか？

「こうした話題には、たしかに恐ろしさもあるだろう」とフォッグのスタンフォード大学のホームページには書かれている。それは言うまでもない。彼は「機械が人間の信念や行動に影響を与える」未来が来ると予言している。もちろん、それが終わる日は永遠に来ない。「人を動かすことができる人間と同じように、人を動かせるテクノロジーは医療、ビジネス、安全保障、教育など多くの領域で好ましい変化をもたらすと考えられる」。たしかにその可能性は否定できない。彼の研究所で学んだ学生たちは、インスタグラムやグーグルのユーザーエクスペリエンスを開発し、多くのテクノロジー企業で習慣性のある製品の開発に携わっている。だが、テクノロジーが人を動かすことは認めるとしても、その変化はよいものなのだろうか。

「ゲームに夢中になるように、子供たちが学習に夢中になるようにしなければならない」とディアマンディスは語っている。そこにあるのは、人を魅了する携帯機器の力を利用して学習革命が起こせるという考えだ。だが、私にはそうは思えない。

クラスの不調を受けて、私と指導教官は行動計画を考えた。クラスをまとめるのに時間がかかっていたため、学びたいと思っている生徒も集中できずにいた。この点を変える必要がある。指導教官はきっかけとなる単純な行動を提案した。本を貸しださない。みんなが同時に始めることを求めない。説明をしなくてもいい。私は机で待っている生徒たちに簡単な練習問題を与えるか、入ってきたときにホワイトボードで問題を出す。生徒たちは静かに入ってきてそれに取り組む。ちゃんと解けた生徒は褒め、注意をするのではなく、よい点を指摘する。そのようにして私は生徒たちの関心をこちらに向けようとした。

すると、九年生のクラスは変わった。『縞模様のパジャマの少年』に黙って耳を傾け、テキストのページを読み、前日の宿題に出しておいた問題用紙に答えを書きこんだ。授業ごとに短い課題が待っていた。そして授業ごとに二十八人の生徒がやってきてそれに取り組み、どれくらいの時間がかかったかを告げる。一番よかったのはパズルの言葉探しだ。子供たちはネコじゃらしのように食いついた。十三歳の生徒たちは十分でも十五分でもひたすら言葉を探し、用紙を集めようとすると、あとひとつが見つからないからもう少し時間がほしいとお願いされることもあった。彼らは夢中になった。

だがその年のクリスマスに問題集を進めようとすると、新たな問題が出てきた。たしかに生徒たちは関心を持っている。トイレに行きたいとは言わず、課題に取り組んでいる。だが、彼らはちゃんと学んでいるのか？　ノートを見れば、そうではないことは一目瞭然だ。ページをぱらぱらめくると、どうやらほとんど何ひとつ学んでいないようだ。学んだこととして、カナリアやブタの絵が書きこまれている。単純で反復可能な課題には夢中になりやすいが、それで学習が進むわけではない。機械が人の意識におよぼす力によって革命を起こそうとするなら、学習の本当の性質を知る必要がある。私がリーズまでイフラに会いにいったのは、それが理由だった。ＫＳＡで過ごした七年間に、彼女とクラスメートたちはイギリスで最高の教育を受けた。そのことは、試験の成績が証明している。それは曖昧な推測などではなく、顕著で明らかな成果を出した現実の成功物語だ。私はもっとたくさんのことを知るために、今度はその学校へ向かった。

必要なことはなんでもやる

キング・ソロモン・アカデミーはロンドン、メリルボーン近くの目を惹くギャラリーと脇道のあいだにひっそりと建っている。ある寒い十一月の朝八時、ペンフォールド通りの校門は閉ざされ、ハイメンドルフはスタッフとミーティングをしていた。暴風雨になるという噂だったが、遅刻者はいなかった。五十人の若い教師たちが伝達事項に耳を傾けながらシリアルを食べ、インスタントコーヒーを飲んでいた。七、八、九年生は生活指導。今月は「黒人の歴史」月間だ。休暇中の課題について。八年生のサッカー大会。科学博物館の見学。すべてに意図があり、学校というより企業のようだ。五分三十三秒後、ミーティングは終わった。私たちはコーヒーを持って立ち上がり、生徒たちのもとへ向かった。

現在、KSAはイギリスでも上位五校にランクされる学校だ。* 二〇一五年にはイギリス国内の総合制中等学校のなかでもGCSEでトップクラスの成績を収めている。九十五パーセントの生徒が英語と数学を含む五科目でA* からCの成績を取っている。最終成績から入学時の成績

＊ 学校のランク付けの方法は無数にある。最新のGCSEのスコアでは、聖パウロ女子校が首位で、僅差でウェストミンスター・スクールが続き、上位十校中九校を私立校が占めている。成績上位の公立校はすべてグラマースクールで、入学者の選抜を行っている。興味深いのは、入学試験のない学校を総合成績とプログレス8〔本文対象〕でランク付けした表だ。これによって入学した生徒の質ではなく、学校の質を測ることができる。シュロップシャーのトーマス・テルフォード校は常に総合成績で上位に入っている。一方プログレス8では、ブラックバーンにあるタウヒーダル・イスラム教女子グラマースクールがKSAと並んで上位常連校となっている。

を引くことで学校での五年間で生徒がどれくらい学習したかを測るプログレス8のスコアでは、この測定法が導入された二〇一六年からずっと国内で最上位に位置している。ＫＳＡの生徒は十一歳で入学するときには読解や作文のレベルで一、二年遅れているが、十八歳で卒業するときには上位の成績を取っている。生徒の多くは給食費を免除される貧困家庭の子供であるにもかかわらず、[11]卒業生の九割がイフラのように大学へ進学する。この学校の成功は、人間知性を鍛えることは可能だということを示す、議論の余地のない証拠だ。それはこの学校の校長が夢に描いていたことでもあった。

オックスフォード大学で科学を学んだマックス・ハイメンドルフは同級生たちのようにロンドンのシティ地区で仕事をするのは自分に合っていないと感じていた。卒業した年に一年間トンガで教師をして、優秀な大学卒業生を都市部の学校へ派遣する、当時できたばかりのプログラム、ティーチ・ファーストに登録した。「『指導法が学べる』という触れ込みに引かれた」ためだ。ウェスト・ロンドンの中等学校に優秀な新人教師として赴任し、すぐに担任を持たせてほしいと要求した。学年主任になり、「細かいことまで気を配る」ようになった。シャツのボタンはいつも一番上まで留め、ゴミがあればかならず拾った。「この学校のすべての生徒に宿題ができるわけではない」から無理にやらせないほうがいいと同僚に説得されると、ハイメンドルフは生徒たちへの期待の低さに反対し、正しいサポートを与えて期待し、環境を整えればすべての生徒ができる力を持っているという信念を教員たちに植えつけた。

ティーチ・ファーストでの一年間の仕事を終えると、金融業界に就職し、エクセルの画面ばかりを眺めて過ごしたが、すぐに辞めてしまった。土曜日には教育に関して意見が近い人々とミーティングをするようになり、カプチーノを飲み、クロワッサンを食べながら理想の学校に関するビジョンを描いた。彼らは、夢を実現するためには誰かがフルタイムで取り組まなければならないことに気づいた。仲間たちのひとりが意見を述べ、そのあとハイメンドルフのところに巨大な教育チェーンの創設メンバーたちが歩み寄り、学校を作るための数百万ポンドの公的資金（と数百人の子供たち）を託した。ＫＳＡ開校の日、彼は大きな望みを抱き、二十八歳にしてイギリスで最年少の校長になった。それは「深淵に飛びこむようなものだった」

「一分一秒を惜しみ、ひとつの指示も無駄にしてはならない」。その日の午後、オフィスの席に着いて彼は言った。書棚に並んだ分厚い書籍からも、彼がいつも新しい考えを吸収しようとしていることがわかる。いまは三十代半ばで、こめかみのあたりに灰色のものが混じり、毎日の仕事と家で待っている赤ん坊の世話のため少し疲れが見える。それでもＫＳＡの生徒たちにかける期待は色あせることなく、スーツやネクタイはイフラの記憶のままにぱりっとしている。彼の行動のすべては、単純な目標から生まれたものだ――すべての生徒をよい大学へ入学させること。

そのためには、まずは時間が大切だ。知性は固定されたものでないとするなら、学習時間はあればあるだけいい。学校は朝七時二十五分に始まって午後五時に終わり、さらに補習がある。夏休み中にも二週間の補習があり、毎晩二時間の家庭学習が求められる。つぎは教師と生徒の関係についてだ。普通の中等学校では先生は一週間に四百人の生徒の相手をする（「彼らは生徒の名前もほとんど覚えないし、ましてや学習の補助はできない」とハイメンドルフは言う）が、ＫＳＡでは生徒は各学年六十人だ。教師は担当する学年が決まっており、その分計画を立てることに時間を取られることもなく、相乗効果も見込める。彼らは生徒ひとりひとりのことをしっかりと理解している。最後に、重視しているのは広さよりも深さで、「何よりもまず英語と数学をしっかり理解させる」

生徒の選択の幅は広くないが、選べるのはどれも大きな効果を発揮するものばかりだ。

学習が本格的に始まるのは七年生のブートキャンプからだ。「それが校風を生むことにつながります」と彼は言う。最初の夏から、生徒を外界から切り離し、街に近づけず、気を散らさないようにする。まるで試合前のトレーニングキャンプに参加しているスポーツ選手のようだ。生徒たちを「この二週間のあいだに、しっかり規則を守り、行儀よくし、課題を毎回完璧に終わらせ、いつも褒められている状態を普通に」する。この学校では学習する力や、集中力、意識を向け、我慢する能力を高める。彼はしっかりと組まれた「チームにして家族」となり、それぞれが自分らしさとよい習慣、模範となる行動をとることを求めている。二週間経つと、「仲間を褒めあうことがかっこよく、当たり前なことに、学校でちゃんとやることが楽しいことになっています」

変わった決まりがいくつかある。手を叩いて大きな音を立てない、廊下では話をしない、宿題提出の一元化、透明なペンケースなど。細かいところにまで気配りをする。校則が細かすぎると非難されることもあるくらいだ。「絶対に言い訳をしてはならないんです」と、イフラは言っていた。「間違っているか正しいか、つねにどちらか。よいか悪いか。その線を越えてはいけない。もし越えたらそこで終わりなんです」。ハイメンドルフ校長は元サッカー監督のアレックス・ファーガソンのように、いつも厳格に守るべき規律を授ける。「すべての生徒が期待に応えられると信じることが思いやりなのです」とハイメンドルフは説明した。「あらゆる場面で生徒たちに決まりを守らせることが正しいスタート地点となります」。ここでは何もかもが、生徒に正しい習慣を身につけさせ、学習時間を最大化するよう作られている。大学へ進学するという夢によって、彼らは自分の心に素直になる。つまり、テストの結果のみに執着しなくなる。彼らは高い望みを掲げ、人格を鍛え、GCSEという壁を超えていかなければならないからだ。KSAでは、少人数クラスの呼び名に名門大学の校名をつけ（イフラの親友のメイは「マンチェスター」というクラスにいて、いまではマンチェスター大学で国際関係を学んでいる）、「惑星KSA」というセッションを行っている。生徒たちは大学の各コースをグーグルで調べ、もしその大学にいて酔っ払いの行き倒れに会ったらどうするか、というロールプレイングを行う。また、人生に大きな変化をもたらす可能性がある活動もしている。全生徒が週に四時間楽器を習い、ウィーンやパリにオーケストラで演奏旅行へ行く。また一流大学に一週間滞在して授業を受ける。

「オックスフォード大学のことはよく覚えています」と、イフラは言った。「本当に恵まれた環境でした」

生徒たちは高い期待を寄せられるという校風に少しずつ慣れていく。期待の高さはかなりのものだ。イフラとメイがGCSEを受けた年には、相当な好成績だったにもかかわらずハイメンドルフは満足しなかった。「周囲の人にその失望を漏らしてしまったのは失敗でした」と彼は告白した。その成績を収めるのに貢献したスタッフは、学校で要職に就いている人々も含めて、それを聞いて憤慨していたという。KSAの成功は先見の明ある運営と教科指導の質、教師と生徒の信頼関係に基づく教育の賜だ。学校という環境での、あらゆる人のあらゆる行動が、些細なことまですべて生徒の成長につながっている。

「脳は変わる」と認知科学者のスティーヴン・ピンカーは書いている。「はじめて会う人に紹介されたとき、ちょっとしたうわさ話を耳にしたとき、アカデミー賞授賞式を観たとき、ゴルフのスイングを改良したとき——要するに、経験が心に痕跡を残したときに、脳は変わる」[12]。ハイメンドルフの狙いは、六人のグループで家族のようなスタイルでとる三十分のランチなども含めたＫＳＡでの生徒のあらゆる経験を、生徒の心に適切な痕跡を残すように入念に設計することだった。これが学習を最大化する秘密なのだろうか。

アテンション・ゲーム

エリック・カンデルは生涯アメフラシを愛しつづけた。彼にとって記憶の研究とは、記憶によって心に残す痕跡の深さがちがう理由を探究することだった。アメフラシの神経を観察していてはじめに気づいたのは、行動や習慣、反射を司る潜在記憶が長期記憶へと変化することだった。アメフラシはエラを閉じないことを「覚えた」のだ。私たち人間の脳のすばらしい点は、潜在記憶を保持しつつ、人や場所、出来事、アイデアなどについての顕在記憶を作り、蓄積できることだ。カンデルはそれを「複雑な」記憶と呼んだ。そのしくみは潜在記憶と同じシナプスの強化の結果であり、同じように生化学的かつ構造的に神経回路を変える。だが潜在記憶と顕在記憶とは重要な点で異なっているようだ。それはカンデルが「記憶の固定化」と呼ぶ過程についてだ[12]。

私たちは真剣に考えているとき、作業記憶を使っている。それは意識が働く舞台だ。そこに上がることができるのは七つのアイテムに限られている。記憶術の助けを借りないと八つ以上の連続した数字を覚えにくいのはそのためだ。考えるとき、私たちは長期記憶を脇から呼びだし、舞台の上のアイテムの隣に置く。それによって視覚や音、におい、味、触覚などが思考に色を添える。意識は人間の最大の謎のひとつだが、いまでは意識的な思考が、アメフラシのエラや人間の肺のような反射ではなく、たとえば何かに意識を向けるように、意図的な意志による行為であることがわかっている。

「意志の本質的な働きは、わかりにくい対象に注意し、それを意識の前に持ってくることだ」とウィリアム・ジェームズは書いている。[13] 現代の神経科学によって、このときの神経の状態が観察できるようになった。意志の働きによって大脳皮質の前頭葉のニューロンは中脳に信号を送り、神経伝達物質ドーパミンを放出させる。これによって私たちは感覚の領域のなかで、そのときの活動には重要でないもののボリュームを下げ（つまり「抑圧」し）、重要なものは高める（「増強」する）ことができる。これらの皮質のニューロンの軸索は、海馬（脳の奥深くに存在する、脳というオーケストラの指揮者のようなもの）へと延び、それが顕在的記憶の固定化を活性化させる。だから私たちが何かを意識するとき、それが自由意思によってであれ、感情の爆発や強制によってであれ、そこに意味を見つけたからであれ、それを記憶する可能性は大きく高まる。

学習するためには、意志の力で意識を向けなければならないのだろう。意志を損なってしまう、アングリーバードのようなモバイルゲームとの違いはその点にある。何かを身につけたいなら、その対象に集中しなければならない。おそらくそうした意志を操作することはできないのではないだろうか。

イギリス一頭がいい学生

「何よりも考えているのは、意識についてです」と、デイジー・クリストドゥールーは言った。私たちはKSAを含むイギリス国内の三十五校を傘下に置くアーク学校ネットワークの五階にある広いオフィスにいた。「たくさんの人の意識を集めたことこそ、フェイスブックが十億ドルの価値がある企業になった理由です」。彼女は洒落た黒のジャケットを着て知的なメガネをかけた三十代前半の女性だ。その外見に違わず、ある種の天才と言える。大学生がチームで参加するテレビのクイズ番組「ユニバーシティ・チャレンジ」*に優勝したウォーリック大学のキャプテンとして参加し、「イギリス一頭がいい学生」と呼ばれた人物なのだ。著書の『七つの神話との決別』では、二十一世紀の学習で正統とされる考えに反して、豊かな知識を授けるカリキュラムを組むべきだとし、世界的に多くの支持を集めた。現在はアークの評価アドバイザーを務めている。(14)

「情報が無料になった世界で、不足するものは何でしょう」。クリストドゥールーは早押しクイズが得意だ。ロンドンのイーストエンド育ちで、地元のプロサッカーチームであるウェストハム・ユナイテッドの試合を観たり、クリケットをするのが好きだった。奨学金を得て名門女子校に通い、あらゆる分野の知識をさらに蓄積した。話しているあいだも、ハンナ・アーレントの全体主義に関する見解や、サッカーチームFCバルセロナの下部組織など、さまざまな話題が出てくる。彼女は人間の繁栄という夢を信じている。十六世紀イギリス・ルネサンスの時代、革手袋商人の息子ウィリアム・シェイクスピアのような身分の人々がグラマースクールに通いはじめたことで、文化は大きく変わった。いまも当時のような学習革命の時期に当たっているとクリストドゥールーは考えている。現代は誰もが学ぶことができる時代だ。「人間には計り知れない可能性があります」。重要なのは、確実な洞察や技術に基づいた学習の科学を確立することだ。科学の示すところでは、私たちはまだ知識を学ばなければならない。[16]

　私がクリストドゥールーに会いにきたのは、ピーター・ディアマンディスとは逆に、記憶こそが学習の基礎であり、そのためには意識的な努力を続けることが欠かせず、それは知識という基礎の上に成りたつものだという彼女の考え方に興味を持ったからだ。現行の教育システムはそれに適したものではない。「人間の学び方や教育制度に関する科学的証拠から考えて」と、彼女は著書で書いている。「現在の制度は教育を明らかに遅らせていると結論を下さざるをえない」。テクノユートピア主義者は意識に関しては正しかったが、学習に関しては間違っていた。「人が考えるのは、記憶していることだ。記憶しているのは学んだことだ」。だとしたら、「授業を受けているとき、人は何を考えているのだろう？」

　認知の発達には蓄積効果がある。内容を抜きにして「批判的思考」や「問題解決」あるいは「読解」といった一般的なスキルを身につけられると考えるのは誤りだ。それらはつねに、特定の領域の知識という強固な基礎の上に立っている。クリストドゥールーは、四年生の壁、つ

＊　彼女の目覚ましい活躍はユーチューブで見ることができる。

まりそのころに読解が言葉の意味を読み解くことから内容の理解へと重点が移っていくのにあわせて、貧しい家庭の子供が裕福な家庭の子供たちに成績で遅れをとりはじめるというよく知られた現象について語った。いまでも、彼女自身は一般紙やクリケット新聞、歴史上の人物の伝記、学習の科学の研究論文のよい読者だが、タンパク質に関する同僚の博士論文に関しては、たとえ言葉の意味はわかったとしても、内容まではよくわからない。

「記憶は思考のあとに残った余りです」。彼女は認知科学者のダニエル・ウィリンガムを引用した。彼の著書『教師の勝算　勉強嫌いを好きにする9つの法則』（恒川正志訳、東洋館出版社）は、脳科学を教育に応用するための必読書だ。

「ほとんどの時間に、人はいつも同じことをしている」と彼は書く。私たちの脳は「思考のためではなく、思考を避けるために設計されて」いる。日常生活のなかで、たとえば車を運転してよく知った道を移動したり、ゲームをしているとき、私たちは考えてはおらず、記憶によって行動している。学習のきわめて重要な要素のひとつは、何かに意識を向け、それについて考え、それを蓄積するという過程だ。「まず作業記憶がなされなければ、それは長期記憶になることはない」と彼は書いている。「普通、ものにあえて意識を向ければ、それは長期記憶となる」。意識していないものを学ぶことはできないのだ[16]。だが意識を向けるという過程は複雑で、つねに自分の意のままになるわけでもない。ウィリンガムによれば、それを高めることができる確実な方法がいくつかある。たとえば、感情的な反応を引き起こしたものは、記憶に残る可能性が跳ねあがる。また、反復にはある程度の効果がある。覚えようと願うだけではあまり効果はない。あるものが（個人的、あるいは一般的な）物語や図式のどこに出てきたか、といった意味を覚えることは有効だ。

「教師の目標はおおむね、生徒に意味について考えさせることだ」[17]と、ウィリンガムは書いている。

「学習を制約するのは時間です」と、クリストドゥールーは言った。「すると問題は、学習効果を高めるための効率的な学習スケジュールの組み方になります」。彼女はコンピュータの内部で行われている働きは人間にも参考になると考えた。複雑なスキルは、単純なステップへ、ひとつひとつの建築用ブロックへと分解することができる。それから、そのそれぞれを順番に習得していけばいい。「コンピュータには、どれくらいのことができるでしょうか。なんでもとは言わないまでも、たくさんのことができます」。人間の意識は、ある段階においては機械に似ているし、機械に倣うこともできるはずだ。ＫＳＡの方法にもこれは取り入れられている。生徒の学習時間を最大化し、集中力を保たせ、十分に吟味された読解や作文、数学、知識に関する教材を与える。ＫＳＡは脳に「成功を植えつけた」とイフラは言う。そんなことが可能なのだろうか？

ポイントは、苦しみを乗り越えること

ＫＳＡの二階の暖かい教室に、八年生のゴールドスミス・クラスの三十人の生徒たちが慌ただしく入ってきた。それから二十分ほど経った午前八時二十九分に、私は「この生徒たちは夢や大学、勤勉さ、学習を信じている。私と同じように」とメモをとった。十二歳児の扱いは相当にむずかしいものだが、彼らはひとりまたひとりと教室に入ってきて、席に着き、本を取り

だして読みはじめた。ファンタジーや恋愛ものなどの十代向けの小説だ。担任の先生がその様子を見ている。「すごい、よくできたわ、アイマン」「ありがとう、オーラ」「大人と話をしていない人はちゃんと読書をしてください」といった声をかけている。教室の隅にはヴァイオリンとチェロが並べられている。宿題の日記は確認済みだ。

「私たちが待ち望んでいたのは私たちだ」という格言が壁に張りだされている。

「五、四、三、二、一」とハーヴェイ先生はカウントダウンする。一秒たりとも無駄にはできない。「手を机に乗せて、黒板を見て」そこで彼女は待った。「手が遊んでいる人があとふたりいます。黒板を見てください」

八時三十一分、教室は三十人の生徒が指を鳴らす音であふれる。ゴールドスミス・クラスは出席率九十六・九パーセントだ。各学期に出席率が一番高かったクラスは、教室で『ジョニー・イングリッシュ』の上映会をすることができる。しかもポップコーンつきで。生徒たちが大好きな映画だ。ハイメンドルフが語っていた、生徒たちの周囲に生みだす変化が見えるような気がした。八時四十分になると、ハーヴェイ先生は八年生の女子サッカーチームの勝利を願い（「絶対に勝ってね！」）、教室から出ていって生徒たちに数学のテストを受けさせた。ホワイトボードには「始め」の文字が映しだされ、生徒たちはバッグから教科書を取りだし、ペンのふたをはずす。全員が取りかかる。この「始め」の表示は、補習などさまざまなときに表示される。これがＫＳＡのやり方だ。十五分後、あと一分の告知がなされ、八時五十五分に先生が入ってくる。

「ペンを止めて。一、二、三。はい」。先生はパワーポイントのつぎのページをめくる。私は必死でノートを取りながら、生徒たちが誰ひとり先生にゆっくり進んでほしいとか待ってくださいと言わないことに気づいた。こんなことははじめてだ。「これが方程式。学習時間の最大化」と私はメモした。先生は指揮者で、生徒の注意をうまく操っている。先生は自分に意識を向けさせたいときにはすばやく七回手を叩く。すると生徒たちは二回手を叩いてそれに応える。先生は秒刻みで入念に管理された時間の使い方をし、生徒たちの集中を保つ。「あと一分三十秒」と先生は言い、やるべきことを説明する。モチベーションは高く保たれている。生徒たちは数直線上に不等式を表していく。緊張で手が震えている者もいるが、誰も窓の外をぼんやり眺めたり、こっそり教室内でノートを回したりはせず、全員が最後まで真面目に取り組んでいた。

授業の終わりに先生は最後のスライドを映し、「マインドフルネス（Mindfulness）」「達成度（Achieving）」「専門度（Professional）」「準備（Prepared）」を意味するＭＡＰＰという観点から生徒を評価する。私の採点では全員満点だ。ところが、生徒たちは手持ちぶさたで時間を無駄にしたとか、理解していないから黙っていたといった理由で減点されていた。

私は高い期待をするということを理解しているつもりだった。だが、これはまるで別物だ。生徒にとっては苛酷だろう。

「みんな学校が嫌いです」と、八年生のトレックは休憩中に話してくれた。「だいたいみんなそう思ってます。でも、テストを受けるとこの学校に来てよかったって思うんです。先生たちは厳しいけど、僕はきっと医者になれるでしょう」

ＫＳＡでの生活は苦しいが、それだけの価値はある。おそらくそこが大事な点なのだろう。生徒のひとり、シハナがそれに同意してくれた。最初は、「厳しくて、大変そう」という印象を抱いたが、それが自分にはいいことだとわかっていた。「本当に先生が嫌いな生徒もいます」彼女は目配せしながら言った。トレックもシハナも、厳しい学校生活に苦労していた。野菜を食べるのと同じように、いいことでも、人によっては楽しく思えないこともある。生徒は歯車のように将来へと有無を言わさず駆りたてられているように感じることもある。だが、私はイフラのことを思いかえした。リーズで、彼女はそれだけの価値はあったとはっきりと言っていた。

大人たちは口を開けば「大学、大学、大学」。そのことばかりです、と彼女は言った。いまだに先生たちの出身校すべてと、七年生でレディ先生に将来何になりたいか尋ねられたことを覚えている。「私はとても小さくて、歯も欠けていました」。イフラは「弁護士です！」と答えた。だがそれは、とくに生活保護を受けるようになってからは、困難な道のりだった。シハナやトレックと同じように、何年ものあいだ学校の高い期待に苦しんだ。「ただ壁を壊したかった。いらいらしていました」。だがそこは「たとえ死者が出ても」なんの言い訳も通じない世界だった。先生たちは最後までサポートするが、ぼんやりしていることは許されない。その記憶は刻みこまれた。「自分の欠点が何万回も心のなかで繰りかえされました」。あらゆるものが集中力を高めるように設計されていた。

ＫＳＡの生徒は成績が伸びるよう条件づけられている。だが同時にコントロールされ、考えるよう強いられる。真の学習は楽しい経験というより、むしろ苦しみに近かった。

誘導されたユーザーのパラドックス

「ユーザーを愚鈍にしてしまわないよう注意する必要があります」。クリストフ・ファン・ニムウェーゲンはオランダのオフィスからスカイプの画面越しに言った。彼はユトレヒト大学で人間と機械のあいだのインターフェースを研究している心理学者だ。早口で、言語学者のように言葉に対する感覚が鋭い。関心があるのはコンピュータとソフトウェア、インターネットのこと、なかでも「自分ですることと機械がすることの線引き」についてだ。彼はテクノロジー、とりわけコンピュータの画面には魔法とも言えるほど強い力があることに気づいている。だが人間の主体性の重要性は失われることはないと考えており、私たちと彼らの役割分担を主な研究対象としている。『The Paradox of the Guided User（誘導されたユーザーのパラドックス）』という論文で一躍脚光を浴びた。[18]

ファン・ニムウェーゲンはコンピュータの助けを借りることで人間の能力がどれくらい高まるのかに興味を抱き、対象者をふたつのグループに分けてコンピュータの前にすわらせ、徐々に難易度が上がる論理的な問題を解いてもらうという実験を行った。ひとつは解き方についてソフトウェアから画面上でヒントを与えられた「外在化」のグループ。もう一方の「内在化」のグループでは、対象者は完全に自分の力だけで理解するよう求められた。当初、画面上でヒントが与えられれば対象者はより早くゲームの規則を学びとり、成績もよくなるだろうと仮説を立てていた。だが、そうではなかった。不思議なことに、外在化された条件では、対象者ははじめのほうの問題はより簡単に解けるのだが、ゲームが進み、ヒントが減ってくると正しく答えるだけの能力がなく、長期的には成績が悪くなり、やがて高い確率で投げ出してしまったのだ。八カ月後に再び実験したが、やはり同じ結果が出た。

一方でヒントが与えられなかった対象者は、ゲームを自力でやり遂げたことで、長期的な認知上の利益を得ていた。

学習するとき、助けてもらえると思っていると、人の脳は「きわめて怠惰」になる、と彼は説明した。脳は隙あらば短絡的に答えを手に入れたがる。だがそうすることで、知性を深める上で必要となる認知の構造を得られなくなってしまうのだ。イギリスで行われた教育助手の効果に関する研究では、ほかのすべての要素が同一なら、教育助手のサポートを受けた生徒は個人的な補助がなかった生徒よりも進歩が遅いことが明らかになっている。正しいトレーニングを受けていないと、教育助手は学習に必要な苦しみを与えず、それを飛ばしてしまう[19]。「考える必要がない」状況では、愚かになってしまう危険がある、とファン・ニムウェーゲンは言う。テクノロジーは、私たちの知性を高めるのではなく、制限してしまうのだ。これは綴りやかけ算を延々とやらせることとは別の問題だ。

「ナビゲーション・システムを使うことで行き止まりにはまってしまう例はたくさんある」とファン・ニムウェーゲンは言った。哲学者のダニエル・デネットは、著書『心の進化を解明する』のなかで同様の恐れを語っている。つまり、人々は人工物の知性を過大評価し、それに頼りすぎた結果、人間の知識や知性をないがしろにしてしまう危険があるのだ[20]。ロンドン大学のリザン・ベインブリッジ博士はこれを「自動化のパラドックス」と呼んでいる[21]。テクノロジーによる補助は（ソフトウェアがすべて考えることで）人間の知性を損ない、それと同時に、人間の創意工夫の価値をさらに高める（もしソフトウェアに問題が生じたら、人間が介入しないと悲惨な結果になるだろう）。学習理論を研究しているエリザベス・ビョルクは、私たちは「適度な困難」を大切にすべきだと述べている。少しの遅れは、取りかえしのつかないほどでなければ、より豊かな学びの経験をもたらす。[22]

「人はすべてを求める。すべてを自動化すべきだと言う。だが、知識を覚えることだけは、コンピュータに情報の入ったメモリースティックを差すようにはできない。人間にはそれはできないんだ」。ファン・ニムウェーゲンはそこで間を置いた。「ありがたいことにね」。学習は困難でなければならない。時間もかかる。むずかしいという意識がなかったら、おそらく何も学んでいない。ファン・ニムウェーゲン自身も、努力を傾けて「苦しみながら」テクノロジーの開発をしている。ユーザーの経験に固い違和感のあるものを与え、脳はそれと格闘し、その結果成長する。ロンドンの昔ながらのタクシー運転手と、ドライバー用アプリを利用した配車サービス、ウーバーの運転手では、海馬の発達がまったく異なっている。*[23]「利口になりたければ、厳しい仕事に就くべきだ。読みとり、考え、議論し、瞬間瞬間を意識し、語らなくてはならない。テクノロジーを使って、より簡単に、より速くではなく、より豊かになることを目指さなければならない」。そして、学習が簡単にならないなら、動機の有無は大きな意味を持つ

＊　脳の可鍛性に関する最大の「証拠」は、ロンドンのタクシー運転者の研究からもたらされた。資格を得るために、運転手はまず二万五千のロンドンの通り、二万のランドマーク、三百二十の基本ルートという「知識」をマスターしなければならない。研究により、こうして頭のなかに地図を覚えこむことによって、空間の表象を司る海馬が目に見えて巨大化したことがわかった。ウーバーの運転手は、この知識をスマートフォンに外在化している。

だろう。

適度な困難のむずかしさ

カリフォルニアに話を戻そう。B・J・フォッグは人間の行動モデルを作った。それはB＝MAT（行動＝動機＋能力＋誘因）という式で表され、人が行動を起こすにはその三つが同時にあることが必要だとされる。モデルを説明するためのグラフでは、x軸は「むずかしい」から「簡単にできる」までのタスクの難易度を表す。y軸は動機を表す。「行動ライン」が左上から右下に描かれている。行動は、動機と能力、誘因が正しいバランスで同時に現れたときにのみ起こる、とフォッグは考えた。「むずかしい」タスクは、高い動機があり、適切なタイミングで誘因があったときにのみ達成される。タスクが簡単にできるものなら、動機が低くても誘因があれば行われる。つまり、「魅力的な誘因を、高い動機を持った人々に与えよ」ということだ。フォッグはこのモデルと、人の動機が高まるのはどのようなときかを理解するためのアルゴリズムと組みあわせることで、三十年以内に世界を平和にできると考えた。[24]

私はもっと懐疑的だ。フォッグの行動に関する洞察は、何よりシリコンバレーのアプリ製作会社が人々の関心を集めるのに使った。彼の教え子で、インスタグラムで働いていたニール・イヤールは『Hooked　ハマるしかけ』という本を書いた。別のひとり、トリスタン・ハリスはかつてグーグルで、ユーザーの体験を最適化する責任者として働き、人の心を画面につなぎとめる仕事をしていた。「意識の経済」は「脳幹を奪いあう競争」に駆りたてる、と彼はいまでは警告を発している。行動デザインの専門家がアプリをより「ユーザー・フレンドリー」

に、つまりより中毒性のあるものにし、「すべての人に非生産的な時間の使い方をするよう駆りたてる」。その無意味な行為から私たちは逃れられない[25]。

ナターシャ・ダウ・シュール教授は、ラスヴェガスのスロットマシンの研究でやはり同じことを示した[26]。入念に調整されたデジタルスロットマシン（いまやカジノの稼ぎ頭だ）は、プレーヤーを「マシン・ゾーン」と呼ばれる催眠状態にさせる。ソフトウェアに組みこまれた、種類の異なる報酬や惜しい失敗などの心理学的しかけによって、プレーヤーはフローに似た中毒状態になる。ただし、本当のフローは「人生を肯定し、回復させ、豊かにする」つまり「理想的な人間の状態」でありうるのに対して、マシンにはまったギャンブラーは「消耗させ、罠にはめ、自律性を失わせるようなフローを経験する[27]」。この経験は、ラフマニノフのピアノ協奏曲第二番を演奏しているときも、スロットゲームのキャンディークラッシュをやっているときも変わりない。違いは、その結果にある。

学習には価値がある。そして、むずかしくなければならない。もしイフラのように遅れたスタートをするとしたら、間違いなくさらにむずかしくなるだろう。「学校へ行くのはゲームや楽しみのためではありません」と、イフラは言っていた。「学ぶためです」。イフラがＫＳＡで過ごした時間は、脳幹とはほとんどなんの関係もない。ただ前頭葉だけが困難にさらされつづけた。七年間の生活のほとんどは、フォッグの「むずかしい」のカテゴリーに含まれることばかりだった。十一歳から十八歳のあいだに、彼女はイギリスのどんな生徒にも負けないほど飛躍的に進歩した。平均して、ＫＳＡの彼女のクラスメートたちは七年生から十一年生のあいだに、他校の数十万の生徒よりも多くのことを学んだ。大切なのは条件といった単純なことではなく、困難なのだ。ＫＳＡは生徒に長期的な困難を与える。

「やりたくないことを人にやらせることはできない」とフォッグは私に語った。それが彼のモデルの最大のつまずきだ。ＫＳＡでは、生徒たちが物事をやりたいと思うように、むずかしいことでもやりつづけるように動機づける。フォッグの長期的な解決法は、人が最も高い動機を持っているときにタスクを課すようにテクノロジーを使って人の行動を読みとることだ。だが彼も認めているように、人がそもそも動機を持てないようなタスクもありうる。人によっては、代数学やスポーツ、綴りがそれに当たるだろう。ＫＳＡは開校時には報酬と罰に関するＢ・Ｆ・スキナーの知見を参考にして校風を築いたが、その後は教員と生徒たちの関係を構築し、生徒に高い目標を持たせ、スポーツや音楽をさせるなど、あらゆることをして生徒の動機を保たせ、集中できるようにしてきた。私はイフラの意識の高さに打たれた。弁護士になるという目標が彼女を動かしつづけていた。もうすでに、ドアに自分の名前が刻みこまれたガラス張りのオフィスを思い描いている。

「考えることを学ぶとは、本当はいかにして、何を考えるかをコントロールする方法を学ぶことなのです」と、作家のデヴィッド・フォスター・ウォレスは『これは水です』と題した有名なケニヨン・カレッジでの卒業式のスピーチで語った。「それは十分に意識して、経験からどのように意味を読みとるかを選ぶことなのです」。コントロールできなければ、少なくとも肯定的な意味で何かを学ぶことにはならないだろう。学習はアングリーバードとはちがうのだ。テクノロジーの発展によって人間を成長させることには、慎重でなければならない。それではうまくいかないのだ。そこにはコントロールが働いていなければならない。機械への過度の依存は、人間の知性を損なう恐れがある。学習によって手に入れることのできる最高のものは、価値を計り、考慮し、選ぶ力だ。人間が道具を使っているのか、道具が人間を使おうとしているのかと問うことを忘れてはならない。

神経が可塑的だと考えることは意識を機械的にとらえることにつながるが、それが当てはまるのはごく一部だ。「知覚にはかならず創造行為が含まれ、記憶にはかならず想像が含まれる」と、生物学者のジェラルド・エーデルマンは語っている。[28] 私たちの知性は生きて動いている。人間の脳は規則に従わず、無限の可能性を秘めている。私たちはそれに経験という栄養を与え、意識や集中のコツを学ぶ。人間の脳のすばらしさとは、環境や文化に、あるいはますます複雑さを増す道具に対して継続的に、有機的に適応することができる点にある。ゆっくりと、私たちはそれらに手を加えていく。テストの点を上げ、学術的な成果を高めることができる。知識を獲得し、読解や数学を学ぶための新たな科学が出現しつつある。KSAやフエルサ・プレップスクールはその実例だ。だがこれは、まだ知性の一部をとらえたにすぎない。脳は強弱をつけ、協力し、想像することができる。規則に従わない部分はどこまでも残る。

つぎの章では、この予測のつかない時代に子供たちが成功するために必要な能力についてさらに考える。人間の可能性は想像を超えて大きいと私は確信しているが、それを何に使えばいいのだろう。KSAでは、学問や音楽、動機、チームや家族について学ぶべきだと考えている。テクノロジーの信奉者はプログラミング、創造性、複雑なコミュニケーションにそれを向けるべきだと考えている。教育とは、それ自体が目的なのだろうか、それとも仕事や人生で成功するための能力を身につけることなのだろうか。考えをまとめるために、私はつぎにパリへ向かい、テクノロジー教育の新たな歴史を作ったと評価されているプログラミング学校を訪れた。それからフィンランドへ行き、より幸福で持続可能な未来をつくるために必要となる協力のしかたを学んだ。脳が機械のようにも働くことはたしかだが、できることはそれだけではない。人間の可能性の全体像を見誤れば、数億人の子供たちを誤った方向へ導いてしまうだけでなく、フォスター・ウォレスが言ったように、「何か計り知れないものを失ったことに、絶え間なく苛まれる感覚」に苦しむことになってしまうだろう。

Part 2
DOING BETTER

能力を高める

chapter 4

ジャスト・ドゥー・イット
——ゆりかごから職場まで

明日死ぬつもりで生きよ、
永遠に生きるつもりで学べ。
——マハトマ・ガンディー

十分にできるまでやめない

二十一歳のころ、リラ・メルブーシェは生活にうんざりしていた。仕事は、パリ北西部のアニエール＝シュル＝セーヌにあるペットショップのレジ係。それ以前も、なんでも断らずに、「本当にひどい仕事もしました」と彼女は言った。最悪だったのは、声がかかったときに勤務しなければならないスタッド・ド・フランスでのイベントのホステスだ。いつお呼びがかかるかわからないし、仕事は惨めなものだった。ずっと立ちっぱなしで、「笑顔を絶やしてはいけない」。それでも、仕事があるだけましだった。その年、フランスでの若年層の失業率は史上最悪を塗り替えた。その先の長い人生が怖かった。午後五時になるとくたくたになり、給料日前は数ユーロでやりくりする。こんなはずじゃない。目的を見つけ、自分の物語の主人公として生きたい。人生は犬のエサやセキセイインコばかりじゃないはず。

「ちゃんと生活できる仕事を夢見ていました」とリラは言った。でも学校ではうまくいかなかった。「成績は散々でした」。進学や就職につながる資格は、何ひとつ取れないままリセを出た。

「学校が合う人っていますよね」。彼女はよいことなどひとつも思いだせなかった。「それから、私みたいな人も」。そして思い出に対してか、それとも私のフランス語の発音に対してかわからないが、声を上げて笑った。

「本当につらかった」

リラはクラスのなかで影が薄く、真面目に出席していなかった。授業で教わるのは、自分には関係のない遠い過去のことのように思えた。ただ、リセに入学した年の数学の先生だけは面白い授業をしてくれたが、それ以外の大人はみな退屈なだけだった。いまの自分との違いはと尋ねると、「思い出したくもない！」と彼女は声を上げた。「すべてですよ。学校に通っていたあいだずっと、自分には価値がないと感じていました」。リラの姉は成績がよく、高校卒業資格のバカロレアを取って、パリ中心部にある国際的に有名なコンピュータ科学の高等教育機関SUPINFOに進学した。姉のあとを追うには、あまりに成績がかけ離れていた。大学はあきらめ、リラは給料の安い、心を苛むような仕事についた。それでも、どうにかしてそこから抜けだしたいと思っていた。

「マイケル・ジョーダンはバスケットボールをやっていなかったら、決してマイケル・ジョーダンになれなかったでしょう」とリラは言った。大切なのは、天職を探すことだ。

ある日インターネットで職探しをしていると、ウェブアカデミーというプログラミング・スクールの広告を見つけた。情報工学の高等教育機関であるEPITECHで十八歳から二十五歳がプログラミングを学ぶことができる二年間のコースだった。高望みはしていなかった。授業料を払う金銭的余裕もバカロレアもなく、これまで何度も教育をあきらめてきた。でもここには、授業料無料と書いてある。しかも、ドロップアウトした人のためのものだという。つまり、なんの資格もなくても入学できるということだ。リラはすぐにオンラインの申し込み用紙に入力した。するとすぐ、「プール」に参加するよう招待された。それは謎めいた三週間のプログラミング・マラソンで、コースへの最終入学選抜を兼ねていた。リラはそこに飛びこんだ。

学べば仕事が得られる

人間は学ぶように生まれついている。そのため学校時代に何を学び、何を学ばなかったかで人生の航路が決まるのは驚くべきことではない。ヴァージングループの創設者リチャード・ブランソンやスティーブ・ジョブズのように、ドロップアウトしてその後成功したひと握りの人々もいるが、その陰には成功できず、日々の暮らしにも困っている何百万もの人々がいる。イフラのように英語と数学の基礎を学ぶことは必須だが、それだけでは十分ではない。人生という旅のつぎの道のりでは、ほかに何を学ぶべきかを探さなくてはならない。専門家は、イギリスでは二〇二二年までに九百万人の特別なスキルを持たない人々が、わずか四百万の仕事を取りあうようになり、高いスキルを必要とする仕事では三百万人の労働力不足が起こると予測している。[1] イギリスでは過去二十年で、七百万のスキルを必要としない仕事がなくなり、この十年で資格のない労働者のための欠員募集は半減している。[2] 一章で触れたオックスフォード大学マーティン・スクールのふたりの研究者、フレイとオズボーンは西欧諸国の仕事の半分と、中国とインドの仕事の四分の三は今後四十年でオートメーション化されると推測している。[3]

パニックが起きてもおかしくない状況だが、まだあきらめる必要はない。

十九世紀の予言者たちは、当時の産業化に対して同じような警告を発していた。経済学者のデイヴィッド・リカルドは「機械による人間の労働力の代替」は「労働者階級の利益をきわめて不当に損なうもの」であり、「人口の余剰を生みだすだろう」と唱えていた。だが、仕事はなくならなかった。学習が必要となる新たな仕事ができたからだ。「手織り機の織り手の子供たちは、機械化された紡績工場の仕事をするという選択肢だけでなく、エンジニアや電信技師になることもできた」とノースウェスタン大学の研究者たちは書いている。[4] こうした新たな仕事により、十九世紀には教育が爆発的に普及し、世界的に学校が増加した。私たちは新たな経済が必要とする人的資本に適応し、やるべきことを見つけた。

だが、今日の困難はより大きなものだ。そもそも地球の人口が当時よりも増えている。それでも、新しい役割はかならず現れるだろう。西欧諸国で人員募集があり、報酬が上位四分の一に入る仕事の半分は、デジタル・スキルを頻繁に使う「ハイブリッドな」職種だ。[5] マーケティングのプロやグラフィック・デザイナーは、アルゴリズムを組むことを要求される。データアナリストに対する求人は四倍以上に膨れあがり、データの可視化を行う職種（学校で職業について学ぶときにはあまり注目されないだろうが）はなんと二十六倍になっている。二〇一六年、ドイツの技術系企業シーメンスが北カリフォルニアに工場を開いたとき、八百人の求人に対し、一万人が就職説明会に訪れた[6]。新たな役割は、実際にあるのだ。それを得るためには、ロボットよりも賢くなければならない。だが残念ながら、十四歳のレベルの数学と読み書きのテストに通ったのは、応募者のわずか七人に一人だった。

本書の第二部のテーマは、能力を高めることだ。仕事が将来どうなるかは予測不可能であり、そもそも仕事があるのかすら定かではない。それでも、子供たちに未来へのより適切な備えをさせることはできる。いま、何ひとつ持たずに十八歳で学校を離れてしまう子供たちがいる。資格も、世界に関する知識も、スキルも、方向性すらないままに。学校よ、さようなら。思い出をありがとう、と言って彼らは卒業する。学ぶ機会は人生のはじめのころだけに限られ、早くも自分の人生は失敗だという感覚を持って世界へと出ていく。技能《クラフト》を身につけることを学習の中心に据えれば、この状況を変えられるかもしれない。それによってすべての子供が目標を見つけ、創造的な自己表現や必要な道具の使い方を身につけられるだろう。私たちの旅は生涯学習と、リラ・メルブーシェの物語から始まる。

子供たちがハイテクを必要とするこれからの世界で成功するための方法を探るため、私はセント・パンクラス駅からユーロスターに乗ってパリへ向かい、それを実践している新しい学校を訪ねた。

さようなら、いままで魚をありがとう

「システムは壊れている」。メインロビーの奥には階段の吹き抜けがあり、そこの壁に掛けられた煤けたパネルにそう書かれている。喫煙室へ向かう学生たちが連れだって通りすぎる。靴

のかかとを踏み、フードを上げ、バックパックを背負っている。遠くの壁に貼られた白黒写真のなかで、アンドレ・ザ・ジャイアントが「俺に従え」と命令している。金属の格子でできた階段の上は、喫煙者の姿が絶えない。昼も夜もかならず誰かがいる。この学校は眠らない。建物内の壁に組みこまれた防犯カメラが「何を覗きこんでいるんだ？」と問いかける。緑のセーターを着た三十代の男がバーガーキングのセットをミネラルウォーターで流しこんでいる。この近未来ＳＦ小説のような空間は、42と呼ばれている。その名は、ダグラス・アダムスの小説『銀河ヒッチハイク・ガイド』に出てくる「生命、宇宙、そして万物についての究極の疑問の答え」にちなんでいる。ここはパリ北部、ベシェール大通りにある新設の大学で、プログラミングの新たな総本山だ。(7)

私はロビーで二十三歳のトマと会った。テクノロジー企業を立ちあげることを目指している二年生で、ブルージーンズと灰色のセーターを着ている。オンライン・ゲームのサークルでは、『指輪物語』の脇役グリムボルトからとって、「グリーム」と名乗っている。(8)十代のころはヴァンデ県の実家のガレージでコンピュータの修理をしていたが、その後プログラミングを始めた。42での暮らしは夢のようだ。三階建ての建物のうち、ひとつのフロアは「中つ国」と呼ばれている。残りのフロアはそれぞれファンタジー小説シリーズ『氷と炎の歌』にちなんだ「ウェスタロス」と、映画『スター・ウォーズ』に由来する「タトゥイーン」だ。(9)

「これが脳と心です」と、彼は密閉された巨大なガラスキューブに入った黒い箱のほうをおげさに示しながら宣言した。

緑と赤のＬＥＤが点滅している。「もし止まったら、すべてが動かなくなります」とトマは言った。それはサーバーで、42の動力源となる「イントラ」が収容されている。学校のソフトウェアは、学生が日中ずっと（そしてしばしば夜中まで）取り組んでいるプロジェクトのデータを分析している。それは自己組織化されており、自ら集めた情報を使ってつねに自動的に学生のやることを微調整している。それはまた、学生のケアも受けもっている。瞑想のクラスを受講した学生の成績が急上昇したことを受けて、全員にマインドフルネスを推奨している。そのように、学生の喫煙問題についても取り組むことになるかもしれない。イントラは映画『ターミネーター』シリーズに登場するコンピュータ、スカイネットのようなものだ。仕事の世界と同じように、それが学生の携わるプロジェクトを決め、学習を継続させ、協力を促している。どうか世界征服に立ちあがらないでくれよ、と私は願った。

そんな考えも、それほど荒唐無稽とは思われない。42の最大のセールスポイントはこのイントラで、ここには教師はいないのだ。

三年前に、42は革新的なビジョンを掲げて開校した。従来の不自由なフランスの教育にとらわれず、教師不在で授業料は無料、また入学に先立ってどんな資格も必要ない。現在はほぼ男性ばかり三千人近い学生がここで学んでいる。年齢は十八歳から六十五歳まで（長期的に失業している五十五歳以上のための枠が三十人分確保されている）で、かならずしもコンピュータ・オタクばかりではない。彼らは徹底的で、創造的で、自主的な学習の機会を与えられている。卒業するときには、資格はないものの、現代の職場で必要とされるウェブ関連の技術が身についている。開校時には、フランスでプログラミング関連の求人は六万件あった。[10]二〇一六年には、千件の求人に対して三万人の志望者が第一次の採用試験となるオンラインの論理テストを受験した。42の卒業生は全員、技術系の給与の高い職種に雇用されている。

「カッコいいですよね」。トマは、サーバーの上に置かれたラグビーボールを指さして言った。ラグビーの元フランス代表フォワード、セバスチャン・シャバルのサインが入っている。だが、42への賛同者たち（まるでマーク・ザッカーバーグのリンクトインのプロフィールのような面々が並ぶ）のなかでは、有名なラグビー選手もそれほど目立たない。イーロン・マスクは動画を投稿している。スナップチャットのＣＥＯ、エヴァン・シュピーゲルは頻繁にこの学校のことを語っている。ツイッター、ペリスコープ、Airbnb、スラックのＣＥＯはみな惜しみない賛辞を寄せている。すごい人気だ。サーバーを通りすぎ、明るく広い部屋に入ると、ところどころにバンクシーが描いたグラフィティがあり、白いぴかぴかの机が並び、未来主義的なビジョンに引きこまれそうになる。机の上には、数百台の真新しいｉＭａｃが整然と並んでいる。コンピュータの周りにばらばらと学生たちがヘッドフォンをつけてすわり、画面をじっと見つめ、何か話しあっている。出席すべき講義はないから、午前八時から午後六時までも、正午から深夜までも、好きなだけ何時間でも学習できる。学校のウェブサイトに書かれていたとおり、彼らはプログラミングするために生まれたかのようだった。

かつて、リラ・メルブーシェもここで同じように過ごした。いまの学生たちは知らないが、彼らが学ぶことができるのは、ドロップアウトのこの元ペットショップ店員のおかげだった。

「私は三週間、朝八時から深夜まで毎日そこにいました」。スカイプで話をしたとき、リラはそう言って笑った。いまでは二十七歳になり、茶色がかったブロンドの髪で、マナーをきちんと身につけ、ＴＶ司会者のようにほほえんでいる。入学の申し込みをしたときから五年が経ち、いまではウェブアカデミーを運営する立場にある。自分の得意分野を見つけたのだ。「その仕事が気に入ったんです」とリラは言った。レジ係の人生に見切りをつけ、彼女はそこに飛びこんだ。そこでは誰もがゼロからのスタートだ。彼女は毎日困難に立ち向かい、起きているあいだはずっと学び、選択をしつづけた。リラにとってのバスケットボールはプログラミングだった。気に入ったのはそのクリエイティブな面だ。学校でやっていたことは抽象的だったが、これは具体的だった。「プログラムを書けば、それは目に見える形になります」と、彼女は言った。二年間、リラは一日十六時間、ときには週末も学習し、しかもそのあいだ、ずっと笑顔だった。クラスで一番の成績で卒業し、リラは飛躍した。フランスで第二位のインターネット・プロバイダーであり、第三位の携帯電話キャリアであるフリーで、ソフトウェア開発者になった。

いまでは億万長者の仲間入りをしたグザヴィエ・ニエルが創業したフリーはスタートアップ企業のように無駄がない。従業員は百人と、一万五千人を抱える同業の最大手オレンジと比べてかなり少ない。組織はフラットで階層がなく、リラは入社まもなく社長を交えた新製品のミーティングに出席した。ニエルは彼女の貢献を高く評価した。異なった視点から見ることができ、自分の意見を臆せず口にした。社長に経歴を尋ねられたので、彼女はペットショップとプログラミング学校の話をした。「それで、私に連絡が来たんです」と、42の共同設立者であるニコラ・サディラックはのちに私に語った。ウェブアカデミーを開校し、インターネット業界に長くいる彼は、ニエルの名前を二十五年前から知っていた。「どうか教えてください」と、ニエルは彼に電話で言った。「才能ある人材をあらゆる場所で探してきましたが、まったく見つけられませんでした。私の友人たちもみな同じです。人材がどこにも見つからない。そこにこの女の子《ガール》が現れたんです」。彼はその言葉を、フランス風におおげさに発音した。「その子はすばらしく、才能にあふれています。それなのにＩＴ業界出身ではなく、ペットを販売していたなんて。この国はどうなっているんでしょう」

サディラックは、自分の仕事を説明したいからランチに招待してほしいと告げた。「とてもいいレストランで食事ができましたよ」と、彼は笑みを浮かべて私に言った。

「いくらあればできるのかとニエルは尋ねました」とサディラックは言った。家庭環境に関わりなく、フランス中の子供がやる気と意欲さえあれば入学できる、無料のプログラミング学校を建てるには、いくらの予算が必要なのか。「私は一億ユーロと答えました」。それは概算だが、フランス国内各地で技術学校を運営してきた長い経験からはじき出された数字だった。エスプレッソが出されるころには、ニエルの気持ちは固まっていた。「わかりました。やりましょう」と彼は言った。高すぎるとは思わなかったようだ。リラを念頭に置いて、ひとつつけたした。「ああいう女の子を年にふたり送り出せるなら、その価値はある」。ニエルは結局、42の十年分の運営費として七千万ユーロを出資することになった。あとは、卒業生に学校の存続のために出資してもらう計画だった。いまではすでに多くの卒業生がそれに貢献している。

「フランスの制度は壊れている」と、ニエルは学校創設に寄せた文章で書いている。「授業料無料で誰でも入学できる大学は停滞し、ビジネス界の必要に合っていない」うえ、私立校は「より効率的だが高価で、フランスに存在する、とてつもなく大きな才能（あるいは天才まで も）道ばたに放り出してしまう(11)」。批評家は大学を、今日の経済に適した学生を育てられない

「失業者養成工場」(12) だと言うが、42は、少なくともウェブ開発者に関しては問題を解決している。最近ではカリフォルニア・キャンパスも開校し、さらに世界的に拡張する計画がある。

エレベーターに戻り、ディスコライトに照らされて、フランス人デュオ、ダフト・パンクの音楽を聴きながら二階へ上がると、トマはログインして、パスワードを入力した。彼のデスクトップパソコンの画面には、「静かに、ＲＴＦＭ」と文字が浮かんでいる。それは「Read the Fucking Manual（マニュアルを読め）」の略だ。インターネット時代において、答えは自分の外側にある。それを、手間をかけて探さなくてはならない。大きな地図を開くと、黒い背景にふたつの同心円が描かれ、その中心からコネクターと結節点、そこからさらにコネクターが枝分かれし、また結節点がある。『スタートレック』に出てくるもののようだ。そこにはコンピュータ・ゲームのロジックがある。それぞれの結節点は数多くのプロジェクトを表していて、まえの問題を解決することによってのみロックが解かれる。真ん中から始めて、外へ進んでいく。トマはレベル5、全体の十六パーセントまで進んでいた。画面上に、彼が（自分で進めていたプロジェクトで）プログラムしたフラクタル構造の模様のアニメーションが点滅している。全部でレベル21まである。

あらゆる職業に42のような学校があったらどうだろうと考えてみた。きっとこれほどファンタジーやＳＦを取りいれた設計にはならないだろうが、やっていることは移し替えられるだろう。やる気のある新入生を幅広い年齢から集め、徐々にむずかしくなっていく実践的な問題を課して、学生同士で評価をするように促し、あとは任せる。物事の進行を遅らせる古いヒエラルキーは、古くなった知識を学んだ教師も含めて存在しないから、変化していく世界の必要に合わせるのもそれほどむずかしくないだろう。それぞれの職業にふさわしい服装を、実際の責任を負うことなく着てみることができるのは、教育のなかでも大きな意味がある部分ではないだろうか。法学部生はスーツを着て、社会学者はドレッドヘアにしてみる。すっかりなりきったら、あとはプロジェクトを通じて実践的なスキルを身につけるだけだ。それが現在行われている職業準備に置き換わることはないかもしれないが、生涯なんらかのプラスをもたらしてくれるだろう。

私たちは建物内で唯一機械がないゾーン「ヴァルハラ」に向かった。ところがしだいに、自分がどの方角を向いているのか、わからなくなってきた。この施設はどこもかしこも真新しい。だが、何かが心に引っかかった。私たちは誰もがプログラマーになるわけではないし、なりたいわけでもない。バスケットボール選手になりたい人もなかにはいるだろう。リラは好きなことや目標、そして天職を見つけた。だが、ほとんどの生徒はそこまでたどり着けない。

トマが柔らかい灰色で、落ち着いた照明のついた部屋への扉を開けたとき、私はどうしたら生徒たちに職業を選ぶチャンスを与えられるかを考えていた。これまでにも、さまざまな人が考えてきた問いだ。

子供たちが気ままにふるまえる都市

ある心地よい日曜日に、私は妻のいとこで十四歳のジェイコブ、十一歳のソフィア、四歳のトールと、ロンドンのホワイト・シティにあるウェストフィールド・ショッピングセンターへ行った。広々として、ドバイ国際空港のような無機質な都市主義を感じさせるが、金メッキはない。アップルストアやスターバックスといったよくある店舗のほか、ルイ・ヴィトンやバーバリーなどの高級店が並ぶヴィレッジと呼ばれる一角もある。欲しいものがすべて、ひとつの建物に集まっている。だが、両親に連れてこられて私と会っている三人きょうだいが、レゴやユニクロには目もくれずまっすぐに向かったのはキッザニアだった。そこは子供サイズの街で、六十種類の職業体験ができ、働いてお金を稼ぎ、貯金することもできる。

実物より小さめのブリティッシュ・エアウェイズ（ＢＡ）のカウンターで、受付係のメアリーが私たちの入場券を確認し、小さなパイロットに説明をしてくれる。

「ちょっと怖いね」。腕にはめてもらった灰色とオレンジの電子ブレスレットを見て、ジェイコブが言う。不正防止のためのベルトで、子供たちがひとりでエリアの外へ出てしまったり、もっと可能性が高いのは、それをつけている大人がそこを抜けだしてナイキのスニーカーを見にいってしまわないためのものだ。

ソフィアとトールは受付でもらった五十キッゾを興奮ぎみに数えている。キッゾとはキッザニアの共通通貨で、子供ひとりひとりに与えられ、会場内での活動に使うことができる。キッゾを増やしたければ、子供たちはキッザニアの主なアトラクションである職業体験で稼がなくてはならない。七十五キッゾ貯まると、キッザニアの中央銀行で口座を開くことができ、施設内で使えるデビットカードがもらえる。

ジャンボジェット機の機体が受付カウンターを占領している。「飛ぶこと、もてなすこと」のモットーが掲げられている。ここはＢＡの訓練学校を模した場所だ。

「やあ」と、スタッフの国境警備員が胸に二本の指をあてて敬意を表しながら言った。さあ始まりだ。

こどもの王国キッザニアは一九九九年にメキシコ、サンタフェで、「ラ・シウダー・デ・ロス・ニーニョス（子供の都市）」として、一年生のころからの友達だったふたりの起業家、ルイス・ハビエル・ラレスゴイティとハビエル・ロペス・アンコナによって生みだされた。その建国神話によれば、子供の大人からの歴史的独立宣言と、ウルバノ、ビバップ、チカ、ビータ、バッチェという「権利の保護者」によって保証された「子供たちの権利」（「生きる権利」「知る権利」「守る権利」「遊ぶ権利」「共有する権利」「創る権利」）が刻まれている。[13] ビジネスは成功を収めている（初年度で八十万人が訪れ、いまではソウルやムンバイ、シカゴ、クウェートなど、ショッピングモールを中心に二十四カ所にできている）が、私がここに来たのは、その子供への約束（ロペスは、「私たちは子供たちに独立する力を授ける」とニューヨーカー誌の取材に対して語っている）のためだ。[14] キッザニア・ロンドンは、教育長官のジェル・グラウスが国内の教育者からなる「シンクタンク」の助言を得て運営している。「子供たちは、自分が知っている職業にしかなろうと思わない」が彼の口癖だ。

キッザニアは、実世界で通じる学びを真剣に引きうけると主張している。子供たちは、学校や普段の生活では得られない体験ができるという。果たしてそれはうまくいっているだろうか。

私たちは驚くほど実物に似た、三分の二サイズの大通りに出た。三人の小さな警察官がどこかへ急いでいた。錬鉄製の街灯に従って進むとスーパーマーケットがあり、五歳の子供たちが真剣そうに小さなショッピングカートに商品を載せていた。左手にある病院の救急外来の窓から、四人の医学生が人形から肝臓を取りだしているところが見える。右手には職業安定所があり、求人広告が目に入る。「十分で六キッゾ」の美容師の仕事、十キッゾの銀行の窓口係、五キッゾのエアコン修理技師など。閉ざされた七千平方メートルの空間が二フロアに分割され、芸術家やスムージー作り、リサイクルショップ、スーパーモデル、歯科医、メカニック、ジャーナリストになりたい子供たちに、それぞれ決まった給与や料金で仕事が用意されている。

メインプラザには二階建ての建物があり、人工の木の枝が書き割りの雲に触れている。そこは学位を取ることができる大学だ。学位取得者は仕事の賃金が二キッゾ増しになる。

スタッフが声を上げながら運転する消防車が通りすぎる。紺色のコートと黄色い帽子を着た六人の新人たちが、三十分ごとに火災が発生するホテル・フラミンゴの消火にあたろうとしている。ちょうどそのころ、目を充血させたふたりのちびっこジャーナリストが夕暮れのリゾート地に姿を現す。ここは本当に子供の都市なのだ。みな真剣に大人の仕事に取り組んでいる。

「子供たちは組織だった行動ができます」と、ジェル・グラウスは数週間前に会ったとき語っていた。茶色のブレザーと小さな丸眼鏡、絵本に出てくる魔法使いのように後ろになでつけた髪型をした彼は、まさに子供サイズの都市の興行主のイメージにぴったりだった。「ところが大人が手を出したとたん無秩序が訪れます」。エリアをざっと見せてもらったあと、私たちはキッザニアで唯一子供がいないゾーンでコーヒーを飲んだ。そこは二階のアルジャジーラの報道局に近いカフェで、大人たちが集まって子供の仕事ぶりが流れている画面を覗きこむ場所だった。教育に関して、グラウスはジャン＝ジャック・ルソーとウィリー・ウォンカ〔『チャーリーとチョコレート工場』に登場する工場主」を足して二で割ったような人物だった。現在の教育システムは子供を正しく理解せず、無理に規則に従わせようとしているというのが彼の考えだ。子供は生まれたときは自由だが、かならず学校に放りこまれる。「子供を信頼せよ。そうすれば子供に信頼してもらえる」と、彼は繰りかえし語っていた。

グラウスの考えでは、キッザニアは子供にさまざまなことをやってみるチャンスを与え、彼らの視野を広げている。オランダ南部で育った彼は、祖父と同じように炭鉱夫になるつもりだった。「家族はほとんどが炭鉱夫でした」。だが、時代の流れで家族全員が失業する危険もあった。もうひとつの夢は、オランダの天才ヨハン・クライフのようなサッカー選手になることだった。「どちらにもなりませんでしたがね」。ドイツ人の先生が、大学へ行き、教師を目指すよう両親を説得したためだ。グラウスはノーフォークとハンバーサイドで長年教え、その後教育水準局の監査員になり、イングランド北部のふたつの教育改善地域活動の指揮を執ってマンチェスター空港の近郊にある三十校の成績を向上させた。[15] 二〇一四年には、大英帝国勲位を授与された。教師のキャリアの見本のようだ。

「私はかなり幸運でした」と彼は言った。卒業後すぐ、オランダの炭鉱は閉鎖された。石炭の取れなくなった山に取り残され、運の悪さをこぼす人生を送っていた可能性もあったのだ。キッザニアの目的は、子供たちの心に炭鉱夫やサッカー選手、教師、プログラマー以外の種を植えつけることだ。学校でこうした機会を設ければ、そこから子供たちが自分の意志で進路を決めることもできる。

子供たちがＧＣＳＥ向けのカリキュラムのほかにほとんど何も経験していないとしたら、どうして自分が何になりたいか知ることができるだろう。私が十年生のクラスでシャーロック・ホームズを扱っていたとき、科学捜査班の劇をやったことがある。それで授業の理解が深まったわけではないが、生徒たちは小さすぎるボディースーツを嬉しそうに着て、証拠を懸命に探した。こうした劇のほかに、キッザニアのような場所がこの役割を果たしているのかもしれない。

ＢＡの訓練学校では、ほかの子供たちより八歳年上で頭ひとつ大きいジェイコブはパイロット候補生の訓練に加わっていなかった。トールは電子ブレスレットで入場し、十キッゾを渡した。おとぎの世界であるキッザニアでは、一番楽しい活動（飛行機の運転訓練やアイスクリーム作り）は値段が高く、一番面白くない活動（リサイクル、商品の棚詰め）をすれば多くの給料がもらえる。乗客役の保護者たちをもてなすフライト・アテンダントは八キッゾの稼ぎになる。そちらは女の子ばかりだった。

「パイロットになって、楽しかった？」と、教官のナディアが尋ねる。元気な学生や売れない役者がやっているスタッフたちは、スポンサー企業によるガイドラインに沿って教育の専門家が用意したセリフを話している。子供たちはナディアが気に入ったようだ。

「はい！」七人の小さなパイロットが声を上げる。彼らはサイズの合わないパイロットの制服で気をつけの姿勢をしていたが、いっせいにはしゃぎはじめた。

ナディアは続けて重要な情報を子供たちに伝えた。シミュレーターは、ＢＡのパイロットが使用しているのと同じものだった。実際に飛行機の操縦をするまでに、二年間で三千時間の訓練を受ける。大型旅客機エアバスＡ３８０には、二千三百リットルの塗料が五重に塗られている。それだけで、ゴリラ三頭分の重さだ。彼女が通路に飛行機を降ろすと、パイロットの卵たちはまわりに集まった。ナディアはいくつか質問した。パイロットになりたい人は？ このスイッチは何？ 空中で、車輪は必要になる？ ペースは速く、ほかの活動に合わせて、二十分で終わるようになっている。だが、私には少し期待はずれだった。杓子定規だし、よい経験をすることより規則に合わせることを重視しているようだ。仕事ならともかく、これで人生の目的が見つけられるのだろうか。

トールはぎこちなく飛行機を着地させた。そのまま滑走路を走らせ、その先の草地に入っていくと、頭の上のスイッチを押した。

「僕、飛ぶのが大好き」ほかの五つのコクピットのパイロットのひとりが言った。

「すごい」と別の声。

「カッコいいね」と三人目が言う。

ナディアは子供たちが元気に任せて騒がないように一列に並べ、厚紙でできた飛行機の翼をひとりずつに渡した。みな笑顔だが、トールだけは少し浮かない顔だ。

「楽しかったよ。でも、いまいちかな」

それでいいんです、とグラウスはきっぱりと言った。彼の娘は、職業体験で小学校の補助をしたことがある。「二週間後には、それしか仕事がないとしても絶対にやらないと言っていました」と彼は笑った。学校からは、職業体験がうまくいかなかったことを謝罪する電話がかかってきた。「そんなはずはありません！」と彼は答えたという。「小学校に通っていたとき以来、娘にとって一番いい経験になりました」。彼女は生まれてはじめて自分で決定しなければならない立場に立つことができたからだ。「われわれは、なんでもうまくやらなければならないという奇妙な教育観を持っています」と彼はつけたした。人生の準備をするために、子供たちは自分が好きなこと、嫌いなことを見つけるためにできる限り多くの選択肢を経験する必要がある。こうした探求の機会は、とくに貧しい家庭の子供にとっては限られている。

私はそれに同意する。だが、キッザニアで十分な経験ができるとは思えなかった。アルジャジーラの報道局は豪華な作りだが、ソフィアはスタッフのオリーが番組を取り仕切っているあいだ、いくつかのボタンを押していただけだ。これでは意味がない。グラウスからは、教育アドバイザーのケン・ロビンソンとともに監修した、子供たちに外で遊び、探検することを勧めた「泥はすばらしい」キャンペーンのことも聞いたが、そもそも、キッザニアはビジネスなのだ。*子供たちはキッザニアで好きなことができるが、活動のなかで創造性を発揮する余地はほとんどない。多少の想像力が必要となるものもあるが（ジェイコブはポケモン・アニメーション・スタジオで木を主人公にしたすばらしい短編映画を制作した）、それ以外（H&Mのファッションショーへの出演や、工場でキャドバリーのチョコレートを「作る」体験）は、むしろ子供たちを洗脳してブランドのファンにしようと企んでいるように思える。キッザニアには世界中の八百のスポンサー企業がついており、キッザニア・ロンドンの通路で目立っているのは、ルノーやポケモン、H&M、BAなどだ。

音楽が聞こえてくるエリアを通過すると、十数人の子供たちがテイラー・スウィフトの「シェイク・イット・オフ」に合わせて踊っている。それを見ると複雑な気持ちになる。あの子供たちは何を考えているのだろう？

「楽な学校みたいだね。成績もつかないし」と、ジェイコブは静かなホールで言った。自分で楽しむには年齢が高すぎるかもしれないけれど、設備には感銘を受けていた。キッゾは動機づけになる。「モノポリーみたい」。ソフィアは八十キッゾ貯めて、銀行の口座を開いた。だが彼女にとって、「こんなこと知らなかった」と思わせてくれるという意味での教育ではなかった。それに、(「偽物じゃなくて、ちゃんとした」) ベーカリーがあって、ケーキが作れたほうがいい。それでも、ソフィアは「はじめての経験ができる」という理由でキッザニアが気に入っていた。ジェイコブのお気に入りはアニメーション・スタジオで、ソフィアはリサイクル活動だ。理由を尋ねると、「だって、すぐに終わるし、八キッゾももらえるんだもん」と答えた。どうやら本当に仕事について学んだようだ。

意外なことに、一番人気がある活動は貨物輸送だった。初年度にここを訪れた四十万人のうち、二十万人の子供がロゴ入りのキャップをかぶり、蛍光色のジャケットを着て、開けた舗道路へと出ていった。「八歳以上なら、友達といっしょにやって、給料と制服を受けとることができる。誰にも急かされない。夢の国にいるみたいだ」。なるほど。私たちの心のなかには、自由を愛し、白いヴァンに乗って探検に出かけたいという気持ちがあるのだろう。

グラウスは、学校に関して私たちが真っ先に問うべきことは、「十一歳までにすべての子供

＊　ケン・ロビンソンは茶目っ気たっぷりのイギリスの学者で、TEDの人気者だ（学習に関する彼の講演は、これまで最も多くの人々に視聴されている）。弛むことなく学校と教育システムに「創造的な学び」という新たな発想を取りいれることを進言し、またたとえば、子供の発達にとってダンスは歴史を学ぶことと同じくらい重要だと主張している。いますぐ彼の講演の動画を見て、それからこのページに戻ることを強くお勧めしたい。

が経験しなければならないことは何か」だと考えている。たしかに価値ある問いだ。子供たちに、「道の左側を歩いてはいけない。大声を上げてはいけない。笑ってはいけない」と、あれこれ禁止しなくてはならない世界は終わりにしなくてはならない、と彼は主張する。それよりも、ペン・グリーンでのように、子供たちにできることを経験させることが必要だ。子供たちは、キッザニアでたしかに意味のある経験をしている。ソフィアは医療用の人形に、本物の資格を持った医師の監督のもとで手術を施した。ジェイコブはポケモン・アニメーション・スタジオで自分に合ったものを見つけた。トールは火事を消し、タトゥーを入れた。キッザニアは三人の子供に、ごく限られたものではあるにせよ、外の世界の雰囲気を味わわせてくれた。

帰りぎわに、ソフィアはキッザニア中央銀行のデビットカードを使って、三分の二サイズのデパートでミツバチのキーリングを買おうとした。ところが数キッゾ足りないことがわかり、一番近くでリサイクル活動ができるH＆Mに向かった。足先で開始の画面をタップし、それからタブレットでヴァーチャルな衣類をウール、綿、ナイロンと素材ごとに分類し、必要な十キッゾを手に入れた。

「子供たちにもっとこれをやらせればいいかもしれない」と母親のエレノアが言った。「きっとお金の価値がわかるでしょう」

世界中で、数多くの子供たちがこうした仕事をせざるをえない状況にある。よい教育を受けられなければ、ますます仕事のオートメーション化が進み、自由を奪われ、誰もが不要になった衣類を仕分けるような仕事をするようになってしまうだろう。たとえ雇用があっても、大人の生活は何時間もの単調な仕事で埋まり、ほかの人のために働き、乏しいお金を貯めて中古の服を買うことになってしまうだろう。だとしたら、たとえ仕事という形でなくとも、生きる目的を探すことのほうが大切なのではないだろうか。そうとでも考えなければ、ここはリスクがなさすぎて子供が学習することができない、台本に書かれた現実を演じるだけの場所ということになる。それはウェストフィールドという人工の世界のなかにあるさらなる人工物だ。空もない。草も生えていない。そこが火星だとしても同じことだ。ジェイコブとソフィアとトールは楽しい時間を過ごしたが、生き、知り、創り、共有し、守り、遊ぶことを学ぶ十分な機会になったとは言えない。だが、キッザニアでは金銭の流通を認めないというわけにもいかないだろう。私たちは誰もがお金を稼がなくてはならないのだから。

長期的には、こうした経験を学校に持ちこむのはよいことだろう。キッザニアでは、子供たちはさまざまな職業を少しだけ味わうことができる。では、子供たちが居場所を見つけるための手助けは、どのようにしたらいいのだろうか。

「なんでも知りたい」という態度が未来をつかむ

「かりにもともとの能力は低くても、なんでも知りたい《ラーン・イット・オール》という態度は、かならずなんでも知っている《ノウ・イット・オール》という態度に勝る」とマイクロソフトのCEOサティア・ナデラは二〇一六年のインタビューで語っている。これはスタンフォード大学の心理学者キャロル・ドゥエックの言葉だ。その「固定した」マインドセットと「成長」マインドセットという考え方は世界中の学校に広まりつつある。かつては多くの人がフランシス・ゴールトンのように才能は遺伝で決まると考えていたが、いまでは能力は努力によって伸ばせると考える人が増えている。ドゥエックは教室にいるふたりの子供を思い浮かべてほしいと言う。なんでも知っていると思う子供のほうがはじめは優秀だ。知識が勝っているから、ほかの子供より自分は優秀なのだと感じる。自分がよくできるのは、内なる優秀さのためだとかたくなに考え、努力をしなくても自分には自然と才能が備わっていると考える。それに対し、なんでも知りたいと思う子供は、才能とは努力の結果だと考えている。成長マインドセットを持っている。向上するために努力し、新しいスキルを学び、知識を深める。長期的には、イフラがそうだったようにこうした子供がなんでも知っている子供を上回る。[16]

今日の世界で、大切なのはもはやなんでも知っていることではなく、なんでも学ぶことだ。急速な技術的変化や長寿、人間の仕事に取って代わるロボットの存在はすべて、学ぶことの重要性が増していることを意味している。42やイートン・カレッジでは、生徒の性格や学校生活への貢献を入学基準として重視し、グーグルをはじめとする企業では大学の成績だけでなく、独自の評価法で社員を選抜している。[17] グーグルのCEOエリック・シュミットによれば、最も重視しているのは「学習意欲の高さ」だという。[18] イギリスの四大専門サービス会社、PWC、アーンスト・アンド・ヤング、KPMG、デロイトでは、KSAで七年生の過去の成績を確認するように、応募者が過去に何を学んだかを見ているが、現在では重点は学習意欲の見きわめに移ってきている。[19] つまり、学ぼうという意欲がある者は仕事を手に入れられるのだ。

喜ばしいことに、ずっと学びつづける機会はしだいに開かれてきている。ハーバード大学とMITが共同で立ちあげたEdXでは、オンラインの学習プラットフォーム上であらゆる年齢の学生がマイクロマスターズ［大学院レベルの講義が受講できるプログラム］を履修することができる。大規模公開オンライン講座（ＭＯＯＣｓ）への過大な期待は収まったが、いまだに、世界中の数多くの学生がオンラインで知識を得るために利用している。[*] ジェネラル・アセンブリー社は長年にわたり、短期のキャリア・コースを提供してきた。オンラインでヴェルナー・ヘルツォーク監督から映画制作を、スティーヴ・マーティンからコメディを、あるいはゴードン・ラムゼイから料理を学べるコースもある。精神的な苦しみを感じているなら、アラン・ド・ボトンの人生の学校に通うこともできる。[20] 生涯学習は不可欠になり、ビジネスチャンスも広がっている。学びはいたるところにある。

だが残念なことに、こうした機会に触れられるかどうかはスキルと意志にかかっている。学びたいという気持ちと、そうするだけの能力がなくてはならないのだ。学校では、グラウスが指摘したように子供のやりたいことや関心が潰されてしまったり、リラのように惨めな思いをさせられることが多い。生涯学習とは、なんでも知りたいと思うことであると同時に、学習を好きになることだ。私は多くの人に会いにいったが、誰もが心配していたのは、学校は子供たちを勉強嫌いにさせてしまうということだった。会社も似たり寄ったりだ。学習によって自分

＊　二〇一〇年代はじめ、大規模公開オンライン講座は多くの評論家から学習の未来を担うものとみなされていた。もはや講義室にいなくても、たとえばマイケル・サンデルの「正義」に関するすばらしい講義をオンラインで受けられる。しかも、自宅のリビングルームでインターネットを通じて快適に。はじめはうまくいった（スタンフォード大学がコンピュータ科学の講座を開き、学部生とともに、インターネット接続ができるあらゆる学生が受講できるようにしたところ、コースの終わりに提出された論文のうち評価の高い四百本はスタンフォード大学以外の学生のものだった）のだが、いまだに大規模公開オンライン講座の理想は実現されていない。問題は、申込み者の数が多くても、最後まで受講するのはそのうち五〜十パーセントほどしかいないことだ。

の価値を高められるのに、イギリスの労働者は平均して週に四十分しか能力の向上に時間を使っていない。この状況はなんとしても変えるべきだ。

選択肢はふたつある。子供たちに現在必要とされるスキルを教え、時代遅れになるリスクを冒すか、あるいは、必要になったときにそれに合わせてそのスキルを自分で学ぶことを教えるか。大事なのは子供たちに魚を与えることではない。それに、釣り竿を与えることでもない。自分で考えることができるような工夫と適応力、そして自発性を発達させることだ。人生の早い段階で生涯ずっと続ける仕事のスキルを身につけることは、もはや役に立たない。子供たちは、学び方を学ばなければならないのだ。成功とはすべての子供に人生の目的を達成するための道具をマスターする機会を与え、それから、その過程を支えるより深い学習の原則を見つけられるようにすることだ。42で私の想像を駆りたてたのはその点だった。学生たちは得意な分野に集中していた。

機械の愛に見守られて

『指輪物語』に登場するエルフの国にちなんで名づけられたロスローリエンという部屋で、ニコラ・サディラックは前かがみにすわっていた。42の運営方法をを尋ねると、彼は肩をすくめて「私は何もしていません」と答えた。青い目のまわりを、伸びた髪と日焼けした肌が囲んでいる。「ソフトウェアがやってくれます」。外は寒いが、室内は蒸し暑さを感じるほどだ。ホワイトボードの奥に茂っているヤシやシダ、ツタに細かい水滴がついている。すり減ったブーツ、ジーンズ、そして42のロゴ入りTシャツを着て、有機ワインの醸造家のような服装をしたサディラックは、とても世界で最も進んだ学校の創設者には見えない。だが彼はテクノロジーの世界の偉人であり、サイバー・セキュリティの専門家にして、フランスの情報技術機関のトップを務めていたこともある。また、二〇〇〇年には当時首相だったリオネル・ジョスパンのウェブサイトをハッキングしたことでも有名だ。そのサディラックは、42を実際に運営しているのはイントラだと言っている。

「私たちは設置して、ちゃんと動いているか確認するだけです」

スタンフォード大学で物理学の博士号をとったあと、サディラックは当時コンピュータが流行していた東京とサンフランシスコの空気に触れるため、日本を経由してフランスに帰国した。それは八〇年代終わりのことで、フランスでは情報技術といえば専門の大学で教えられる時代遅れの教科でしかなかった。「かなり理論に偏っていて、コンピュータはありませんでした」。彼は何校か見学し、唯一、実際に動いているコンピュータが設置されていたEPITAを選んだ。ところが私立学校の学費を払う余裕はなかったため、「数学と物理を教えるので、コンピュータのクラスを受講させてほしい」と取引を持ちかけた。EPITA側は同意した。彼はできる限りコンピュータに触れて過ごした。授業は低レベルだったが、大学院レベルの確率論や統計学を教えるなかで重要な発見をした。

あるとき、フランスのスーパーマーケット大手、カジノがEPITAに最適化プロジェクトへの協力を求めた。テーマは、買い物客が支払いに要する時間を減らすことだった。サディラックは自分クラスでその研究をするよう学長から指示されたとき、抗議した。「うちの学生は使い物になりません。ひどい結果になるでしょう」。学生たちはテストで平均して一割しか正解できなかった。「それはひどいものでしたよ」と彼は回想する。しかも調査に必要となる数学は学生には高度すぎた。それでも、学長はぜひにと言った。「しかたなく、やってみることにしました」と言ってサディラックは肩をすくめた。学生たちを四グループに分け、指示を与え、研究を始めた。「そうしたら、なんと学生たちはちゃんとした結果を出したんです」と、サディラックは二十年後のいまもまだ驚いているように言った。いったい、何が起こったのだろう。不正をしているかもしれないと思い、テストを行うと、できないはずの学生たちが二十問中十二問から十五問も解けるようになっていた。よい成績ではないが、かなり改善されている。

それはすばらしい発見だった。プロジェクトを与えれば、学生たちは必要な数学をこなしてしまうのだ。

「それから、教えるのはやめました。講義を挟まず、ただプロジェクトをやらせることにしたんです」

二十年以上にわたり、サディラックはEpitechやWeb@cadémie、42でメソッドや教育環境、評価法を実験し、手法を洗練させてきた。学生たちは理論を学ぶよりもプロジェクトに取り組むこと、教師から教わるのではなく学生同士で教えあうこと、学生間で互いに評価をすることによって、より高い成果を収めてきた。「学生同士のほうが、教師よりもはるかに厳しく評価します」。それを可能にするのは、適切なテクノロジーだ。サディラックの考えでは、これはスガタ・ミトラの自己学習環境にも通じている。そのとおりだろう。そして入学選抜を通過したやる気のある学生にとっては、このしくみは効果的だ。

42の最上階で、トマは瓶とレッドブル、インスタントラーメン、コカコーラ、タオル、玩具の銃、ラッキーストライク（つまり、これの持ち主はある程度ここに長居するということだ）などを見せてくれた。壁に、ダース・ベイダーの「帝国軍兵士募集」のポスターが貼られている。ここは42の中枢であり、デジタル世界の小宇宙だ。五、六人のソフトウェア開発者が黒いパーカーのフードをかぶって、外部のルーフデッキのほうを向いた机で作業している。金曜の晩には、温かい湯に浸かることもできる。彼らは八台のベッドに横になり、カーテンでプライバシーを確保して眠る。そのあいだもイントラのことは絶えず意識している。それ以外は、すべて学生に任されている。まずは地図を見て、どこへ行くか決める。チームを組んで、プロジェクトを行う。経験値を得てレベルを上げる。少しアングリーバードに似ているようにも思えた。ソフトウェアにはデータがすべて残っており、ブロックチェーンに参加しているすべての学生がアクセスできる。ひとりの学生の学びが、すべての学生の学びにつながっている。注やプロジェクトへの変更を加えることもできる。

「これは自己学習システムなのです」。サディラックは、酒類や外国のハーブティーが並べられた棚のそばのゼブラ柄の椅子にすわって言った。

「ＩＴ業界にはさらにクリエイティブな人材が必要です」。そのとおりだ。イギリスでは、グーグルは業務を推進するための人員すら確保できていないと言われている。プログラミングはクリエイティブな表現手段で、ほとんどどんなものでも作りだせるツールだ。かつて、プログラマーはＩＴ関連のサポートをするだけだった。いまでは、彼らは世界の姿を思い描き、それを実現している。「まさに作家のようなものです」とサディラックは言う。42のプロモーション用ビデオでは、二十一世紀のシェイクスピアは、詩人がかつて言葉に新たな息吹を吹きこんだように、プログラム言語を変えるだろうと予言されている。サディラックは42を古代の美術学校になぞらえている。彼にとって、生涯学習で欠かすことができないのは創造性と仲間同士の批評だ。42の中心となっているのは学習の方法論であり、特定のスキルを習得することではない。

「ただし、それを学校ですべきではありません」と、彼は断言した。「子供たちはいやがるでしょう」。フランスの国民教育省は八歳からプログラミングの授業を開始しようとしている。目的は悪くないが、子供たちの情熱を奪ってしまうことになると彼は考えている。「早い段階で才能の目を潰してしまうでしょう。それは危険なことです」。それは、芸術を子供たちに教え、「いいね、そこには青を塗り、つぎは赤」といったように規則を教え、毎週十枚もの絵を描かせるようなものだ。少しキッザニアにも似ているかもしれない。そんなふうにしたら、「すぐに芸術家が生まれなくなってしまうでしょう」。はたしてどれくらいの教師が自ら生涯を通じて学び、世界に関する知識を深め、スキルを磨きつづけているだろうか。おそらくは教師自身も、ここはこの色を塗りなさいと指示された経験があるだろう。学校は、学習を阻害してしまう恐れがある。

「伝統的な教育制度の大部分は、規律に従わせ、創造性を奪うことでした」とサディラックは言った。

かつては、日々の惨めさに耐え、秩序を乱さない大量の労働力が必要とされていた。「規律を叩きこまれ、工場の非人間的な環境で働くことのできる人々がいました」。それは国が産業で競争し、労働者をより効率的に働かせようとしていた時代には有効だった。だがいまでは、「よくない仕事はすべてコンピュータやロボットがやるようになっています」。創造的な価値や手仕事に重点を移すべき理由はその点にあるとサディラックは考えている。子供たちは鋭い感覚を持っている。たしかに、読み書きの能力は以前に比べて低いかもしれない。だが新しいテクノロジーに関してははるかに優秀だ。「十年前よりはるかに立派なロボットを作ることができる子供もいます」。なかには、サディラック自身をはるかに超えたレベルに達している子供もいる。「私の脳はしっかりと訓練されなかったんでしょうね」

大切なのは、すべての――本当にすべての子供の学習意欲に火をつけ、それを制度が削いでしまわないようにすることだ。それができれば、あとは子供たちに機会を提供するだけでいい。

そのまえに、私は別のニコラという二十八歳の学生にも会っていた。色白で眼鏡をかけ、髪とひげは伸ばし放題で、いかにもコンピュータ・プログラマーらしい外見だ。テレビ番組で42を見て入学を希望したという。「ほかの学校とはまるでちがいました」。学校（「フランスの教育制度はたいしたものじゃありません」と彼は言う）を出て最初に就職したのは、ポワティエ近郊の３Ｄや４Ｄ映画で有名なテーマパーク、フュチュロスコープだった。いまは42で、デートサイト用の基本的なプログラミングを学んでいる。たとえば年齢や性別、性的指向などに基づいて検索を設定し、ジオロケーション技術を使って半径十キロメートル以内の相手のみをマッチングするようにした。

「いまはある問題に取り組んでいます」と彼は言った。課題はきつい。とくに「プール」では、「疲れて、いつも気分が悪くなって」いた。それでもやる気を失うことはない。取り組んでいるのは自分で選んだものだし、経験値を得ることがやりつづける動機になる。この単純さと自由が責任感を育む。「自分でやらなければ成功できません」と言って、彼は肩をすくめた。授業料が無料であることも重要な点だ。新たにできた42のシリコンバレー校では、必要な学生に対して寮生活を提供している。プロモーションビデオでは、学資ローンの異常さをアピールしている。この二十五年で学資ローンは五・四倍に膨れあがり、アメリカ全土で、学生の借入金の合計は金額にして一兆ドルを超え、アメリカのGDPの六・六パーセントに達している。ニコラはほかの学生より少し年上で、楽しくない仕事をすることの絶望を味わったことがあるから、自分の手で成功をつかもうという意欲にあふれている。これからの仕事への期待感もある。

「順調です」とサディラックは言った。この方法はほかの分野でもうまくいくだろう。スーパーマーケットのプロジェクトのあと、彼はさらに実験をした。Epitechの学生はコミュニケーションに問題を抱えていた。さまざまな事業の経験から、彼はプログラマーが「技術面ではすばらしいが、コミュニケーションは苦手」だとを知っていた。まず文章が書けない。「コンピュータばかりをいじっていた者がほとんど」だった。学校での経験から、「何を書いてもろくな成績をつけてもらえない」と思いこんでいる。サディラックは絵が描かれたカードのセットを作り、それを並べるとストーリーができるようにした。「一匹のネコがキッチンに入ってきて、ガラスを破り、外へ出ていく」といったように。彼はそれぞれストーリーを表す五枚のカードを並べ、それをもとに、学生のグループに、一文でストーリーを表す五つの文章を書かせた。その文章はさらに別のグループに手渡され、受けとった学生たちは絵が描かれたカードを正しい順番に並べなおした。

「はじめは、互いに文句を言いあうばかりでした」とサディラックは笑った。結局、四十パーセントしか正しく絵を並べられなかった。文章を書いた側の学生たちは、仲間が理解できないことに怒った。ところが、彼らはそこから何かに気づいた。「自分にとって意味のある目標を目の前に置かれると、それをやりたくなるものです」。サディラックはより多くのカードを用意し、六カ月後（教室では、あっという間にすぎる時間だ）、すべての学生がその意味を伝えられるようになっていた。「いい文章ではなくても、少なくともストーリーは伝わるようになりました」。それは私が英語のクラスで苦労してやってきたこととかなり合致しているように思えた。彼は、その方法がフランス語でもビジネスでも芸術でもうまくいくと確信していた。私はそうした場面をすでに見たことがあった。ピア・ツー・ピア大学は、大人の学習者グループが大規模公開オンライン講座のコースを自由に受講したり、公立図書館で自分たちが企画したセミナーを行う非営利団体だ。私の弟は一年間、大学卒業生を対象とし、運営も学生たち自身が行うスクール・オブ・ザ・ダムドという学校に通っていた。そこでは、約二十人の美大生がスタジオやギャラリー、パブに集まり、自ら学びつつ、学者や著名な芸術家を招いたセミナーを開いていた。さらに一歩進んで、コースの目標も自分たちで設定していた。そこにはイントラもなければ、授業料もない。それでもたくさんの新しい美術を生みだしている。

サディラックの考えはシンプルだ。「目標をどんどん高くしていき、学生のチームを作り、できる限り客観的に成果を評価する方法を確立する（これは芸術や社会学といった分野ではよりむずかしいだろう）」こと。イントラに学習を取りしきらせ、学生たちが協力しあうようにして、あとは情報をグーグルで各自調べさせる。私は、あらゆるグループに42があったらどうなるだろうと考えた。データの可視化を行う人やハイテク工場の労働者、精神科医、ヨガインストラクターといったグループに。シンガポールでは、全国民がキャリアを通じて生涯学習しつづけることが認められている。二〇一五年に開始されたスキル・フューチャー・クレジットという制度で、二十五歳以上の国民に五百シンガポールドルが支給され、職場でのリテラシーや計算、看護、料理などの政府が認可したコースへ入学することができる。[21] 学校で教わる知識は、かならず時代遅れになる。42では、学生や卒業生はブロックチェーンを通じてプロジェクトに変更を加えたり、新たなものを提案したりする。カリキュラムは絶えずアップデートされ、うまく陳腐化が避けられている。

そこを去るまえに、ジャン＝リュック・ヴァンジェールという学生にも話を聞いた。「プール」を通過し、この学校に来るまえから、彼は起業家兼作家として有名だった。著書の『Le Syndrome de Marie-Antoinette（マリー・アントワネット症候群）』は、時代の変化についていけない人々への警告だ。今後、最善のケースでもエリートは不要になる。最悪の場合、彼らは首を刎ねられることになる。社会階層の変化はいつも遅すぎ、世界の変化についていけない。非効率で脆く、考えるのは現在の秩序を維持することばかりだ。42はそこがちがう。サディラックはギロチンを使わずに伝統的な学習モデルを変え、新たなモデルを生みだした。

成功は学びつづけることにある

現在の学校では、学ぶべきことが明確になっていない。読解、数学、理科は議論の余地なく必要で、思考とコミュニケーションのための最も重要なツールだ。知識も重要だ。共通の文化を持ち、知の枠組みを定める必要がある。だが、わかっているのはそこまでだ。「予測することのできない未来への準備」をしなければならないと誰もが言う。まるで、これまでのどの世代も、つぎに何が起こるかわかっていたかのように。おそらく、未来のことを知る必要などないのだろう。ただ、教育が必要だということは間違いない。イギリスでは、学位取得者はキャリアを通じて、学位のない人々より二十二万五千ポンド収入が多い[22]。教育を受けた年数が一年増えるごとに、平均時給は一割増加する[23]。つまり学習することで収入は増えるのだ。また学習しなければ、テクノロジーという津波に流されてしまうだろう。

オズボーンとフレイの『雇用の未来』によれば、将来的に私たちがする仕事はより人間の成長に関わるものになっていく。たしかに最もオートメーション化されにくい職業の二位には「機械工や設置技術者、修理工の監督者」が挙がっているが、それ以外に技術関係で五十位以内に挙げられているのは、三十二位の「コンピュータ・システム・アナリスト」のみだ。あとの四十八個は人と接する職業だ。一位は「レクリエーション・セラピスト」で、四位には「精神保健、薬物乱用ソーシャルワーカー」、六位には「作業療法士」、八位には「医療ソーシャルワーカー」、十五位には「その他の心理学者」が位置する。十三位「振り付け師」、二十六位「衣料品サンプル制作者」、三十四位「学芸員」といった創造性が求められる職がある一方、医療関係の分野は、五十位以内には十一位「栄養士」、十五位「内科医および外科医」のふたつしかない。嬉しいことに、そのリストには十六位「教育コーディネーター」、二十位「小学校教員」、三十七位「保育士」、四十一位「中等学校教員」といった教育関係の仕事が含まれている。

ただし、職業として存在しつづけるからといって、報酬の高さや楽な仕事であることを意味するわけではない。科学技術は経済に大きな力をおよぼすだろう。一握りのトリリオネア（資産一兆ドルを超える富豪。その出現は遠くないだろう）の起業家が利益を独占するだろう。だがそのことが、どんな仕事がこれから最も意味を持つかを教えてくれる。子供たちが仕事を確保するために必要なスキルを教えるのではなく、生涯学び、人として成長しつづけるよう教えなければならない。それは仕事よりも大切なことだ。生涯学びつづけるというのは、自分の目的を知り、それを達成するために必要となるツールを身につけることだ。プログラマーであれ植木職人であれ、看護師であれ教師であれ、料理人であれサンプル制作者であれ、それぞれの専門知識を深め、研ぎ澄ませていくこと。相手が人間であれ道具であれ、私たちの最高の望みは技能《クラフト》を身につけることなのだ。サディラックが達成し、リラが望んでいるのはそのことだ。これからは、学ぶことそのものを、教育の最高の目標として最優先しなければならない。人々とともに働き、最高の力を引きだそうとする仕事を讃えなければならない。

成功とは、究極的には創造的な学びを手に入れることだ。私はつぎの章で、世界中で子供の創造性を育むことに成功していると評判の場所をいくつか訪れる。はじめに技術的な創造性にあふれたアメリカ東海岸のＭＩＴメディアラボへ、それから人を成長させる技能を求めてフィンランドへ向かう。

chapter 5

創造
——創造者に会う

すべての子供は芸術家だ。問題はどうすれば大人になっても芸術家でありつづけられるかだ。

——パブロ・ピカソ(1)

野生の子供

ガラスパーティションの向こうで、ひとりの幼児が木のテーブルに青いビーズをつないだ紐を広げる「お仕事」に没頭している。「見学に来られる方には、ジェーン・グドール（イギリスの動物行動学者）がチンパンジーを観察しているときのような節度あるふるまいをお願いしています」と、マサチューセッツ州ケンブリッジにあるワイルド・ローズ・モンテッソーリ学校のキャッスル・オニール校長からのEメールには書いてあった。先生たちは「自分がいないかのように子供たちが行動することを求めています」。場所はマサチューセッツ通りの赤いレンガの建物で、以前はマッサージ店だったところだ。キャッスルのオフィスはかつて施術が行われていた部屋で、とても居心地がいい。「大事なのは、三時間のお仕事の時間を邪魔しないことです」。子供たちを見守り、彼らから働きかけがあったときだけ交流すること。

女の子と男の子がひとりずつ、自分で作った指人形を握りしめて走っていった。滞在中の陶芸家が手作りのボウルに色を塗り、それを青と白のストライプの上着を着た金髪の少年が脇で見ている。私は小さな木の椅子に静かにすわり、八歳の男の子たち四人のグループの話に耳を傾けた。

「あか抜けたってこと？」《ソフィスティケイテッド》とひとりが言う。

「ソフィスタ・クッキー」もうひとりがそう言ってにやりと笑う。駄洒落が好きなようだ。

「君の動き方、インゲン豆みたいだね」

ビート詩人のような会話を交わしながら、子供たちは木箱のセットを使って遊んでいる。木箱の上には、モニターの画素をひとつずつ切りとったような白と黒の小さな板がたくさん並べられている。「計算論的思考」を学ぶための教具だ。二十一世紀に入り、習熟すべき項目として新たにモンテッソーリ教育に加えられた要素だった。先生たちはそばを動きまわり、ときどき解決のヒントをあげたり、言葉をかけたりしている。

ザックはお仕事の時間に、物語を作っている。

「踊り子たちがいます。外国風の踊り子たち。そして、ネコたちが火の輪くぐりをしています」

「それってサーカスのことだろ」と彼の友達が口を挟んだ。

「ちがう。これはサーカスじゃない」ザックはきっぱりと答えた。「これまでに地球上で作られた一番すごいゲームだ。踊り子たち！　爆発する踊り子たち！　外国の動物と踊り子たち！」

ザックは白と黒のタイルを左右対称に並べ、つぎの一文を考えた。

「爆発する外国の動物たち！」

部屋のまわりでは、十五人の子供たちが空想にふけっている。指人形をはめた子供はテーブルの下に紙を隠し、セリフのヒントを探している。ふたりのやや年上の女の子がバレンタインデーのポスターを描いている。ソファでは、男の子が別の子におかしな声音を使って絵本を読み聞かせている。あたりは静かだ。鉢植えの植物が豊富で、壁には芸術作品がかかっている。木製の教具や、マリア・モンテッソーリが選んだ挿絵の多い本がある。モンテッソーリは、はじめローマで学習の困難な子供への教育法を生みだし、その後一九〇七年に「子供の家」を創設した。医師であり心理学者だった彼女は科学的な方法をとった。そして、子供たちがしばしば興味のある物にいつまでも意識を向けていることに気づいた。そこでは、教室にはさまざまな年齢の子供がいて、自由に選んだ活動に妨げられることなく没頭できる。テストはなく、特別に選ばれた教具を使い、自由に動き、子供が制限のなかで自由に「発見」できる。その発想のもとは、子供がありのままに心理的、社会的に発達する環境を生みだすことだった。(2)

教育の世界にモンテッソーリ学校が現れてから百年のあいだに、創造性を育む場としての評価はますます高まっている。そこから、ビヨンセやグーグルのセルゲイ・ブリンとラリー・ペイジ、ウィキペディア創設者のジミー・ウェールズ、アマゾンのジェフ・ベゾスなど、創造的なエリートが数多く生まれている。ウォール・ストリート・ジャーナルは彼らを「モンテッソーリ・マフィア」と表現した。

ワイルド・ローズは七校あるワイルドフラワー・モンテッソーリ学校のひとつで、二十一世紀に適した教育法へと改善することを目指している。大きな目標は国内のすべての地区に、個人経営のカフェのように店先の一部を利用した、ひと部屋の学校を建てることだ。ワイルドフラワーを創設したコンピュータ科学者で起業家のセプ・カンヴァーは、またテクノロジーをメディアとする芸術家でもある。『We Feel Fine』という作品では、インターネットで「I feel（私は感じる）」と「I am feeling（私は感じている）」というフレーズを検索しつづけ、そのフレーズの後ろに人々が書いた言葉を延々と集めるプログラムを制作した。これまでに、千二百万の言葉を集めた。ふたつめの作品『I Want You To Want Me（私はあなたに私を求めてほしい）』は、デートサイトで特定の語句を探し、それを無作為にリアルタイムでピンクと青の風船の内側にあるスクリーンに映しだすと、風船は空中を漂って互いに触れあうというものだ。ニューヨーク近代美術館から二〇〇八年のバレンタインデー用に依頼されたこの作品で、カンヴァーは一躍有名になった。[3] 彼は現在、創造的学習の新たな中心地、ＭＩＴメディアラボのソーシャル・コンピューティング・グループを率いている。ワイルドフラワーはこのグループの主要プロジェクトだ。

男の子が女の子たちに近寄っていく。

「バラは赤い」と彼は言った。「スミレは青い。どうしてこんなにすごく、すごく、すごく、すごく、すごく臭うんだろう」

これはどうにかしたほうがいいかもしれない。

「そうよ、ヘクター、スミレは臭うの」と、女の子のひとりがいたずらっぽく言う。

「レッスンがふたつ連続だ」とザックが声を上げた。いま彼は顕微鏡を覗いて細胞について学んでいる。先生がひとりその隣にすわっている。「あといくつやらなきゃならないの？」

私はこの部屋に入るのに先だって、オニールに子供たちがワイルドフラワーで何を学んでいるのか質問していた。

「やりたいことを、なんでもやります」と彼女は答えた。

これが答えなのだろうか、と私は思った。これが未来の学習の姿なのだろうか？　そうは考えづらかった。子供たちは、親が数万ドルの年間費用を負担できるならここへ来られる。これはマサチューセッツ州ケンブリッジの裕福な郊外に住む親を持つ子供たちにだけ許される贅沢ではないだろうか。誰もがそうした環境に生まれるわけではない。ワイルドフラワーは流行に敏感な人のための学校だ。とはいえ、モンテッソーリ教育には百年を超える実績がある。彼女自身はローマの貧しい子供たちに奇跡を起こし、彼女の教育法は専門家も今日の世界で必要なものだと認めている。子供たちは協力しあい、創造する。複雑で、ときにはナンセンスな方法で意思疎通をする。それこそ、私たちが探しているものなのだろうか？

ＭＩＴメディアラボはすぐ近くにあり、そこでこのあとカンヴァーのチームと会うことになっていた。彼自身は会うのがむずかしいことで有名で、どこかでサーフィンをしているか、海沿いのキャビンで新たな作品を制作しているらしい。子供がなんでも好きなことをやる学校を開いた芸術家が率いているチームならば、創造性についての理解を深め、子供たちの創造性を育む方法が学べるだろうと私は考えた。

生徒たちがあるがままにしている姿を見て、私はさらに話を聞くのが楽しみになっていた。これは変わったやり方だ。

部屋に戻ると、四人の年上の男の子たちが紙で作った帽子をかぶっているもっと小さな子のまわりに集まっていた。その子は三つの面をくりぬいた段ボール箱を台の上に載せた。算数の問題に飽きて、自分の代わりに解いてくれる機械を作ったのだが、それはジョン・サールの「中国語の部屋」に似ていた。* 問題が書かれた紙を端に置き、しばらく待つと、反対の端から解答が書かれた別の紙が出てくる。この魔法のしかけは、自分がその機械の代わりに問題を解いているということだ。装置の後ろに開いている三つ目の穴から自分の手を差しこみ、答えを書きこんでいるわけだ。(4)

私はにやりとした。いいアイデアだ。まるで……いや、待てよ。この子がいまこのコンピュータを発明したのだろうか？　まだ五歳なのに。もしかしたら、これはすごいことなのではないか。

習うより慣れよ。ただしそこから新しいものは生まれない

ワイルドフラワーの自由奔放なスタイルは、ウォルワース・アカデミーで成績のつけ方や授業の目的を学んだ私の目から見ると、少し奇妙な感じがする。だが、まだ判断するのは控えよう。ボストンに来たのは、どうすれば子供の創造性を育てることができるかを知りたかったからだ。ケン・ロビンソンは創造性そのものを高く評価し、『ザ・セカンド・マシン・エイジ』の著者、ブリニョルフソンとマカフィーのふたりはロボットに対して人間が優位に立つためにやはり創造性が必要だと考えている。そしてあらゆる人々が、創造性こそ、現代の子供が身につけるべき最高の性質だとみなしている。私ははじめワイルドフラワーの自由奔放な環境に疑いを抱いたが、この干渉しない手法の効果を認める研究はつぎつぎに発表されている。

いまから三十年ほどまえのこと、教育心理学者のベンジャミン・ブルームは創造的才能の研

究を始めた。彼はピアノ演奏や彫刻、水泳、テニス、数学、神経学などの分野で際だった才能を持った百二十人の男女を選び、彼らがいかにして世界的な能力を得たのかを調査した。長いあいだ、彼はすべての子供が、十分な時間と正しいサポートを得られれば、何にでも秀でることができるという考えのもと、完全習得学習を取りいれるよう学校に働きかけた。その予想は、研究によって裏づけられた。優秀な若者の才能は生まれつきのものではなく、長時間の練習と親による献身的なサポートの結果だったのだ。[5]

マルコム・グラッドウェルの『天才！　成功する人々の法則』によって、心理学者アンダース・エリクソンの意図的な練習（これについてはのちほど触れる）のアイデアは広く知れわたった。[6] だがブルームが習熟について明らかにした点も、重要さの面では劣らない。自分が選んだ分野について、その構造や規則をマスターするために一万時間を費やす前には、遊び、発見し、実験することでその分野との「ロマンス」を育んだ時間がある。純粋な楽しみの時間だ。ブルームが話をしたある親は、「気をつけたのは、子供が聡明で周囲になじみ、人々とうまくやり、友人を持ち、偏狭にならないことです」と語った。成功している創造的な人々は、幼いころから過保護にされるのではなく、「自分らしく」「ちゃんとバランスを保って」「自分の能力を最大限生かしなさい」と言われていた。両親は、天才を育てようとしたわけではな

＊　この有名な思考実験で、哲学者のジョン・サールは中国語辞典を持ってある部屋にすわっている男を想像する。もうひとりがやってきて、ドアの下から中国語で書かれた指示書を渡す。するとなかの男は辞書を使って返事をよこす。部屋のなかにいるこの男は、中国語を理解しているのだろうか？　サールはこの実験から、ＡＩ（いわゆる「弱いＡＩ」）は真の知性を持ちえないと主張した。それはただ、知性があるかのようにふるまうだけだと。

かった。

また、別の心理学者アダム・グラントは著書『ORIGINALS　誰もが「人と違うこと」ができる時代』のなかで、「習うより慣れよ。ただしそこから新しいものは生まれない」[7]と書いている。また、高い才能を持つアメリカの若者の家庭についての研究に言及している。驚くべきことに、創造性で各学校の上位五パーセントに入っているのは、平均以上に創造的な家庭ではなく、自立を促すような家庭に育った子供たちだった。[8]平均的な家庭では、親は子供に六つのルールを課していたのに対し、創造性の高い子供たちが育った家庭では、ルールはわずかひとつだった。創造性は自由があるところに生まれるのだ。

神経科学の研究で、創造的な過程に関わる脳の活動は二種類あることがわかってきている。ひとつめは発想を検討し、結びつける過程で、集中して、意識をコントロールしながら行われる収束的思考だ。そしてこのほかに、創造的な洞察の発見に先だって、たとえば風呂に浸かっていたアルキメデスのように、リラックスしたときに起こる脳の活動がある。[9]これが拡散的思考だ。神経科学者のジョン・コウニオスは脳の画像を使ってこの思考の過程を記録した。そのとき、右脳では視覚的処理が一時的に中断され、広く脳全体が使われていた。こうしたひらめきは、集中していないときにだけ得られる。それは連想と結びついており、知識の深さではなく広さがなければ創造性を発揮することはできない。コントロールがむずかしいのはそのためだ。

ニューヨーク・タイムズに寄稿した記事で、グラントは「偉大な科学者は芸術家でもある」というアインシュタインの言葉を引用している。[10]新しいアイデアは、分野と分野をつなぐことで生まれる。そのためには頭を働かせるだけの時間と空間が必要になる。専門分野で特別な創造性や洞察を発揮するノーベル賞受賞者はさまざまな分野に精通していることが多い。専門外の分野の科学者として活動している割合はほかの科学者の二十二倍、作家である割合は十二倍、楽器を演奏したり作曲する割合は二倍となる。[11]アインシュタインは、洞察を得られるのは連想力のおかげだと考えていた。「相対性理論のアイデアは直感によって得たものです。そして、直感を背後で動かしているのは音楽です[12]」と、「母語教育法（スズキ・メソード）」による音楽教育で有名な鈴木鎮一に語っている。

「教育ママや厳しいフットボールの監督のような父親たちには、これを聞いてほしい」とグラントは書いている。「子供たちを創造的にするのは、計画的にできることではない。ある種の成功を得るように操作しても、せいぜい野心的なロボットができあがるだけだ。子供が独創的なアイデアを世界にもたらすことを望むなら、自分ではなく、子供たち自身の情熱を追求させなければならない[13]」。これはイギリスやアメリカ、アジア諸国の教育観とは反している。私たちはいつも子供たちを試験へと駆りたて、遊ぶ時間を奪っている。このままではいけない。アインシュタインもきっとそれに賛成してくれるだろう。彼の意識には長年のあいだに学んだことや情報がたくさん詰まっていたが、白昼夢を見たり、独創的なつながりを求めて意識をさまよわせている時間こそが洞察の源だった。「想像力は知識よりも重要だ」と彼は言う。では、アインシュタインはどうやってそれを身につけたのだろう？

私はこの疑問を胸にフィンランドを訪れた。先進的な政治と開放性、社会保障で有名なこの国は、また世界で最も理想的な学校があるところでもある。そして、養鶏場のニワトリのような他国の子供たちとは違って、子供たちはいつでも放し飼いされている。

フィンランド人の教え

「それぞれ特徴があるんです」と、メルヴィ・クムプライネンはある雨の朝、私に言った。そこはヘルシンキ空港近郊のヴァンターで、十歳の映画監督五人がジャングルジムの上で映画を撮影している。いかにも映画的な、ありふれた暴力シーンだ。ダウンジャケットのジッパーを閉め、フードをかぶった子供たちは映画監督には見えないが、何かを制作しているところだということは容易に見てとれる。

私が会った教師のなかで最も楽しげでのんびりした雰囲気を持つメルヴィは、遠くから子供たちを眺め、空間を広く使えるようにしていた。そのとき、遠くの並木のあたりにもっと多くの子供たちが枝を振りまわしながら現れた。「いつも、どのレベルの自由を与えるのが適切かを考えています」と、彼女は言った。その問いがヒーデンキヴィ基礎学校の根幹をなしている。ここは世界でも有数の革新的な学校として名高い。エコノミスト誌も最近やはり、名高いフィンランドの教育を調査するためにこの学校を訪れている。

フィンランドの生徒たちが二〇〇〇年のＰＩＳＡ〔ＯＥＣＤによる国際的な学習到達度調査〕で一位をとったことで、フィンランドの学習は世界一だという評判を得ていった。その後点数はやや下がった（最新のＰＩＳＡでフィンランドは五位で、ノキアのように学校も衰退してしまうのではと不安視する評論家もいる）ものの、上位はキープし、二〇一六年の世界経済フォーラムの人的資本インデックス・ランキングでは第一位となっている。これは、各国が自国民の潜在能力を労働者として、人として実現できる環境かどうかを判断するものだ。徹底した個人主義で有名な国（ムーミンやマリメッコなどを生んだフィンランドは、私が見た限り、世界で唯一まだ八〇年代のパンク・ファッションで街を歩いている人がいる国だ）にふさわしく、独自の学習方法によってこれを達成した。東アジアでは大量のドリルを課す教育が一般的だが、フィンランドではドリルは少ない。学校は七歳で始まる。ヒーデンキヴィ基礎学校のような小中一貫校の生徒は、十六歳になるまで、朝九時に登校し、午後二時に下校する。宿題は少ないか、もしくはまったくない。フエルサ・プレップスクールやKSAなど、成績向上に高い効果を上げている学校とは正反対だ。

教える量を減らしているのに身についた量が増えるとは、どういうことだろう。これを理解するには、学習の性質についてあらゆる面から、とりわけ創造性の学習という面から考えなければならない。

「私は病気療養中のテレビプロデューサーだよ」。サク・トゥオミネンは冗談めかしてそう言った。彼はフィンランド湾を見下ろす、すっきりしたオフィスに置かれた楕円の白テーブルで私の向かいにすわっていた。窓の外には、広々とした草地がバルト海へと続いている。海には、漁師小屋の建った花崗岩の島がいくつか浮かんでいる。トゥオミネンには十冊の著書があり、うち七冊は創造性について、三冊はイタリア料理についてだ。前職は世界的な（世界情勢やエンターテインメント、クイズ番組などの）テレビプロデューサーで、まさにフィンランドの創造性を代表するような存在だ。ジーンズと灰色のカシミアセーターを着ている彼は、二十一世紀の政治ドラマに出てくる、政治家のメディア担当アドバイザーが週末に自宅でくつろいでいるようだった。

「私はこの混沌を運営している」と、彼は自分の周囲を手で示してから、その言葉を訂正した。「いや、混沌ではない。ちゃんと秩序も意味もある」。それは、彼が手がけた、二〇一七年のフィンランド建国百年を祝う教育プロジェクトのことだった。フィンランドの教育が国に、そして世界にもたらした百のイノベーションを取りあげるものだ。彼は「未来はここにある。まだ均等に行き渡っていないだけだ」というウィリアム・ギブソンの言葉に共感し、フィンランド教育というブランドの力を使って「地球規模ですばらしい、意味あることを行う」機会をとらえた。トゥオミネンにとって、学校ほど意味あるものはなかった。学習の格差是正こそ、自分の専門知識である創造性を生かすべき領域だった。「すべてがひどいというわけではないが、大幅に改善できることがたくさんある。創造性や、思考のスキル、グローバリゼーションによって」。彼はもともと、人生に疲れた三十五歳の人々に創造性を教えるコンサルタント会社を経営していたのだが、あるときふと、教えるべきは子供だと気づいたのだった。

トゥオミネンは、今後あるべき教育とは、バランスの取れた三角形だと考えている。まずは一般的な知識だ。「歴史や数学などのすべて」。ユークリッド幾何学やニュートン力学、文学の古典などがこれにあたる。つぎに思考力が来る。「学んだことに疑問を抱いたり、学んだこと同士を結びつけることができなければならない」。三番目は行動力だ。「考えたことを実行に移すこと」。どれが欠けても、将来に向けて備えることはできない。行動力がなければ、雇用してもらえないだろう。考えることができなければ、世界の複雑さの前に立ち尽くすばかりだ。一般的な知識がなければ、「誰も彼もがドナルド・トランプだ」。彼によれば、現行の制度はあまりに一般的な知識に偏り、思考力や行動力をないがしろにしている。フィンランドも例外ではない。創造性の重要さを広めることでこの状況を改善したい。彼にとって、創造性とは考えつつ行動することを意味している。

「創造性は、改善への意志だ」。話に興が乗ってきたようだ。「芸術家なら、痛みの表現や、青の色、あるいはメロディを改善したいと思うだろう」。改善への意志とは、失敗を経験し、それを受けいれることだ。「ときにはうまくいかないことだってある」。こうした発想は、学校にはまるで欠けている。彼が最近指導したフィンランド人の成績優秀な女性は「Aの後ろに＋が四つつくほどの学生」だったが、起業しても失敗続きだった。学校に通ううちに完璧主義者になってしまい、現実世界で必要とされる柔軟性を持っていなかったためだ。「いまの教育制度では、正解を出すことばかりが重視される。だが人生で大事なのは正解じゃない」。彼は、いまの制度のなかで高い能力を発揮することは失敗のもとになってしまうと心配している。

「『壊れていないものを直すな』という古いことわざがあるが、それは間違いだよ」。トゥオミネンは強い口調でそう言った。

それがノキアの失敗の原因だと彼は考えている。順調なときに適応を怠ったこと。ビジネスモデルがつまずきはじめたときには、すでに遅かった。教育が抱える問題はそれ以上に大きい。「何がうまくいくか、どうすればわかるのだろう」。彼は世界中の人々が数値化にこだわりすぎていることを心配し、フィンランド人のひとりとしてそれに強い疑いを抱いている。「人は数字が好きだ。でもそれが正しいとどうしてわかる？　全体の四・二パーセントが……」。トゥオミネンはそこで言葉を切った。彼の言わんとするところは、好奇心や問いを発すること、創造性など最も重要なものには成績をつけられないということだ。「そうしたものを、どうやったら測定できるだろう？　測定方法に疑問を抱いたときはどうしたらいい？　学校に疑問を抱いたら？」彼は、イギリスやアメリカの学校は決して創造性を育むことはできないだろうと考えている。成績のつけ方に疑問を持ち、教師の正しさに疑問を持つことこそ創造性なのだ。

また、創造性とは何かに気づくときにだけ発揮されるものという誤解もある。「考えることがあまりに重く、行動することがあまりに軽く見られている」。創造性は「とことんまで考え」たあとに「行う」のではなく、「考えては行い、考えては行い、考えては行う」という循環だ。ところが学校は、問題を考えることだけに狭めてしまいがちだ。私自身、学生時代のことを思いだしても、黙って教科書を見つめ、何百という数学の問題を解くばかりだった。創造性を発揮しようとして、芸術作品や創造的な文章を長い時間をかけて一生懸命考えるのだが、最初の草稿があまりに下手ですぐに投げだしてしまっていた。もしあのとき、すばらしい作品にするには何度も草稿を書き、失敗を重ね、そのなかで少しずつ進歩するものなのだと教えられていたら、学校を出てからずいぶん役に立っただろう。それに、この本をもう少し早く書いていたかもしれない。

「行動は考えるためのいい手段だ」とトゥオミネンは言った。ただしそれは、失敗にめげずやりとおした場合に限る。「問題が起こるのは悪いどころか、すばらしいことだ。困難に見舞われることも。そのひとつひとつが私たちを作ってくれる」。いまの学校はひたすら完璧主義を目指し、子供たちは試験のとき以外に試行や失敗をする自由はまったくない。今後必要となるのは、とりわけクリエイターを育てるには、子供たちがもっと自由になり、もっとたくさんの失敗をすることだ。自分はクリエイターになれると思えるようにするには、思ったとおりにやってみる経験をさせなければならないだろう。「学校で教えるべき最も重要なスキルは、成長マインドセットだ」とトゥオミネンはキャロル・ドゥエックの言葉を使って言った。何度も試みつづけること。もっとよくなると信じて。[14]

　ヒーデンキヴィに話を戻そう。私はメルヴィとジャングルジムまで歩いていった。彼女はイギリスのバーミンガム大学で学び、それからフィンランドに戻って教師になった。小学校の教員養成プログラムは倍率十倍という狭き門で、教員になるのは名誉あることだ。フィンランドでは男性も女性も、結婚相手の職業として最も望ましいのは小学校の先生だと考えられている。「私は、自分がこの仕事に向いていないんじゃないかと思っていました。厳格さが求められるから」とメルヴィは言った。けれども、私がそこで見つけたのは厳格さではなかった。ブランコのまわりに敷かれたウッドチップの上で、三人の子供たちがひとりを蹴る真似をし、残りのひとりがそれをｉＰａｄで撮影している。重要なシーンだ。友達が自転車で事故に遭って入院しており、手術費用に困った少年たちはロビンフッドのような盗賊になることにしたのだった。ターゲットはお店の経営者だ。映画が完成したら、親たちにチケットを売り、完成品を観てもらうつもりでいる。

「カット！」公園の反対側から大きな声が聞こえてきた。マッシュルームカットのかつらと、やけに大きいアイスホッケーの白いユニフォームをつけた男の子が、二本目の映画の撮影班のあいだを駆けぬけ、「何やってるの？」「ゾンビみたい」などと声をかけられている。「みんなホラー映画を撮っているんです」メルヴィはそう言ってクスクスと笑った。森にいたグループは小枝や葉っぱを拾ってきて先生に見せた。先生は彼らの役名を確認した。ゾンビ映画のチームは問題が起きているらしく、プロデューサーが泣いている。メルヴィはハグをしてその男の子を元気づけた。自由な創造には困難が伴う。作品の出来がよくないこともある。完成品が北欧のフィルム・ノワールの水準に達することはまずない。それは子供たちにとって悔しいことかもしれないが、彼らは映画作りという創作活動に夢中だ。「映画をやれば、とてもやる気を出してくれます」と、メルヴィは言った。だが、どうも全体として私の経験とかみ合わない。本当の学習の目的を探しだそうとしたが、厳しさはまったく見つからなかった。フィンランドのやり方には、あまり秩序が感じられない。そして、どうやらそこにポイントがあるのだと少しずつわかってきた。

「私たちはいつもやり直しています。間違いをしてもOK、ばかばかしい質問をしてもOK」と、ヒーデンキヴィのイルッポ・キヴィヴオリ副校長が昼食中に説明してくれた。メルヴィが小学校の先生らしくないとしたら、黒のスキニージーンズに黒いシャツを着たイルッポはそれ以上だった。歴史学の理論的研究で修士号を持っている彼は、学校の役割に関して独特の見方をしていた。生徒自身の達成度ではなく、各個人が自分のアイデンティティを理解し、学校が共同体となるための条件を作りだすことを重視していた。フィンランドでは、七歳から十三歳まで六年連続で先生が同じクラスを担任することが多い。「それによって安心できる環境を生みだすことができるでしょう」。先生と生徒が互いをよく知っているため、失敗を恐れたり、自意識を持ちすぎることはない。それは創造性を発揮する上で大切なことだ。「変えることでいつも成功するとは限りません」

もうひとりの教師が会話に加わった。「空間がなければ、創造性は育ちません。はじめは小さな空間。それから少し広い空間。やがてもっと広い空間が必要になります。それに、相手は子供ですからね。遊ぶ時間も必要です。ここでは、子供たちに四十五分ちゃんとすわって授業を聞くように求めません。フィンランドの七歳児にはとても無理なことです」。彼らの方法の根本には遊びがある。息がつける空間があること、とも言えるだろう。「基本的なルールは必要です」と、イルッポが同意した。「ただし、意味があり、大人の生活とも合致するルールでないといけません。私たちは年齢に応じた自然なふるまいを大切にしています」。彼らは、自由を求める子供の心を尊重し、創造性や好奇心を発揮するための余裕を与えている。イギリスやアメリカでは遊びは学校から閉め出されてしまったが、ここでは大事にされている。それは、より大きな目的のためだ。遊びは創造性の根幹であり、それがあれば人生で成功できる。「数学では、文字や数を組みあわせて方程式を作り、それを自分で現実に適用できなくてはなりません。解ければいいというものではないのです」

これが、フィンランドの若者が国際的な試験でよい成績をとることができる理由のひとつだろう。他国ほど子供のときに高度な内容を身につけるわけではないが、重要なのはその学び方だ。国際比較のテストは、かなり複雑な問題や批判的思考など、今日の世界で必要となる能力を測っている。フィンランドの子供たちはその点が抜きんでている。彼らは試験で圧倒的な成績をとるロボットのような子供ではないが、自らを知り、しっかり社会に位置づけられた立体的なキャラクターだ。サク・トゥオミネンによればまだまだフィンランドにも問題はあるということだが、将来に向けて基礎は固まっているように思える。

トゥオミネンのオフィスの書棚にはかなりの冊数の本が色分けされて並べられている。トゥオミネン自身が学校に通っていたころ、好きなことはアイスホッケーだけだった。ある日、フィンランド語の複雑な構文を習っていたとき、先生にそれのどこが重要なのかと質問したことがある。「みんなにとって重要なわけではないのよ」と、先生は答えた。「美しい文が書けるのもいいし、人並みでもいい。それはどちらでもＯＫなの。人はそれぞれ異なっている。そして、どちらにするかは自分で選ばなければならない。言葉を愛しているか、それはあなたにとって意味のないことなのか」。フィンランドの教育の中心には、個人の自由と責任がある。喜びもそこから生まれる。その先進的な教員養成過程において、小学校の教師はピアノとアイススケートを習得する。イギリスとはまったく逆だ。

「愛するも愛さないも人それぞれだ」と、トゥオミネンは言った。彼はテレビへの愛を失い、学校に新たな目的を見いだした。先生の言葉を思いだしたのは、自分が作家になったときだった。フランスで会ったリラと同じように、自分の可能性は自分で見つけなければならないのだ。

すべての学校は美術を教えるべき

自分の可能性を見つけたら、あとはそれを最大限に引きださなくてはならない。才能に関する真実を見つけたブルームを引き継いだのは、心理学者のアンダース・エリクソンだった。十代のころ、彼はあるクラスメートとチェスをしていた。いつも簡単に勝っていたのだが、あるとき急にその相手に勝てなくなってしまった。エリクソンは腹をたてながらも、その不思議さを前に一度立ち止まって考えた。自分のほうがチェスがうまかったはずなのに。互いに同じだけチェスをやっていたのに、どうして能力の伸び方がちがったのだろう。彼はその疑問を調べる決心をした。そして（チャールズ・ダーウィンのいとこで、知性は固定されているという考えを広めた）フランシス・ゴールトンの、「仕事へ熱意や実行力」が、何かに熟達するために生まれ持った能力と同じくらい重要だという見解を知った。それは本当だろうか。エリクソンはドイツ人のヴァイオリニストのグループを研究し、超一流と優秀、あるいは平凡な人々を分けるものは何かを知ろうとした。[15]

彼を有名にしたのは、一流の人は二十歳になるまでに最低でも一万時間の意図的な練習を行っていた、という発見だった。

現在では、人間の能力を高めるには長時間の練習が必要だということは当然のこととみなされている。[16]だがこの説が広まると、教育機関は、創造性を発揮するためではなく、数学や英語、理科といった科目でよい成績をとるためにこの発見を使わなければならないという重圧を感じ、子供たちから新しい玩具で遊ぶ楽しい自由な時間を奪ってしまった。学校では、創造性の秘密が解き明かされたことで、それがかえって遠ざけられてしまったのだ。イギリスでは二〇一六年にＧＣＳＥの芸術系科目の受験者が八パーセント減少した。[17]二〇〇八年から二〇一四年までの七年間で、音楽を受験した生徒は六万人から四万三千人に、芸術とデザインの受験者は二十一万一千人から十七万七千人に、演劇の受験者は十万二千人から七万一千人に減っている。[18]創造性は芸術系の科目にしかないわけではないが、こうした傾向はより広範囲で学校が視野を狭めてしまっていることを示している。創造性の追求が重視されるにつれ、こうした科目がスケジュール表から減ってしまっているのだ。

学習量の重要性が判明したことは、前進であり、同時に後退だった。トゥオミネンが言うように、行動は創造の過程の重要な要素であるにもかかわらず、しばしば見過ごされている。すべての人間が創造的に生まれついているのなら、誰もが専門家になれる素質があるはずだ。だが九十九パーセントの生徒たちが汗をかいて努力していても、ひらめきが得られるのはたった一パーセントの生徒だけだ。芸術家のボブとロバータ・スミスが、手書きで派手に「すべての学校は美術を教えるべきだ」と描いたのは、こうした現状への抗議のためだった。そこには、音楽や芸術や演劇の授業を増やすべきという以上の意味がある。一般に、学校にはもっと普通にとらわれない、創造的な学びがあってほしいという願いが込められているのだ。イースト・ロンドンには、まさにそうしたことを行っている学校がある。そこでは生徒に、二十一世紀の世界で生きていくための教育を約束し、一般的な通念や成績向上を目指すことを拒絶している。私はそこへ向かった。

すべての学校は技能を教えるべきなのかもしれない

オリ・デ・ボトンが選挙で遊説をしていたとき、創造性はあまり重要ではなかった。ひたすら忍耐が要求された。若い労働党員だった彼は、無意味な試練に五年で挫折した。そこでは若く有望な党員たちが、尻の感覚が麻痺するほど長いあいだ委員会の会合ですわりつづけ、ついには心から党の政治見解を受けいれるよう強いられた。理想主義者のデ・ボトンには耐えられなかった。彼は政治を愛し、世界を変革する熱意に燃えていた。だがデイヴィッド・ミリバンドが弟のエドに党首選挙で敗れたことで、夢は遠ざかってしまった。彼の心は折れた。

「ずいぶん落ち込みましたよ。私は、世界は変化を受けいれるし、さまざまなことが可能な、明るい場所であるべきだと思っていました……」彼は言いよどんだ。「ところが、それは真実ではない、とわかってしまったんです」

そのころ彼は、十年間トニー・ブレア元首相のスピーチライターを務め、その後辞職して歴史の教師をしていたピーター・ハイマンとノース・ロンドンの中等学校で出会った。ふたりは、イギリスの学校は目的に合致していないという点で意見が一致した。「どんな職業であれ、『室内で二時間半着席し、覚えた事実を反復できるかどうかを試す筆記試験で人として判断する』というのは、制度として完全に壊れていると私たちは考えたのです」と、ハイマンはガーディアン紙のインタビューで語っている。[19]ふたりの理想主義は消えてしまうことなく、自分たちの理性的な怒りを注ぎこんで新しい学校を創設することを目指した。

「左翼の出身者にとって、変革すべき場所はまさにここです。これはすばらしい仕事ですよ」とデ・ボトンは言った。現在の制度にある明白な失敗を踏まえ、彼はいま必要とされる学校を作った。富裕層と貧困層の成績格差を縮め、批判的思考や表現の自由、幸せ、創造性といった「二十一世紀の能力」を身につけさせる。学校名は、スクール21だ。未来に向けた学びを目指しつつ、その根本にあるのは、クラフツマンシップという、より伝統に根ざした考え方だ。

私はある十月の朝、セントラル線でイースト・ロンドンへ行き、デ・ボトンと会った。がらがらの電車は学校があるストラトフォードの高層住宅のあたりで地上へ出てきた。ロンドン五輪のまえに盛んに開発された地区だ。ホームから、ザハ・ハディドが設計したポテトチップを上に一枚乗せたようなプールと、いまは難民や、まだロンドンの生活に慣れていない若い専門職が暮らすかつての選手村が見える。巨大なウェストフィールド・ショッピングセンターが駅からはるか遠くまで連なり、買い物客たちを招き寄せている。私はその反対へ向かい、バス停と、靴屋やスポーツ用品店が並ぶ脇を過ぎ、古いショッピングセンターの買い物客に混じった。学校は自動車用品店やナイトクラブがある地区に建っていた。一〇四もの言語が話されるその周辺は、イギリス国内で最も民族的に多様な地域だ。私はこれこそ未来の世界の姿なのだと思いながら、テラスハウスに囲まれた低層の建物のブザーを鳴らした。富める者も貧しき者も、古きも新しきも、広い都市のなかのこのわずかな一画に揃っている。ここから数十万人の労働者が都心へ向かい、高層ビルの建設や清掃、プログラミング、広報活動をしている。

「学校は最後に残された上意下達の管理組織です」。私が腰を下ろすなり、デ・ボトンは言った。

彼は広いオフィスを手で示した。それぞれシュライヒャー、ハーシュ、デューイ、フレイレと書かれた四つの円が描かれたベン図がある。ケンブリッジ大学の古典学の学位を持つデ・ボトンは何かのついでにヘーゲルを引用し、「スイ・ジェネリス」といったラテン語の語句をごく当たり前のように使う[20]。

「ＫＰＭＧにも、もうオフィスはありません」。学校は企業の構造を真似して作られているが、ビジネス界ではそれはすでに放棄されている。そのシステムは過去の遺物であり、生産性に関する時代遅れの発想と結びついている。ブレアの労働党政権でも旧態依然の科学的手法に頼り、ＧＣＳＥの成績では多少の向上が見られたものの、国際的な基準ではまったく伸びなかった。データによれば、イギリスの十六歳から二十四歳の若者は、先進国のなかでも読み書きと計算力が最低レベルにある。(21) デ・ボトンとハイマンは、スクール21を設立するとき、こうした発想ときっぱり縁を切った。

「教えるレベルやカリキュラムを、自分が組織でき、時間割に組み込めるように落とすこと」。彼はこうしたやり方がひそかに広まっていることに憤りながら話を続けた。「それは答えではありません」。学校では「五分間レッスンプラン」や自動採点など効率化が図られていると賞賛されるが、デ・ボトンの目には「集団をまとめ、管理しやすくし、カリキュラムの知識を優先する」ことは間違った目標に向かっていることになる。それでは生徒の成長よりも、システムの円滑な運営のほうを重視することになってしまうからだ。生徒たちはそれぞれに個性があり、学習は簡単なことではない。全員に合わせるというやり方は、もはや通用しない。

「人間がやる仕事は少なくなるから、どうにか他人を押しのけて自分がそれを手に入れなければ、というのは悲観的な考え方です」と彼は言った。晩年のウィリアム・モリスは学校で使われる機械は子供たちをすり減らし、ほかの子供や学習から遠ざけてしまうと考えていた。

「学校は世界の縮図だと考えているとしても、それは実際の人生とはちがいます」。少なくとも彼自身は、そのような生き方は望んでいない。このごろでは、学校は経済だけでなく社会全体に人材を供給するところだということが忘れられている。デ・ボトンは、政治によって世界を変えることができないとわかったとき、イースト・ロンドンの子供たちを動員してそれを成し遂げようと考えた。住民組織化という社会運動を考え、バラク・オバマに影響を与えたソウル・アリンスキー*について私たちは語りあった。21の十一年生はその技法を学んでいる。学校の核となる理念は技能《クラフト》だ。それは私たちひとりひとりの、そして人類が共有する根幹だ。

デ・ボトンは、教師として働きながらシカゴ生まれの社会学者、思想家、喫煙家、タイピストであるリチャード・セネットの『クラフツマン：作ることは考えることである』を読んだ。セネットは、「クラフツマンシップは、産業社会の到来とともに減少していく生き方ではあるが、永続する、基本的な人間の衝動、仕事そのものをしっかりと成し遂げたいという思いを示すものだ」と書いている。セネットは自ら師と仰ぐハンナ・アーレント、そして彼女の師であるマルティン・ハイデガーに言及し、テクノロジーが動かす社会では、「自由がその場を失ってしまう」危険があると警告する。イギリスの国民健康保険を分析することで、答えのない事態に耐えつつ、時間をかけて探求心を働かせながら行われる医師や看護師の熟練の技能《クラフツマンシップ》は、ビッグデータや重要業績評価指標（ＫＰＩ）を用い、業務をルーティン化することでレベルが下がってしまうことがわかった。「機械の正しい使い方は、機械そのものの能力ではなく、人間の限界という観点からその力を見きわめ、使用法を適合させることだ」とセネットは主張する。技能《クラフト》の本質とは、人間の目的に合わせて道具を使うことだ(22)。

「なんだか、怪しげな魔術を勧めているような気分です」と、学校の方針についてデ・ボトンは言った。私はかなり興味を引かれた。

一学年三クラスで、全校でニューアム区の八百人の子供が通うスクール21は五年前に開校した。デ・ボトンとハイマンは、成績を優先させれば、人格や幸福、思考、問題解決といったものがないがしろにされてしまうと考え、頭と心と手のバランスを回復することを目指した。英語や数学、理科の成績は、それぞれの科目が好きかどうかで判断される。変わっているのはそれだけではない。プロジェクトによる学習が義務づけられ、子供たちは歴史を劇や芸術を通して学ぶ。また十年生が六カ月間、週に半日の職業体験をしたり、共同体のプロジェクトに参加したりするなどの社会体験もある。子供たちは本を出版したり、彫刻を制作したりといった意味のある仕事を熱心に行う。試験準備ではなく、社会的交流のサークルに参加する。

演劇のスタジオを覗くと、そこは明るく天井の高い部屋で、スローガンやポスター、新聞の一面など、たくさんの掲示物に囲まれていた。ブライアン・ホウの反政府活動を蘇らせてターナー賞を受賞した現代美術家マーク・ウォリンガーの作品のようだ。テーブルのまわりに紫色のVネックシャツと黒のブレザーを着た十人の男女の子供がすわり、ソーシャルメディアが与える話し言葉への影響についてディベートしている。十人の観察者がその後ろに立ち、クリップボードの上に子供たちの発言についてメモをとっている。ロールネックのセーターを着て眼

＊　一九〇九年にシカゴで生まれたソウル・アリンスキーは住民の組織を作る天才だった。アプトン・シンクレアの『ジャングル』で、その労働条件の悲惨さが指摘されていたシカゴのバック・オブ・ザ・ヤーズ地区で組織化に関わったあと、アリンスキーはアメリカで最も貧しく、最も発言力のないコミュニティの生活条件を、彼らを組織化し立ちあがらせることで改善することに生涯を捧げた。また、彼が手がけた産業地域財団（ＩＡＦ）の住民組織化の手法は労働組合に引き継がれ、最低賃金や草の根運動などの政治手法はいまに影響を与えている。著書『Rules for Radicals: A Pragmatic Primer for Realistic Radicals（過激派のためのルール　現実的な過激派のための実践的入門書）』は組織化のバイブルとなっている。その冒頭は以下の通りだ。「本書は、現在の世界を本来あるべき姿へと変えたいと思う者のための本である。マキャベリの『君主論』は、持てる者がその権力を保持するために書かれた。『過激派のためのルール』には、持たざる者がどうしたら権力を奪えるかが書かれている」

鏡をかけたシンドラー先生が周囲を回りながら口うるさい演出家のように言うべきことを教えたり、疑問をぶつけたり、訂正したりしている。これは「話し言葉の運用能力」の授業だ。七年生が口頭表現の使い方を学んでいる。

「ファルーク、その言い方はあまりよくないな」シンドラー先生が男の子のひとりに声をかけた。「みんなに反論し、問いを投げかけるんだ」

グループ・ディスカッションでは、子供ひとりひとりに保護者や生徒などの役割が与えられている。残りは先生かソーシャルワーカーだ。彼らはテクノロジーが子供の会話能力に与える影響を話しあっていた。

ファルークはアプリ製作会社を代表し、親に向かって語りかけていた。家庭での会話が減っているのは、機器のせいではなく大人のせいなのです。

「お子さんとの触れあいを増やせば、会話も増えるのではないでしょうか」と彼は言った。そこで間があいた。

「黙っている人の発言を引きだしたり、問いを向ける方法はないかな？」と、シンドラー先生が話しかける。

技能《クラフト》を身につけるときには、仕事に精通することが目標になる。その第一歩は既存の知識をマスターすることだ。ここに出席している生徒たちは、物理的（声をどのように使うか）、感情的（聞き手にいかに印象を与えるか）、認知的（どのように議論を組み立てるか）、言語的（どのように自分を表現するか）に話し言葉を分析する方法を学ぼうとしている。生徒たちは各自、会話を始めるためのセリフ集を持っている。いまはそれを使って練習しているところだ。シンドラー先生は集中を切らさず、練習が意図的であるよう心を配りながら指導している。二年ほどで彼らはその基礎をマスターし、話し上手になる。まさにベンジャミン・ブルームの教えどおりだ。

「自分が七年生をずっと起立させていられるとは思ってもいませんでした」と、シンドラー先生は小声で言った。たいていの学校ではそんなことはできない。「たぶん子供たちはいやになってしまうでしょう」。だがここでは、子供たちは「不快さを快適に」やり過ごす能力を持っている。

そのまえに、私はシンドラー先生が子供たちにスピーチを教えるのを見ていた。スクール21での学習には、六つの柱がある――雄弁さ、やり抜く力、クラフツマンシップ、専門的知識、ひらめき、プロ意識だ。それらは子供向けにそれぞれ、よどみなく自信を持って話すこと、いつも百パーセントの力を出すこと、美しい作品を作ること、習うより慣れよ、つねに可能性を考えること、学ぶ心構え、と言い換えられている。その頂点が「点火」というイベントで、それに向けて七年生はシンドラー先生と準備をしている。毎年、すべての生徒が両親や生徒など大勢の観衆の前で行う、ＴＥＤトークを模したスピーチ大会だ。スピーチには雄弁さとクラフツマンシップ、専門的知識が求められる。七年生は、自分の選んだトピックについて五分間話をする。十一年生になるころにはＴＥＤと同じ、約二十分のスピーチに挑戦することになる。

「それではただのリストだよ。うまく組み合わせて使おう」と、シンドラー先生はアリステアに語った。トランプ大統領に関するスピーチが、ただの事実の羅列になってしまっていた。部屋のまわりでは、子供たちがすわってタイピングをしたり、スピーチの下書きを書き直したりしている。

シンドラー先生の説明は、TEDトークの準備のようだった。先生は、つかみや逸話、ユーモアと真面目さのバランス、話の山場を求めた。言語の質（賢く、独創的で、遊び心があり、リズムよく、比喩や頭韻を交え、口調を変えること）を高め、さらに対話、性格描写、モチーフ、陰影をつける、事実、引用、感謝の表明、見た目など、生徒たちは圧倒されたのではないだろうか。

「ママに聞いてみてごらん」と、彼はファルークに、家族がロンドンへやってきた物語と関連づけることでスピーチの現実感を高めることを狙って言った。「どういういきさつで家族はここへ来たのかを」

何かに習熟するためには、それについて考えたり読んだりしているだけでは駄目だ。練習しなければならない。この学校の方針はすべてこの原則に従っている。七十五分という長い授業時間を使って、生徒たちはプロジェクトに取り組む。九年生では、歴史と演劇の授業が合同で、第二次世界大戦中のロンドンの光景を劇として演じる。別のクラスでは、生徒がスターリンとルーズヴェルト、チャーチルを演じてヤルタ会談を再現し、文明の衝突の危機を劇にする。おそらくGCSEの得点を上げることにはつながらない（ただし、この学校のはじめての十一年生は二〇一七年の全国平均を上回っている）が、それこそが大事な点なのだ。六〇年代に、マーシャル・マクルーハンは「メディアはメッセージだ」と言った。[23] 大事なのは新しいメディアを通じて流れる内容ではなく、そのメディアがとる形態のほうなのだ。人気のユーチューバーやかわいい子犬の動画よりも、私たちがみな携帯電話を手放せなくなっていることのほうが大きな意味を持っている。

学校にとっても、メディアはメッセージだ。多くの人が創造性を重視し、子供たちが協力しあって何かをすれば褒める。だが、子供たちは実際には本に顔を埋め、重要な知識や能力をマスターすることに時間を費やしている。もし子供たちに創造性やコミュニケーションを身につけさせたいなら、創造する練習をして、意思疎通する場所と時間が与えられなければならない。私は、スクール21の生徒たちが思春期に特有の羞恥心を見せずにさまざまな活動をすることに驚いた。演劇やスピーチ、議論、ディベートなど。それどころかお互いの前でダンスまでしてしまう。私自身のぎこちない学生時代からすれば想像もできないくらいだ。それは自分のまわりの世界にしっかりなじんでいるからこそだろう。

「学校に通うすべての生徒に本を書き、出版してほしいと願ったらどうなるでしょう」と、デ・ボトンは言った。試験の成績という制約から自由になった彼は、生徒が卒業するときにTEDトークをし、小説を出版し、劇で役を演じ、科学的研究を完成させ、選挙活動さえすると いう学校を思い描いた。それは実際の世界への準備であるだけでなく、そうした幅広い活動をすることにより、生徒は自分の職業をはるかに探しやすくなっている。リラ・メルブーシェなど、多くの人々には叶わなかったことだ。私はもう一度オックスフォード大学マーティン・スクールの報告のことを考えた。複雑なコミュニケーション、創造性、そして大きな枠組みでのパターン認識こそ、人間が育てるべき能力だ。スクール21は真剣にそれに取り組んでいる。とはいえ、創造性は生産性を高める道具であり、ビジネスでも必要とされるものであることはたしかだが、デ・ボトンにとってより重要なのは、目的に到達するためのルートだということだ。

「子供たちは目的を求めていると私は確信しています。そして学校は、人々が集まって目的を見つけだす場所なのです」

世界の変化はあまりに速く、独断に凝りかたまっている暇はない。大切なのは、新しいアイデアに対して心を開き、自分の世界観を揺るがすものを受けいれることだ。スクール21とそこに通う生徒たちは、これを心に刻んでいる。

「十年前には、誰もハイテク産業がここまで成長するとは思っていなかったでしょう」と、デ・ボトンは言った。だから彼は、子供たちがやがて訪れる未知の世界に対応できるようにすることに賭ける。「たしかに未来の仕事はまだどのようなものになるかわかりませんが、おそらく新たな産業が生まれることは間違いありません」。彼は、このストラトフォードの子供たちがその新しい世界の作り手になると考えている。彼らは、現在の世界の残り少ない仕事を求めてあがくことはせず、新たな世界を築く方法を探すだろう。

「学校に通えばよい仕事をするための道具が与えられるとは限らない」と、セネットは『クラフツマン』で書いた。彼は技能を身につけることが人間の最高の目的だと考えた。それが、スクール21の活動すべての中心にある。帰りに駅へと向かう途中、私は周囲を見回し、世界中から来た人々の顔やオリンピック競技場、繁栄と貧困を眺めた。世界のあらゆるものがここに集まっているのではないかと思えた。

大事なのはこうした状況を変えることです、とデ・ボトンは言った。変化には何世代もの時間がかかるが、スクール21のように、誰かがシステムを打ち壊すことがその始まりとなる。マサチューセッツ州ケンブリッジのワイルドフラワー・モンテッソーリ学校、そしてＭＩＴメディアラボも、やはり同じことを目指していた。

あいだの白い部分

ＭＩＴメディアラボの建物の吹き抜けの六階で、私はフィリップ・シュミットといっしょに立っていた。鍵がかかったガラスの扉の向こうにはルーフテラスがあり、そこから半円のドームや四角い建物が雪に覆われた、一月のケンブリッジの美しい景色が見える。このドアは、このラボの精神の中心である「ハック〔hackには、コンピュータシステムの解析やプログラムの改変をするという意味のほか、より広く状況を理解し、その場での最適な行動を工夫するという意味もある〕」の象徴なのです、とシュミットは説明した。「ＭＩＴのハッキング文化は、その先に何か面白いものがありそうだと、部屋の鍵を開けた人々とともに始まったのです」。そう言って彼はにやりとした。このガラス扉の場合は、ある学生がシュミットに秘密を教えてくれたのだった。薄いプラスティックのシートを窓の側面に挟むと、鍵を持っていなくてもセンサーにかかることなく外へ出てテラスの空気を吸うことができ、自動ロックもかからない。はじめに誰かが、長い夏の夜に外へ出て空の星を眺めたらすばらしいだろうと考え、ハックしたというわけだ。

シュミットは、デジタル時代に現れたテレビドラマ『マッドメン』の主人公ドン・ドレイパーのようだ。ガンメタルのMacBook Airを持ち運び、自分のスタンディング・デスクの見た目が悪いのを心配している。だが政治的には特権階級よりも知識の公平な分配を尊ぶ立場だ。ラボの学習イノベーション部門のディレクターで、共同体と透明性と学習に情熱を注いでいる。「禁じられた研究」というシンポジウムを開いたとき、それに先立ってある研究者を招き、ＭＩＴで何を学んだかを質問した。「彼女にとって最も意味があった経験は、ドームの上に消防車を乗せたことでした」。それはＭＩＴの伝説的なハックだった。一晩のうちに、彼女は四十人の学部生を指揮し、キャンパスの中央を占める巨大なドームの屋根の上に重さ一トンの消防車を組み立てたのだ。「彼女はいまドイツで博士研究員をしていますが、自分の学術的なキャリアのなかで一番誇りを持っているのはそのことだそうです。そのハックから、最も多くのことを教わり、学ぶことができたと」

私がここに来たのは、テクノヒューマニズムの行きつくところをこの目で見るためだった。このラボは、二十一世紀の創造性の総本山だ。

私はそう考えた。

この場所は可能性の最先端に位置している。圧倒的に新しく、細部まで学ぶことを念頭に置いて設計されている。ガラスのキューブが六階まで続き、吹き抜けになっていて、所長のオフィスは二階の目立たないところにある。このラボは、実り豊かな交流が共用スペースで行われ、人々がそこに集まって情報の交換や共有をしてきた、それまでのＭＩＴの精神を再現することを意図していた。まるで迷路のように、各部屋は中央の空間の周りに配置され、どこにあるのかわかりにくく、移動は非効率的だ。階段の位置もこみいっていて、エレベーターもトイレも見つからない。それはスティーブ・ジョブズの案によるものだった。たいていの建物は、人と人を遠ざけて、孤立と利便性を押し進める。だがなんの摩擦もなければ、そこから創造性や学習は生まれない。道は凸凹でなければならない。それはクリストフ・ファン・ニムウェーゲンが言った適度な困難にも通じているのだ。この建物は、ほどよく複雑にできているのだ。「ヴァーチャル・リアリティや自動運転車のその先へ」と書かれた表示がある。私たちは未来の先にいる。

このラボには二十六の研究グループがある。シュミットはそれらを領邦国家と呼ぶ。「十九世紀に統一されるまえのドイツのようなものです」。それぞれのグループは謎めいたテーマで研究を行っている。感情コンピューティング。カメラ・カルチャー。合成神経生物学。そのなかの四つは、ふたつの建物の各階に研究室がある。まるで理解できない組みあわせの研究グループもある。進化形成というグループには、ロンドンのロイヤル・カレッジ・オブ・アート出身のガラス吹き職人がいる。彼のデスクは３Ｄ印刷されたサンゴや、数百もの細くねじれた管から液体が流れる「ウェアラブル」なガラスの肺など、抽象的な形状のものであふれている（ここには世界初の３Ｄガラスプリンターがある）。シュミットは肩をすくめた。ときには意味がよくわからない、いまのところ目的も明確ではないものもある。その部屋の反対側には、「未来のオペラ」というチーム（この名前は比喩ではない。彼らはオペラの将来の姿を研究している）が、菌類や甲殻類から豊富にとれるキチンで作る背景や衣装を開発している。角の展示ケースには、さまざまな角度へ向かい、互いにつながった階段の模型が入っている。エッシャーが設計したものだ。

「これについては、いろいろな面から語ることができるでしょう」とシュミットは言った。ときには、会話そのものに意味がある場合もある。

「ここでは従来の大学の環境よりも、人々が互いにもっと鉢合わせすることやもっと会話を交わすことを大切にしています」と、彼は言った。このラボでは創造性は交流から生まれると信じられている。狙いはそれによる相乗効果だ。

モニターにメディエイテッド・マター・グループが制作したショート・ムービーが映しだされている。それは、ヴァーチャルな世界でヴァーチャルな材料がふるまうのと同じように現実世界でふるまう未来のナノ材料を予測したものだ。画面上に赤い球体が現れ、そのまわりに特別な針で線が描かれていく。上下の半球のうちどちらかをダブルクリックすると、半球が消える。もう一度クリックすると、残った半球が自己複製し、ゆで卵立てのような内部がくり抜かれた器がふたつ現れる。この作品のもうひとつのポイントは、いったん何かを想像してしまえば、それはもはや、どうすればそれを生みだせるかという問題にすぎなくなるということだ。まず思考を拡散させ、それから収束させる。それはこのラボが得意とするところだ。

一九八五年に科学者のシーモア・パパートやマーヴィン・ミンスキーらによって設立されたＭＩＴメディアラボは最新の技術が生みだされる場所であり、私たちの生活を快適にするものの多くがここから生みだされる。この科学者は、いまやスマートフォンなどでどこでも見られるタッチスクリーンや、ナビゲーション・システムで使うＧＰＳ、キンドルで使用されているＥインクを発明したほか、分子の３Ｄ印刷や人工遺伝子合成、心拍数を測るウェアラブルモニター、ロボット義肢などを実現した。彼らは発明や、最先端での開発についてよく知っている。それには、（ラボの伊藤穰一所長によれば「ゾウ以外のすべての動物からなる」）異なるグループを上手にまとめることが必要で、やってきたチャンスを大切にしなければならない。想像力とハードワークは欠かせない。ラボの創造的な学びについての教えはシンプルな言葉にまとめられている。それは、プロジェクト、情熱《パッション》、仲間《ピア》、遊び《プレイ》の四つだ。
「私たちが関わっているのは、明確に区画された領域のあいだに広がる広大な空白地帯です」と、シュミットは言った。

近ごろ、伊藤は「メディアラボとは何か？」というテーマでミーティングを開いた。日本で生まれた五十歳の伊藤はインターネット・ユートピア主義者で、起業家として成功し、シカゴでクラブのＤＪをしていたこともある。大学を何度か中退しており、最近の著書『９プリンシプルズ』では、「より加速する未来で生き残る」九つの方法のひとつとして「教育よりも学び」が大切だと語っている。たとえば創造性を測定するといった方法でラボの活動を縛りつけるのはばかげている。彼らは「ユニーク、インパクト、マジック」の三つを、さまざまなグループの成果を評価する基本的な基準とした。

あるグループの研究室で、私はキム・スミスを見つけた。ニューヨーク出身の有名な芸術家である彼女は、ワイルドフラワー・モンテッソーリを生みだしたセプ・カンヴァーのチームの一員だ。学校のアイデアの源は都市の研究だった。都市生活の地図を作るツールをいくつか開発しているうちに「都市は有機的なものだ」ということがわかってきた。そしてそれを基点にして、働き方の改善法を考えた。意外なことに、人間が介入することで多くの場合都市の自然な生産性は損なわれてしまっていた。ハイウェイによって、実際には交通は妨げられてしまっていた。公共のスペースを作れば、逆に人は建物のなかで過ごすことが増えていた。巨大な工場のような学校へ通わせることで、子供たちは共同体から遠ざけられてしまっていた。グループは自転車と公園と学校を集中的に調べた。

「これらのプロジェクトに共通しているのは、社会的な交流を増やし、共同体を強めることです」とスミスは言った。

研究は、何がうまくいくかを考えることから始め、それを増やしていくというやり方で行われている。

「はじめは混乱だらけでしたが、ずいぶん整理され、状況が明確になってきています」。ワイルドフラワーは、いくつかの仮定の疑問から生まれた。もし未来の学校を設計するとしたら？　もし街角ごとに学校があったら？　きっと人はそこへ行きたくなるはず。学校は小規模で、歩いて通える場所に建てよう。それは共同体の中心のように感じられるだろう。計算論的思考を学ぶためのアイデアはスミスが提案したものだ。私が学校を訪れたときに子供たちがやっていた、手作りの木製パネルの玩具だ。彼女のデスクには美しいデザインの木のトレイが並べられている。子供たちはそれを使って論理やプログラミングを体験する。いまはグループの研究が一段落しているので、スミスは全米の学校にこの教材を普及させる会社を立ちあげている。

「私たちはとりあえず何かをやってみて、あれこれ試し、失敗しながら何がうまくいくのか理解していきます」。私にはまだ、誰もがワイルドフラワーに通う日がいつか来るとは思えなかったが、もう否定するつもりもない。「うまくいくかどうかは、感覚でわかります」。失敗や創造ができる場所は誰にとっても必要なのだろう。スミス自身が通った学校は息が詰まる場所だったという。両親はどちらも医者として成功していたが、しだいにアート・サマーキャンプへ通うようになり、学校からは離れていった。

「誰にでも創造性は備わっています」と彼女は言った。そうかもしれない、と私は思った。

「学校は最悪の場合、それを抑えこんだり削いでしまったりします」

探索と活用

私は最上階に戻り、シュミットを探した。彼の机の脇には、彼を訪ねてきた人が付箋に描いた自画像が貼られている。私もそのコレクションにひとつ添えることにした。

帰り際に荷物をまとめていると、彼は言った。「もし本の執筆がうまくいかなかったら、漫画家になってニューヨーカーに連載すればいいですよ」

踊り場にはオレンジ色のレゴでできた巨大なネコが立っていて、そこがライフロング・キンダーガーテンの入り口になっている。学習の中心地の、そのまた中心だ。ミッチェル・レズニックが、自分の机でパソコンに向かって仕事をしていた。物理学者であり、科学ジャーナリストでもあった彼は、シーモア・パパートの講義を聴いたことでラボへ来ることを決意した。AIの世界的権威だったパパートは「構築主義」を生みだした学習理論家でもあった。それは子供たちがペン・グリーンのように、発達しうる知的構造によって学び、さらに発見を通じて新たな知識を加えていくことだ。パパートはプログラム言語LOGOの制作者で、子供たちが学ぶことに没頭できるオンラインの世界を構想した。

架空の「数学《マス》ランド」では、子供たちはイギリスで英語を学ぶように、数学の世界で数学を身につけることができる。

伸ばし放題の髪やひげだけでなくその哲学も、レズニックがパパートの精神的な継承者であることを示している。彼の机は、コンピュータ科学の世界での活躍を示すものでいっぱいだ。

トロフィーだけでなく、片方の手が休まず動いている招き猫や、レゴ・マインドストームのキット、六つのピースで作った小さなレゴのアヒルなどが並んでいる。シュミットによれば、かつて六ピースのレゴでできるだけ多くのつなげ方をして、しかもアヒルに見えているというものを作るというオンラインのチャレンジがあった。記録保持者は、百九十五のつなげ方を見つけたという。[24] もともと壁だった場所は、数百冊の本で埋まっている。そこに積まれた教育、科学、経済学などの本からも、彼が子供たちを待ちうける将来について考えていることがわかる。私たちはおなじみのパラドックスに直面しているのだ。

「テクノロジーによって、創造的思考の重要性はかつてないほど増しているが、それと同時に、もし私たちが、可能性は低いかもしれないが、テクノロジーをきちんと使いこなせれば、人間はその新しい、急速な変化の時代に繁栄することができるだろう」

レズニックは無料で誰もが使えるオンラインのプログラミング言語スクラッチで成功を収めた。子供たちはそれを使ってストーリーやアニメーションをプログラミングでき、ほかの人の活動から学ぶこともできる。毎月、二百カ国以上の二千万人の子供がスクラッチを使い、「創造的な思考を学んだり、体系的に推論したり、協力する」ことを学んでいる。一日に二万件の新しいプロジェクトがオンラインで共有されている。しくみはいたって単純だ。子供たちは、現実世界でレゴのブロックを積みあげるのと同じ方法でコマンドをオンラインで積みあげていく。私自身もやったことがあり、あまりつまずくこともなかった。大事なのは創造性だ。

「創造性はこれまでも望ましいものとされてきたし、今後はさらに重要性を増すだろう」とレズニックは言った。「おそらく人間は、機械にはできない創造的なことを今後もずっとしていくだろう。人間が創造的な能力を伸ばしつづける限り、それを発揮する場はなくならない」

　シュミットは、いつも考えているのは「人間にしかできないことは何か」という問いだという。それが自己表現に関することであるのは間違いない。どのような種類の創造的行為でも、人は意味を他者に伝えようとする。レズニックにとってプログラミングとはそのようなものだ。プログラムできるようになるとは、「思考と自分の声、そして自分らしさを発達させること」だ。プログラミングは文章を書くことに似ていると考えている点で、ニコラ・サディラックと共通している。紙の上に自分の思考を展開させることで、思考そのものが展開されていく。「コンピュータは人の思考にそって拡張していく」。レズニックにとって、創造的な自己表現こそが学習の目的だ。ラボの精神を表す四つのP、プロジェクト、情熱《パッション》、仲間《ピア》、遊び《プレイ》を決めたのは彼だ。スクラッチに続いて、レズニックは子供たちがこの原則にそって学ぶコンピュータ・クラブハウスを設立した。

「学校は一般に、創造性を育むようには作られていない」とレズニックは言った。彼が自分に課している使命は、フィンランドの教育のように、空間的または時間的要因、あるいは規律によって生じる障害を打ち壊すことだ。だが彼は、同時にある警告を発している。学習においては、厳密さも重要な位置を占めている。「創造性と規則正しさとは相反するものだとみなしてはならない」。彼にとって、アンダース・エリクソンの意図的練習というアイデアが広まったのは歓迎すべきことではなかった。練習を繰りかえすことの重要性に反対しているのではなく、その段階に達するまえに、自分が何に情熱を抱いているかを考えることが必要だと考えているためだ。「情熱に従っているときだけ、人は喜んで繰りかえしに耐えることができる」。最高の創造性は、「想像と規則正しさが結びつく」ことから生まれる、と彼は考える。私もそうだと思う。彼はそれを独特な表現で言いあらわした。探《エクスプロア》索と活《エクスプロイト》用だ。

「問題は、厳密さを追求しているときには、多くの場合想像力や創造性がはじき出されているということだ。だが、厳密さに欠けたただの粗雑さを大切にすることもまた同じくらい間違っている」。必要なのはそのふたつのバランスだ。

ジョージ・バーナード・ショーはかつて、「合理的な人間は世界に自分を合わせるが、非合理な人間はいつまでも世界を自分に合わせようとする」と述べた。それゆえ、あらゆる進歩は非合理な人間が成し遂げるのだ、と。はたして規則や伝統に縛られた学校は、こうした非合理性を育むことができるのだろうか。ＭＩＴメディアラボでは、それはうまくいっているようだ。ここでは構造化された場所と自由の境界線を歩かなくてはならない。そこにこそ創造的な学びは存在する。それはまた、フィンランドの教師たちがずっと考えていたことでもある。

「それでも、リスクや危険は感じていなければなりません。さもないと、ハッキングの利点は得られないでしょう」と、屋根の上に出ていたシュミットが言った。

リスクが感じられるのは、本当にリスクがあるときだけだ。それを感じているフリなどできない。ＭＩＴでも、残念な出来事があった。二〇一一年、インターネット・アクティビストでコンピュータ科学の天才アーロン・スワーツが、ＭＩＴのメイン・キャンパスに忍び込み、サーバーに自分のノートパソコンをつないで、ＪＳＴＯＲのアーカイブ（世界の学術論文や書籍、一次資料を集めた課金制のデジタルライブラリー）をすべてダウンロードしようとして逮捕された。彼は、これまでに上梓されたすべての学術的出版物を、知識は万人のものだという高貴な信念から誰でも閲覧可能にしようとしたのだ。連邦検察はこれに対し、有線通信不正行為で有罪とした。最大三十五年の懲役と百万ドルの罰金を科されたスワーツは、二〇一三年にブルックリンのアパートメントで自殺した。

世界を自分に合わせようとすれば、世界は変化を拒絶することもある。進歩を願うことには、急進的になりすぎて失敗するリスクがある。

しかし、このリスクを排除することは、人間の創造性にとって最大の脅威となる。フランスの哲学者アラン・バディウは、有意味で人間に本来備わったあらゆるものにとって大切なのは、失敗の可能性があるかどうかだと主張する。理解者を自認する権威者や学校の運営者、人間について知り抜いたアルゴリズムによって、リスクが取り除かれてしまってはならない。そこには失敗や創造性、混沌とした世界での意思決定、あるいはそこから意味を汲みとる余地は残されていない。[25] 学習については、私たちは子供たちに、実際に必要な基礎をマスターさせることに集中しすぎ、子供たちの経験からリスクを排除してしまっている。

私たちはレズニックの言う「活用」に時間を割くべきことはわかっていても、「探索」には十分な時間をとっていない。私はビデオカメラを持ってジャングルジムに登って映画を制作していたメルヴィの生徒たちのことを考えた。彼らがしていたことは、私には学習には見えなかった。目的も、厳格さもないように思えた。だがいまの私には、それが大事なことだったのだとわかる。メディアがメッセージだったのだ。文章を書くことは、実際に書くことで学べる。実際に想像力を行使することで想像とは何かを学ぶ。技能《クラフト》とは、基礎となる知識をマスターし、その分野の基本的な動きやテクニックを身につけることを意味する。だがそれは同時に、失敗する自由を持ちながら探索の精神を育むことでもある。九年生でピアノの天才と呼ばれた生徒が、そのまま作曲の天才へと育っていくことはめったにない。それに、単語綴り大会《スペリング・ビー》のチャンピオンが偉大な作家になることも。

　ＭＩＴメディアラボには超一流の学歴の持ち主がいくらでもいるが、運営している側には何人もの大学中退者がいる。

「メディアラボのような場所が世界にほとんどないことは悲しいことです」と、シュミットは言った。現在大学で行われている教育のほとんどが偶然の産物だと彼は考えている。それは学校での学習もかなり当てはまるだろう。このラボでは、学習は設計されている。ライフロング・キンダーガーテンの精神が行き渡っている。「子供たちが遊び場で遊ぶのは認められています。でも大人が遊ぶと、真剣には考えてもらえません」

　たしかに大人が遊ぶことは認められていない。だが、子供たちはどうだろう。私たちはもはや、子供たちが遊ぶのを認めていない。少なくとも、学校にいるあいだは。

「誰もが自分の夢を追い求められるようであればいい」とレズニックは言った。「だが同時に、誰もが自分の夢に気づくことができるようになってほしい」。これはパラドックスだ。「厳密さのみにこだわれば、夢は抱けない。だが逆の極端に走っても、やはり自分の夢には気づけないだろう」。私もこれに同意する。だが、このラボの現実離れした雰囲気は、その住民を現実世界から少し遠ざける。外の世界では、子供たちは不利な状況に置かれ、学習をあきらめた若者には、ほとんど失敗は避けられないような環境がある。現実世界はＭＩＴの理想的な学習環境とはまったく逆の状況にあるといえるだろう。

私は開放的なオフィスで、レゴのブロックで作った大釜の脇で立ち止まった。成功とは人がそれぞれの目的を見つけられ、職業、技能《クラフト》を探し当てられるということだ。子供の創造性を伸ばすことはできるが、それは遊びと失敗の余地を与え、専門家として能力を高めるための困難な過程を示すことができた場合に限る。42やスクラッチ、MITメディアラボでは、子供たちが未来の道具を使うことができるよう考えている。だが、私にはそれはややテクノロジーに偏りすぎているように思われた。これからの世界で最も価値ある試みは、人間の可能性を発展させることだ。学び、意味を見つけ、創造し、協力する能力を高められるかどうかは教師にかかっている。長いあいだ、教師とは知識の専門家だと考えられてきたが、私は究極の技能を扱う職人と考えるべきではないかと思う。詳しくは次章で述べるが、ソウル、ヘルシンキ、そしてアメリカのニュージャージー州とさまざまな場所で私はその姿を垣間見た。人間は学ぶべく生まれついているとするなら、同時に教えるようにも生まれついているはずだ。

幾筋にも分かれた歩道を出口に向かって歩きながら、私は創造的な学習の方法に関するレズニックの言葉を何度も反芻していた。

「理想的な幼稚園ではうまくいっている。メディアラボでも。それ以外は、すべての場所を変えなければならない」

chapter 6

一流の教師
——教育界の達人たち

もしこれが読めるなら、教師に感謝せよ。
——車のステッカー

ロボット教師は出現しない

キム・スアエは退屈そうだった。彼女はこの日、韓国の南端にある巨大な港湾都市釜山にあるドンピョン中学校に英語の教師として戻ってきたばかりだった。教室内を歩きながら教科書を読みあげ、ときどき生徒を注意（「顔を上げて、ジュンサン」）したり赤いサマードレスを直したりする。熱波のため気温は摂氏三十五度にまで上がり、白いシャツと灰色のズボンを着た生徒たちは眠気をこらえて机の上でそわそわしている。朗読についてきているのは数名だけだ。やがて、二十数名のクラスの生徒はつぎつぎに頭を突っ伏して眠りはじめた。「ただ教科書を読むだけで」と、ひとりの男の子は言う。「退屈なのでつい眠ってしまうんです」。スアエは怒りだし、ジュンミンに教室の後ろで立っているよう命じる。

「教室のみんなが集中して、意欲を持って学習してくれればいいんですが」。授業のあとで、彼女はそう言った[1]。

その気持ちはわかる。私も生徒のやる気を高め、わずか数分集中させるために苦労した経験がある。同僚たちは指揮者か振り付け師のように楽しそうに仕事をしているのに、自分だけひたすらモグラ叩きをしているように感じられた。小説のように、熱弁を振るってから議論をすればうまくいくというものでもなかった。「教師としての自分の特色をはっきりさせよう」と、私のチューターは言っていたが、残念ながらそのときの私には響かなかった。ちょうどその日、八年生のクラスでカメルとデイヴィッドとアレサが問題を解こうとしなかったため、二度ずつ教室から退出させたばかりだった。教師が持つ魔法の力を、私は見失っていた。つまらない形式にこだわり、GCSE対策で学習の計画を立て、教育水準局の基準に従って指導法を構築していた。そうすると少しずつクラスの成績は上がり、少しずつ生徒たちは心を失っていった。私は不満を抱えこんだ。同僚たちはそのまま続けるべきだ、「大事なのは経験だよ」と励ましてくれた。

トウォーフ先生の八年生の授業は本当に見事だったが、それを自分でやるのは現実的ではなかった。何かうまくいく方法を見つけなければならなかった。

釜山では、キム・スアエは教科書にこだわっていた。それはひとつのやり方だが、生徒たちの生気は奪われ、教師は気持ちが沈んでしまう。私がその週にソウルで見たロボット教師のNAOでさえ、教材を声に出して読みあげ、プログラムされた質問をすることくらいはできる。韓国の標準テストの成績判定は、すでにデジタル化されている。いったいスアエは何を目指しているのだろうか。教師としての職務に縛りつけられ、生徒たちと関わりあうこともできない。「どうしたらいいのかわからないんです」。スアエの目には涙があふれた。「問題は私のほうにあるのかもしれない」

私は、彼女に問題があるとは思わなかった。それに、過去の私にも。共通している問題点は、教えることをどうとらえるかだった。時代遅れの学習観に合わせて、教師とは知識に関する職業であり、教科に深く通じていることこそが重要なのだと長いあいだ考えられてきた。だが、大切なのは日々の実践だ。そう考え直せば、教える力を高めるためには、過去の私のように、とにかく自分でやり通すしかないと考える必要もなくなるだろう。それに教師とはただ生徒が教科書を読んでいるのを監督したり、キム・スアエのように決まりきった講義を繰りかえすだけのものでもない。そんなことをすれば、教育をオートメーション化し、高い能力を持った専門家を巨大な教育マシンの歯車に変えてしまう。

学ぶことが人間にしかできないことだとしたら、教えることは最も重要な技能《クラフト》だ。この章は、この前提から始めてみたい。うまく教えるとは何を意味するのかという単純な問いに対する、ふたつの国でのそれぞれ異なった回答を見ていこう。

医師から学べること

はじめに問題を提示しよう——すばらしい教育とはなんだろうか。傑出した教育者を思い浮かべてみよう。私の場合は、二年生のときのテイラー先生。彼女の机のまわりで幾度も音読をした。あるいはミッジリー先生。十一歳の時、私にラテン語を教えてくれた。バーレス先生のエネルギーやジョーク、モーガン先生のマルクス主義（「密告者には死を！」）、それから、ホール先生とした文学に関する長い議論。私はこの先生たちの授業が好きだった。カリスマ性があり、人の心をつかむ術を心得ていた。私は重要なことを学んでいると感じていた。だが、彼らは人真似ではなかった。それぞれが独特の才能を持ち、それは彼ら自身の人間性とも結びついていた。人と関わりあい、励ます魔法を使いこなしていた。それを分析してもしょうがない。教師の質を判断する科学などありえない。どの教師も、みなそれぞれにすばらしい。だから、教師とは作られるものではなく、生まれるものなのだ。

　同じことは、かつて医師についても言われていた。

　一八四六年、若いハンガリー人医師イグナーツ・ゼンメルワイスはウィーン総合病院第一産科のチーフレジデントになった[2]。それは病院にふたつあった、診察料無料の産科病棟のひとつで、貧しい女性たちが多く利用していた。だがそこでは母親の死亡率が極端に高く（十〜二十パーセントの母親が産褥熱で亡くなっていた）、多くの女性が、死亡率が三分の一ほどの第二産科に入ることを希望していた。ゼンメルワイスはそれに心を痛め、ふたつの産科で行われていることを詳細に調べ、少しずつその原因として可能性のあるものを特定していった。医療技術や、気候、宗教的儀式はどちらも同じだったが、第二産科のほうがそこにいる人の数は多かった。違いはひとつだけだった。第一産科では医学生への指導が行われており、第二産科では助産婦が業務に当たっていたことだ。

　ゼンメルワイスがそのことに気づいた直後、第一産科の同僚であるヤコブ・コレチカが、死体解剖中に学生のメスでけがをして亡くなった。その遺体を調べると、産褥熱で亡くなった女性と症状がよく似ていた。ゼンメルワイスはそこから、医師や医学生が遺体から病院へ「遺体の粒子」を運んでいるのだと判断した。一八四七年五月、彼はその毒物を取り除くため、塩素水で消毒するという手洗いの制度を導入した。その前月には母親の死亡率が十八・三パーセントに達していたが、学生たちが手を洗いはじめると、六月には二・二パーセント、七月には一・二パーセント、八月には一・九パーセントに下がり、第二産科よりも低くなった。それは探究の勝利だった。(3)

しかし、ゼンメルワイスの物語は幸福な勝利では終わらなかった。その当時、オーストリア・ハンガリー帝国の医師は自分のことをまるで今日の教師のように、謎めいた技量を独学で身につけ、それを提供しなければならないように感じていた。産褥熱のような病気は、四体液のバランスが崩れた状態、すなわち「悪液質」によって必然的に生じると考えられていた。医師の「専門的知識」は、患者の血液、粘液、黄胆汁、黒胆汁の四つのうちどれが不調なのかを診断することだった。人はそれぞれに体液の分量が異なり、よく考慮したうえで瀉血などの適切な治療を選択することは、複雑で、高い技量が要求される仕事だった。医師たちはゼンメルワイスをあざ笑い、手洗いの効果を真剣に考えることはなかった。医療はあまりに込みいった、あまりに人間的な技術であり、単なるデータ分析や特定の具体的な実践で改善されるようなものではないと思われていた。

これはまさに、教育をめぐる今日の状況とよく似ている。ゼンメルワイスの時代にも、多くの名医がいた。それは現在世界中に、数千万のすばらしい教師がいるのと同じだ。それは、私たちは自分の技量を高めようとすべきではないという意味ではない。現在も、四体液に似た考えは残っている。八つの多重知性という理論は反証されているが、いまだに生徒たちを「音楽的知性」、あるいは「空間的知性」、「身体運動感覚的知性」が優れている、などと分類している。(4) これが意味しているのは、医師と同じように教師も、自らの技量を高めるための方法を問いつづけなければならないということだ。

ニュージャージー州ニューアークで近年行われている革新的なプログラムでは、新人教師を医師のように、いや、より正確にはアスリートのように鍛えている。

塵も積もれば山となる

ダージャ・コーニックは六年生の算数のクラスに時間が迫っていることを伝えた。子供たちは背筋を伸ばし、互いに目を見交わしている。身長百五十センチ、青いスエードの靴を履き、年も生徒とさほど変わらない彼女は、仕事一筋の生活だ。緑のポロシャツとカーキ色のズボンの子供たちは大慌てで問題を解いている。すでに手を挙げている子供もいるが、コーニックはもっと挙がるのを待っていた。教師たちはこれを「待ち時間」と呼ぶ。

「イグナシアに聞きましょう」と彼女は言った。二十五人の顔がクラスの中央にいる黒髪の女の子のほうを向く。クラスは二人一組できれいに三列に並び、机の上に教科書が開かれている。すべての目が発表者に注がれる。

「30をかけます」とイグナシアは自信を持って答えた。「4に何をかければ120になるか」という問題だったのだが、リカルドが間違えたところだった。それで、ほかの子供が助け船を出すという場面だった。これは「間違い探し」つまり、誤った答えをみなで考えてみるというプロセスだ。「保留」の場合は、リカルドはクラスメートから助けてもらい、そのあと改めて自分で正しい答えを出す。彼はイグナシアの答えをよく聞き、自分の言葉でそれを繰りかえした。

「はい、正解」

コーニックはクリップボードをカメラの前に置き、つぎの問題をホワイトボードに映した。「これを計算するとどうなるでしょう」。彼女はクラスの前に立ち、問題を示した。「１００プラス25は１２０プラスXに等しい」。ペンを指揮棒のように扱い、ゆっくり繰りかえした。「これを計算すると、どうなるでしょう」

リカルドは懸命に考えている。あちこちで手が挙がった。

「じゃあ、後ろの列！　答えて」

これは「ポジティブ・フレーミング」のなかでも、「Ｊファクター」を高めるための「ポジティブに語る」というテクニックだ。この「Ｊ」は、「喜び（joy）」を表している。いまコーニックはクイズ番組のようにつぎつぎに問題を与えている。

「アシュリーはどう？」と彼女は言った。みんなが彼のほうを向き、彼は答えた。コーニックはつぎつぎとほかの子供を当てていく。トニーはどう？　マヌエラは？　ティファニーは？息を継ぐ暇も与えない。子供たちは準備よくてきぱきと答えていく。答えが百パーセントでないと、彼女は完璧にできるまで繰りかえさせる。「正解は絶対だ」というのは、完全な答えだけを受けいれることを意味する。だいたい正しい、とかほとんど正しい、というのは低い期待値で満足させることにつながってしまう。彼女は若き数学オーケストラが一糸乱れぬ演奏をできるよう鍛えているのだ。各パートが完璧なのを確認し、彼女は式変形の交響曲のリハーサルに進もうとしている。

とだ。

じられ、全員ができるようになるまで反復する。それもまた子供たちへの高い期待値ゆえのこ

「残念ね」。彼女は、まっすぐに上がらない腕があるのを見て言う。彼らは「やり直し」を命

二十五本の鉛筆がその動きに合わせるが、そのうち四本にやや迷いが見えた。

「みんな」と彼女は、指揮棒のペンを高く掲げながら声をかける。「鉛筆をあげて」

「鉛筆をあげて！」彼女は教室を見回した。「強く、垂直に」と、プロ意識を発揮して注意を与える。「もっと強く」。子供たちの腕が上がり、背中が反りかえる。

「いいわ。続けて」。ストップウォッチを押し、子供たちは式変形を開始する。

私の隣ではジェレミー・ヴェリッツリが満足げに見ていた。「コーニック先生は問題を与えると、全員の手が挙がるまで満足しません」と、彼は小声で言った。それはすごいことだ。そして、ヴェリッツリにとってはとりわけすごいことだった。彼はコーニックがこのノース・スター・アカデミーの生徒だったころ、ここで校長をしていた。校名は、十九世紀の奴隷制度廃止運動家のフレデリック・ダグラスが創刊した新聞にちなんでいる。ヴェリッツリは教育イノベーターのノーマン・アトキンスとともに、ニュージャージー州ニューアークの成績格差問題を解消するために、一九九七年にこの学校を創設した。そこはアメリカで最も貧しい地区で、環境の荒廃ぶりについては、地元出身の有名歌手、ブルース・スプリングスティーンが歌っているとおりだ。その二十年後、彼がリレー教育大学院で上級学部長の職にあったとき、コーニックが研修をしたという縁がある。彼は教育の大家であり、活動家で、ボウタイと「ブラック・ライヴズ・マター」のバッジを身につけている。リュック姿でびっしり生えたあごひげか

らも、いかにも社会運動家というイメージだ。

彼はリカルドとのやりとりにも満足していた。「やってみて、間違い、フィードバックを得る。それで正解する」。すべての子供がわかるようになるには、間違いも普通のこととして受けいれなければならない。

コーニックは、正解とおそらく苦労するだろう子供の名前をクリップボードに書きながら、クラスを巡回した。時間は過ぎていく。その様子をヴェリッツリが解説してくれる。これは「積極的モニタリング」だ。その的確な関与は、まだ教職について五カ月であることを考えるとさらに驚かされる。

「ロドリゴにご褒美よ」。彼女は紙に書かれたものを見て声を上げた。「もう少しで解けそう」

授業後、ヴェリッツリがリレー教育大学院のやり方を説明してくれた。その根本にあるのは、教育は技能《クラフト》だという考え方だ。私がここに来たのもそのためだ。ほかの訓練プログラムでは理論（教育について語り、書くこと）が重視されているのに対し、リレーは実践を大切にする。コーニックの無駄のない動きは、教師であり、ハーバード・ビジネス・スクールでＭＢＡを取得したダグ・レモフの著書『Teach Like a Champion（チャンピオンのように教える）』から取りいれたものだ(5)。彼がボストンの貧しい地区で新人教師として苦労していたとき、ある同僚が単純なアドバイスをくれた。子供たちを指示に従わせたいなら、静かに立って指示を与えること。やってみるとそれはたしかにうまくいったので、レモフは考えた。教えることには魔法のような才能が必要だと思っていたが、もしかしたらそうではないのかもしれない。こうしたスキルはまだほかにもあるはずだ。サッカーに真剣に取り組んだ経験があったから、「スペースを詰めろ」とか、「角度を消せ」といった明確で的確な指示はパフォーマンスを高めることを知っていた。グラウンド上で上達することが複雑で明確なスキルをマスターすることにあるのなら、教室でも同じことが言えるのではないだろうか。(6)

のちに問題を抱えた学校の顧問になったとき、レモフはこの疑問を抱きつづけていた。指導の改善を目指して頑張っても、多くの場合いい方法を見つけることはできなかった。よい教育とは何かを決めることも、まだタブー視されているように思えた。やがて彼はもっと真剣にその疑問を探究しはじめた。二〇〇二年、落ちこぼれゼロ法が制定されると、アメリカ政府には学校の成果に関する大量のデータが集まるようになった。彼はそれを分析し、低所得の家庭の子供が例外的に好成績をあげているという例を探した。はじめに引っかかったのが、当時ヴェリッツリが校長を務めていたノース・スター・アカデミーだった。生徒はほぼアフリカ系とヒスパニック系のみで、九割は給食費を免除されるほど貧しく、両親が大学を卒業している生徒は一割しかいなかった。ところがこの学校の八年生はニュージャージー州の州テストで、英語では州平均を三十パーセント、数学では三十五パーセントも上回っていた。この学校は成績の格差を縮めるどころか、逆転してしまっていたのだ。レモフはカメラマンの友人を説得し、いっしょにその学校を訪れた。

そうしてできた、高いパフォーマンスを示す教師を撮影した動画がきっかけで、五年の歳月をかけたドキュメンタリーが作られた。ノーマン・アトキンスがヴェリッツリとともに設立したアンコモン・スクールズが協力してくれた。長時間の動画が集められ、それをレモフがサッカー・コーチの鋭い目でチェックしていった。彼は、すばらしい教師に共通するものを見つけた。それは生徒の意識を自分に集める、教師にとって最も大切な技術だった。また生徒への期待度は高く、時間を少しも無駄にせず、学習のなかで密度の濃い関わりあいをしていた。だが、そんな当たり前のことがわかっても、問題を抱えた学校の助けにはならなかった。「生徒に高い期待を抱け」と言われても、何をすればいいかわかるわけではない。そこで彼はさらに細かく、優秀な教師が持つ技術、つまり動きに着目して、自分が観察したものに名前をつけていった。たとえば「細部にこだわる」「警告しない」「売り込み電話」など。[7] すばらしい指導に必要なものはもはや血と汗と涙と魔法ではなく、血と汗と涙と、四十九の具体的で明確な、細かい実践テクニックだった。「教師の言葉や行動の、一見小さな、考え抜かれた変化が長い時間積み重なることで、生徒の成績に劇的な改善をもたらす」と、レモフは自分が観察し、分類したものが出版されたときに書いている。[8] リレー教育大学院では、訓練プログラムの一環としてその方法の多くを取りいれている。

「一、二、三……」と、コーニックが手を挙げて数えていく。ひとりの子供が席で指をクロスさせた。それは時間短縮のための「席でのシグナル」で、トイレに行きたいという意味だ。

「急いで行ってきて。七、八。では、ライリーは問題を何問解いたでしょう?」

「四十八問」とリンカーンが答えた。

「シナリオでは、ここでライリーはアナベルより何問多く解いたかを質問することになっているんだが」。そう言ってヴェリッツリは顔を曇らせた。「少しヒントを与えすぎだ。だが、やがてできるようになるだろう」。ヴェリッツリが彼女にいま必要だと考えている成長は、一・〇レベルになることだ。教える際には、子供の認知的な負荷を最大限にすることを狙っているが、いま彼女は子供たちに刺激を与えるチャンスを逃してしまったのだ。ヴェリッツリにとって重要なのはそうした細部だった。その積み重ねが子供の学習を左右する。細かな点への意識（「細部にこだわる」）は、アンコモン・スクールズのＤＮＡに組みこまれている。それはリレーでもロンドンのＫＳＡでも同じだった。すべての授業計画は質を最大化し、教師の時間を節約することを目指している。コーニックは、ロチェスター、ボストン、ブルックリンにあるアンコモン・スクールズのほかの四十校でまさにいま行われている六年生の算数の授業と同じことを教えている。そして、新人教師たちはみな、まったく同じ動きを学んでいる。技能《クラフト》を習得することがすべてで、それには公式が必要になる。

コーニックは手を二度叩いた。パンパン、パンと子供たちもそれに応える。鉛筆は置かれ、全員が魔法をかけられたように先生のほうを向いている。だがそれは、謎めいた呪術のためではない。練習の成果だ。それでも、まだ完璧ではない。私は教えることを個人的な技法によるものと考えすぎなのかもしれないが、リレーの公式はいくらか制限がありすぎ、形式的すぎるように思える。スペリング・ビーで子供にミスなく高得点をとらせる教育ママのような気配が漂っている。少し機械的すぎるのではないだろうか。これで本当に技能《クラフト》を身につけられるのだろうか。

ヴェリッツリはこの日の午後、研修生たちに「意図的な練習」の授業を行うことになっている。おそらくそこで、より多くのことがわかるだろう。

2シグマ問題

教師の世界にイグナーツ・ゼンメルワイスが現れたのは一九八五年のことだ。ベンジャミン・ブルームは才能の研究をするなかで、専門的知識を習得できるかどうかは、すばらしい教師に、理想を言えばつぎつぎと出会えるかどうかにかかっていると気づいた。将来の巨匠はしばしば身近な専門家のもとで基本的な技術を身につけるが、やがて全国レベルの指導者のもとへ移り、そこで才能を開花させる。ブルームは、すべての子供の学習という面から考えれば明らかな問題があると述べている。全国レベルの専門家は数が少なすぎるのだ。理想的な訓練のシナリオは、彼らが神童たちを一対一で手厚くサポートをすることだ。しかし教育すべき子供の数はあまりに多く、その状況を再現するのは不可能であることから、ブルームはどうすれば三十人の学級で教師が一対一の指導による効果を再現できるかという研究に取りかかった。そしてそれを「2シグマ問題」と名づけた。(9)

ブルームは教育の三つの方法を評価する実験を考案した。(三十人の子供が学ぶ)従来型、(子供の数は同じだが、それに加えて、どうすれば改善できるかを個々に指摘する形成的評価が与えられる)習得型、(献身的なチューターがひとり、または最大で三人の生徒を指導する)チューター型の三つだ。結果は歴然としていた。チューター型で指導された子供たちは、従来型の子供と比べて二標準偏差、つまり2シグマ分、平均が高かったのだ。わかりやすく言えば、チューターの指導を受けた子供の平均(一番できる子供ではなく)は、従来型の指導を受けた子供の上位二パーセントに入っていることになる。つまり現在、平均的な教師から教室で習っている子供は、いまよりもはるかに多くを学ぶことが可能なのだ。イギリスとアメリカで優秀なチューターが一時間の一対一指導に対し千五百ポンドもの報酬を受けとっていることもわかる。

だがブルームは、すべての親が子供に家庭教師をつけるべきだとは考えていない。彼は、子供たちがまるで一対一で指導を受けているかのように学習することは可能かどうかという問いを発する。それこそが教える技能《クラフト》の本質であり、深い、ほとんど底なしの探究を誘う問いであり、成功への終わりなき追究への第一歩だ。

フィンランドにはおそらく世界最高の教師たちがいるが、私はそのひとりで、この問いを最も深く探究しているであろう人物に会った。

教えずに教える技術

宵の口、早くも暗くなりはじめたヘルシンキ郊外のマルティンラークソでは、駅からの小道に、落書きをされてはいるがいまだ現役の低層のブルータリスト建築が建ち並んでいる。この日はフィンランドで最も有名な教師、ペッカ・ペウラに会うという特別な機会なのだが、まわりの景色はいたって平凡だ。教室に入ると、それぞれの椅子の背にはコートがかけられ、二十八人の生徒がすわっている。まだベッドから出たばかりのような表情も見える。三、四人のグループに分かれて四角いテーブルを囲み、うわさ話をしたり携帯電話をチェックしたりしている。幾人かはすでにノートパソコンの電源を入れ、天井からぶら下がったコンセントにつないでもう勉強を始めている。雰囲気はゆったりとして、生徒たちは真面目そうで、ジーンズとセーターの制服に、黒やグレー、ネイビーのいかにも北欧らしいスニーカーを履いている。一階の窓から、白樺とマツが明るい空に向かって立っている。

午前八時二十分にペウラは教室の後ろからやってきて生徒とジョークを交わし、足でドアを閉めた。生徒たちよりもカジュアルで、バンドTシャツ、ひざ丈のデニムの短パン、前のジッパーを開けた学校のロゴ入りのパーカーを着ている。「スコットランドのインディー・ロックバンドのギタリストのような外見」と、私はメモをとった。ブロンドのひげと髪型が最後の決め手だ。ペウラはヨーヨーを持ってアルベルト・アインシュタインの漫画の脇を抜け、ホワイトボードの前まで来ると、コンピュータを開き、スクリーンに問題を映した。

選択肢問題だ。「何秒後に、この車はトラクターを追い抜くか。(a)3・0s(b)4・5s(c)6・0s(d)7・5s(e)8・2s」

教室のなかでは、ブロンドの十六歳の生徒たちがホワイトボードに映しだされたグラフを見つめている。数人は自分のノートパソコンのキーを叩いている。携帯電話を見つめている生徒もいる。ペウラのパソコンの画面上で、回答が集計されている。二十一名が答えを入力した。私もよく知っている方法だ。ペウラが答えを発表するのを待った。何人が正解しただろう。ところが、つぎの彼の行動は意外だった。

「じゃあ、テーブルに向き直って」と、彼は生徒たちに指示した。自分たちはなぜ、どのように答えを出したか。生徒たちは同じテーブルのグループと向き合い、熱心にフィンランド語で話しはじめた。数分の議論のあと、ペウラはもう一度同じ問題を映しだした。「何秒後に、この車はトラクターを追い抜くか？　(a)3・0s(b)4・5s(c)6・0s(d)7・5s(e)8・2s」。生徒たちはもう一度グラフを見て、デバイスから答えを入力した。

ペウラはまだ答えを発表しない。その代わり、彼は最初の回答結果を映しだした。三十六パーセントの生徒が(a)を、二十七パーセントが(b)を、十八パーセントが(c)を、五パーセントが(d)を、十四パーセントが(e)と答えていた。なるほど、とペウラは言った。この結果は、クラスに答えがわかった生徒とわからなかった生徒がいるということだ。もっと大事なのは、生徒たちのあいだでいくつか異なる誤った理解の仕方があった、つまり、異なる理由で間違えたという点だ。何度か生徒たちのあいだを行ったり来たりして、彼は二回目の回答結果を映した。今回は三十九パーセントが(a)、五十パーセントが(b)、(c)と(e)は○パーセント、(d)は十一パーセントだった。生徒たちの答えは変わっていた。では何がそうさせたのだろう?

私は興味を持った。こんなやり方はそれまで見たことがなかった。

「間違った答えが出てくるのはわかっています」と、ペウラはあとで、職員室でフィンランド人の国民的飲み物、苦いブラックコーヒーを飲みながら言った。冷蔵庫のドアには数百人の教師の顔が描かれたマグネットが貼りつけられている。隅のほうは、何かの宗教画のようにぼかしが入っている。そのなかには、『ア・ハード・デイズ・ナイト』時代のビートルズのようなおかっぱ頭で髭もないペウラの顔がいくつか見える。「それが一番大切なことなんです」彼は正確で歯切れのいい英語で言った。「間違った答えをすると、頭のなかで考えはじめます。そうか、自分には何かわかっていないことがあるんだ、と」。そこから練習が始まる。数学や物理では、間違いは多くの場合、生徒たちの心のなかにあるひとりよがりの論理によるものだ。教師がただ正解を語って聞かせても、生徒たちの心にそれを理解するための場所はなく、もともとの認知的な構造は変わらずに残ってしまう。だから、彼らは自分で考える必要があるのだ。ペウラにとって、教える上で大切なことはこれがすべてだった。

「生徒がいつ何を学ぶかを教師が決めてしまったら、生徒はどう学べばいいかわからないでしょう」と彼は言った。ペウラの考え抜かれた教え方には、フィンランド中に数多くの追随者がいる。この職業をとても重要視しているこの国では、それはすごいことだ。彼は教えることの概念をひっくり返した。高校生に数学や物理を身につけさせる最も効率的な方法を考えるのではなく、生徒たちが最もよく学ぶことができる条件は何かを考えたのだ。そこにはわずかだが明確な違いがある。私は教室で見ていて、少し進みが遅いのではないかと思った。ＫＳＡやリレーの厳格なペースを見ていたから、たいしたことがないように思われた。生徒たちは必要なことをすべて学べるのだろうか。「ええ、もちろん私が話している内容は少ないです。ただ、大事なのは生徒がどれだけ学んでいるかです。もし私が百パーセントの内容を話したとしても、すべての生徒が百パーセント学べるわけではないですから」。ペウラにとって、子供たちに個人差がある以上、違う学び方をつねに模索しなければならないのだ。より深い点では、クラスを異なった個人からなるグループだと認識し、その全員ができる限り学べる方法を見つけることだ。

クラスの話に戻ると、ペウラは(b)が答えだと告げ、それがなぜなのかを数人の生徒にクラス全体に対して説明させた。それから、表を映しだした。左側に柱があり、そこには生徒たちがこの物理のコースで学ばなければならない数十の内容が書かれている。残り四つの柱には、上に絵文字がついている。生徒たちはそれぞれの内容について自分のレベルを自己評価する。

「力こぶ」の絵文字は「ちゃんと理解していて、友達に教えることもできる」、「サムズアップ」は「わかった」、「半分笑った顔」は「わかった部分もあるけれど、もう少し学ぶ必要がある」、そして「やり方がまるでわからない」を意味する「泣き笑いの顔」もあった。生徒たちは、ペウラが教えているのをじっと見ていたが、やがてコンピュータに向き直って自己評価を入力していた。どのようにして正しい答えを導きだすかについては、説明はあまり長くなく、生徒たちの間違いの原因を追及することもなかった。ペウラはそれを、生徒たち自身に委ねた。クラスに来て十分で、彼の仕事は終わったようだった。

「私はまったく板書をしません」と彼は言った。「必要な情報は、こちらで正しい場所を指示すれば生徒自身が見つけられます」

ここの教室はあまり未来的には見えないし、百年前から変わらない発想も残っているが、教え方の技能《クラフト》に対するペウラの探究はかなりラディカルだ。目標とするものも普通ではない。彼は、世界的な研究によって最も効果のある学習戦略とされている、生徒に自己評価をさせるという方法を見つけ、それを進めるための環境を作り、ツールを開発したのだ[10]。

授業中、私はパトリックの隣にすわった。彼はパソコンの画面を見せてくれた。管理ソフトには、ペウラが映しているのと同じ内容と絵文字がある。パトリックはこれを使って自分の進捗状況を管理している。それぞれの学習内容に、教材へのリンクとテストがついていて、自分のペースで行うことができる。「自分でやって、成績をつけて、つぎへ進みます」と彼は説明してくれた。「それから、ここで自己評価をします」。彼はこれが気に入っているようだ。「いろいろなものを、自分のペースでできますから」。ときにはペウラに質問することもあるが、それよりも同じテーブルの同級生と話しあうことのほうが多い。同級生の自己評価を見ることができるため、「力こぶ」を選んでいるクラスメートを選んで、自分がまだマスターしていないトピックを教わるのだ。またグーグルドキュメントも使用可能で、テーブルの仲間と協力し、そのコースのノートを作ることができるようになっている。四つあるグループのそれぞれがノートを作っていて、それはクラス内で共有されている。ペウラは強い学習習慣を築こうとしている。最近取り組んでいるのはチームに関する部分だ。

「チームにとって一番大切なのは安心感です。教師は真っ先にその点を考えなければなりません」。彼は、グーグルが数年にわたって行った「完璧なチーム」の基準に関する研究を読んでいた[11]。それによれば、最も重要なのは「心理的な安全」だった。彼のクラスでは、生徒たちは自分でチームを選び、ルールを決めていた。彼は生徒たちと議論するが、決めるのは彼らだ。そしてルールは、自分たちで責任が持てるものに限る。ペウラの教室のルールは、「私たちは学ぼうと努力する」というひとつだけだ。彼は教師になって九年半、ずっと同じようなやり方を続けてきた。自分らしい工夫が始まったのは、七年前に、授業ごとに宿題を出すのをやめ、やるべきことのすべてを書いた小冊子を渡すことにしたときだ。「二週間経つと、最初のひとりが『全部終わりました』と言って持ってきました」。彼はそのとき、従来のやり方がすべての生徒にとっての最善ではないのだと気づいた。遅れ気味な子供にとっては速すぎるし、進んでいる子供にとっては遅すぎた。そこから実験が始まった。どうすればそれぞれの生徒の学習を最大化できるのだろうか。

それはブルームの2シグマ問題と同じだ。ペウラの答えは、学習内容は生徒たちに委ね、自分は生徒自らが学習経験を一括して管理できるツールを作り、生徒の学習本能を引きだし、やる気を出せる環境を整えることだった。

「そんな発想は学習から消し去るべきです」。クラスで落ちこぼれの生徒が出ることは心配ではないかと私が尋ねると、ペウラはそう答えた。「落ちこぼれという発想はなくなってしまったほうがいい」。それは数学的な頭脳を持つ彼には意味のないことのように思えた。なぜなら、つねに半分の生徒は平均以下になるのだから。だがそれ以上に、人間としてその考えは不快だった。彼はそのような発想が生徒の「自己評価」に与える影響を心配していた。「人とちがうのはごく普通のことです」。それなのに、私たちは教えるときにそれを考慮しようとしない。それどころか、生徒たちをまるでクローンであるかのように扱ってしまう。これは、オーストラリアの学者ジョン・ハッティによって広められた、学習時に頭のなかで起こっていることとは目に見えないという洞察とも通じるところがある。「個人差についてはピアノ演奏のほうが受けいれやすいだろう。また、スポーツでは普通のことだ」と、ハッティは説明する。その場合、私たちはその人の現在のレベルを知ることができる。「ところが学校の数学や歴史、心理学、物理学などの場合は、個人差を容認できなくなってしまう」。高校の教師としてはないものとみなすほうが簡単だが、違いはたしかにあるだろう。人は何にでも秀で、専門家になるわけにはいかないのだ。すべてのことに優秀であるように生徒たちに要求すると、生徒たちは自分が身につけたいと思うわずかなことを見つけられなくなってしまう。「生徒が興味を持つことを見つけ、そこに力を注ぐべきだ」

フィンランドでは、法律によりすべての教室にはさまざまな能力の生徒が集まっている。それが、ＰＩＳＡでの成績の個人差が比較的小さい理由になっている。彼は、いま一番遅れている生徒が一番レベルの高い生徒に追いつくには、およそ五年の学習が必要だと推測している。ペウラは、自分の生徒の多くが大学で物理を学びつづけるわけではなく、そうするのはほんの数名だ（そうした生徒たちは前のほうのテーブルに固まっていた）と知ったうえで、生徒たちの学習能力を育てようとしているのだ。

「まずは人としての教育をしたいので。物理はそのための道具や内容にすぎません」

人はフィンランドでは高い価値があるとみなされている。教師もそうだ。ランチのとき、私は彼らの真面目な仕事への取り組みに心を打たれた。それでいて、みなごく普通なのだ。聞いたところでは、十人の応募者に対してわずか一人しか教員養成プログラムを受けることはできない。ただし、ペウラによれば高校の数学教師は倍率が低いらしい。ヘルシンキ大学の二十五人のコースに、応募者はわずか七人だったという。さらに、フィンランドの学校には、イギリスのような意味のない序列は存在しない。校長はいるが、基本的な管理の役割を担うだけだ。中間管理職のようなものは存在しない。教師たちは集団で責任を負う。そして仕事が好きで、だから子供たちも学ぶことが好きになるのもよくわかる。

ペウラはこの点を、私の知るほかのどの教師よりも深く追求していた。フィンランドでは、子供たちは高校卒業まで標準テストのようなものを受けない。ペウラのクラスでは、成績も自分たち自身でつけている。

「私は成績をつけるように言うだけです。ちゃんとそれなりの成績がつきますよ」。ペウラは、サク・トゥオミネンと同じように、学習の効果を数値化して測ることで得られる安心感は

料金受取人払郵便

本郷局
承認

3601

差出有効期間
2022年２月
28日まで

郵便はがき

1 1 3 8 7 9 0

東京都文京区本駒込5丁目
16番7号

東洋館出版社
営業部 読者カード係 行

ご芳名	
メール アドレス	@ ※弊社よりお得な新刊情報をお送りします。案内不要、既にメールアドレス登録済の方は右記にチェックして下さい。□
年　齢	①10代　②20代　③30代　④40代　⑤50代　⑥60代　⑦70代～
性　別	男　・　女
勤務先	①幼稚園・保育所　②小学校　③中学校　④高校 ⑤大学　⑥教育委員会　⑦その他（　　　　）
役　職	①教諭　②主任・主幹教諭　③教頭・副校長　④校長 ⑤指導主事　⑥学生　⑦大学職員　⑧その他（　　　　）
お買い求め 書店	

■ご記入いただいた個人情報は、当社の出版・企画の参考及び新刊等のご案内のために活用させていただくものです。第三者には一切開示いたしません。

Q　ご購入いただいた書名をご記入ください

（書名）

Q　本書をご購入いただいた決め手は何ですか（1つ選択）

①勉強になる　②仕事に使える　③気楽に読める　④新聞・雑誌等の紹介
⑤価格が安い　⑥知人からの薦め　⑦内容が面白そう　⑧その他（　　　　　）

Q　本書へのご感想をお聞かせください（数字に○をつけてください）

4：たいへん良い　3：良い　2：あまり良くない　1：悪い

本書全体の印象	4—3—2—1	内容の程度/レベル	4—3—2—1
本書の内容の質	4—3—2—1	仕事への実用度	4—3—2—1
内容のわかりやすさ	4—3—2—1	本書の使い勝手	4—3—2—1
文章の読みやすさ	4—3—2—1	本書の装丁	4—3—2—1

Q　本書へのご意見・ご感想を具体的にご記入ください。

Q　電子書籍の教育書を購入したことがありますか?

Q　業務でスマートフォンを使用しますか?

Q　弊社へのご意見ご要望をご記入ください。

ご協力ありがとうございました。頂きましたご意見・ご感想などをSNS、広告、宣伝等に使用させて頂く事がありますが、その場合は必ず匿名とし、お名前等個人情報を公開いたしません。ご了承下さい。

幻想で、有害ですらあり、それに頼れば自分自身の判断力をなくしてしまうと考えている。それよりも、生徒の自己評価を高めるべきだ。正確な評価ができますか、と私は尋ねた。「むずかしい質問ですね。どういう意味で正確とおっしゃってるんですか？」

彼は生徒のために作った表を見せてくれた。生徒が自分を省みて埋める三つのテンプレートだ。「どれくらい学習スキルを学べたか」「どれくらい社会的スキルと自己学習のスキルを学べたか」「どれくらい物理を学べたか」そのそれぞれから下位の質問がつながっていて、「シンニキス（フィンランド語で忍耐と勤勉さを意味する）」や、チームワーク、学習内容の知識に関する質問もある。生徒たちは、それぞれの質問に青、緑、黄色、黒のいずれかで答える。その評価が、学期末にペウラと話しあう土台となる。

「どうすれば生徒たちは自分で学ぶようになるでしょうか」。これこそが目的だ。彼は教室で教師として権威をもってふるまうのではなく、生徒たち自身が学んだり、クラスメートに教えるようにした。生徒は教師からよりも、仲間からのほうがよく学ぶことを示したいくつかの研究もある。[12]「生徒の学習にとって最大の効果が得られるのは、教師自身が教えつつ学んでいるときであり、生徒自身が自らの教師になっているときだ」とジョン・ハッティは書いている。

それによって、成長マインドセットも育まれる。パトリックは、このクラスに入る前は、数学はあまり得意ではなかったという。いまでは彼は、そしてクラスのみんなも、得意とか苦手といったものはないのだと理解している。あるのは、自分がいまどこにいて、これからどこを目指すかということだけ。もし、キャロル・ドゥエックが書いたように、未来は「なんでも知っている」ではなく「なんでも知りたい」という態度にあるとするなら、これこそまさにそれに当てはまる。

「生徒たちは九年間も学校に通っているのに、学習スキルを身につけていません」とペウラは語っていた。「私が教えようとしているのは学習スキルです。物理はほとんど教える必要がないくらいです」

リレーが生徒の気持ちをとらえる熟練の教師を育てているとしたら、ペウラは自分自身の気持ちをとらえる熟練の生徒を育てている、と言えるだろう。それは繊細で失われやすい技能《クラフト》だ。そして、決まりきったスキルの習得ではなく、その分野への情熱から始まり、少しずつ試行錯誤によって専門的な知識を得る方法だ。

ペウラは自分の仕事にこのように向きあっている。彼は熟練のクラフツマンであり、学習の禅マスターであり、教えることなく教える技術の探究者だ。そのコツは、生徒の学びたいという気持ちを解放し、育むこと、そして生徒自身が学校での行動に責任を持ち、エネルギーを注ぎこむことだ。「人は生まれたときには学ぶことが嫌いではありません。でもその後、嫌いにさせるような何かが起こっているのです」。彼が最近読んだ報告では、九年生の学年末、十五歳の時点で、男子の四十パーセント、女子の三十五パーセントは学校が好きではないという。

「彼らに学校にいることが好きだと思わせるのは簡単なことです」

彼が使うのは、やる気を引きだす戦略と、グーグルドキュメントのような簡単なテクノロジーだ。それをほかの教師たちにも使ってほしいと思っている。

帰り道、明るい色のパーカーを着た通勤者たちに混じって駅に向かって歩きながら、芸術家グレイソン・ペリーが自らの分身として創造したクレアが語っていたことを思いだした。創造性は、独創性から始まるのではない。芸術家は自分が好きなものとか興味を惹かれたもののあとを追って、しばらくはその道を進んでいく。それはヘルシンキ駅で列車に乗るようなものだ。そこから十二本の列車が出ているが、どれがリーヒマキ行きで、どれがレッパヴァーラ行き、またはキルッコヌンミ行きなのかはわからない。大事なのは列車に乗ること、そして乗りつづけることだ。心配になって引き返してしまったら、むずかしい選択が待っているだけだし、みんなは先に行ってしまっている。創造の世界で成功したいなら、自分が乗った列車から降りないことだ。最初の作品は誰かの真似だろうが、やがては自分の道を見つけることができる。大事なのは、自分の手でやってみることだ。(13)

「リハーサルがあります」。帰りぎわに玄関で今晩の予定を尋ねると、ペウラは答えた。思った通りだ。このフィンランド一有名な教師は、バンドでベースを弾いているという。

マルティンラークソで列車に乗りこむと、私は携帯電話を取りだし、グーグルで「Time Machine Memories」を調べてみた。「ソーリー」という曲のビデオにペウラが映っていた。黒い服を着てベースを持ち、リズムを保っている。ドラムだったらもっとぴったりだったのに、と私は思った。先生がすばらしい仕事をこなし、しかもそれ以上に自分の情熱を追求する姿を見せてくれている世界にこそ暮らしたいとは思わないだろうか。

「生徒が興味を持つことを見つけ、そこに力を注ぐべきだ」

生まれつきの専門家などいない

ペッカ・ペウラの実践は、教育界ではまだまれな、改善への科学的探究から生まれた。一九九二年、スタンフォード大学の経済学者エリック・ハヌシェクはブルームの研究を受けつぎ、アメリカ合衆国中西部の子供たちの研究を始めた。学校は人々が気づいている以上に子供の人生に影響を与えられるという考えを確かめるつもりだったのだが、データを調べた結果達した結論は、自分の幻想を打ち砕くものだった。子供の成績に影響を与えるのは学校ではない。教師だ。上位五パーセントの優秀な教師のもとで一年間学んだ子供は、下位五パーセントの教師のもとで学んだ子供よりも一年分進歩が早かったのだ。その累積効果はすさまじい。上位八分の一の優秀な教師に学んだ生徒は、一年間でそれ以外の生徒と比較して八パーセント成績が上がった、つまり年度初めに百人中五十位だった生徒がいたら、年度末には四十二位になるということだ[14]。

もし幸運にもそうした教師に五年連続で教わることができたら、四十位上がって十位になるということになる。私はKSAで実際にそれを見ている。

ハヌシェクの考えでは、教師の力量を測定する方法はただひとつ、その教師の生徒がどれくらい学んだかしかない。これは、医師が手を洗うことのように、当然のことだと思われるかもしれない。だが、教育の世界ではこれまでそうは考えられてこなかった。頭が禿げかけ、髭を生やし、フープイヤリングをつけた教育学の教授、ディラン・ウィリアムがこの研究に取り組んだ。教えることの成功を測定する方法は長いあいだ、まるで何時間もかかった外科手術のあとで医師が「手術は成功したが、患者は死亡した」と述べるときの「成功」を測っているような ものだった。[15]

だが、話はそこで終わりではない。別の研究で、ハヌシェクは恐るべき発見をしていた。クラスの生徒がどれだけ学んだかで判断すると、仕事に就いて三年で教師はそれ以上教える技術が上達しなくなるのだ。[16] 成功が大きな意味を持ち、とてもむずかしい職業であるにもかかわらず、たった三年で教師がピークを迎えるというのはおかしなことのように思える。生まれつき優秀な教師がいるということだろうか。あるいは、教師の育成方法がすべて間違っているのだという意見もあるだろう。二〇一五年のアメリカでの報告によると、教師ひとりを育成するのに毎年一万ドルが費やされているが、そうした活動で教師が成長したという証拠はいっさいないことが、ある報告で示されている。[17] だがウィリアムも語っているとおり、「すべての教師は成長する必要がある。それは彼らが未熟だからではなく、成長の余地があるからだ」

彼によれば、今日までの教員育成は知識をあまりに重視し、実践をあまりに軽視してきた。教えることは行為の一種なのに、それを主に本や講義を通して学んでいるのだ。アメリカとイギリスの伝統的な教員養成法を喩えるなら、医者が七年間の大半を教科書で手術について学んだあと、ひとりで手術室に入って実際にやってみろと言われるようなものだ。教師たちの行為のしかたを変えることは、知識を変えることよりも重要なのだ。教科についての知識は欠かせないが、教育にはアイデンティティの形成や社会的な結びつきといった面もあり、生徒の能力を引きだすことが求められる。教師は心理学者で、教科の専門家で、代理親で、友人なのだ。これは知識を軽視しているわけではない。実践や、成功のための技術をそこに加えなければならないのだ。たとえばリレー教育大学院では、その生みの親であるアンダース・エリクソンの教えによってそれを行っている。

習うより慣れよ

二十代の研修生十名が、ニューアーク中心部のリレー教育大学院の三階にある広く明るい部屋でくつろぎ、チョークを使わないことやご飯のお弁当のいいところについて話しあっている。学校で教えている通常のクラスに加えて、一年目の研修生は授業参観やオンライン指導、月に一度の一日がかりでの教科と教授法のクラスへの出席など、大忙しだ。なかでも大変なのが、週に一度午後に四時間をかけて行われる意図的な練習だ。

「九十秒後に始めます」ヴェリッツリ校長が全員に告げた。

いつもは三十五人いるのだが、今日はそれよりも少ない研修生が自分の席に着いた。これは、ゲートウェイ3という項目の不合格者のための追加指導だ。補助を受け、何度かやってみたあと、もし今回も「新しい教材の導入」や「関わりあい」の基礎がマスターできない場合、彼らはわずか五カ月でプログラムを中退しなければならない。要求水準はとても高い。

「実践練習中にフィードバックを受けたとしたら」と、アシスタント講師が話しはじめた。「それは何かまずい点があると私たちが感じているということです」。そういう気持ちを打ち消すこと。もし優秀になりたいのなら、「瞬間的なフィードバック」や「突然の中断」をかわすことが重要だ。それから彼女は研修生たちに自信を持たせる言葉をかけた。

「私は成長できるし、成長を目指します」。研修生たちは声をそろえた。

ダージャ・コーニックのような鋭いスタイルだ。講師は自分が説明したことをやってみせる。それは厳しく、少し抑圧的なように思えたが、これが高いスキルを持った教師の育成に役立つ理由がわかってきた。リレーにはよい教え方の設計図があり、すばらしい教師を訓練する方法がある。

ヴェリッツリが壇上へ登った。彼は参加の労をねぎらい、「自分の技術を高めようとしつづけるための努力」に感謝した。それから、研修者がゲートウェイ3の基礎事項を復習する練習時間をとった。ペースは速く、全員が注意点を確認した。

「すばやいドリル練習を行います」

扱っているスキルは、「やる気を出させる待ち時間」「学術的待ち時間」「売り込み電話」で、どれも関わりあいを高めるためのツールだ。研修生にはセリフやテクニックを記憶するために五分間が与えられ、その後、九十秒でほかの研修生を相手にそれを披露する。ドリルによって「筋肉の記憶」ができる。初歩的なスキルを習得する目的は、自動性を獲得することだ。

「身につけるには、練習することです」と、ヴェリッツリはここへ来るまでの車内で話してくれた。自分が何を目指しているのかがわかれば（それに関してはレモフが教えてくれる）、もっとうまくなることができる。「アスリートや音楽家、ディベートの名手が本番前にしているように練習することです」

私は熱心にセリフを書きこみ、口で練習し、動きを確認しているカレブ、シャミラ、デジャを見た。

さあ、時間だ。

リレー教育大学院は、アンダース・エリクソンの洞察を取りいれている。教育の技術をテクニックの集積に分解し、意図的な練習を通じて、入念なリハーサルとドリルの繰りかえしによってそれを研修生に身につけさせる。その目的は単純な動きが自動的にできるようにし、作業記憶の重要な部分に空きを作ることによって、たとえば生徒が何を考えているのか、といったこの職業のより重要な部分にそれを注げるようにすることだ。

ヴェリッツリはエキスパートレベルの講師だ。

「はじめにすることは何ですか」と彼は尋ね、そこであえて間を置き、さらに続けた。「売り込み電話とは、カレブ?」そう言って彼はまだ若い教師たちにテクニックをはっきり意識させる。矢継ぎ早の質問は、六年生に算数を教えていたコーニック先生を思いださせた。

「クラスのリセットです」と、カレブが答える。

ヴェリッツリはそれを今度はエマニュエルに投げると、カレブの答えのあとを続ける。それからヴェリッツリは質問を変えた。

「持ち時間は、リンジー、どれくらい?」と彼は声を上げる。「待って。私はいまどこで間違えた?」

「名前です」とエマニュエルが答える。

「その通り。もう一度やろう」

「持ち時間はどれくらい?」彼は口を閉じ、一拍半の間を置く。「デジャ?」

「一分三十秒」と、彼女は答える。

「そうです。ではここまで。準備はできてるね」

彼はてきぱきと肯定的な言葉遣いで白熱した教室の雰囲気を出している。スポーツのヘッドコーチの試合前の声かけに似ているが、もっと早口で、もっと意図的なものだ。彼はプロジェクターの画面の上に、アメリカで最高のバスケットボール選手レブロン・ジェームズの写真を貼っている。「始め」の声とともにジャネルが立ち上がる。グループを前にして、九十秒で三つの核となるスキルを実演する。ふたりの研修生が生徒役だ。そのあと、短いフィードバックをもらったら、それを意識してさらに練習を重ねる。彼女は緊張の面持ちで準備をし、それから生徒役のふたりに声をかけた。ドリルの時間だ。

「出だしは動きを止めること」ヴェリッツリが背後から急に声をかける。ジャネルは指示を与えながら動き回っていた。ダグ・レモフ自身が、かつて間違って書いた箇所だった。

「質問は動きを止めて、説明は動きながら」ヴェリッツリはつけたした。

ジャネルは再スタートした。

かつて観た、ウェイン・マクレガーがバレエの振り付けをする映画を思いだした。研修生のあいだを、エネルギッシュに自信にあふれた様子で動きまわるヴェリッツリ校長はそれと同じだった。動きに無駄がない。

「弱気になったね。自信をもって」

ジャネルは九十秒のうち二十秒まで進んだところだった。ヴェリッツリは十秒巻き戻したところから始めるように言った。今度はうまくいき、筋肉に記憶が刻みこまれた。

ニューアークに向かうまえ、私はニューヨークでリレー教育大学院の総長であるブレント・

マッディンの話を聞いた。このプログラムの作成者だ。コースはふたつ用意されている。研修は期間が二年間で、他の学部の卒業生には、徐々に教職に慣れることができるよう意図されている。二年目までに、研修生はフルタイムの職を得て、働きながら修士号を目指して勉強する。また現役教師向けの、二年間の実践的なＭＡＴ（Master of the Art of Teaching／教育技術マスター）コースもある。

「練習をとても重視しています。それは将来の実践のためです」とマッディンは言った。ミッドタウンの喫茶店で値段の高いカフェラテを飲みながら、私たちはなぜリレーはほかの教員養成プログラムとはちがい、うまくいっているのかについて話しあった。緩やかなジャズが流れている。

「私たちは『わかる』と『できる』の差を縮めることに成功しています」と彼は言った。現状のシステムの最大の問題点は、頭では『わかって』も、実際の場面でそれを発揮できないということだ（それはたとえば、この本を読んで教え方を学ぼうとするようなものだ）。教育法の通常の学び方は、理論的で、前倒しで詰めこんでいく方式だ。それを考えると、教師の技術が教室で教えはじめてから二、三年で頂点に達することもそれほど驚くべきことではない。私は自分自身の教員としての苦い経験を思いかえした。なぜ現場に出て一年で訓練をやめてしまったのだろう。技術的な面で、教育は数学や音楽、あるいは医学にも劣らず複雑だ。教師はコーチ、心理学者、共同体のまとめ役、教科の専門家、そして同時に三十人の子供たちの親でなければならない。だが私たちは、そうした技術について解明し、それを身につけるための意図的な努力をするのではなく、ただ「複雑すぎる！」と怒りの声を上げているだけではないだろうか。

マッディンは息を吐きだした。私の話が伝わったようだ。教師がやるべきことを挙げていくと、彼は目を見開いた。「それで、そのうちのほんのいくつかに、わずか数日触れただけで、新人には、いや誰にだってこんなことはできないと気づくのです」

そのため、リレーでは問題を単純化している。受講者が練習によって技術を身につけられるように、初歩のカリキュラムの十パーセントは教室の管理方法と「一年目の教師にとって最も役立ち、効果的な」手順に焦点を絞り、残りは、計画し、内容を実行し、指導方法を調整する「教育サイクル」に割かれている。目指しているのは最高の教育法ではなく、そこへ至る第一歩だ。また、「成績の面」にも力を入れ、データを採り、分析する能力に自信を持っている。それによれば、「小さなミスによって、教師が教えている生徒の成績向上が阻害されてしまうことがある」という。マッディンはテストの点を重要な基準として、これまでに数多くの教師を評価してきた。

マッディンは本当に偉大な教師を育てるために、教室で教えはじめた初日から十年がかりで育成する方法を考えている。彼は小児内科の専門医である友人のことを語った。「彼は専門家です」。専門的な知識には、大きく分けて三つの領域があるという。カリキュラムの設計、子供の精神的・技術的指導、そしてデータ分析だ。

これはエリクソンの発見とも合致する。その後行われた数多くの研究の結果は、勇気を与えるものであり、同時に厳しいものだった。それによれば、誰もが、ほとんど何に関しても優秀になりうるが、それはかなり苛酷で、しかも早い時期に始めなければならないのだ。エリクソンは現在、エキスパートであるかどうかを三つの基準で判断している。パフォーマンスが同業者のグループをつねに上回っていること、目に見える結果が出ていること、研究室で測定可能であることだ。ハーバード・ビジネスレビューに掲載した論文で、彼は「もし測定できないなら、改善することもできない」と主張している。さらにエリクソンは、意図的な練習が相当に困難なものであることを強調している。それは、「自分がうまく、あるいはまったくできないことをするための、相当な量の、明確な、長期間にわたる努力」を含む。それは、「気持ちの弱い人や忍耐力のない人にはできることではない」。誰のなかにもエキスパートになるだけの素地はあるが、その過程には、「苦しみ、犠牲、率直さ、ときには痛みを伴う自己評価」が必要になる。(18)

まずは模倣から始め、それから指示に従ってやってみる。そのつぎの段階は、スキルをしっかりと行使し、さまざまな状況に当てはめ、最終的には自動化された状態に達し、スキルを新たな意図で使えるようになることだ。ヴェリッリが研修生にやらせていたようなドリルは欠かせない。

リレーでは、教員養成プログラムの受講者はこのレベルにまで達することを期待されている。サッカー選手がワンタッチパスを、外科医がメスの使い方を練習するように、教師もスキルを練習することができる。それは「たとえば質問をするときに相手の名前をタイミングよく呼ぶ」といった「超技巧的」なものから、「子供やその家族と深い信頼関係を築く」といったあまり技巧的でないものにまでおよぶ。これらが自動化されれば、学習のより複雑な領域に意識を集中させる余地ができる。「実際に練習すれば、上達する。あなたの遂行能力やパフォーマンスは向上する。それはほかのことでは補えない」

リレーでは、教師はエキスパートになれると考えている。少なくとも、業務の大部分においては。そしてもしエキスパートになれるとしたら、その専門的知識は伸ばすことができるということだ。彼らは毎週教師たちを観察し、ビデオに撮り、厳しく、中身の濃い練習をさせる。

「教育実習も何度も行います」。マッディンは少し慎重な口ぶりだった。彼はこれまでに、「台本通りの授業を忠実にやって、生徒の成績を大幅に上げている」学校を見てきた。しかし、生徒たちは教科の面で多くを学んでいるのに、「多くの場合、教師が定着しないんです」。

それを聞いて私は、韓国の授業ビデオを思いだした。やはり教師という職業は、動きの組みあわせに還元することなどできない。つぎの世代を育成するための複雑なスキルをいかに高めるかが大切なのだ。マッディンは教師の実力を判断するときまずテストの点を確認するが、より重視しているのは、「その教室に自分の子を預けたいかどうか」という問いのほうだという。

結局は、魔法が必要なのかもしれない。大事なのは情熱だ。そして、心が込もっているかどうか。

「私は真剣さを見せてほしいんだ」。ニューアークで、研修室の奥にいたヴェリッツリ校長が言った。腰を下ろしている研修生たちの背後を、あごをさすりながら歩きまわっている。もうすぐ午後四時三十分。実践練習が続いている。

カレブがグループの前に立ち、緊張の面持ちではじめのスライドをつけた。それからクラスのほうに向きなおり、リズムよく三回手を叩く。子供役の研修生が手を叩いて応える。

「ありがとう、サム。手を机の上に置いて。そうだ」。ところが、つぎの生徒の名前を忘れてしまい、言葉に詰まる。「ステファニー！　ちゃんと背筋を伸ばしてすわっているね」

彼はエマニュエルの脇へ歩いていき、そこで立ち止まった。まるで、エマニュエルが何かよからぬことを企んでいるかのように。

「さて、物語の語り方には、普通ふたつの方法があります。ひとつは一人称、もうひとつは三人称です」。そこでカレブはクラスのほうを向き、生徒の反応を求めた。

エマニュエルは立ちあがった。

「エマニュエル、すわりなさい。すわるんだ」カレブはきっぱりと言った。

エマニュエルはすわろうとしない。

「一歩近づいて、もう一度言おう」と、ヴェリッツリ校長が口をはさんだ。

今度は別の生徒役がエマニュエルを見て笑った。

カレブは自分に注意を向けるために手を叩いた。二、三人の生徒がそれに応えたが、あとはもう混乱して手がつけられなかった。開始して六十秒だ。教師時代に何度も経験した、手に負えなくなった瞬間が押し寄せてきた。エキスパートへの道は長く険しく、その途上での失敗は数えきれない。失敗はここでしてしまったほうがいい、と私は思った。ここなら時間を止め、考え、ヴェリッツリ校長の助けを借りることもできる。自分が担当する教室で生徒を前に失敗するよりもいいだろう。ルールと技術については厳格だ。だが、彼らはまだ習いはじめたばかり。私たちだって、作文をするまえには鉛筆の持ち方や文字の書き方、綴り、文の作り方を習い、それから練習をしたはずだ。「キュビズム以前のピカソは写実的な絵を描いていました」と、ヴェリッツリは言った。「ルールを壊すまえに、まずそれを学ばなければなりません」

百聞は一見にしかず

午後の霧雨のなか、パジュ英語村は、建設にあたってモデルにしたオックスフォードによく似た雰囲気に包まれていた。ソウルから車で一時間ほどの場所で、晴れた日には北朝鮮まで見える。石灰石風の素材でできた建物が建ち並び、ドームと尖塔も備わっている。ここは韓国の人々の英会話力を高めるために十年前に建てられた村だ。パジュで数週間を過ごせば、世界の裏側まで飛行機で行かなくてもイギリスの文化に浸ることができる。通りの標識も、昔ながらの大学都市によく似た黒い錬鉄製の看板に英語で書かれている。赤い電話ボックスまである。本物とちがうところといえば、自転車に乗った学生がいないことと、ドライブウェイに韓国車がとまっていること、そして駐車場に作られた実物大のストーンヘンジの脇に設置された解説が間違っていることくらいだ。

私はパジュ行きのバスを降りて（ソウルのバス乗り場で奇跡的に正しいバスに乗ることができた）、フューチャー・クラス・ネットワークのチャンピル・ジュンを訪れた。ジュンは韓国の国営放送ＫＢＣに所属する有名なドキュメンタリー作家で、私は彼が制作した、能力の低い教師と居眠りばかりしている生徒たちを題材にした番組を観たことがあった。彼のネットワークにはキム・スアエら数千人の韓国の教師が加わっており、教育の実践に変革をもたらそうとしている。彼は社会問題に関する映画を数十年にわたって制作しているうちに、オリ・デ・ボトンと同じく、本当に社会を変えるには教室を変えるしかないと考えるようになった。生徒たちは悲惨な状況に置かれていた。放課後に家庭教師に習うことはごく当たり前のこととなり、子供の生活は歪んでしまっていた。ジュンは既存の制度への信頼を失い、自ら状況を変えようと決意した。

数年前、メルボルン大学の無名の教授が、グローバル教育の大きな改革を主張する論文を発表した。『教育の効果：メタ分析による学力に影響を与える要因の効果の可視化』は、子供の学習に関するこれまでで最も包括的な研究だ。[19] このメタ分析において、ジョン・ハッティは八〇年代、九〇年代、二〇〇〇年代の、二億五千万人の子供たちに関する六万件もの研究を読みあさり、宿題からクラスの規模まで百五十の要因が与える影響をランクづけした。これは政策決定者のあいだでセンセーションを巻きおこした。メッセージはいたって明確だった。大切なのは教師なのだ。

懐疑論はいっさい出なかった。設備やクラスの規模、制服、学校のモデル、宿題、教科外活動――ハッティは、こうした学校にはつきものの要因が、どれひとつとして学習に効果をおよぼしていないことを明らかにした。重要なのは、子供が正確に自分の成績をつけられることや、考える訓練を受けていること、進歩するためのはっきりしたフィードバックを得ていることのほうで、これらはすべて教師の手にかかっている。既存の教育では、たとえば制服など一見重要そうなものに気をとられ、大切な学習のことが忘れられていた。重要なのは視覚だった。ハッティのランクで上位にある要因は、教師たちと、さらに重要なことに子供たちに、学習を目に見えるようにする要因だった。ハッティが伝えたいことは明らかだ。学習にとって最も重要なのは教師の専門的技量と情熱であり、それ以外のものはほとんど関係がない。さらに、ハッティの上位三つの技術を完璧にすれば、平均的な教師と比べて毎年一年分も早く進歩する。

ハッティは従来の議論を意味のないものにしてしまった。考える価値があるのは、すべての教師が高い技量を身につけるにはどうすればいいか、というただひとつの問いだけだ。

チャンピル・ジュンの解決策は驚くほど単純なものだった。彼はキム・スアエに、アメリカでは「反転授業」が盛んになっていて、世界中の有能な教師たちが取りいれていると教えた。それはペッカ・ペウラの発想に似ていた。生徒たちの前で講義をするのではなく、内容を前もって用意し、自分で講義を録画してユーチューブにアップするか、生徒たちが自分の時間に学べるような教材を準備する。すると場所の役割は反転し、むずかしい思考や練習問題を、家ではなく教室でやることになる。教師はただ立って教科書を読みあげるだけではなく（この場合、教師がいる意味があるだろうか？）、宿題のための解説をしたり、教室で生徒たちに共同作業をさせる。スアエは反転授業をすることを受けいれた。

同じ週に、私はフューチャー・クラス・ネットワークの主任教師のひとりで、ソンド新都市にいるキム・ガンホーを訪れた。そして、白いシャツの上に紺色のスタジアムジャンパーを着た彼が、ゆったりと自分の席に着き、あるいは静かにクラスを回って、新しい思考を促したり、生徒の個別の質問に答えていく九十分の生物の授業を参観した。生徒に出した問題は、犯罪捜査の際にＤＮＡ鑑定をどのようにすべきかを考えることだった。まずはサンプルを集め、ＤＮＡを分離するための鑑定方法を考え、その組成を特定し、それを容疑者のデータベースと比較する方法を見つけなければならない。それから生徒たちは、ＤＮＡのコード配列を明らかにする実験を計画する。それは私がこれまでに見たこともないような魅力的な授業だった。

高校生たちは四つのグループに分かれ、教科書やインターネットで必要な情報を探し、協力して実験の計画を立てている。刺激的な光景だった。あとで生徒たちに話を聞くと、はじめはこれでいいのかと感じたという。なんといっても、ここは韓国なのだ。学校の試験と大学修学能力試験《スヌン》のことが、起きているあいだは彼らの頭のほとんどを占めている。彼らが求めているのは試験でいい点を取らせてくれる高度な授業を行う教師だ。学習の意味はそこにある。だが、彼らはそこから離れた。自分の足で立つのは心地よく、責任ある行動は楽しかった。しかも、授業はもう退屈ではなかった。試験の準備は重要だが、それはあまりに退屈だった。また、生徒たちはそれ以外のことにも気がついた。

「反転授業だと、学べる量が増えるんです」と、医学部志望のある生徒が言った。

「進みが遅いと思ったけれど、実はそれまでより速いことに気づきました」と、別の生徒が言った。

キム・ガンホーも満足していた。彼には落ち着きとエキスパートの風格がある。教科書を読んだり、成績をつけるのは誰でもできる。生徒たちの主導で学習を設計するには、真の専門的技量が必要となる。

すばらしい教師になるための方法はひとつではないが、その各要素は共通のものだ。ペッカ・ペウラの仕事ぶりや、ダージャ・コーニックの努力。ウォルワース・アカデミーのトウォーフ先生やジャハンス先生、ヒギンス先生。彼らは教師の役割をそれぞれ少しずつちがったようにとらえ、自分の仕事の目標を持っていた。それでも彼らは全員パフォーマンス改善の科学的手法を基にしていた。それぞれの仕方で、イグナーツ・ゼンメルワイスのように、教育を芸術から技能《クラフト》へと変え、自分の腕前を高めようと懸命だった。それが彼らの天職であり、創造性を発揮する場であり、マスターしようとするものだった。マララ・ユスフザイは、「戦争をなくすためには、銃ではなく本を送ります。戦車ではなく、ペンを送ります。兵士ではなく、教師を送ります」と書いた。教師は私たちの未来を生みだす。彼らを賞賛し、科学者のように扱い、運動選手のように鍛え、家族のように愛さなくてはならない。

第三部では、望ましい未来を探求する旅に出る。人が生まれ持った学習能力は、いまのところ役に立つ道具をマスターすることに使われているが、思いやりがあれば、これをよいことのために生かすことができる。教育によって人々がいま以上に協力しあう平等な世界が作れるはずなのに、学校は成績を競うレースへと子供たちを駆りたてていないだろうか。これはイギリスとアメリカに当てはまるし、ウォルワース・アカデミーでも、リレー教育大学院でも目にした。とくに韓国ではその度合いが大きい。

いまが時代の分かれ道だ。キム・スアエは一学期のあいだ反転授業を行った。生徒への講義動画を用意し、クラスではグループで活動させた。彼女は幸せそうだった。生徒たちは微笑み、声を上げて笑い、教室は生き生きとしていた。誰も居眠りをしていない。彼女が最新のテストの結果をプロジェクターに映すと、グループから歓声が上がった。多くの生徒は大幅に成績が上がっていた。世界中で教師が職を離れてしまうのを防ぐには、彼らに学校での本来の職務を取りもどさせなければならない。しかも誇りと、喜びを持って。教え方に唯一の答えはないが、目的ははっきりしている。

Part 3
TAKING CARE

思いやり

chapter 7

ビッグデータ
――人生の分析

ヤリたいなら、大学へ行け。
学びたいなら、図書館へ行け。
――フランク・ザッパ

試験の時間

十月終わりの水曜日、ソンド新都市。イ・スンビンは自分の手の震えに気づき、はっと我に返る。三十分の瞑想をしており、やる気を高める言葉を唱え、高い集中状態に入っていたところだった。大丈夫、僕ならやれる。暖かくて明るいこの教室に来るのははじめてだが、すでによく知っている場所だった。これまでに、もう何度もイメージしてきた。学校にいるとき。あるいは塾や、夢のなかでも。鉛筆と消しゴムがきちんと並べられている。必要なときにカロリー摂取ができるように用意されたエナジーバーとナッツとチョコレート。水が入ったボトル(脱水症状になったら致命的だ)。時間は午前八時三十三分。あと七分で始まる。まえの晩は午前二時まで、「眠らなきゃ」と自分に言い聞かせつづけたが、なかなか眠れなかった。それでも五時半に目覚ましが鳴ったときには、意外なほど気分がよかった。この日のために選んだゆるいTシャツを着て、ゆったりしたスウェットパンツをはいて食堂へ行った。

季節外れの暑さだ。だが、ほかの五十万人の韓国の若者たちと同じように、スンビンはそれをある程度予測していた。今年は火の年と言われるほど気温が高い。新聞を開くと、最後のアドバイスが載っていた。栄養士は栄養価の高いお粥やタンパク質の豊富な豆腐の食事がいいとして、頭の活動を活発にする軽食のレシピを紹介している。スタイリストは、温度調節がしやすいように天然繊維の服を重ね着することを勧めている。心理学者は集中力を高める方法を教えてくれている。親たちは寺院へお参りする。だがスンビンはこうした毎年の繰りかえしを気にしなかった。いつもと同じソーセージと米を、箸を見つめ、一口一口をかみしめながら食べた。食堂は僧院のような静けさだった。若者たちは自分の朝食の椀を見つめ、死刑囚のように頭を垂れていた。「緊張するな」と、何度も心のなかで唱えながら。

一時間前に試験会場に入ると、スンビンは自分の椅子と机の状態を細かくチェックしてから、トイレの個室で下に着ていたものを脱いだ。「教室が思っていたより暑かったんです」。成功は細部にかかっている。下着さえも例外ではない。試験監督が空港のセキュリティ・チェックに使うような機材で不正な電子機器を持っていないか調べた。スンビンは時間通りに行動できていることに安心し、余った時間で瞑想をすることにした。すべてが計画通りだ。以前、この大切な日に寝坊をしてしまい、警察官に試験会場まで送ってもらった人がいるという話を聞いたことがある。バイクに乗った警察官が、朝早くから通りで待機していたのだ。もし開始時間に遅れれば、やり直しは一年後になる。そんなことはとても考えられない。

私はソウルの龍山《ヨンサン》駅に近い試験会場の外に立ち、席に着いたスンビンの姿を思い浮かべた。

応援する人たちが横断幕を掲げ、会場に入る若者に声援を送る。これは大変なイベントなのだ。株式市場は、社会人が受験生の邪魔にならないよう、開始を午前十時に遅らせる。すべての飛行機が四十五分間の英語のリスニングテスト中は地上で待機する。鳥さえも歌うのをためらう。誰もが試験会場に入っていく若者たちの成功を願っている。まるで宇宙飛行士が発射台に向かって歩いていくときのような静けさと緊張感だ。喫茶店のテレビを見ていると、レポーターが不安そうな保護者にインタビューをしていた。その背後で、優しい風が木々の葉を揺らしている。

スンビンは心を空にしようとしていた。理想的なパフォーマンスが発揮できるのは、フロー の状態にあるときだ。「余計なことを考えていたら、高得点はとれません」と、彼は私に言っていた。

手の震えで我に返ったスンビンは時計を見上げた。

意識を集中して、カウントダウンする分針を見る。これから八時間、彼は問題を解く機械になる。十二年間の学校生活を締めくくるのは、六枚の紙切れの選択肢を塗りつぶすことだ。韓国語、数学、英語、生物、物理、歴史。百二十回、AからEの五つからひとつを選ぶことで、彼の将来は決まる。どの大学に入学するか。誰と結婚するか。財産。幸福。瞑想のおかげで、そういった考えはいまスンビンの意識には入ってこない。それらはこれからの数時間、なんの役にも立たない。

ソウルの街は息を凝らして午前八時四十分を迎える。バラク・オバマはかつて韓国の学校が起こした二十世紀の教育の奇跡に学べと世界に向けて語った。数十年のうちに、識字率が低く、資源にも恵まれなかったこの国はハイテク国家へと変貌を遂げた。試験に熱狂するソウルを見ていると、オバマは間違えたのではないかと心配になってくる。大学入試は、この国に暗い影を落としている。

スンビンは覚悟を決めた。手の震えはとまった。世界で最も苛酷な試験、スヌンが幕を開けた。

大事でないはずのものが大事なのだ

現代はデータの時代だ。それは子供たちにどのような影響を与えているだろう。スンビンが受けた大学入試をはじめとして、子供たちを競わせることは世界的な傾向になっている。競争によって世界中の人々の読み書き、計算能力は上がったが、また数多くの落ちこぼれが生まれた。各地を旅するあいだに感じたのは、競争はイフラやリラ、スンビンといった若者を犠牲にし、彼らの幸せを奪い、成功から遠ざけてしまったということだった。フィンランドの教室を見たことで、人は考え、行動するためだけでなく、人を思いやるために生まれたのだという思いが私のなかで芽生えていた。だが今日の子供たちが考えるのは試験のことばかりで、人間らしい能力を育む余地はほとんどない。旅の第三部では、「思いやり」をテーマとして、人間の可能性を追求するとはどのようなことか、そして子供たちが幸せになり、力を合わせて共有できる未来を作っていくために、どうすべきかを考えよう。そのスタート地点のソウルで、私はある単純な疑問を抱いた。ビッグデータは毒なのか、それとも薬なのか。

人類の祖先がコンゴのセムリキ川の河畔ではじめて石英を使って数を集計したのは二万年前

のことだった。数学の天才たちは、石器時代にもやはり集まってシリコンバレーを形成し、会議を開いていたのだ。五千年前、メソポタミア文明の揺籃期には、天才起業家が発明したイシャンゴの骨［刻み目の入った骨角器で、数学的な意味があるとの説もある］は、シュメール人の国家に統治の道具として利用された。ウル、ラガシュ、エリドゥ、ウルクなどの都市は、祭司王が統治し、官僚チームが補佐して土地や作物を調べ、分配していた。彼らは細かく記録を残し、くさび形の文字を発明し、品物や作物について記録した粘土板を大量に保存した。それは今日の国家的ＩＴプロジェクトの先駆けであり、しかもはるかに信頼できるものだった。

　国家によるデータ追跡は古代エジプト、ギリシャ、ローマにも受け継がれた。やがて近代に入ると、人間が自分自身への理解を深めるためにデータを活用するという新たな発想が生まれた。* ここからオーギュスト・コントの社会学や、科学の法則によって理想の人間社会を築くユートピアの思想が生まれた。** なかには、ベルギーの天文学者、統計学者アドルフ・ケトレーのような思想家もいた。彼の「社会物理学」は「平均人」、つまり身長や体重、知性、外見などあらゆる統計のちょうど平均値に位置する人間という発想をもとに作られた。トッド・ローズが『平均思考は捨てなさい』で述べているところによると、この時代の天文学者は統計学を使って天体の運行を研究していた。ケトレーはそのモデルを使って結婚や犯罪、自殺といった人間の行動に影響する社会的要因を分析できることに気づいた。彼はこの新しいビッグデータに飛びつき、最も有名なところでは、スコットランドの兵士五千人あまりの胸囲から、史上はじめてのボディマス指数（ＢＭＩ）を作成した。ケトレーの平均人という考え方は、平均的な生徒が平均的な速度で、平均的な学習量をこなして成長するための学校を作る基準となった。

本当に思いやりのある教育を生みだすためには、この発想と戦わなくてはならない。データは科学者が機械を進化させるのに役立つが、それはまた、生まれ持った学習能力を機械的なものに変えてしまう危険もある。データが競争ではなく思いやりと協力のための道具でありうるのかを考えるために、私はケトレーの生地からあまり遠くないところに暮らす有名な統計学者を訪ねた。

データなしでは、あなたは意見を持ったただひとりの人間にすぎない

バラク・オバマが韓国の教育を賞賛した遠因は、二〇〇一年の十二月にさかのぼる。野心家で若く細身のアナリスト、アンドレアス・シュライヒャーは、出身国のドイツで各国の教育大臣を前に報告した。五年のあいだ、あらゆる手段に訴えてパリの研究所から予算を獲得し（「ゼロユーロからのスタートでした」）、統計学者の精鋭チームを率いて調査した結果がこの報告だった。その計画はハンブルグで過ごした大学時代に思いついたものだ。物理学を学んでいたが、研究テーマが定まらなかった学部生のころのある朝、彼は、独自の「教育科学者」T・ネ

＊　「統計（Statistik）」という言葉は十八世紀にドイツで作られ、文字どおり「国家の科学（a science of the state）」を意味していた。

＊＊　オーギュスト・コントは十九世紀初頭に現れた、最も著名な社会学者だ。知識や産業（当時は蒸気エンジンと産業化の時代だった）を構築する上での科学の役割を考察し、科学的思考を社会の効率化に生かそうとした。当時の風変わりな社会学者たちのなかで私のお気に入りはシャルル・フーリエだ。彼は生まれつきの天才や子供の勤勉さを信じ、人々が自由に愛を交わしあうファランクスという共同体を夢見た。また科学が世界の構造を完全に解き明かしたときには、海の水はレモネードに変わると信じていた。

ヴィル・ポスルスウェイトが行っていた、厳密な思考をより柔軟な学問領域に適用するという講義を聴講し、興味を抱いた。[1] ふたりのあいだには、共通のものへの情熱を通じた男の友情が生まれた。それはデータに裏づけられた科学的な手法を使って、人間の学習を評価することだ。その影響は世界中の教室に波及するだろう。

報告は前代未聞の大作となった。三十二カ国三十万人の十五歳を調査し、数値を精査し、結果がまとめられていた。その報告の六年前に、彼は世界の経済大国の大臣たちの会合に出席したことがあった。「その誰もが、『わが国の教育制度は世界一だ』と語っていた」。もちろん、全員の発言が正しいということはありえない。彼の仕事によって、誰が正しいのかを判断することができるだろう。「教育において大切なもの、つまり人間性は測定できない」という、大学教授である父親の言葉を意識しながら、彼は単なる記憶力以上のもの、そして二十一世紀の知識労働者として成功するために必要となるスキルを測定できる新しい種類の試験を開発することに力を注いだ。「分析し、比較し、対照させ、批判する、そして数学者のように、科学者のように、歴史家のように考えるスキルを」[2]

その試験で、どの国の子供が世界一賢いのかがはじめて明らかになる。

だが、六年前には大臣たちは誰もそれを気に留めなかった。『よくある研究のひとつにすぎない。すぐに忘れられるだろう』と言われたよ」。彼はそこで一呼吸置いた。「だが、試験が開始されると、それは世界中で採用された」

国際的な学習到達度調査（ＰＩＳＡ）は現在三年に一度行われており、その結果が発表されると国際的に大きな話題となる。最新のものでは、七十二カ国の十五歳五十四万人が、科学、数学、協働型問題解決能力に関するテストを受けた。才能の宝庫は東アジアと北欧で、シンガポール、中国、韓国、フィンランドなどが上位を占めている。イギリスは、オリンピックの標準記録にはおよばないが平均は上回っている。* 一方アメリカは順位表の下のほうでもがいている。「世界のステージで、アメリカの生徒は遅れをとった」というニュースが流れた。(3) この試験は世界に衝撃を与えている。

ある曇った午後、私はパリのメトロに乗ってOECD本部を訪れ、PISAの生みの親であるシュライヒャーに会った。ブローニュの森の対岸をセーヌ川に沿って歩いていくと、古いヨーロッパの宮殿が見えてくる。正面は新たにガラス張りが施されており、厳粛な顔をした番兵が立っている。私は世界の変化の速さと、これほどまでに遠く離れた子供たちを比較できるようになったことに感嘆した。シュライヒャーはアトランティック誌から、「世界の校長」にして「これまでで教育に最も大きな影響をおよぼした専門家」であり、その仕事は「データを使い、よりよい学校を作ること」だと評されていた。(4) PISAがそのため手段だ。イギリスの教育大臣マイケル・ゴーヴは彼を「イギリスの教育において最も重要な人物」、さらにシュライヒャーがとくに喜んだことに、「カール・マルクス以来、最も多くの変革をもたらしたドイツ人」と呼んだ。(5)

「伝統は本当に、よい実践の敵だ」と、彼は真新しいオフィスの椅子から身を乗りだして

＊詳しく見ると、イギリス人は読解力で二十二位、数学で二十七位、科学で十五位だ。十代の学力は、およそドイツのサッカーの国別ランキングと同じくらいの実力を示している。

言った。この日彼は、第二次世界大戦後に先進諸国の世界的な団結を強めるために設立された世界協力開発機構ＯＥＣＤの新しい本部に移ってきたばかりだった。まだ細身の体型を保ち、青い目に白い髪、茶色の髭を生やした彼は、カール・マルクスというよりむしろ平均的なヨーロッパ人のジャズサックス奏者のようにくつろいだ様子でいる。「ＰＩＳＡがもたらしたのは、自分を他者に照らして見ることができる鏡だ」

もし自国のなかでのみ暮らしていたら、世界を完全に見ることはできないだろう、と彼は説明した。彼のデータは私たちにさらなる啓蒙をもたらす。オーギュスト・コントの仕事を受け継ぎ、学習によって洞窟に光をともしてくれる。シュライヒャーは大変な売れっ子だ。その日はサンティアゴとリオデジャネイロから帰国したばかりで、すぐアブダビとワシントンＤＣ行きを控えていた。彼の独創的な点は、国の違いを超えて効果があるものとないものを比較することができるデータを提供したことだ。それによって、学習のインプットや、あるいは教師の給与、クラスの規模、カリキュラムではなく、学習のアウトプットが世界的に重視されるようになった。ある国の生徒は何を知っているのか。何ができるのか。「私たちはこれまで教育システムや学校を、子供の必要ではなくそこで働く人々に合わせて設計してきた」と、彼は語った。私たちはむしろ、「どうすれば生徒たちがよく生きるための備えができるか」を考えるべきなのだと。

彼の研究は、はじめてその問いに取り組んだものだ。報告は、各国の教育制度へのショック療法となった。

「そのニュースはあらゆる放送局で扱われた」と、彼は歯切れのいい英語で言った。「しかもその日だけでなく、何週間も」

ドイツの大臣たちは慌てふためいた。自国の学校は世界一だと固く信じていたからだ。それはイギリス人もアメリカ人も、すべての先進国が同じだった。ところが、二〇〇〇年のPISAで一位になったのは、なんとフィンランドだった。それまではスキーのジャンプ競技とムーミンのイメージしかなかった国だ。いつも飼い犬を連れて記者会見をしていたフィンランドの教育大臣は、世界中のテレビカメラが自分に向けられているのを見て驚愕した。その一方、ドイツの生徒は数学、読解力、科学でOECDの平均を下回った。イギリスを下回り平均に近かったアメリカよりもさらに下だった。数学と科学での強さに支えられ、日本と韓国が二位と三位を争った。

試験結果は各国の人々をいらだたせた。ドイツのシュピーゲル誌は、「ドイツの生徒は愚かなのか」と疑問を呈した。大臣はわけがわからないままシュライヒャーの解任を求めた。「はじめ、試験実施を受けいれた国はごくわずかだった」と彼は笑いながら言った。背後の書類棚には、遊んでいる子供たちの画像を印刷したものと、これまでに行った講演の聴衆の写真がかかっている。「多くの国は、予算的にも、実施方法に関しても、物流の面でも、不可能だと言った。そんな試験はやるべきではないと」。評価方法は視野が狭く、点数にこだわりすぎているとシュライヒャーの方法を批判した。それでも彼の心は揺るがなかった。「ある種の試験は、非常にいい指標になりうるということは認めるべきだ。数学的スキルが欠けていることは、社会的スキルがあるという意味ではないのだから」

人はデータを誤解し、誤用する。「指標は実物ではない。それはイメージにすぎない」。ＰＩ

SAは、ただの「鏡」だ。だがそれは、気に入らない自分の姿を映しだすこともある。「自分が思っている自分と本当の自分の違いに驚かされるのは、よくあることだよ」

その衝撃のあと、PISAはドイツで浸透し、PISAショーというテレビのクイズ番組まで生まれた。大臣は試験結果を詳しく調べ、驚くべき結論に達した。大きな影響をおよぼすと思われていた、生徒一人当たりの予算やクラスの規模、カリキュラムの内容、あるいは私立校への進学などは、実はあまり重要なことではなかったのだ。イギリスやアメリカではつねに、貧困家庭の子供の成績が悪いのは収入の不平等が原因だと考えられていたが、フィンランドや韓国といった国では、収入ですべてが決まってしまうわけではなかった。「上海の経済的に恵まれない子供十パーセントが、アメリカの経済的に恵まれた十パーセントの子供を成績で上回った。教育しだいで、それは可能なことなのだ」。こうしたデータは革命的だった（彼は、その点がマルクスと似ていると考えていた）が、それはまた、子供たちに危機が迫っていることも示していた。「世界で必要とされるものと、私たちが提供しているものの差が広がってきている」と、彼は言った。教育が貧弱ならば階級格差は広がり、社会は分断されることで先鋭化する危険が高まる。

シュライヒャーの使命は、政府に気づきを促し、それに対処するためのツールを与えることだ。彼は教育界の有名人として、ノートパソコンを抱えて世界を飛びまわっている。だがこの曇った午後の光のなかで、彼は未来から私たちの子供を救いにきたサイボーグのように思えた。彼のデータは、学校の暗い奥深くまで照らし、真実を映しだした。うまく使えば、それは人間の理解力や判断力を高め、生まれ持った力を伸ばしながら互いを思いやることにつながるだろう。だがうまく使えないと、学習とは意味のない問題を解くだけのことになってしまうだろう。それは鏡に映ったイメージにすぎないのかもしれないが、それこそがすべてなのだと私たちは考えがちだ。

彼は腕時計を見た。上着の袖から黒曜石でできた四角い文字盤が覗いているが、電池が切れていて、振っても動かない。テクノロジーで世界を乗っ取るには、まず電源を確保することから始めなければならないようだ。だがここで私たちの約束の時間は尽き、あとは電車で話を続けることになった。荷物をまとめながら、私は彼の父親の言葉を反芻していた。「本当に大切なもの、つまり人間性は測定できない」。芸術や音楽、幸福、人とのつながりを測る世界規模のテストはない。おそらく、テストすることは不可能だろう。データの規模を追求することは大切だが、各国は三年ごとの順位にこだわり、試験フィーバーをさらに加熱させるばかりだ。

トップを目指す競争

韓国が二〇〇〇年のＰＩＳＡで上位三カ国に入ったのはまさに奇跡と言える。その五十年前に起こった朝鮮戦争ののち、韓国は歳入も不足し、教育も遅れていた。中国、日本、ソ連、アメリカといった大国に囲まれ、将来の見通しは決して明るくなかった。ＧＤＰはガーナと同程度なうえ、外国からの援助に頼っていた。しかも韓国人の五人に四人は文字が読めなかった。二国のうちこれからどちらが繁栄するかと尋ねられたら、おそらく誰しもがガーナと答えただろう。ところが、現在世界十三位の経済規模を誇るのは韓国のほうだ。五十年間で、ＧＤＰは四百倍になった。サムスンやヒュンダイ、ＬＧはグローバル・メガブランドに成長した。「わが国には資源がない」と、イ・ジュホ前教育科学技術部長官は私に語った。「あるのは頭脳と、勤勉さだけだ」。奇跡を起こしたのは人の力であり、頭脳の力を高めようという何世代にもわたる努力だった。[6]

現在の韓国は才能の宝庫で、学習がさらなる学習を生むという好循環に入っている。六〇年代からの経済成長は「人的資本」の成長に牽引されていたが、それによってさらに教育への予算は増え、韓国の知性は富を生みだしていった。現在、韓国の非識字率はわずか二パーセントである。五千万人の人口のうち、二千五百万人がソウル周辺に住み、人口当たりの大学卒業者の割合は世界一だ。二〇一〇年までの半世紀のあいだに、韓国人はどの国にも劣らないほど教育を受けてきたと言えるだろう。この営為の頂点に位置するのが六科目、合計八時間にわたって行われる多肢選択式のスヌンで、その結果によって韓国のすべての高校卒業生が評価され、ランクづけされる。それが韓国をＰＩＳＡの上位に押しあげ、韓国の知識産業を発展させた。だが、その成功は代償を伴っていた。

ソンド新都市での試験を終え、スンビンは抜け殻のようになっていた。最後の科目だった生物の問題を解きおえたあと、残りの五分間は、それまでの学生生活を回想した。「楽しかったけれど、後悔もあります」と、彼は二週間後に私にスカイプで話してくれた。終わったことにほっとしつつ、勉強に捧げてきた十二年間の努力に打ちのめされていた。試験終了の五時三十分が来ると、なかには鉛筆を置きながら叫んだり泣きだす受験生もいたが、彼は静かに寮に戻って眠った。それ以外に、何もやることはなかった。「一日ずっと集中していたので、疲れきっていました」。韓国の多くの高校生がこうした虚ろな状態を味わう。国家による経済活性化のための投資は採算がとれている。子供たちは高い意欲を持って勉強している。ところがそれはいつの間にか、生まれてから仕事に就くまで続く、弱肉強食の争いの場に変わってしまった。

「どこかが間違っています」と、彼は記憶をたどりながら言った。「昔は大学に進学することが夢でした。でも高校に入ってテストを受けているうちに、それはいつの間にか夢ではなく、恐怖になってしまったんです」。そのシステムは実力主義だが、生徒に逃げ場を与えない苛酷なものだ。大事なのは点数と全国順位だけ。フランスの哲学者ミシェル・フーコーは重要なものがかかった試験を「統治性」の道具とみなした。「それは個人を区別し、判断する視認性を与える」、とフーコーは書いている。試験の真の目的は学習を促すことやその成果を計測することではなく、「制限し、分類し、そして罰する」ことでしかない。[7] 韓国では、これがはっきりと表れている。それを隠そうとすらしない。猛勉強へのこだわり。一秒たりとも無駄にすることは許されない。

スンビンは高校三年間の時間割を見せてくれた。毎日は午前八時三十分の一時間目のまえ、午前七時の自習時間から始まる。「退屈な授業」を午後四時まで受け、それから自習時間が午後九時まで続く。だが、そこで終わりではない。夜の自習時間のあと、彼は民間の塾、ハグォンへ行き、そこで本当の勉強をして、試験で点を取る技術を高め、ようやく午後十一時にすべてが終わる。毎日十四時間の学習は、高校生にとってごく普通のことだ。週末もまた有効な学習時間と考えられている。彼は土日もハグォンへ通うが、時間はやや短く、午前七時から午後七時までの十二時間だ。もっとも、そのあとに「夜の自習時間」があるのだが。休日や、友人と過ごす時間について尋ねると、「月に一度、ＤＶＤを観ます」と彼は答えた。

最終学年になると、勉強はさらに厳しくなる。スンビンが送ってくれたメールによると、毎晩午後十時から午前二時までハグォンにいたことになる。「ええ、そうですよ」と彼は答えた。政府によって、学習塾の時間は午後十一時までと制限されているが、誰も守っていない。韓国の子供たちは平均で毎日五時間半睡眠をとっているらしいのだが、私が話を聞いた生徒はほとんどが三、四時間だった。国全体が睡眠不足になっている。トップを目指す競争のなかで、それ以外のものを手に入れる贅沢は許されていないのだ。

子供たちを駆りたてているのはスヌンだ。希望の大学に入学する資格は、文化資本やディベート、芸術、スポーツ、きちんとした標準語で話せることなどではなく、百問あまりの多肢選択式試験で解答欄を塗りつぶした結果による順位によって与えられる。それは結局、スヌンも絶対的な尺度にはならないということだ。解答は合っていることも、間違っていることもある。スンビンやイ・ジュホが語ったより大きな懸念は、この試験で、実世界に通用するスキルを測定できるのかどうかということだ。スヌンで一位を取ったとしても、いまの世界で成功できることにつながるのだろうか。「考えることは必要とされません。ただパラグラフと設問を比べるだけです」とスンビンは言う。「考えると、間違った答えを選んでしまいます。ただパラグラフに書かれたことだけを考慮して正しい答えを選ばなくてはならないんです」。この試験は、生徒に文字を処理する機械になるように求めているようだ。何よりも重視されるのはテクニックだ。

スヌンの英語の試験問題を取りあげよう。ストップウォッチを用意して、解いてみてほしい。受験生は、およそ六十秒でこのパラグラフを読み、解答する。

So far as you are wholly concentrated on bringing about a certain result, clearly the quicker and easier it is brought about the better. Your resolve to secure a sufficiency of food for yourself and your family will induce you to spend weary days in tilling the ground and tending livestock; but if Nature provided food and meat in abundance ready for the table, you would thank Nature for sparing you much labor and consider yourself so much the better off. An executed purpose, in short, is a transaction in which the time and energy spent on the execution are balanced against the resulting assets, and the ideal case is one in which ____________. Purpose, then, justifies the efforts it exacts only conditionally, by their fruits.

(1) demand exceeds supply, resulting in greater returns
(2) life becomes fruitful with our endless pursuit of dreams
(3) the time and energy are limitless and abundant
(4) Nature does not reward those who do not exert efforts
(5) the former approximates to zero and the latter to infinity(8)

私がソウルの学校を訪れたとき、かつてフィンランドに住んでいていまはフューチャー・クラス・ネットワークで働いているジャーナリストのユミ・ジェウンに同様の問題を見せられたのだが、私は何度も間違ってしまい、集中力が切れているからと言い訳しなくてはならなかった。世界中で、多くの人がこの暇つぶしに取り組んでいる。スヌンの問題を解いてみるというユーチューブの英語のネイティブ・スピーカーのチャンネルがあるほどだ。ジェウンによれば、このテストは会話や作文がまったくできなくても満点が取れるという。この試験は厳格な公平さが保たれている。データのズレは、当てずっぽうで正答してしまうこと（スンビンは、それで実力よりも少しいい点数が取れたと考えている）くらいなのだが、ここには奇妙な歪みがある。スヌンの作成者は、可能な限り客観的な試験を作ろうとして、生徒にアルゴリズムのように考え、ふるまうことを要求する得体の知れないものを作ってしまったようだ。

　韓国の生徒がＰＩＳＡでよい成績をとる本当の理由は、イ・ジュホによると、揺るぎない猛勉強と自学自習のためだ。彼らは、学校があるにもかかわらず好成績をあげている。この国の秘密兵器はハグォンだ。このトップを目指す競争で、保護者たちが一年間に学習塾に費やしている金額は、合計で二百億ドルにも達する。[9] たとえばソウル中央のタイム教育という塾では、親子が特別相談員と面談し、これまでの子供の成績を確認し、志望大学を聞き、そのために必要なものと、目的を達成するためにカスタマイズされた個人指導案を提示する。講師の生活は評判しだいで、オンラインで生徒を集め、最高で年間四百万ドルを稼ぐ者もいる。報酬は成果に対して支払われる。タイムでの指導を見学し、私はスヌン対策をする講師たちの細かさに驚いた。彼らは問題文を、まるで死海文書を研究する言語学者のように一文ずつ切り離し、一語一語に注釈を加え、私には読めない大量の文字をホワイトボードに書いていく。これは学習ではなく、暗号解読だ。「いきなりパラグラフを読むのは間違った解き方です」と、ジェウンは私が再び英語の問題で間違ったときに言った。そういえば昔から、私は難解なクロスワードが苦手だった。*

この試験は学習を歪めているだけではない。韓国では心の健康が危機に瀕しており、OECD諸国のなかでも最も自殺率が高く、若者の自殺も急増している。[10] 私が訪れる数年前、韓国では十八歳の少年が母親を刺し殺して寝室に遺体を密封しておき、東ソウルの自宅にそのまま八カ月暮らしていたという凶悪事件が起きていた。少年は自分の成績について中学校時代から嘘をつきつづけており、直近では全国四千位台のところ、六十二位だと言っていた。母親はそれでもまだ満足せず、十時間の特訓を課し、さらに野球のバットで彼を殴った。彼は逆上してナイフで母親の首を刺した。スヌンの厳しさを知る韓国では、世論は彼に味方し、判決はわずか懲役三年だった。実際の成績でも、少年は全生徒の上位五パーセントに位置していた。[11]

「韓国の人々は現状に満足しているわけではない」。イ・ジュホは、人のキャリアも健康も幸福もすべてデータで決まってしまうことについてそう語った。それは経済が成長し、自力で国家が発展していくことが期待できた時代には合っていたかもしれないが、すでに時代遅れになっている。「試験の点数は、産業化の時代には重要だったかもしれない。だが、もうそんな時代ではない」と、彼はワシントン・ポスト紙に語っている。[12] イギリスでは幼い子供への試験を増やすことを検討しているが、韓国では創造性や社会的スキル、共感を重視したシステムへ

* 優秀なクロスワード出題者と同じように、スヌンの問題作成者は若い秀才たちを混乱させるように問題を作る。ジェウンによれば、解答は選択肢の意味を分析することから始めなければならないらしい。

の変更を計画している。

ソウルを訪れた一カ月後、私はもう一度スンビンとスカイプで会話した。スヌンはもう遠い昔のことだ。彼は七段階の一または二という成績を収めていた（イギリスのAレベルで言えば、A*またはAに相当する）。韓国で上位三校の大学に入学できる成績だ。その後彼は数年ぶりに取った休暇中に車の運転を学び、アイドル歌手と同じ髪型にした。韓国の自殺に関する統計が載った冊子を用意し、スヌン当日の記述を教えてくれた。「毎年、事故が発生します」。彼は韓国の学生にかかっている重圧を理解してほしいと願っている。彼らは絶えず完璧な成績を求められ、疲れきっている。

「友達が勉強していて、僕がしていないという状況が一番のストレスでした」と、彼は言った。それは、競争だったからだろうかと私は尋ねた。

「そう、そう、そのとおりです。高校にはさまざまなグループ活動がありました。でも、グループ活動で、ふたりの生徒がひとつのプロジェクトを準備するとなると、そのふたりのバランスを取るのが大変なんです」。そうしないと、ひとりがプロジェクトをほっぽり出して試験勉強を始めてしまったりする。私が驚いたのは、韓国の人々と話をしていると、かなり多くが学生時代に感情的にいやな思い出を持っていることだった。三十代のある成功している起業家は、十代のころの髪の毛が抜けるほどの重圧を思いだして涙を流した。二十代前半のあまり成績のよくなかった学生に会ったときには、十代のころに自殺を考えたと話してくれた。戦争から帰ってきた兵士のトラウマの話のようだった。

ある面では、韓国のシステムを賞賛しないわけにはいかない。このモデルは教育の奇跡を生み、人間の精神に驚くべき可能性があることを証明した。それは一定の機能を果たした。だが、これが本当に、私たちが子供たちに望む未来なのだろうか。

「ストレスの原因はほとんど勉強でした」と、最後にスンビンは言った。そこから解放され、幸せそうだった。「学ぶことが多くて、高い点を取らなくてはならないという重圧もすごいんです」。イ・ジュホは、韓国のバブルがいまにも破裂するのではないかと懸念している。倒れるまで勉強しつづけるという画一的なドグマによって、韓国の知識労働者は疲弊している。スヌンで要求される奇妙な考え方は、子供たちをオートメーション化の方向へ進ませているように思える。韓国はすでに、製造業で労働者に対するロボットの割合が世界一高く[13]、ロボット教師ＮＡＯも、おそらく各地で英語教育に使われているだろう。スンビンはそのストレスをどうやって乗りこえたのだろうか。最後の一年間は週七日、一日に十五時間も勉強しつづけたのに、彼も友人たちも、たったひとつの解決策しか思いつかなかった。「おかしいと思われるでしょうが、僕が出した答えは、もっと勉強することでした」

それは美徳のようにも見えるかもしれない。だがそのシステムは子供が子供であることを許さず、感情を働かせ、共感を学び、幸せを感じる自由も制限されている。私自身の教室での経験に照らしても、こうした考え方は多くの場所でなされている。

私たちはみな科学者だ

二〇〇八年には、ウォルワース・アカデミーでもデータの使用が行われるようになっていた。「はい、これ」。夏の終わり、新学期初日に、ソーンダース先生は私に薄い青色のファイルを渡した。日焼けした教師たちはギリシャの島々でのことを語り、インスタントコーヒーの香りが漂っていた。私は重圧のかかる十一年生は受けもっていなかった。私が担当したのは、七年一組、八年二組、九年三組、十年一組と四組だった。私はそのファイルを開いた。なかにはホチキスで留められた数枚の紙があり、そこにデータが載っている。上には生徒の名前と前任の教師のコメント、ＧＣＳＥの成績予測、下にあるのは生徒の学年末ごとの成績、現在の成績、小学校を卒業してから生徒に与えられてきた重要な評価を表す文字やグラフだ。生徒は在学中、毎年一定の進歩をするものとみなされている。彼らの現在の進捗状況に関するデータは、見やすいように信号機の三色に塗られている。「できる」は緑、「少しずつ習得中」は黄色、「できない」は赤。全員を緑にすることが一年間の目標だ。

学校はデータを使わざるをえない。教育の対象は幅広く複雑だ。イギリスだけでも九百万人の子供が学校に通い、そのそれぞれが遺伝や経験によって異なっており、得意分野と不得意分野を持っている。アレクサンドロス大王の家庭教師アリストテレスなら、ブルームが示したとおり、生徒の能力を引きだすことができるだろう。だが、都市部の百五十人の子供を相手にするただの平凡な教師にとっては、それぞれの子供が知っていることやできることがわかる成績や報告、サンプル、テストの点が書かれた要約が必要になる。ただし私たちは、ただの要約（シュライヒャーの言葉では「イメージ」）を、現実の人間と間違えないように注意しなければならない。子供たちは三次元の人間だ。データには限界がある。

それでも、数字の論理は強力だ。その年、私たちは生徒の進歩をナショナル・カリキュラムの基準に照らし、実践内容と学習成果を慎重に照らしあわせた。教師はみな個々の生徒にしっかり配慮したが、どうしても成績を意識の中心に置かざるをえなかった。私が受けもった十年生二クラスは、みなCを取る必要があった。その重圧から、私は短く学習しやすいテキストを選び、そのなかの一部だけを読むことにした。私はGDCEのCグレードのエッセイを分析し、彼らが真似できるようにした。シャーロック・ホームズシリーズの一編『緋色の研究』の一部分を読むだけで合格点の取れるエッセイが書けるよう、効率のいい方法をとった。もし生徒全員が同じ問いに取り組み、同じ例や議論、答えを扱うなら、時間が節約できる。それは学習の科学というより、ただ目標に向けて帳尻を合わせただけだった。

当時の私は、惨憺たる結果だった一年目より効率を上げられたと喜んでいた。エッセイは成功した。GCSEの採点者は生徒がその本を読み通したかどうかや、独創的な考えを抱いたかには関心を持たなかった。私はシステムのなかでうまく立ち回り、教室内の生産性を最大化したが、上記の通り、たいしたことをしたわけではない。テスト対策では、生徒たちがいかにも多くのことを学んだかのような成績が取れるように指導をしたこともある。だが振り返ったとき、それはいったい何だったのか、という虚しさに襲われた。生産性をデータ化することで二十世紀の経済は成長したが、それはまた、労働搾取などの問題をも引き起こしている。最悪の場合、学校があまりにデータにこだわれば、自分が人間だということを忘れさせてしまうようなシステムができるだろう。

なかでもとりわけ高い成績をあげているシステムの秘密を探るため、私はソウルから移動した。二〇一二年のPISAで一位を取った上海だ。

世界一頭がいい子供たち

高層マンションが建ち並び、電気自動車がつぎつぎに行き交う上海の中心部。サーモンピンクの六十階建ての建物にある、万航渡路小学校の五階の教室に、三年生と四年生合わせて三十六人が男女交互に机を並べて席に着いている。地上を見下ろすと、緑色の校庭では、もっと小さな子供たちが体育の先生の指示に従って跳んだり駆けまわったりしてコミカルな体操をしている。一方教室のなかでは、子供たちがじっと教師のつぎの指示を待っている。白いポロシャツを着て、赤いネッカチーフをつけ、まるで小さな船員のようだ。上海市の成長とともに、子供たちの数も急速に増えている。またこの六年間、上海の十五歳は世界の成績比較でトップに立っている。[14]

下の階のロビーには月面着陸の壁画がある。「参加せよ！　未来への行進に！」

九時十五分、学校中にチャイムの音が響く。十歳のセレナは黒板へ走っていくと、振り向いてクラスと向かいあった。教室の壁に設置されたスピーカーから音楽が流れ、彼女は歌いはじめた。

「今日もわが校は輝く」と、セレナは歌う。クラスメートたちも声を合わせる。「わが校は輝く」

生徒たちの声がひとつになっているのは心地よい。私も頭のなかでそれに合わせる。「今日もわが校は輝く。わが校は輝く」。子供にとって、儀式はとても重要だ。とはいえ、少しだけ洗脳のように思えなくもない。彼らの成績を認めない批評家は、上海の学校は高得点を取るマシンを大量生産しているだけで、彼らはテストでは上位になるが現実世界で成功するための社会的スキルや共感を持たないと言う。私はここでその真相を確かめたいと思う。テクノユートピア主義者が学習の新たな面を発明したとすれば、東アジアの子供たちは試験のエースだ。上海は世界最高の基礎教育を提供し、その頂点に立った。

「今日もわが校は輝く。わが校は輝く」と、彼らはさらに三回、脳に刷りこむように唱和した。私が上海の教師の方法にはじめて触れたのは、イギリスのテレビ番組『アー・アワ・キッズ・タフ・イナフ?』だった。そのなかで、ふたりの中国人教師がハンプシャー州の中等学校に行き、そこで地元の教師と対決するという企画が行われていた。何回かの番組の最後にふたつのグループの生徒がテストを受けると、子供たちにも環境にも慣れていない中国人教師のグループが勝利した。シュライヒャーのＰＩＳＡによって測ることができるのは、単なる丸暗記以上の能力だった。それは、考える力をテストしているのだ。

子供たちはそれぞれの机で簡単な体操を始めた。ストレッチし、腕を振り、深呼吸。それからもう一度歌った。九時二十分になると、机を三列に六つ並べた、男女一組の席に着いた。若い新任の小学校数学教師ジンウェイ先生はウールのポンチョを着てスタイリッシュなメガネをかけ、プロジェクターの横に立った。私は授業計画の英語版を見た。数直線を使って分数を表す、とあるが、どんなやり方をするのだろうか。

上海の子供の優秀さも、またそれが試験工場と批判されているのも驚くべきことではない。中国ははるか昔から順位を競う試験を行ってきたのだ。受験者は国家に登用されるために、軍事戦略や論語に関するテスト、すなわち科挙を通過することを目指した。三日間、受験者はカンニング防止のため専用の独房に閉じこめられ、そこで食事や睡眠をとりながら答案を書きあげた。清王朝の時代、東インド会社がこの制度を知り、一八〇〇年代半ばにはインドの官吏登用に使われた。その数年後、ケンブリッジ大学によって、イギリスではじめて教育修了時の標準化された試験が作成された。大衆教育とともに、試験も広まっていった。私の十年四組が苦しんだ試験は、元はと言えば昔の中国の皇帝に由来するというわけだ。

この前日、私は教育テクノロジー起業家のステラと、彼女の友人で、引退した市の教育委員会副委員長チャン・ミンシェンと同じ話をしていた。ステラが開発した最新のＡＩは、最大十五の文からなる文章を自動で評価し、フィードバックすることができ、やがてはスピーチに対しても同様のことができるようになるそうだ。私たちは静安公園のモミの木を見下ろし、背後には摩天楼がそびえるフレンチレストランでランチをともにした。その席で、チャンは古い詩を教えてくれた。

「朝には牛や羊とともに、夕べには皇帝のために働きたい」

私はわかったような顔でうなずいた。

学習はプラトンよりもさらに昔の、孔子の時代から中国文化に含まれていた。中国には、一年の計画を立てるなら米を、十年の計画を立てるなら木を、百年の計画を立てるなら子供を育てよ、という教えもある。(15) 孔子はあがめられ、その影響は現在の上海にまでおよび、子供たちは繰りかえしと記憶によって理解するという方法がとられている。それはジンウェイ先生の算数のクラスでも確認できた。歌のあと、三人の子供がすばやく立ち、数直線上で１／２、１／３、１／４がどこにあたるのか答え、また席に戻った。それから子供たちは五分間で、四つの数直線に３／10、３／５、１／７、１／９、３／７、９／10、７／９、５／９の位置を書きこんだ。そしてもう一度、ジンウェイ先生は数人の生徒をあてて説明させた。つぎは、分数の比較だ。３／５と３／７はどちらが大きいか。７／９と５／９はどちらが大きいか。９／10は３／10より大きいか？　１／９は１／７より大きいか小さいか。子供たちはすばやく前に行き、答えを言って戻ってくる。数直線が大きさの違いを視覚化してくれている。それから先生は議論を始めた。ほかに分数の大きさを比べる方法はあるでしょうか。一人の女の子が、数をかけて分母が同じになるようにする、と答えた。１／９と５／７は、それぞれ７／63と45／63になる。そうすれば、どちらが大きいかはすぐにわかる。

教室の後ろにいた私には、学習が何度も重ねられていくのが見てとれた。チャンが説明したとおり、繰りかえしが習得のコツなのだ。ある概念（ここでは分数）を、数直線やかけ算、大小の比較など、さまざまな角度から検討することで習得を目指す。三十五分の授業の締めくくりは、綿棒を使ったゲームだった。子供たちの頭のなかに認知構造がしっかりとできていくのが目に見えるような気がした。

「賢い子供たちだ！」子供たちが紙に自己評価を書きはじめると、通訳は声を上げた。子供たちは学習の目的や学習の習慣、効率といった点で、ペッカ・ペウラの教室と同じように、自分で評価するように指示された。授業は的確だ。中国の教師たちはある教科やある学年を教えるエキスパートであり、繰りかえし同じところの授業をすることによって、たとえば八歳児に分数を教える、といった特定の技術を洗練させる。これは教える側の効率を高めるが、すべての子供がそのシステムに沿って同じペースで進むことを求められる。よい点はそれだけではない。シュライヒャーは、上海で成績が下位の生徒でも、アメリカの上位者よりも成績がいいと指摘している。だが、誰もがこのやり方を認めているわけではない。

アメリカ在住の中国人教育研究者で、『Who's Afraid of the Big Bad Dragon: Why China Has the Best (and Worst) Education System in the World』の著者ヨン・ツァオは、上海の教師と親たちは罠にはまっている、と説明している。[16] 彼らは多元的な二十一世紀の教育を子供に与えたいと思っているにもかかわらず、現在の競争から逃れられない。囚人のジレンマだ。もし全員が競争をやめることを選択するなら、問題ない。だがもし競いつづけ、能力開発所に通い、家庭教師を雇い、試験のテクニックを身につけようとする人々がわずかでもいるなら、当然、自分の子供も競わせなければならない。誰も負け犬になるリスクを冒したくはないからだ。だが、映画『ビューティフル・マインド』でも描かれているナッシュ均衡の理論が示したとおり、個人にとって最善の結果がグループにとって最善とは限らない。* 競争は病的なものになることもある。中国の大学入試である高考《ガオカオ》は、韓国のスヌンと同じような国民的熱狂を生みだしている。エリート大学の最難関コースはおよそ五万倍の合格倍率となる。

PISAの点数で判断すれば上海の子供たちは思考力があることになるが、中華帝国の伝統に則った権威的な方法では、せいぜい狭い意味での知性を発達させることができるだけだ、とツァオは主張する。その最悪の側面は、誰もが公務員の職を得ようと競争する、熾烈な文化を生みだすことだ。「中国は、多様で創造的で革新的な才能を生みだすことを犠牲にして、テストで世界一の点数をとっている」と彼は書く。[17] 孔子は学習の象徴だ。だが同時に、中華帝国の権威をも体現している。ツァオの見解では、上海の教育システムはいたって効率的だ。だが同時に、すべての子供の頭に政府が学ばせたいと思っている内容を植えつける権威主義的な装置として働く。フーコーが言ったように、それは制限し、分類し、そして罰するためのものだ。

上海や韓国の成果を否定することはできない。シュライヒャーは「そのシステムは平均的な人々を引きつけ、彼らの生産性を高めるには適している」と語っていた。万航渡路小学校の子供たちは元気いっぱいだ。教師たちは聡明で職業に誇りを持ち、テレビ番組に出たハンプシャー州の生徒が感じたように、世界から憧れのまなざしを向けられている。だがそれでも、イギリス人が上海から学びたいと思っているのと同様に、中国の政治家はイギリスやアメリカから教育方法を学ぶことに関心を抱いている、とチャンは語っている（イギリス側の学習意欲は強い。私は万航渡路小学校で、教育省の海外研修グループの一員としてバーンリーから来た四人の数学教師と鉢合わせた）。ヨン・ツァオによれば、中国の経済は十八世紀まで世界の生産を支配していたが、ヨーロッパで思想の転換が起こったことで情勢が変わった。科学的な自由思想家が現れたことにより、ヨーロッパの大国が学習と科学技術の面で優位に立ち、強大な帝国を作りあげた。今日、韓国と同じく中国でも、どうすれば社会を結びつける階層を乱すこ

＊　囚人のジレンマでは、共同で犯罪をしたとされる別の部屋にいるふたりの容疑者がその犯罪について自白するか尋ねられる。問題は、犯罪者AとBが協力しあうかどうかにある。もしAもBも何も語らないと、ふたりとも懲役一年となる。Aが語り、Bが語らなければ、Aは釈放され、Bは懲役三年となる。AとBを入れ替えた場合も同様だ。ふたりとも語った場合、互いに懲役二年となる。ここでのジレンマは、AとBは何を語るべきかだ。ナッシュ均衡の考え方によれば、自分の利益を合理的に検討すれば、自白する選択肢を選ぶことになるが、逆説的なことに、もしふたりが協力すれば、彼らはよりよい結果（互いに一年の懲役で、ふたり合わせて二年）を得ることができる。ナッシュの人生を描いた映画『ビューティフル・マインド』でのラッセル・クロウは、このすべての可能性を考慮している。

となく、子供たちの創造性を育むことができるかが問題になっている。

イギリスの教師であるルーシー・クレハンは、世界の教育先進国を訪問した経緯を記した『日本の15歳はなぜ学力が高いのか？：５つの教育大国に学ぶ成功の秘密』という本のなかで、上海のある学校の校長が、中国の学校をケンタッキーフライドチキンになぞらえていると書いている。「各店舗に一流シェフがいるわけではありません。しかし調理手順はしっかりと定められています」と、彼は言った。上海では教育に科学的管理法が導入されており、焦点を定め、内容と手順を標準化し、過程を洗練させている。成果も伴っている。上海の生徒は読解、作文、数学、科学に優れている。だが、変化の速い今日の世界ではそれは学習の定義としては狭いように感じられる。上海の成功は、理想的な二十世紀のシステムを作りあげたことによる。子供たちは教室で過ごすあいだいつも、学習内容を習得し、それを道具として考えることを学ぶ。だが習得に集中することで、システムは歪む。環境を厳しく管理すれば子供たちは自由を奪われる。上海の成功は、そのまま将来の問題につながっている。誰もこの競争から先に降りることはできないのだ。

私たちがいまフレンチレストランで楽しんでいるエスプレッソコーヒーとパイも上海の国際化の表れだ。アンドレアス・シュライヒャーと同じく、チャンも大学時代は物理を学び、数学的思考を身につけている。だが、二十一世紀は古い科学者の発想で生きていける時代ではない。「社会は変化し、人々の生活や地位は向上している」と彼は言った。若いころ、彼はクラスメートとともにロシア語を学んだ。いまでは、コンピュータ科学はカリキュラムに組みこむべきだが、プログラミングを全員が学ぶ必要はないと主張している。プログラミングは「ロボットとコンピュータのあいだの言語」であって、次世代の子供に必要となるのは人との接し方だからだ。「アメリカやイギリスの学生は世界を舞台に活躍し、行動にも自信があふれています。学生時代の成績を気にすることもない」。彼は、上海の子供たちはそこから何かを学べるのではないかと考えている。だがそれは、定義しにくく、測定することはむずかしいものだ。それが重要なことなのだ。

次世代の子供は、もはや経済的に優位な立場を目指すことだけを動機とすることはない。「すべての生徒が、自分自身の人生の主になるでしょう」と、チャンは言った。教師たちの考えや行動も変わらなくてはならない。新たな方法は、子供の関心と個性を大切にするものになるだろう。平均的な生徒に合った画一的なシステムでは、もう十分ではない。チャンの方法は、これまで数多くの子供に多くの利益をもたらしてきたが、これからは新たな考え方が必要となる時代だ。私がシュライヒャーを訪れ、シュライヒャーが上海に来たのも、そう考えたからだ。チャンは最後に言った。「私は未来の設計者にはなれません」

新たな宗教

「変化する世界では、じっとしていたら優位を保つことはできない」と、アンドレアス・シュライヒャーは言った。私たちは迷宮のようなＯＥＣＤの本部で迷っていた。データ分析の達人もどうやら建物のなかの通路を無駄なく移動するのは苦手らしい。彼はきれいに髪をなでつけた頭をミーアキャットのように上げ、エレベーターの案内図を見つけた。「成功は一時的なものだ。自惚れは高くつく」。ロビーへ向かいながら、私はこの言葉について考えた。データは私たちの未来にかならずついてまわる。それは真実を明らかにし、前提を揺るがし、改善の方法を教えてくれる。「教育の世界では、自分がよいことをすればその結果を確認することができる」と彼は言った。濡れた道路で、彼のキャスターつきの鞄がでこぼこの敷石で揺れるのを見ながら、私は彼の熱意に動かされていた。データは世界の教育の質を向上させている。彼は口先だけの人間ではない。

「世界各地で大きな進歩が見られる」。現在の上位十カ国は、十年前とは顔ぶれが変わった。上海やベトナムは、多数の子供を相手にした教育の質は高められるという例だが、一方、うかうかすると遅れを取ってしまうということを示している国もある。「たとえばアメリカは、かつては世界一の教育大国だったが、いまは並の国になってしまった」。科学者の目と改革者の信念を持ったシュライヒャーにとって、データは教育の将来を照らす光だ。たしかに物事は証拠に基づいて進めるほうがいい。ただし、いったん測定しはじめると、人は測定可能なものにこだわるようになるという危険もある。

「測定に関するこうした特徴を考慮に入れないと、貧しい子供はそれを手に入れられないことになってしまう」

私たちはデータを道具として使わなくてはならない。シュライヒャーは証拠の裏づけがない判断を認めることはできない。だがそれでも、すべての測定は不完全なものだ。データに賛同するとしても、競争はかならずついてまわる。ウォルワース・アカデミーで、私はうまくいかず疲れきって、十年四組の生徒たちが読解や作文を身につけたかではなく、彼らの進捗状況を示す色ばかりを気にしていた。上海と韓国でも、やはり同じ問題が生じている。子供たちの成績は優秀だが、教育システムが関心を注いでいるのは、子供たち自身より、むしろデータのほうだ。スヌンと高考は、生徒たちの知性を、選択肢を塗るマス目に合わせるよう強いる。私たちはデータがイメージ、つまりシュライヒャーの言う「鏡」であることを知っているが、ときには学習のシステムもイメージであることを忘れてしまう。それはしだいに、数値によって運営されるようになっている。

金曜日の夜、帰宅する通勤者たちにもまれつつポン・ドゥ・セーヴル駅で地下鉄に乗りながら、私はシュライヒャーにこうした危険のことを尋ねた。『サピエンス全史』の著者ユヴァル・ハラリは、シリコンバレーの成功者たちは私たちの世界に、「データ教」という新たな宗教を生みだしたと主張している。「その極端な形態では、データ教の信者は全世界をデータの流れとみなし、生命を生化学的なアルゴリズムとほぼ同一視し、人類の宇宙的な使命はすべてを包括するデータ処理システムを構築することだと信じる」(18)。それはまさに、学校がいま目指しているものではないだろうか。世界が必要とするものが、経済の生産性を高める働きをする従順で有能なホワイトカラー労働者だとするなら、その方法は正しい。だがもし創造的な人間を必要とするなら、誤っている。

「産業社会の組織はいまも残っている」と、シュライヒャーは認めた。「私たちは工場長に、全従業員の働きを把握することを期待する」。こうした管理者的な手法を学校に取りいれれば、人間の可能性を狭めてしまうことになる。作るべきは、人をもっと賢く、幸せにするシステムだ。人は知識と洞察を生みだした。人間がシステムに仕えるのではない。システムが私たちに仕えるものでなければならない。学校はなおのことだ。「ご存じのとおり、学校ほど高い能力を持った人々が働いている場所はほかの産業には見当たらない。教師は全員、学位を持っている。ほかにそんな会社があるだろうか」。教師と学習者の能力にはとてつもない可能性がある。「ところが、彼らは知識を生みだしていない。ただすでに存在する知恵を伝えているだけだ」

シュライヒャーが手すりをつかんだとき、腕にはめたアップルウォッチが見えた。「これはなかなかの賢さだよ」。彼はうるさい電車のなかで声を張りあげた。「私のメールもスケジュールもすべて入っている。グーグルマップも」「プレゼントされてはめていたら、突然三日後に、『マーク・タッカーとの会合です。すぐに出発してください』という声が聞こえてきたんだよ。これはなんだと思ったら、秘書がカレンダーに私の予定を書きいれていたんだ。私の居場所がなぜわかるかというと、ＧＰＳが入っているから。信じられないほどのデータが収まるんだ」

私たちが使っている機器には、アドルフ・ケトレーの統計や、スヌンの過去問すべてよりも多くのデータが入っている。それは秒単位で更新され、個人化されている。学校も、それに追いつきつつある。フエルサ・プレップスクールでは、紫の宇宙服を着た乗組員たちが叩くキーのひとつずつがデータとして収集されている。ある大規模公開オンライン講座では、世界各地のユーザーの進歩を細かく追跡している。そして、企業に対しこれから採用する可能性のある人がどれだけのスキルを、どのくらいの期間で習得したか、あるいは習得できずに再度講習を受けたか、といったデータを提供して収入を得ている。

大切なのは、誰が、何のためにデータを利用するかだ。それは有能な人間の手にあれば、判断を助けるものになる。アルゴリズム(あるいは権威的な国家)の手にあれば、規律と罰の道具となるだろう。中国政府はすでに、デジタル権威主義への道を歩みはじめている。国民の医療、教育、雇用、旅行、犯罪歴などのデータを管理する档案《ダンアン》の伝統のもと、中国政府は二〇一〇年から、小説『一九八四年』に登場するビッグブラザーとビッグデータを足して二で割ったかのような、給与明細から実家への帰省の頻度などあらゆる情報を一括して管理するデータベースを実験しはじめている。(19) すでに政府はデータを所持している。あとはソフトウェアさえできれば、そのデータを使って反社会的行動を抑制することは可能だ。

これは恐ろしいことだ。いまの社会では、テストで失敗しても再度チャンスが与えられる。だがすべての行動が記録されるとしたら、データは人の運命になってしまう。韓国の子供たちは、たったひとつの試験のためにかなりのストレスを抱えこんでいる。受けたテストや学校の勉強すべてが自分についてまわったらどうなるだろう。あらゆる活動や交流、成功と失敗にがんじがらめにされ、そこから逃げることもできないとしたら、学校での毎日、一分一秒がスヌンのように生徒を暴力的に画一化することになってしまうのではないだろうか。すべてが記録されるビッグデータ時代の悪い面だ。試験の準備があまりに深く生活に根を下ろしていて、テストに関係ないことをすると、さらに大きな重圧がかかってしまう。

「私たちはすでに、誰もきちんと理解していないシステムに足を踏みいれつつある」と、ユヴァル・ハラリは書いている。学校もまた、同じ方向に進んでいるのだろうか。イギリス政府は、これまでよりもさらに早い段階から子供たちの生活に重要なテストを組みこみ、百年遅れで管理主義を取りいれようとしている。アメリカでは、すべての子供が何を、どのように学んだかをテストすることは逆効果になるという研究結果が出ている。[20] スンビンがスヌンの試験準備で疲れきっていたときと、試験の一カ月後に十年ぶりに楽しみのための読書をしていたときの楽しそうな様子が思いだされた。教師たち、そして子供たちが、このシステムの凶暴な論理に抵抗することを信じよう。試験はどれだけ進歩したかを測るのに、そしてデータは未来を照らすのに必要だ。だがどこかで、どうにかして、私たちは試験のために教えることをやめなければならない。

「PISAの重要性が高まるとしたら心配だ」と、シュライヒャーは語った。もともとそれは世界の人々の役に立つように、階層構造を強めるためではなく、弱めるために作られた道具にすぎない。だが彼は、人々が内向きになっていると感じている。学校は、急速に変化する世界に対する唯一の防波堤だ。本当に価値があり、自分を際だたせるのは、自分をとりまく世界の社会的、政治的、文化的状況を理解しているかどうか、「そしてそれを利用できるか」だ。人に優しいシステムはデータそのものを目的とはせず、内なる学習の可能性に気づかせてそれを伸ばすための道具とみなす。この点を忘れてはならないだろう。私は悲観的になってしまったが、シュライヒャーは、データは人間の僕《しもべ》であり、それを提供しているのは自分なのだ、という希望に満ちていた。

電車はトロカデロ駅に着き、世界の伝統的な教育と闘う、孤独なデータ収集者は別れの挨拶をしてパリの通勤者のなかに消えていった。

パリ北駅へ移動する地下鉄と、帰国するユーロスターの車内で、私はどうすれば彼の発見を使って学校をもっと思いやりのある、人間的な場所にできるかを考えていた。データはとても大切だが、正しく使う必要がある。生まれ持った人間の学習能力は多面的であり、データの鋳型に収まりきるものではない。私たちは、測定できないものも同じように真剣に扱い、幸福を第一に考えるとはどのようなことかを思い巡らせるべきだ。また、子供たちが身のまわりの世界についていっしょに考え、それを変えるためにはどうすればいいか知恵を絞ることを評価しなければならない。私はそうしたことを考えながら、つぎの目的地であるニューヨークに行った。二十年前、ブロンクスのある学校の生徒は州のテストで優秀な成績を収めていたが、その成功を卒業したあとにまで継続させることはできなかった。どうすれば現実世界で成功できるように教えられるのだろうか。それが、その学校の校長が考えたことだった。

chapter 8

やり抜く力
——人格の形成

感謝するんだな、私が死ぬまえに。
おまえに泥を食わせ、その顔につばを吐いたことを
おまえをスーと名づけたのは私なのだから。
——ジョニー・キャッシュ

知識は力なり

デイヴ・レヴィンは問題を抱えていた。一九九五年、彼はある約束を掲げてサウス・ブロンクスに新しい中学校を設立した。それは、十歳〔小学校を四年で修了し、中学校（middle school）では第五学年（五年生）から第八学年（八年生）までの四年間を学ぶ〕でＫＩＰＰアカデミー・ニューヨーク校に入学すれば、二十一歳で大学を卒業できる、というものだった。これはかなり大胆な約束だ。データによれば、この地区の出身者で学位を取れるのは十人に一人で、アメリカ全土のあらゆる家庭環境の子供を含めても、高等教育を修了できるのは二十人中七人にすぎない。しかもこの学校が建てられたサウス・ブロンクスはかつてはニューヨーク市の犯罪の中心で、アフリカ・バンバータやグランドマスター・フラッシュらが活躍したヒップ・ホップとブレイクダンス発祥の

地であり、州は同じでも、ハドソン川上流の緑豊かな川辺にあるプライベートスクールとは環境が大きく異なっている。そもそもこの地区の子供たちの多くは大学へ行かない。それでも、レヴィンは信じていた。サイズの大きなシャツを着て、向こう見ずな熱意で戸別訪問をしてまわり、保護者の支持を集めた。州の平均に負けない、四分の三の生徒を大学卒業へ導くことを約束した。

レヴィンはその一年前、同僚の教師マイク・ファインバーグとＫＩＰＰを共同で設立していた。ともにアイビーリーグに属するイェール大学とペンシルベニア大学出身の若いふたりは、ヒューストンで出会った。五年前に始まった、アメリカの有望な若者の力によって危機に瀕した教育の平等に立ち向かうためのプログラム、ティーチ・フォー・アメリカの一環で、小学校の教師をしていたころのことだ。はじめの試行錯誤ののち、ふたりはハリエット・ボールという同僚のやり方に目を開かれた。彼女は身長百八十五センチのベテラン黒人小学校教師で、独自の「三つのＲ」つまり「繰りかえし（repetition）、リズム（rhythm）、そしてラップ（rap）」を合い言葉にしていた。歌やチャンツ、ゲーム、きわどいジョークなどを使ったその目新しい方法は、ふたりが都市部の子供たちにやる気を出させ、教育するための基礎になった。[1]

「ハリエット・ボールはロックスターのような教師だった」とレヴィンは回想した。「ある日私の教室に入ってきて、私が三カ月かかっても教えられなかったことを教えてしまったんだ」[2]

ふたりは彼女のやり方を教室で試してみた。すると子供たちは夢中になった。楽しみながら、急速にできるようになっていった。ふたりの若い教育者はこのやり方を認め、システム化することを決意した。

ボール先生の一番人気のチャンツは、「本を読まなきゃ、ベイビー、読むの。読まなきゃ、ベイビー、読むの。たくさん読むほど、知識が増える。だって知識は力、力は金。私はそれが欲しいの」というものだった。ここからふたりは、ナレッジ・イズ・パワー・プログラム（Knowledge is Power Program／KIPP）という名前を取った。そしてファインバーグはＫＩＰＰアカデミー・ヒューストン校に残り、レヴィンはニューヨークに戻った。

ＫＩＰＰの最初の二校では、貧しい家庭の子供がつぎつぎに成績を上げていった。入学してくる五年生は平均して読み書き算数が二年ほど遅れ、三年生のレベルだった。また苛酷な都市で育った彼らは決して扱いやすい生徒ではなかった。誰もが教師の失敗を期待して席に着いていた。まるで手がつけられなかった。だがレヴィンとファインバーグには熱意があり、「なんとしてもやりとげる」という言葉をいつも心のなかで唱えて頑張った。子供たちは毎日午前七時二十五分に登校し、午後五時に下校した。また土曜日も毎週午前は授業があり、一カ月の長期休暇もなかった。レヴィンは、そうした休暇は子供たちが収穫に参加していた農業社会の名残だとして、その期間にサマースクールに通わせた。それは、学校にいる時間が長いほど、より多くのことを学習できるというごく単純な発想に基づいている。キップスターと呼ばれるＫＩＰＰの生徒たちは、ロンドンのＫＳＡと同じように、他校の生徒に比べて授業時間が七割多い。頂点を目指す（単にほかの五年生に追いつくだけではなく、追い越す）ためには、ありったけの時間を学習に注がなくてはならない。学校への出入り口にはすべて、「大学への山を登ろう」とスローガンが掲げられている。

「なんとしてもやりとげる」とは、つまりこのことだ。ＫＩＰＰはボール先生のやり方で学習を加速させる。子供たちはチャンツを歌い、事実や知識をビートに乗せて口ずさみ、ドリルをする。運営は単純な哲学に基づいている。「勤勉に、人に優しく」だ。その言葉は壁に書かれ、ちょうどKSAのイフラのように、生徒のシャツの背中にプリントされている。それに、生徒たちは実際に勤勉だ。教師の労働時間は週六十から八十時間。学年の初日に、教師たちは自分の携帯番号を生徒たちに伝える。もし宿題で困っていたら、昼でも夜でも、いつでも教師に電話をすることができる。これを支えているのは「契約」だ。生徒と保護者、教師が互いに、なんとしてもやりとげることを誓って署名する。「ここに来る生徒には、失敗してしまう理由がたくさんある」と、ファインバーグはのちに説明してくれた。「ということは同じくらいたくさん、成功へ向かうための理由がなければならないんだ[3]」。言い訳はあってはならない。軍隊と同じレベルの規律が課される。子供たちはすわり方からノートの提出の仕方、廊下の歩き方まで言われたとおりにする。学年が上がれば、さらに行動に対する要求は上がる。クラス名は、その学年が大学を卒業する年で名づけられる。最初の入学者たちは二〇〇三年クラスだった。

努力は報いられた。二〇〇〇年に、アメリカのドキュメンタリー番組『60ミニッツ』は、KIPPの最初の八年生の卒業を特集した[4]。結果は衝撃的だった。わずか四年で、二年遅れだった五年生たちは、高校の初歩の代数を習得していた。二校の卒業生はいずれも、私立または公立の名門高校への進学が決まり、大学進学に向けて視界は良好だった。KIPPアカデミー・ヒューストン校の六十九人の生徒は合計で百万ドル以上の奨学金を手にし、全国に学校の名を轟かせた。公立校の危機を尻目に、このふたつの特異な学校では、貧しい子供たちが裕福な子供たちを上回る成績を上げたのだ。ＧＡＰ創業者のフィッシャー夫妻は学校に電話をかけ、ＫＩＰＰを全国規模で展開するにはどれくらいの予算が必要になるかと尋ねた。(5)

彼らは学校の数を増やし、アメリカ全土に展開していった。キップスターたちは相変わらずチャンツを歌い、SLANT、つまり背筋を伸ばし（sit up tall）、よく聞き（listen）、質問し（ask questions）、うなずき（nod your head）、先生についていく（track the teacher）というルールに従っている。成績はよく、毎年期待以上に伸びている。二〇〇六年には、レヴィンとファインバーグは『オプラ・ウィンフリー・ショー』に出演し、ＫＩＰＰのことを語った。司会のオプラは、サウス・ブロンクス出身の黒人少年が誇らしげに「勉強ができるようになりたい」と言っているのを見て涙を流した。

この間も、彼らは契約で結びついた最初の学年の生徒たちと連絡を取りあっていた。ときどき電話をかけ、高校時代を通じてアドバイスを与え、家族の問題でも手を貸して、大学という山を登るのを助けた。

多くの者は目標を達成した。二〇〇三年クラスのほとんどが高校を卒業し、大学に入学した。だが、そこからが順調ではなかった。上位の高校へ通い、それから四年制大学に進学し、社会からの期待を大きく上回った生徒たちもいたが、全員が順調に行ったわけではなかった。さまざまな理由でドロップアウトしてしまう生徒もいた。金銭問題や、家族の危機。仕事をしなければならなくなったり、先生とうまくいかなかったり。あるいは、大学生活が合わない、ついていけない、なじめないという者たちもいた。最初の学年は十人中九人が高校を卒業したが、わずか五人に一人、合計八人しか四年制大学を卒業することはできなかった。それでも同じ背景を持つ生徒と比較して三倍の数字だが、七十五パーセントという目標にははるかにおよばなかった。

目標が高すぎたのだという批判の声も聞こえてきた。だがデイヴ・レヴィンは諦めなかった。生徒たちはすでに大学入学までたどり着いている。では、どうすれば生徒たちを卒業へと導けるのだろう。

二〇〇〇年代初めに、彼はその問題の研究を始め、卒業できた生徒とできなかった生徒の話や環境を調べた。最低限の学力は議論の余地なく必要だ。読み、書き、数学、科学がきちんと身についていなければならない。だが、これは決定的要因ではなかった。すばらしい成績の生徒も中退していたからだ。何かもっと目に見えないものが重要なのだ。そして、彼はある仮説にたどり着いた。「卒業していく生徒を見ていると、学問的なスキルだけでなく、人格的なスキルも持っている」と、彼はのちにラジオのインタビューで語っている。「人格的なスキルを持っている生徒はより我慢強く、教授との関係構築のやり方がわかっていて、深い穴に落ちるまえに助けを求めることもできる」(6)

レヴィンはペンシルベニア大学のマーティン・セリグマン教授に連絡を取った。かつてアメリカ心理学会の会長を務めており、ポジティブ心理学の創始者で、レヴィンの問題を解決するのにうってつけの人物だった。教育者と話をすることも多く、そんなときは好んで抜き打ちテストをした。まずセリグマンは相手に、自分の生徒に人生で一番手に入れて欲しいものを二語以内で答えてもらう。すると、喜び、生きる目的、幸せ、愛といった答えが返ってくる。それから彼は、もう一度二語以内で、学校では何を教えているかを答えてもらう。相手は笑ってから、答える。ルールを守ること、科目、方法、事実、計算能力、読み書き能力。セリグマンはそこで少し間を置いてから言う。いいですか、そのふたつは全然重なっていないじゃないですか。[7]

生涯にわたって精神を患っている人々の回復を手助けしてきた（たとえば実験によって、うつ病は多くの患者にとって、薬物療法よりも心理療法によって治療できる「ひどい落ち込み」だということを示したセリグマンは、現在新たな使命に取り組んでいる）。[8]「ポジティブ心理学」という方法を使って、あらゆる人の幸福を高めることだ。レヴィンは彼の著書『オプティミストはなぜ成功するか』を読み、面会を申しいれた。深い考えがあったわけではない。ただ、ＫＩＰＰの約束どおり、生徒たちが大学を卒業するためにはどのような人格的なスキルが必要となるのか知りたかった。この章では、レヴィンがこの問題をどう解決し、その結果ＫＩＰＰがどのように変わったかに焦点を当てる。思いやりを持つことで、生徒たちはテストの点を上げる以上の成長を遂げた。生まれながらの学習者としての可能性は思考や行動だけでなく、感じ方にまでおよぶのだ。まずは、ある単純な疑問の追究から始めよう。何が成功者と失敗者を分けるのだろうか。

人格を構成するもの

セリグマンの考えは教師たちにもおなじみだ。ただ、何が大事なのかはわかっても、試験を重視するシステムの論理に抗うだけの力はない。現在、人格教育はますます重要になっている。共感、創造性、社会性といった人間としての力はこれまで以上に求められており、今後はさらに意欲や決意、粘り強さなどが必要になるだろう。精神的な健康の問題は社会に影を落としている。二〇一六年には、イギリスの十六歳から二十四歳のうち七人に一人が、女性では、同じ年齢層の四人に一人が精神的な疾患（不安障害、抑鬱、パニック障害、恐怖症、強迫神経症）を患っている。[9] WHOによれば、現在、世界で四億五千万人が、また四人に一人が生涯に一度は精神障害にかかると推測されている。[10] 精神的な強さは、成功はもちろん、健康を保つためにも欠かせない。「今日の消費社会のなかでつぎつぎに生みだされる新製品はあまりに魅力的で、短期的な満足のために長期的な幸福を犠牲にしないためには、より高いレベルで何かに献身し、自分を律することが必要になる」[11]と、オックスフォード大学オール・ソウルズ・カレッジ経済学名誉教授のアヴナー・オファーは書いている。

こうした不安は、とくに新しいものではない。人格形成は、いつの時代も人間の学びの中心にあった。二千五百年前、プラトンのアカデミーの学生たちは修辞学や論理学といった知的なツールよりも、人はいかに生きるべきかに関心を抱いていた。そうした分野は、倫理学または道徳教育と呼ばれた。アカデミーの最も有名な卒業生であるアリストテレスの有名な『ニコマコス倫理学』は、息子を育てるための父親のマニュアルとも言える内容だ。書名はアリストテレスの父に由来し、当初は、美徳を持った性格を育てるためのハウツーガイドとして生まれた本だった。それは、アリストテレスによれば情熱と理性をバランスよく働かせることで得られるものだ。彼が重視したのは、実践的で、行動の指針となるような倫理学を書くことだった。

ウォルワース・アカデミーでも学習のこのような面については盛んに議論されていたが、ほとんど理解されていなかった。生徒が人格的に成長したとすれば、統一された方法があったためではなく、個々の教師が弛まずに努力を続けたためだった。職員の多くは何よりよい人を育てたいと願っているが、ＧＣＳＥで好成績を修めるためには正確さが求められ、生徒たちを社会的、精神的に成長させようという職員の努力は行き当たりばったりにならざるをえなかった。生徒の肩に腕を回したり、グループ全体に行動に関する注意を与え、「個人化された学習と思考スキル」のポスターを掲示することくらいだった。実践的な倫理学も、それを教えるための戦略もなかった。それをなんと呼べばいいかすらわかっていなかった。自分が学生だったころに規範としていたのは、イギリス国教会の精神とスポーツへの愛に基づいた暗黙のルールくらいだった。それが男の子たちをラグビー場で走りつづけるよう駆りたて、卒業後には軍隊へと送りこんだ。

では、どうすれば人格を鍛えることができるのだろう。レヴィンとセリグマンは哲学的議論には興味がなかった。ただ、効果だけを求めていた。ＫＩＰＰが育成しようとしているのは、テストの点を取ること以上のことを学んだ成功者だった。だが、歯を食いしばって頑張るとか、よい人生とは何かについて議論するという時代はすでに終わっていた。何が正しいかよりも、むしろ心地よさや、力を存分に発揮することに人々の関心は移っている。今後は哲学者や政治家よりも、人生のコーチの人数のほうが多くなっていくだろう。もしかしたら、すでにそうなっているかもしれない。このような時代には、人格とは、よく「ある」こととよく「行う」こととの結びつきとして理解される。レヴィンにとって幸運なことに、アメリカの心理学者のあいだでは、一般に（やや作為的ではあるが）人の性格は、調和性、外向性、神経症的傾向、経験への開放性、誠実性という「ビッグ・ファイブ」のバリエーションに還元できるという考えが広まりつつあり、これが彼の出発点になった。さらに、生徒を指導するための実践的なツールも開発されていた。

セリグマンは、ビッグ・ファイブのひとつ、誠実性の研究を流行させた弟子のひとりをレヴィンに紹介してくれた。

君が降参しないと、私は死ぬまでやめない

ニューヨーク州にあるアメリカ合衆国の陸軍士官学校の入学者選抜は、当然ながら厳しい。毎年一万四千人の志願者のうち、わずか十二人に一人しか入学できない。なかにはＧＰＡ*が四・〇だったり、スポーツの代表選手など、頭脳や身体の面でずば抜けた者もいる。ところが、厳しい選抜をくぐって入学したにもかかわらず、五人に一人は卒業式のラッパの音を聴くことなく中退してしまう。しかもその多くは、まだ入学して最初の夏が終わるまえにやめてしまうのだ。その現象についての調査を依頼されたペンシルベニア大学の心理学者アンジェラ・ダックワースは、鮮やかに答えを出した。「二年かけて入学をめざした場所を最初の二カ月で辞めてしまうのはどのような人か。答えは、その八週間がどのような時間か、という点にある。学校案内の冊子には、『肉体的、精神的に、陸軍士官学校での四年間のなかで最も苛酷』だと書かれている。その名を『ビースト・バラック』という(12)」

＊　アメリカの学生は高校卒業時に、成績平均点（grade point average）、ＧＰＡを取得する。各科目で〇から四の成績がつけられ、それを基に全科目の平均が算出される。四・〇はＧＰＡの最高点で、イギリスのＡレベルでオールＡに相当する。

レヴィンが問題に突き当たっていたころ、ダックワースのほうは心理学の博士課程で思春期の目標達成に関する研究を始めて二年が経っていた。その後ＴＥＤトークで好評を博し、マッカーサー賞を受賞して画期的な研究に対して百万ドルの奨学金を得たダックワースだが、当時はまだキャリアも定まっていなかった。フィラデルフィアで中国系の移民の子として育ち、ハーバード大学で神経生物学を、オックスフォード大学で神経科学を研究した。有能だがやりたいことが決まっていなかった彼女は、一流経営コンサルティング会社のマッキンゼーに入社した。そして有能な人にはよくあることだが、ビジネスの世界に興味を抱くことができず、二十七歳のとき、ハイヒールとスーツ、パワーポイントを脇に置き、ニューヨークのロウアー・イーストサイドの中学で数学教師になった。

「私にとってまわり道は、教師ではなくコンサルティング会社のほうだった」[13]。人間の発達に関する研究に、彼女は自分の目標を見つけた。ニューヨーク、アルファベット・シティ地区（そのころは住宅の建築が盛んで、流行に敏感で皮肉な若者は少なかった）の教室で、ダックワースはレヴィンと同じ結論に達した。クラスで最もいい成績をとるのは生まれつきの能力に最も恵まれた生徒ではなく、最も努力をしている生徒だった。それはアンダース・エリクソンの主張とも、イフラが私たちに示してくれたこととも合致している。「理解が速ければ、かならずしも成績がよいというわけではない。数学の才能は、数学のクラスで優秀さを発揮することとはべつのものだ」。ダックワースはこのことに気づいた（「私は才能にだまされていた」）ことで、さらにべつのキャリアへ進むことになった。高い成績に結びつくのは能力ではないとしたら、何だろうか。彼女はその答えを探すために、三十二歳で教室を去った。

陸軍士官学校を調査することになったのはそのあとのことだ。そこでは、軍事心理学者がすでに長年士官候補生の特徴を研究していた。彼らが成功者の予測に使っていたのは入学志望者総合点、つまり試験の点数とリーダーシップに関する専門家の評価、体力測定の数値の加重平均だった。それは士官候補生の能力を示す数値ではあるが、誰が中退してしまうかの予測には役立っていなかった。陸軍所属の科学者と話をしていて、ダックワースはあることに気づいた。「新入生は、ほぼ毎時間、自分がまだできないことをするよう指示されていた」のだ。この場合、才能の有無は問題ではない。何かちがうものを引っぱりだしてこないと対処できない。失敗の可能性が高い状況に尻込みする者もいたが、そうでない者もいた。そうした者たちは「不屈の」態度でやるべきことをやりとおした。これは優秀なジャーナリスト、学者、運動選手、ビジネスパーソンといった、彼女が調査した、高い成果を挙げている他の分野の人々にも当てはまった。「こうした人々はたいてい立ち直りが早く、勤勉だった。第二に、とても深い部分で自分が何を求めているのか知っていた。彼らは決意が固く、しっかりと目標を持っていた」。要するに、「やり抜く力《グリット》が備わっていたのだ」[14]

ダックワースはすぐにこのやり抜く力の測定法、グリット・スケールを考案した。たとえば「私は重要な困難に打ち勝つために、挫折を乗りこえたことがある」や、「私は勤勉だ。決してあきらめない」といった各項目に対し、自分で「非常に当てはまる」から「全く当てはまらない」までを選択する。彼女はこの測定法を、ビースト・バラック開始後二日目の千二百人の新入生に実施した。まずグリット・スケールと入学志望者総合点の相関係数を調べ（このふたつに相関関係はまったく見られなかった）、あとは何もせず夏が過ぎるのを待った。夏が終わり、七十一名の士官候補生が中退した。[15]
残った者と中退者のあいだに入学志望者総合点の差は見られなかったが、「グリットによって、誰が最後までやり抜き、誰が脱落してしまうかを、驚くべき信頼性の高さで予測することができることがわかった」。ダックワースは二〇〇五年にもグリット・スケールで調査を行い、その年は六十人の中退者が出たのだが、やはり結果は同じだった。さらに調査対象を営業員や陸軍特殊部隊、シカゴの生徒、さらにはスペリング・ビーにまで広げた。そしてそのたびにその発見の正しさが確認された。誰が成功し、誰が失敗するかを予測することができるのは、才能ではなくグリットだった。
私は最近の講演で、ダックワースがタヴィス・スマイリー・ショーに出演しているウィル・スミスの動画を使って説明しているのを聞いた。「おれは仕事では負けないよ」と、彼は番組のホストを見つめて語っている。「おれより才能のある奴もいるかもしれない。頭のいい奴もいるかもしれない。もっとセクシーな奴もいるかもしれない。十のうち九つの要素でおれに勝っている奴もいるかもしれない。だけど、いっせいにトレッドミルに乗って走りはじめたら、最初に降りるのは相手のほうだ。おれは死ぬまでそこから降りない」。たしかにこうした能力があれば生徒の成績は伸びるだろう。一方で、それで幸福になれるのかという心配もある。それを確認するため、私はアメリカ東海岸へ向かうことにした。近年、新しい人格教育の世界的な中心地として知られるようになった場所だ。
ニューヨークにあるＫＩＰＰインフィニティ・ハーレム校では、ダックワースの説を参考に、トレッドミルから降りずに走りつづけられる子供を育成しようとしている。

永遠のその先へ

ある雨の朝、ニューヨーク西133丁目では、ケータリング業者が天幕の下でテレビドラマ『ロー&オーダー』の出演者用の朝食を準備していた。この刑事ドラマは、ニューヨークのハーレムでよく撮影されていた。標識の少ない路面の向こうに、鉄橋が見えている。ハドソン川の河畔をトラックが風を受けながら列をなしてトンネルに入っていく。黄色いヘルメットをかぶった屈強そうな男たちが建設現場に何かを運んでいる。「死体が岸に浮かび上がるような土地柄ですから」。ある教師から、そんな冗談を聞いた。だが、それは幻想だ。そんな時代はもう終わっている。ダウンジャケットを着てアニメキャラクターのリュックを背負い、足場の脇を押しあうように通りすぎていく子供たちの視線は未来に向けられている。建設中の建物は、コロンビア大学の先端技術が用いられた施設だ。12番街との交差点にはスーパーマーケットとビアガーデンがあり、この場所が生まれ変わろうとしていることを示している。子供たちが入っていった学校は、未来への無限の可能性を感じさせる。

KIPPインフィニティ・ハーレム校は、現在では全米三十一の都市で幼稚園児から高校生まで八万人が通うKIPPの二百校のうちの一校だ。創設者たちの使命を受け継ぎ、すべての学校は貧しいコミュニティのために作られ、入学者の九十六パーセントはアフリカ系またはヒスパニック系で、八十八パーセントの生徒は給食費の一部または全額の補助を受けており、十パーセントが特別支援教育を受けている。こうしたデータからは、生徒たちには厳しい将来が待ち受けているような印象を受けるが、そんなことはない。卒業生の九十四パーセントが高校を卒業し、八十一パーセントが大学に進学、四十一パーセントが四年制大学を卒業している。この数字は開校当初の二倍以上だ。レヴィンが掲げた目標である、上位四分の一の富裕な家庭で育った子供と同水準にはまだ達していないが、あらゆる背景を持つ生徒たちの全米平均は上回っている。平均はそれぞれ、高校卒業九十一パーセント、大学進学六十四パーセント、大学卒業二十四パーセントだ。

私は凍えるような雨に打たれながら、校内へ入っていった。

四階にある板張りの大講堂では、五年生から八年生までの合計三百五十人が起立し、月曜の朝の誓いに参加していた。えび茶、緑、紺、黒の学年ごとに色のちがうポロシャツを着て、上等なスニーカーを履いている。「私たちは信じる」と、彼らは声をそろえて言った。「希望と規律と献身によって、世界と自分の立場を変えることができることを。近道はない。期限はない。チームにして家族として、私たちは道を見つけ、あるいは作りだす」。開校から二十二年がたち、この夢を唱える生徒は増えつつある。大学への山を登ろう。なんとしてもやりとげよう。

「私たちはＫＩＰＰインフィニティ」

雰囲気はいくらか教会に似ている。

講堂の前方では、アリソン・ハーリー校長が壇上に登っている。週末にはトランプ大統領の就任式が行われたばかりだった。四人に一人がアフリカ系、四人に三人がヒスパニック系である生徒たちにとっては、これは不安の種だった。校長はＫＩＰＰインフィニティの卒業生も参加した、トランプタワーを目的地にしたニューヨークの「女性たちの行進」の写真を全校生徒に見せた。「覚えていますか？」と校長は問いかけた。「私たちは民主主義のある部分を金曜に、そして別の部分を土曜に目の当たりにしました」。ハーリー校長は生徒たちに、外の世界は厳しいけれども、あなたたちには力があるのだから、あきらめてはいけないと語りかけた。彼女はその後、紙やゴミで散らかった先週金曜日の男子トイレの写真を見せた。「一週間で対処してください」。このように生徒たちには責任も与えられている。

濡れた靴で下の階へと急ぎながら、私はこうした考え方がKIPPインフィニティの校風の中心にあることに気づいた。「人は、何を繰りかえし行うかによって判断できる」とアリストテレスは語った。「それゆえ優秀さとは、行動ではなく習慣なのだ」。たくさんのステッカー（最も多いのは、百万語以上読書をした場合に与えられる「ミリオネア・バッジ」）が貼られた生徒たちのロッカーの上に、人格を鍛えるためのアドバイスが書かれた横断幕がある。「その一、問題に関わらないこと。二、報いを得ること。三、人に好印象を与えること。四、規則に従うこと。五、ほかの人の権利と感情をちゃんと思いやること。六、これが私たちの決まり。これが本当の私たち」。生徒たちは真剣に取り組んでいる。だが、ポスターを貼るだけなら誰でもできる。私もやったことがある。どのようにすれば、本当にこの世界で生きる術を学べるのだろう。

私はそんなことを考えながらグリフィス先生の教室へ向かった。十二年前、この学校が創設されたころから数学を教えている先生だ。それはレヴィンがセリグマンと知りあった時期でもある。何かのついでに、セリグマンはクリストファー・ピーターソンと書いた新刊『Character Strengths and Virtues: A Handbook and Classification（性格の強みと美徳：ハンドブックと分類）』

をレヴィンに紹介した。長さ八百ページのその本は、はじめての「性格の科学」を目指して、プラトンからポケモンまで、人間の歴史をひもといて美徳を分析している。そして、すべての人種、階級、性、文化、時代、場所に共通する六つの強みを提示した。「これらが、基本的に私たちを駆りたてるすべてです」とレヴィンは語った。[16] これはセリグマンによれば、「日曜学校の先生やおじいちゃんたちが誰でも知っている退屈な事実ではない」。それは真の「健全さのためのマニュアル」[17]で、アメリカ精神医学会が出している悪名高い精神疾患に関する事典*と併用するのに最適だ。またの名を、『誰でもわかる道徳２・０』という。

「知恵と知識」「勇気」「人間性」「公正さ」「克己」「超越」という六つの強みの下位に、二十四の好ましい性質が挙げられている。「私たちはそれを強みとスキルの組みあわせと考えている。というのは、特徴というのは背が高い、低い、といったことを表すからだ」と、レヴィンは言った。「特徴は変えられない。だが自制心とか好奇心、社会的知性は固定されたものではない」。ＫＩＰＰはそこから優先するものを七つ選んだ。それはすべての教室に掲示されている。自制心、グリット、楽天主義、社会的知性、感謝、好奇心、熱意だ。レヴィンは、大学の入学試験担当者がＧＰＡ（成績平均点）とＣＰＡ（character point average／性格平均点）を同程度に重視する時代が来ることを夢見ている。だが、信頼できる測定方法を生みだすのは困難だった。そこで彼らは、人格成長カードを作ることにした。七つの強みについて、生徒たちの成績を一から四まで成績をつけたのだ。グリフィス先生はその導入に参加していた。

彼の教室のホワイトボードの上には、二十センチほどの大きさの文字でこう書かれている。

「進歩：何を犠牲にして？」

黒い校名入りのパーカーを着て、八年生たちはアプトン・シンクレアや、一九二〇年代に腐敗した産業の陰謀を暴くことでアメリカの民主主義を発展させたアイダ・ターベルなど、勇敢に社会の不正を暴いたジャーナリストについて調べていた。また、地道に適切な文をマーカーで塗ることで注釈をつける方法も学んでいた。Ｘ－メン、バットマン、スーパーマンなど、それぞれ性格的な強みを持ったキャラクター人形が集められ、教室の後ろに置かれたガラスケースから見つめている。台の上には、高さ六十センチのＲ２Ｄ２が乗っている。授業は『ロー＆オーダー』の映像を見て終了となる。内容はアプトン・シンクレアの『ジャングル』にヒントを得た、現代の食肉業界のスキャンダルだった。教材には政治的で、人格形成に役立つものが選ばれている。

生徒たちは教室を出ていき、私はグリフィス先生に追いついた。ＫＩＰＰは人格形成のために、どのような取り組みをしているのだろうか。

「生徒がよい行いをすれば星を与えます。ただしその基準は甘くありません」。彼はＫＩＰＰの「給与小切手」システムについて説明してくれた。学年初めに、生徒たちは架空の口座に架

＊　アメリカ精神医学会の『精神障害の診断と統計マニュアル』は、二百九十七の精神障害の標準化されたリストであり、精神疾患の治療に共通の言語をもたらしたと賞賛され、同時に、ＡＤＨＤやうつ病の薬物治療への傾向を強めたとして批判されている。アメリカ疾病予防管理センターによれば、アメリカの四歳から十七歳までの子供の十一パーセントがＡＤＨＤと診断され、六パーセントが薬物治療を受けている。ちなみにイギリスでは、数値はそれぞれ三パーセントと一パーセントだ（Sarah Boseley, 'Generation meds: the US children who grow up on prescription drugs', Guardian, 21 November 2015）。

空のドルを所有している。星が与えられれば所持金は増え、減点されれば減る。「給与小切手」は毎週水曜日に支給される。生徒たちは学年末に、学年初めよりもその残高が増えていることを目標にする。短期的には行動によって報酬を得ることができ、長期的には給与小切手ではなく、給料を支給される立場になることができる。そうすれば、特別な問題が起こらない限り、その生徒はよい人格の持ち主になったとみなされる。

ＫＩＰＰは生徒に対する規律の厳しさで有名だ。それを守れない生徒たちも多い。

当初は、人格成長カードは生徒に年に四回渡され、教師はそれを見て生徒の強みについて考え、成績をつけていた。だが最近では、教師たちがそれでは実際の生徒の人格を反映していないと考えるようになり、廃止された。グリフィス先生もやはり、恣意的になりがちだと感じていた（「火曜日に九十人分をこなさなくてはならないことを考えてみてください」）。一方で、給与小切手は効果的だった。

「すべての生徒に自分の給与小切手を見るよう助言します。自分は何が苦手なのか。何がうまくできるのか。生徒たちは仲間とともに、給与小切手の平均を高めるには何を目標とすればよいかを考えます」。その目標はかならずはっきりと性格の強みと結びついている。生徒は給与小切手を改善しようとして、休憩時間に自ら「ベンチ送り（ＫＩＰＰの用語で、居残り勉強を意味する）」になり、読書をすることもある。これは自制心がないとできないことだ。報酬を与えるとき、大切なのは「ただ星を与えるだけではなく、生徒たちが何をやっているのかきちんと言葉で説明する」ことだ。ＫＩＰＰは生徒たちに、個人的な感情を挟まずに自分の行動を判断し、考えられるようになるよう望んでいる。それは認知行動療法の一種とも言える。

　この学校がグリットと自制心を重視する理由が私にもわかってきた。成績の面でより目に見える要素はあるし、それはＫＩＰＰの使命とも合致しているように思える。バスケットボール部のコーチもしているグリフィス先生は、どれだけ高い動機づけがされていても、成功は簡単ではないということがわかっている。「たとえ好きなことをしているとしても、正しい練習方法でやるという自制心を発揮しているかどうか。もしフリースローが下手なら、スリーポイント・シュートを打てるでしょうか?」。山に登るために、何より必要なのはグリットだ。学校は創造性、楽天主義、喜びを強調するけれども、やはり一番の特徴はグリットだ。いまではＫＩＰＰの卒業生の半数近くが大学を卒業するようになったが、ＫＩＰＰはアメリカの実業界に取り入っているだけだという批評家もいる。その理由がわかる気がした。生徒たちはよい労働者になるだろう。おまけに、給与小切手にも慣れている。私は一日十四時間の勉強に耐えていた韓国のスンビンのことを考えずにはいられなかった。

「生徒たちがどんなときに楽天主義や感謝を示すのかはわかっていません」とグリフィス先生は言った。それを解明するまでの道のりは遠いだろう。楽天主義や感謝は、キャリアという面での目標には関係していないかもしれないが、生徒の幸せには欠かせないものだ。ＫＩＰＰは自制心を重視しすぎたのだろうか。

食べるべきか

　一九六八年、ウィーン生まれの心理学者ウォルター・ミシェルは自制心についての研究を始めた。カリフォルニア州パロアルト市の自宅のキッチンで、自分の娘たちが衝動的な行動をしていた幼少期から、しだいに理性を備え、忍耐強くなっていく過程を観察した。目先の欲求を我慢できるようになったとき、彼女たちの頭のなかでは何が起きていたのだろうか。ミシェルは簡単な実験を考案した。マシュマロ（あるいはほかのおやつ）を就学前の子供の目の前に置き、簡単な指示を与える。研究者が部屋を出ると、子供はそのマシュマロを食べてもいいし（もし食べたら、ベルを鳴らすこと）、もし研究者が戻ってくるまで食べずにいれば（どのくらいの時間部屋を出ているかは伝えない）、マシュマロを二個もらえる。自分の娘を実験台にしたあと、彼はスタンフォード大学の研究施設であるビング幼稚園の子供たちで実験をした。調査対象は娘たちの友達だった。[18]

このマシュマロ実験はいまでは世界的によく知られている。子供たちが二個目のおやつのことを考えて、目の前のおやつを食べないように身をよじっている動画はユーチューブにたくさん投稿されている。ミシェルはパロアルトの就学前児童を五十年以上研究し、驚くべき結果を得た。幼稚園児がマシュマロを食べずにいられる時間が、彼らの人生での成功と直接関連していたのだ。ふたつめのマシュマロを待つことができた子供たちは、衝動的な子供たちよりも、学校の成績がよく、より多くの給与を稼ぎ、より健康で幸せだったのだ。すぐに食べてしまう子供たちは、その後病気や犯罪など不幸な経験をする可能性が高かった。長きにわたって、ミシェルはさまざまな環境の子供たちに対して繰りかえし実験を行った。結果はいつも同じだった。運命を決めるのは、意志の力なのだ。

ミシェルはそこで止まらなかった。実験中、彼はマシュマロを食べずに我慢できた子供たちが工夫していることに気づいた。「目を手でふさいだり、皿が目に入らないように反対を向いたり、あるいは机を蹴ったり、自分のおさげ髪をつかんだり、マシュマロが小さな動物のぬいぐるみであるかのように叩いたりする」[19]。では、ほかの子供もそのやり方を学ぶことができるだろうか？　ミシェルは実験対象の子供に、工夫の仕方を教えた。最も効果的な方法は、子供たちがマシュマロを想像上の額縁に入れ、それを現実ではないものとして扱うことだった。すると、それまで一分間しか我慢できなかった子供が、最大十五分も耐えられるようになった。自制心は、伸ばすことができるのだ。

マシュマロは、子供の心のなかの、ミシェルが「熱い感情」と呼ぶものを呼び覚ます。これはB・J・フォッグを先取りするものだった。アニメ『ザ・シンプソンズ』のホーマー・シンプソンが大好きなダフ・ビールを前にしたときのように、子供たちはおやつが欲しくてたまらなくなる。その感情は自動的で、衝動的で、彼らの神経回路の奥深くに根ざしたものだ。その誘惑を退けられるかどうかは、その熱い衝動を「冷まし」、前頭葉を活用してその気持ちに打ち勝つ能力にかかっている。かなり上手な子供は、おやつの形や手触り、色などに意識を向けることができ、しかも、それを何かべつな物として見ることさえできる。このスキルはかなり広範囲に用いることができる。「テレビを見ずにSATの試験準備ができる。退職後に向けてより多くの貯金ができる。これはマシュマロに限った話ではないのだ」[20]と、ミシェルはニューヨーカー誌に語っている。

この発見の可能性に興味を抱き、レヴィンはダックワースとミシェルに自校の生徒を実験対象とするように熱心に勧めた。KIPPの四年生から八年生にマシュマロの誘惑を退けるよう教えることは、自制心の成長につながるかもしれないと考えたのだ。だがミシェルはその可能性は低いと考えていた。性格は習慣によって作られ、また習慣は形成するのに何年もかかることを知っていたからだ。だが、実験には前向きだった。研究室の外の「自然な環境で」研究する許可を取るのはいたってむずかしいが、彼はこの実験がいつの日か、学校に対する考え方に変革をもたらすのではないかと感じていた。「私たちがマシュマロを使って測定しているのは、本当は意志の力ではない。それよりもずっと大切なものだ。このタスクによって求められるのは、状況を自分に都合よく変える方法なのだ」。彼は、どうすれば子供たちにそのための戦略を見つけるよう指導できるかを知りたかった。

「子供たちはふたつめのマシュマロをほしがる。では、どうすれば得られるだろうか。世界を変えることはできないが、自分の考え方は変えられるのだ」

安らぎを吸いこみ、気がかりを吐きだす

壁や床に軟質フォームが貼られた薄暗い部屋に一、二年生二十五人が集まって、パステルカラーのクッションの上にすわっている。私の横では、ナオミが目を閉じてひざの上に手を置いている。アルベルトは天井を見てにやけながら、身体をもぞもぞさせてポーズを変え、やがてヒトデの柄のところで止まった。紫やグリーン、水色の壁には心を落ち着ける効果があり、心地よい。午前五時三十分、ウェストハートフォード・ニューヨーク・スポーツクラブでの一日の始まり。ジュリー・ゴールドスタイン校長によるフィットネスバイクのクラスだ。「一番きついところは越えたわ」と、校長はダンスミュージックに負けじと声を張りあげた。「上を向いて！」私たちはペダルを四十五分間こぎつづけた（もし自分が減速しているように感じた

ら、それは錯覚じゃありませんよ)。これは大人のための人格形成クラスだ、と私は想像上の丘を登りながら思いこもうとした。大丈夫、どうにかなるさ。ゴールドスタイン校長の声はとても楽しげだ。必死で自分のグリットを振りしぼってついていく。クラブのような薄暗い部屋だが、ここは自由にふるまう場ではなく自制心を養うところだ。

ラグに戻ると、ヒラリー・クリントン風の青のズボンをはいたソト＝ゴメス先生は深く息を吐いた。彼女は学校のマインドフルネス・ディレクターで、三十年の経験を持つ精神科ソーシャルワーカーだ。「平和はあなたとともに始まり、成長する」とオフィスの外に掲示されている。また、「いつも何かすばらしいことが起きようとしていると信じよう」という言葉もある。マリッツァ・ソト＝ゴメスは、すべての子供に瞑想を教えれば一世代のうちに世界から暴力をなくすことができるというダライ・ラマの言葉を実践しているのだ。トレードマークのマインドフルネス・プログラムは就学前から八年生までのコースがあり、医師でありストレス低減クリニックの創始者ジョン・カバットジンの教えに従っている。「波を止めることはできない。だが波に乗ることは学べる」と彼は書いている。ここにいる子供たちはまだ幼く、浅瀬で手足をばたつかせている段階だ。今日のクラスでは、感情の見分け方を習うことになっている。

「手をひざに乗せて」先生はプエルトリコ人らしい優しい口調で言った。「マインドフルの姿勢をとって」。輪になった小さな行者たちは背筋を伸ばす。ソト＝ゴメス先生はマリエラに引き継いだ。八年生の彼女は瞑想を始めて七年目で、学校にも認められてマインドフルネス・コーチをしている。生徒たちは瞑想を広める弟子であり、高校や社会に出てからもずっとその技術を使いつづける。

「呼吸だけを意識します」とマリエラは言った。

子供たちはいっせいに息を吸う。おおげさな身振りをする子や、こっそり目を開けている子もいる。

「安らぎを吸いこむ」

「気がかりを吐きだす」

二年前、全米で三千四百校ある同種の学校から、コネチカット州ハートフォードのブレイクスルー・マグネット・スクールが投票により一位に選ばれた。マグネット・スクールとは、一九六〇年代に公教育にはびこっていた人種差別と闘うために作られた学校だ。もともとはたとえば科学や舞台芸術など、特定の分野に力を入れた学校を郊外に設立することで、近隣の子供たちと都市部からバスで通う子供たちを融合させることを目的としていた。ブレイクスルー校では、アフリカ系、またはラテン系の家庭の生徒が多かったが、資金調達のため少なくとも五人に一人は白人またはアジア系の生徒を入学させている。人格教育に力を入れており、校名もその点に由来する。廊下のいたるところにＢＲＩＣＫという文字が掲示されている。生徒たちは失敗を「ブレイクスルー（Breakthrough）」に変え、自分の幸福に「責任（Responsibility）」を持ち、「誠実さ（Integrity）」を学び、「貢献（Contribute）」する機会を見つけ、「知識（Knowledge）」を高めることを目指している。その鍵となるのがマインドフルネスだ。

レッスンに先だって、私はソト＝ゴメス先生から説明を受けていた。「私たちは読解や数学と同じだけの時間をかけ、自分の性格を知り、社会的スキルを磨き、瞬間ごとの自分の感情を理解しようとしています。そして、自分も他人も善悪で判断することなく、自分が何をすべきかを理解し、助けを求めてもよいのだと知ろうとしています」。それは、すべての教室で見ることができた。壁には生徒がＢＲＩＣＫを高めるための有益なヒントがちりばめられている。壁ごとにマインドフルネス・コーナーがあり、机と快適なクッションつきの椅子が置かれ、曼荼羅の塗り絵が用意されている。音楽室には、水が湧きでている仏像があり、模造の岩や葉で飾られている。「私たちは普段、こんなふうに食べ、呼吸し、生きています」と、特別支援教育を担当するウィンディ・ピーターソンは言った。「これはただの教育ではなく、私たちの本来の姿なのです」。どこかニューエイジのような精神世界を思わせるが、グリーティングカードに書かれた決まり文句とはちがって、ちゃんと意味がある。実践は科学的に証明された厳密な方法で行われている。教師はマインドフルネスを道具として、生徒たちのメタ認知の能力を高めている。世界でもまだ珍しい、革新的な取り組みだ。

パステルカラーのクッションの上で体重を移動させながら、ソト＝ゴメス先生はマリエラから引き継いで話しはじめた。「この体勢ですわっていると、少し身体がこわばるかもしれません。腕を上げて、伸ばしましょう。手を交差させて」。子供たちはその身振りを真似し、苦しそうに笑いながら手を伸ばした。「では、大きく呼吸しましょう。吸って。吐いて。吸って。吐いて。今度はゆっくり、ゆっくり腕を下げていきます。自分の身体全体を感じて。手をおろしてひざに置きます」。ブレイクスルー校では、マインドフルネスを「瞬間瞬間に、判断をせず、自分の呼吸や身体、思考、感情、まわりの環境など、いま起きていることに気づくこと」と定義している。方法はポジティブ心理学、なかでも認知行動療法の父アルバート・エリスが生みだしたＡＢＣ理論に基づいている。この理論は、子供の不安や抑うつ、適応障害、行為障害を軽減させる効果があることが証明されている。セリグマンのペンシルベニア大学レジリエンス・プログラムのなかでこの方法を実施したところ、二年で若者の抑うつ症状が改善された。(21) ブレイクスルー校では都市部の小学生向けにやりやすいものに変えられている（ウェストハートフォードのヨガの先生がジムに通う人のためにしていたように）が、基本的なやり方は同じだ。感情を動かす出来事に気づき、それによって自分がどんな行動をしたかを考え、その結果を分析する。目的は、自己意識を高め、出来事、行動、結果の各段階を区別することで感情的な反応を抑えることだ。

今日のクラスでは、ソト＝ゴメス先生の小さな弟子たちは感情を認識することを学ぶ。パンパイプの音に合わせて、彼女は子供たちが感情の意味を理解しているか確認し、それから新しいゲームの説明をした。子供たちは静かに聞いている。

「私はこれからある言葉を口にして、それを聞いたときどんな感じがしたかを尋ねます。その言葉は、『休憩時間』です」。たくさんの手が挙がった。「楽しい」とマヤが答えた。「うれしい」とアリアナは言った。けれども、休憩時間が終わって教室に戻らなくてはならないときはどうですか？　担任のマリングス先生は男の子に向かってうなずいた。「がっかりします」と、その子は答えた。ソト＝ゴメス先生は優しげに男の子を見た。「すばらしい答えよ、ダミアン」。ほかには何を感じるかと尋ねると、ダミアンは少し考えて答えた。「いらだちます。それに、悲しいです」「休憩時間が終わってしまうことにいらだつの？」「いらだちます」と彼は繰りかえした。すると、ソト＝ゴメス先生は優しく諭した。「みんな休憩時間は好きですね。

でもそれが終わったら、別の場所に移動しなければなりません。では休憩時間が終わるとき、自分が何を感じているかわかりますか？　あなたはがっかりしますと答えた。でも、がっかりしたまま教室に戻ったらどうなる？」

それは簡単な言葉の交換で、とても小さなステップだ。だがこれが人格形成なのだ。しかも、それは子供たちの幸せにもつながっている。思いやりや相手の心を理解する能力という言葉は曖昧な印象を与えてしまうこともあるものだが、ソト＝ゴメス先生の実践は明確で具体的だった。子供たちは感情を特定し、自分がそれにどう反応するか考えることができるようになった。これからの八年で、こうした学習に最適な機会に何百回、何千回と出会うことになるだろう。習慣を変えるのは簡単ではないが、都市部のハートフォードから通う、多くは貧困家庭に育った子供たちにとって、この教えはとても価値がある。

担任はマリングス先生だ。若いアフリカ系アメリカ人の女性で、自身が通ったハートフォード高校は機能不全に陥っていた。「人種騒動が起きていて、気が変になりそうになりながら通っていました。成績は優秀でしたが、心の乱れに対処する方法はまるでわかっていませんでした」。彼女は、どうすればいいのかを知らない子供たちがどんな危険にさらされるかを理解している。話していると、いらいらしている子供が多いという。そんなときは、決まってこう伝えるようにしている。「はい。じゃあ明かりを消して、マインドフルネスの音楽をかけましょう。落ち着いて、心を静め、問題について考えてみましょう」。近ごろ、彼女はすごいことに気づいた。五、六歳の子供たちが、いまでは自分からこの方法を使うようになったのだ。「子供たちのほうから、『マリングス先生』と声をかけてくるんです」と、彼女は一年生の口調を真似して言った。「それから、まっすぐマインドフルネス・コーナーに向かいます。そして身体を休め、リラックスして、『わかった！　もう僕はちゃんとグリットを見せられるよ』。子供たちがそんな言葉を使うんですよ」。このように落ち込んだ状態から気分を高めるのは彼女のお気に入りだった。「マインドフルネスからグリットにつなげるのが好きなんです」。それは子供たちにとっても必要なことだ。学校を出てからだけでなく、学校時代を生き抜くためにも。

「一般校で教えていると、テストや点数のことばかりなんです」。彼女の娘はいまブレイクスルー校に通っているが、それ以前に通っていた学校では順位づけされていた。「あなたは赤、黄色、それとも緑？」と質問される。娘は元気をなくしてしまった。これは教師には共通のテーマだ。人格教育は、まず生徒たちを人間として扱うことから始まる。学校は生徒の幸せを思い、第一に考える。成績向上は二のつぎだ。「ほかの学校では、教師はまずデータを確認します。点数や試験の結果を。でも、私は人を育てているのです。それが仕事です」。それこそ、本当の思いやりだ。人は考え、行動することだけでなく、感じることも学ぶように生まれついている。ブレイクスルー校では、そのうち感じることについて、私が訪れたどこの学校よりも進んだ取り組みをしていた。

マインドフルネス・ルームでは、子供たちがこのことを考えていた。先週、学校全体がMAP（Measures of Academic Progress）テストを受験した。[22] それを子供たちはどう感じただろうか？

「テストのときは、問題が難しかったから少し緊張しました」とダリンは答えた。「それで、難しい問題のときはマウスを離して、先生のほうを見ました。それから怖くなって、泣きました」

「あなたは泣いていませんよ」と、マリングス先生が言った。

「テストが怖かった人は？」

二十五人が小さな手を挙げた。

「そう感じるのも当然よ」と、ソト＝ゴメス先生が言う。

「私は緊張しました」レイラが言った。

「最後までテストを受けられた？」

「気持ちを落ち着ける時間を取りました。それに、少し頭を休めながらやりました」

まだ初心者なのに、子供たちはすでにコツをつかんでいる。彼らは私がかつてはっきりと意識したことがないような考えや感情を言葉に出している。これには、気持ちを共有することに全員が心地よさを感じ、しかも誰もチベットのハンドベルを鳴らすよう指示されたり、頭の休憩について語るように言われないこの雰囲気も関係しているかもしれない。イギリスでも、早い年齢から始めればうまくいく可能性もあるだろう。似たようなものはスクール21で見たことがある。『Affluenza（金持ち病）』の著者でうつ病の専門家である心理学者のオリヴァー・ジェームズは、十代の若者はみな、学校を卒業するまえに十六時間の精神療法を受けるべきだと私に語ったことがある。週に一度のレッスンと、学校での数えきれないほどの小さな気づきの瞬間が十年間重なると、この子供たちはそれ以上のものが得られるだろう。クラスの終わりは「感謝のウェーブ」で、それぞれが隣の子供に休憩の「楽しい始まり」を伝えた。私はゴールドスタイン校長を探しに行った。

「人間関係については、大切なことがたくさんあります」と、校長は言った。「感謝は関係を強めます。それは心を強くし、育ててくれます」。ゴールドスタイン校長からは善良さがあふれている。単に朝の体操のクラスを担当し、トップのマグネット・スクールを運営しているだけでなく、世界をよくすることに貢献している。校長になるまえ、ゴールドスタインは学校のソーシャルワーカーとして長く働き、傷つきやすい子供たちをサポートしていた。スピン・クラスのあと、彼女のSUVで学校に戻る途中に、人格形成に最も大切なのは教師たちの日々の行動だという持論を語ってくれた。「すると子供たちは愛してくれます。行動や言葉を通して、信頼は伝わるものです」。ここには深い真理があるが、実践するのはたやすいことではない。それは子供たちが学校というコミュニティに心からの安心感を抱いているかどうかにかかっている。「そうすれば、子供たちは安心してリスクを取り、チャンスを利用します」

ゴールドスタインにとって、幸福は成功より大切なものだ。彼女の手法は、ノーマン・ガーメジーとマイケル・ミーニーの研究に基づいている。彼らの名前はペン・グリーン幼児センターでも耳にした。その研究は、貧困やトラウマが幼児の脳におよぼす影響について多くのことを明らかにしている。一見科学的ではないかのような印象を与えるが、とても楽しいやり方だ。子供たちは毎朝笑顔で歩いてきて、ときにはスキップしながら通りすぎる。ゴールドスタインは満面の笑みと優しい言葉で迎える。週に一度の瞑想に参加し、教室に入るまえには、いつも時間をとってマインドフルな状態になる。しっかりとコミュニティに所属していると感じられる。この学校は生徒を第一に考え、すべての生徒に居場所がある。しかも、生徒たちの成績もすばらしい。ＫＩＰＰほどではないが、読解、作文、数学は全国平均をはるかに上回っている。

　学校が生徒の幸せに与える影響ということから、私はアイスランドの話を思いだした。二十年前、この国では若者の幸福度が低く、薬物使用がかなり蔓延していた。しかし政府は、対策として素行のよくない子供に厳格なルールを課すという方法をとらなかった。レイキャビク在住のアメリカ出身のある心理学教授による、薬物中毒の原因は多くの場合、ストレスへの自然な反応で高揚感を求めてしまうことによるという知見をもとに、「保護」プログラムを打ちだしたのだ。これによってアイスランドの子供たちは、アルコールやタバコ、麻薬ではなく、ダンスや音楽、芸術、スポーツのクラスやクラブ活動によって高揚感を得られるようになった。今日ではアイスランドはヨーロッパで最も子供たちが薬物に汚染されていない国だ。「アイスランドのモデルは数多くの子供たちの心理的、物理的な幸福をもたらすだろう」との報告もある。[23] 個人が自制心によって環境に打ち勝つように指導するよりも、誰もが正しい行いをできるよう環境を変えていくという発想だ。ゴールドスタインのチームは、アメリカの教育界ではめずらしくそうした校風を作りあげてきた。

　ブレイクスルー校のコミュニティの精神は、子供たちに成功よりもまずは幸福であるよう促す。これは未来のために学ぶべき教訓だろう。

　ここでの締めくくりはコミュニティ・ミーティングだった。その日の朝五時三十分に、私はもう一度ブートキャンプに出席した。やっとのことで踏み台に乗り降りし、ぶざまに手足を広げてジャンプし、バーベル上げに失敗しながら、私はアンジェラ・ダックワースとウィル・スミスのことを考えていた。私は先に根を上げてしまうだろう。トレッドミルの上で死ぬ覚悟はできない。でも、それでいいのではないか？　ブレイクスルー校では、成功を第一の目標としていない。韓国（そしておそらくＫＩＰＰ）のように、己を律することができる人物を育ててはいない。子供たちはありのままの姿で満ち足り、共同体のなかで安心して生きている。まえの週には病気の兄弟を見舞うために学校を休んだ教師のために、三十個の折り紙のハートを作っていた。それは感謝の心と愛を表そうと自発的に行われたことだった。コミュニティ・ミーティングでは、ＢＲＩＣＫを達成したクラスを祝福し、マリエラの指導のもと全校でマインドフルを実践し、それから壇上に登ったチアリーダーに従って、子供や大人、訪問者総勢三百人がカルヴィン・ハリスの「レッツ・ゴー」に合わせて統一された振り付けで踊った。

生徒たちは幸せになること、そしてマインドフルなコミュニティの一員となることを学んでいる。これからの世界ではストレスや孤独、貧困が問題になるとしたら、成功よりも幸せを優先することは正しいのではないだろうか？　私はこの疑問をアンジェラ・ダックワースにぶつけるつもりだった。

人はかならず死ぬ

「人は、かならず、死ぬ」と、ドナルド・カメンツは椅子から前に身を乗りだしながら言った。ここはペンシルベニア大学ポジティブ心理学センターの会議室だ。このセンターには、アンジェラ・ダックワースとデイヴ・レヴィン、そして私立校の校長であるドミニク・ランドルフが、性格を学習の中心に引き戻すための調査、研究を行うために設立した性格研究所がある。ドナルドはセンターの理事で、近ごろの男性研究者の傾向どおり、こぎれいな身なりで態度も丁寧だ。グループにはほかにエミリー、チャド、ショーンがいて、みな児童心理学と学校研究の専門家だ。「人はかならず死ぬ」と、彼らは声を合わせた。このグループはときどき顔を合わせてたわいもない話をし、共同で研究もしている。「アンジェラがここにいたら、きっとこのとおりに言うでしょう。『人はかならず死ぬ。だったら、そのまえに何かを成し遂げたいと思わない？』と」

それから二、三週間後、私は再びここを訪れ、ダックワースと話をした。彼女は、自分の使命は世界を変えることだと言った。それは、学校から始まる。

「私はとても貧しい子供たちを教えていました」と、彼女は話しはじめた。グリットの提唱者とは思えないほど、全身から楽しさが伝わってくる。「私の喫緊の課題は、そうした子供たちが学校でもっと努力し、成績を上げるにはどうすればいいかということです」。それは好奇心や喜びが重要だからではなく、「成績の格差が広がりつつあるから」だと彼女は説明した。人間はとても複雑だ。「私はまだ答えを見つけていません。そして、まだ誰もこれといった答えを見つけていないでしょう」。彼女は、子供が努力し、成績を上げるために必要な性質を突きとめるには焦点を絞って研究する必要があると考えている。『やり抜く力 ＧＲＩＴ』で、彼女は子供たちが情熱と目的を見つけられるようサポートするべきだ、と推奨している。そうすれば、粘り強さはあとからついてくる。「ほかのどんな目標よりも自分にとって重要な、最上位の目的を持たなくてはなりません」。そして、愛情ある厳しさの重要性について語った。それはあらゆるものに当てはまる。自分の娘にも、アルファベット・シティの生徒たちにも。また何よりも大切なのは、達成だけでなく善良さを追求することだ。

この世の生存競争は苛酷だ。私たちは子供たちに、現実になるであろう世界と、現実になってほしい世界のどちらに備えさせるべきだろうか。ダックワースはその両方だと考えている。「子供たちに求めるのは、微積分を学ぶことです」と、彼女は自分の十代の娘について言った。「それに、美しい文章を書けることや、進化論を理解すること」。だがそれと同時に、人格者として育つことも願っている。「正直で親切で、人に感謝し、自制心を持ち、創造的であってほしいですね」。それはたしかに気高い、思いやりのある目標のように思える。性格研究所の大きな目標は、学校が子供たちのそうした性質を育むのに貢献することだ。教育界では私がウォルワース・アカデミーで経験したような伝統的な学力測定が好まれる。だがダックワースにとって、先生が毎日学校に行くのは子供のためであり、テストの指導のためではない。彼女は、心理学を子供に教えることで、性格が成績と対等に扱われるようになることに力を尽くしている。

「どんな教師でも、ある程度は子供たちに正直さや努力、優しさを植えつけようとしているはずです。ただ、明確な意図が欠けていたり、効果のある方法に気づいていないなど、まだ改善の余地はあるでしょう」。そこで性格研究所の出番となる。心理学者は心について多くのことを知っている。目標設定法であるＷＯＯＰ（自分の願い「wish」、結果「outcome」、障害「obstacle」、計画「plan」を書きだす方法）や、オンライン上で子供の意思決定を手助けするなど、さまざまな方法が確立され、しかも有効に機能している。スタンフォード大学のデヴィッド・イェーガーはオンラインで脳の可鍛性についての記事を見せることによって、脱落の恐れのある高校生の成績平均点を引きあげた。[24] なかには適切な方法に気づいていない教師もいるが、もちろん優秀な教師も多い。

『『この問題に詳しい教師と話をしたい』と心理学者から声をかけられることもよくありますす」とダックワースは言った。「私の経験では、教師は子供の精神や心に対してすばらしい洞察力を持っています」。カメンツも研究所でやはり同じことを言っていた。「成績や知性とは関係のない性格が長期的な成功には欠かせないものだということは誰もが知っています」。彼は二十年近く教職にあり、また大学のカウンセラーを務め、困難な経験から多くを学んできた。だが、彼は科学と出会い、目を開かれた。ウォルター・ミシェルのマシュマロ実験。キャロル・ドゥエックの成長マインドセット。ダニエル・ピンクの研究。[25] こうした道具で、教室は活性化することができる。大事な点は、研究所と教室のあいだにある溝に橋を架けることだ。医者が行っていることもそれとよく似ている。研究と実践がつねに並行している。病院のなかでは、科学の境界は押し広げられる。身体の健康に役立つことならば、精神の健康にも役立つのではないか？　ＫＩＰＰやブレイクスルー校ではすでに認知行動療法のテクニックが導入され、成功を収めている。

だがそれはまだ、ジムやダイエット、勉強や仕事における成功にとらわれていないだろうか。私はその疑問を性格研究所のほかのメンバーにぶつけてみた。いつも一流であろうとし、自分のどんな性質も変えられるとつねに意識し、成長できると考えつづけていたら、疲れてしまうのではないか。それは自分をいつも駆りたてるということを意味していないか。意図もなく、無駄の多い楽しみはもう持てなくなってしまうのではないか。子供たちに楽しんでもいいと言えるのだろうか。私には、すべての子供が優秀な成績をとり、しかも陸軍士官学校でも通用するように育つ世界を思い描けるとは思えなかった。私たちはスパルタ人ではないのだ。

「いつも心理学者のチームと仕事をしているのは拷問みたいなもの？」とチャドが言うと、まわりは爆笑した。そりゃそうだよ！　チームは盛り上がった。それでも、質問に真剣に答えてくれた。

「自分がどんな人間かということに、根本的な責任はあるのでしょうか？」とチャドは続けた。問題はその点だった。グリットの批判者は、それを人の助けを借りてはいけないというドグマだとみなしている。「人は自分のすることをコントロールできる。自らを正せ」という教えだと考えている。だが、これは正しくない。この研究所の人々は、もっと繊細な自覚を持って研究をしている。「私たちは、人はそれぞれちがっていて、環境もさまざまだということをわかって手を差しのべています」。チャド自身のなかにも、同じような部分はある。「自分の人生でも、やはりグリットを発揮できる分野と発揮できない分野はありますよ」。ある領域での経験は、かならずしもほかの領域でも生かせるわけではない。サッカーの練習ばかりしていたら、公園のまわりをランニングすることはできない。研究所の博士たちは、私たちの会話を聞きながら考えていた。心の、そして性格の秘密はまだはるか遠くにあるが、彼らは少しずつそこに向かって進んでいる。実験中にマシュマロを食べてしまうことは、失敗ではない。子供たちは、成長のなかで自分が置かれた環境に反応を示しているのだ。チャンスがあるうちに、与えられたものを手に入れるほうがはるかにいい場合もある。*ダックワースは子供たちに厳しくし、自制心を学ばせるべきだと考えているが、また同時に愛を込めて、そうした子供たちは

「より幸せであり、そして何より重要なことに、世界に対してより大きな貢献をするでしょう」と考えている。

人生は理想どおりではない

「君たちは、先生がこうしているのは楽しいからだと思っているかもしれない」と、ジェフ・リーは言った。ここは再びKIPPインフィニティで、私の見学の最終日だ。八年生の数学のクラスが始まったのは、「ベンチ」に送られ、居残りで読書をさせられていた生徒たちが戻ってきたあとだった。生徒たちは、大人に押さえつけられた若者らしく不満そうだった。それはちがうよ、とリー先生は言った。「私たちは、いまの君たちではなく、十年後、二十年後の君たちを考えているんだ。きちんと読書しないのが心配なんだよ」。彼は一枚の画像を示し

＊　環境へのこうした反応は、学校や生活のなかでの男女の成績の違いにとくに明確に現れている。この本を書くに当たり、私は「Everyday Sexism（毎日の性差別）」というブログで女性がさらされている女性嫌悪を挙げているローラ・ベイツの話を聞いた（彼女の著書『Girl Up』には、それに対する対処法が書かれている）。彼女の著書によれば、女の子は学校でも、性的いじめや悪口にさらされており、十六歳から十八歳の四人に三人が学校で女の子が「尻軽女」などと呼ばれているのを耳にしており、十三歳から二十一歳の女性の五人に三人が、過去一年間に学校で嫌がらせを経験している。一般に、女の子のほうが男の子よりも教育のすべての段階で成績がよく、ところが学校を出ると収入や地位という面で低くなるということを考えると、ここから難しい問題が浮かびあがってくる。環境によって完璧さと誠実さを求められ、少し逸脱するだけでいじめという罰を受けるとしたら、そのことが女の子により高い成績をとるように強いて、同時に自信を失わせることになるのではないだろうか？　この問題を扱うには一冊の本が必要となるが、幸いローラがすでに二冊書いてくれている。それを読めば、あなたの人生は変わるだろう（Laura Bates, Everyday Sexism, London, Simon & Schuster, 2014; Girl Up, London, Simon & Schuster, 2016）。

た。そこには各州二人、全米で百人の上院議員が写っている。

「このなかに、君たちと同じ境遇の人は何人いるかわかるかい」

八年生たちは互いの顔を見あった。「二十人」と、誰かが最初に推測した。「十八人、十五人、十三人」

「十人だ」と、リー先生が答え、ゆっくりひとりひとりの生徒と目を合わせていく。「これでも過去最高の数だ」

先生はそこで間を置いてから、つぎの言葉をゆっくりと口にした。「君たちが宿題をしないとき、この問題はまだ続いていることがわかる」。クラスは静まりかえった。

「スタンフォード大学時代のクラスメートと対抗できるような生徒は、ここにはひとりもいない」。それは本心だった。だが、厳しいことには変わりない。彼は読書の時間に担当の先生が彼らをベンチ送りにしたことに触れた。

「あれは君たちのことを思っているからなんだよ。自分の将来を投げ捨ててしまうような態度に先生は心を痛めたんだ」

アイザイアがためらいがちに手を挙げて言った。

「夢から遠ざかってしまうような行為だから」。リー先生はうなずいた。

まるで、映画『いまを生きる』の一場面のようだ。

「もし理解できるなら、自分のためにもう少し頑張ってみよう」と、リー先生は言った。話は十五分続いた。「僕にできるのはこれくらいです。授業の終わりに確認しましょう。うまくいったかどうかを」

その前日、私はファシラ先生が五年生に分数を教えた算数の授業を見学していた。マナーに厳しく、内容にも厳格な彼女の授業では、子供たちは百パーセントの力を発揮するように期待される。「考えて、考えて、考えて」ファシラ先生は促す。「何に気づいた？　ほかには何に気づいた？　ほかには？」。厳しく、すばらしい授業だった。厳密に正しい答えをしないと正答とは認められない。厳しく統制されたやり方で授業は進んでいく。二人組で相談するときは、きっかり二分間が許される。手を挙げるときは、全員の手が挙がる。各自が問題を解いているときは、ジョン・ウィリアムズかショパンの曲がかかる。私が見たなかで、これほど高度なしくみを作りあげているのは、上海の万航渡路小学校くらいのものだ。三年生の算数から高校の代数まで、自制心と素直な気持ちと厳しい思考によって、平均の二倍の速度で進むことができるのはこのためだ。この授業を一年受けると、生徒は二、三年分学習が進む。三年生のレベルからミドル・スクールでの四年間で高校の代数学まで進むためには、こうでなければならないのだ。

だが八年生になると、雰囲気は変わる。もう生徒たちは何も考えずについてきてはくれないし、以前ほど自分の将来に期待しなくなる。自制心の短所――そしてマシュマロをふたつもらう名人たちの隠された秘密――は、規則に従う操り人形を作ってしまうという危険だ。イ・ジュホが韓国の未来を憂えていたのは、まさにこのためだ。だが、壁に掲示されたスローガンを見れば、KIPPインフィニティで育成しているのがそうした性格の生徒ではないことはわかる。ここでは、より政治的で、生徒たちの連帯感を育てている。

リー先生が教えているのは、十三歳の、高校進学を前にした八年生たちだ。

「私たちは、生徒たちに大学へ行くよう説得しています」。彼は授業のあとそう話していた。「だから、『大学へ行こう。君のためにも、家族のためにもなる。いい仕事に就けるし、楽しい生活が待っている』と言います」。これは下級生には有効だが、思春期が始まるころには方法を変えなければならない。学校になぜ通うのかについて、「生徒たちの考えを打ち砕く」必要が出てくる。正しいことをしていると語りかけるのではなく、やる気を出させ、心の準備をさせ、それに対する疑いは間違っていると証明しなければならない。社会のなかであまり期待されていないとしたら、子供たちが反抗心を持つことも役に立つ。だがリーを含むＫＩＰＰの先生たちは、生徒たちに自分の未来に対して責任を持つことを学んでほしいと願っている。フィンランドの事例からわかるように、それは実際にやってみることでしか育たない。ハーリー校長は、これまで生徒に課してきた厳しい規則を少し緩めたところだと説明してくれた。生徒たちの喜びや個性が見られるのを期待してのことだ。そのためには、より多くの自由を与える必要がある。

「多くの教室では、教師がその場しのぎの言葉で問題をごまかしてしまうようです」とリー先生は言った。だが彼は、それでは短期的にしか効果は見こめず、生徒自ら動機づけをすることができなくなってしまうと考えている。この方法では、あまり効果は期待できない。「生徒に本当に努力させるためには、自分の意思で行動させ、自分が主体であり、力を持っていることをちゃんと理解させなければなりません。自信を持てば大きな力になるということをわからせないと」。私は、こうした姿をＫＩＰＰインフィニティのいたるところで目撃した。

「いくつかデータをお教えしましょう」と彼は言った。「昨年、私たちの生徒の二十五パーセントはＩＥＰ（特別な支援が必要な子供のための個別教育プログラム）を、また九十パーセント以上の子供が、給食費の全額または一部補助を受けていました」。これはこの学校が抱える困難の大きさを物語っている。ＫＩＰＰインフィニティに通う生徒たちは、アメリカで最も貧しい子供たちだ。ニューヨーク州が実施する共通学力テストの八年生の数学のテストで、basic（基礎）standard（標準）proficient（良好）advanced（優秀）の四段階のうち上位二段階のproficientまたはadvancedレベルに達したのは、同じ地区の生徒ではわずか六パーセント、ウェストチェスター郡スカーズデールなど、最も富裕な地域で八十一パーセントだったのに対し、この学校では九十二パーセントだった。おそらく四年間でこれほど数学が学べる学校は世界でもここだけではないだろうか。しかしリーは、それは単に数学の教え方が優れているためだけではないと言う。

「たしかに私は数学を教えています」と、彼は説明した。「ちゃんと基準どおり、厳密にやっています。それでも、気持ちの持ち方や性格に働きかけて生徒のやる気を引きだすことにかなりの時間を割いています」。性格研究所の主任研究員でもある彼は、自分の仕事の四分の三は生徒の態度を指導することに費やされていると推定している。なかでも大きな割合を占める授業はすばらしいことで有名だ。リーは生徒たちに、自分の選択とそれがもたらす結果を自覚してほしいと願っている。教室の壁には、それぞれ「才能だけでは足りない」「練習したほうがいい」とプリントされた二枚のＴシャツが額入りでかけられているが、それよりも私の目を引いたのは、「君を疑うやつは間違っていると証明しろ」と呼びかける巨大な横断幕のほうだ。これが彼の信念だ。リーはそれを中心に教育を行っている。彼は自分の挑戦をこう要約する。

「言い聞かせなければ行動しない大人数のグループに行動するよう説得するにはどうすればいいか」。その答えは、人格形成だ。リーは深く生徒を思いやっている。

授業では、連立方程式を使って携帯電話の料金プランはどれが一番いいかを決める問題を解いていた（問題を時代に合わせて変えているが、データ無制限の時代には対応していないようだ）。自制心ややり抜く力のことばかりを念頭に置いて、生徒たちは二十一世紀の困難も進んで身に引きうけるような従順な労働者になるほかないと批判することは簡単だ。そう考えたくなるのも無理はないが、やはり間違っている。ＫＩＰＰインフィニティの生徒たちは無慈悲な成り上がりの野心家ではない。優しさや思いやりがある。本当のチームにして家族だ。授業のあとで、私はリー先生の生徒たちが自由時間に、相互指導プログラムの一環で人助けをしているところを見た。

ＷＯＯＰで目標設定をして、それを達成するというアイデアは科学主義から生まれたものだが、それは学び手である人間の、ほんの一面にすぎない。それだけでは、世界を形作る力、ここにいる多くの子供たちが抜けだそうとしている貧困を生みだした力に対して人間が負けてしまうかもしれない。広い意味ではこうした考え方は、成功に向かい経済を推進するが、生徒たちの心に隠れた傷を残す韓国のような教育システムと同じことだろう。休む間もなく頂点を目指して苦闘しつづけるよう強いられた生徒たちが、どうしたら情熱を発見できるだろう。この旅の最後の目的地は香港だ。そこで私は、子供たちが競争の必要ない、よりよい、より優しい世界を作っていくためにはどうすればいいかを考える。思いやりとは、子供たちが直面する世界で成功できるよう備えをさせること、そして力を合わせてよりよい世界を作ろうという気持ちをかきたてることだ。自制心とやり抜く力は、教えることができる。教師は生徒たちの環境を改善する力を持っていないが、環境が生徒たちにおよぼす影響を変え、生徒たちの脳の構造を作り直し、対処する戦略を与えることはできる。

成功への道は、成功できなかった者たちの犠牲の上にある。そして、幸福への道の脇には、励ましてくれる友人たちがいる。私はジュリー・ゴールドスタインが語った女性たちの行進について考えた。アンジェラ・ダックワースの厳しい愛情について考えた。もちろん、その両方を手にすることは可能だ。映画『ターミネーター』の登場人物であるサラ・コナーは、戦うために心と身体を研ぎ澄ませながら、同時に愛と人間性にも心を開いている。結局問題となるのは、何に価値を見いだすかだ。すべての人が同じ価値観を共有することはできないが、私たちの、そして生徒たちの行動を、大切な価値に沿ったものにしなければならない。ジェフ・リーは、「子供たちは大人の話は聞かないが、かならず大人たちの真似をする」と語った。ジェームズ・ボールドウィンの言葉だ。だからこそ本では人格を教えられない。それを実際に生きてみせなければならない。

教室の壁には映画『キル・ビル』に出てくる服部半蔵の刀がかかっている。それは、生徒たちがさまざまな試験に臨むときの、心の支えでもある。その下には展示ケースがあり、なかにはミネラルウォーターのボトルが並んでいる。

九年前、リー先生は学年末の旅行で生徒たちをカリフォルニアに連れていった。当時の生徒たちはいまとはちがって、ミネラルウォーターのボトルに記名しておらず、ランチのたびに入った店でボトルを買っていた。先生たちはひとつのボトルを持ちつづけ、なくなったらそこに注ぎたすように言ったが、誰も話しを聞かず、しだいに散らかっていった。どのボトルが誰のものなのかすらわからない。そうした状況で、リー先生は話を始めた。責任、コミュニティ、誠実さについて。そして、もし生徒たちがその価値を本当に示すことができるなら、自分のボトルを旅の終わりまでなくさず、自宅まで持って帰ることができるだろう、と語った。そのとき、彼は生徒たちに馬鹿げた約束をした。もし誰かが大学を卒業したあとで（これは生徒たちにとっておよそ十年先のことになる）そのボトルを自分のところへ持ってきたら、最上級のレストランでディナーをご馳走しよう、と。

大学を卒業したティアラから電話がかかってきたのは去年のことだった。約束を覚えていたのだ。ディナーの席で、彼女はリー先生にぼろぼろになったボトルを手渡した。これはやり抜く力の賜だろう。そして、そこには愛情も感じられる。

chapter 9

マインドコントロール
——大義ある反抗

自分が受けいれていない考えを心に抱くことができるのは、教養ある精神の印である。
——アリストテレス

教育か、反抗か(1)

二〇一一年五月、多くの中学生たちが宿題を放ってテレビゲームをしているころ、香港に住むジョシュア・ウォンという礼儀正しい、信念を抱いた、勤勉な十代の若者が中国共産党を倒すための組織を作りはじめた。(2)香港立法会は、香港のすべての子供は「道徳および国民教育」カリキュラムにしたがって学習することになると発表したところだった。それは民主主義を批判し、子供たちのあいだに「よい価値と態度」を育み、中国共産党を「進歩的で無私で統一された組織」であると称揚するものだった。(3)ウォンはその本質を見抜いていた。北京政府は若者に新しい中国の夢を吹きこもうとしている。彼は政府の欺瞞に対する怒りに駆られ、友達のアイヴァン・ラムと「学民思潮」を立ちあげた。この洗脳カリキュラムをやめさせるための、オンラインの学生運動グループだ。そのとき、ウォンはわずか十四歳だった。

「設立のとき、ドラマティックなシーンは一切ありませんでした」。香港の国際金融センターの目立たないカフェで会ったとき、ウォンは言った。* 私は彼に運動が始まった経緯を尋ねた。学民思潮が革命を呼びかけると、ウォンは香港で最も悪名高い若者になった。今では彼の生活は新聞の取材、政治会合、法廷で埋まっている。また、よく理解できることだが、自分が神話化されることを警戒している。国際的なメディアは彼の物語を、ダビデとゴリアテの戦いに見たて、若い活動家を「帝国に反抗した少年」「十代の若者対超大国」などと、世界的な抵抗の象徴に祭りあげようとする。[4] それもしかたないことかもしれない。華奢で、前髪をそろえた髪型に黒縁メガネをかけたチャンは、いかにも勝ち目がなさそうだ。メディアが期待するそうした役柄に合わせるかのように、彼は学民思潮の立ち上げをなんでもないことのように語った。

「ただ、フェイスブックのページを作っただけのことです」

それから数カ月間、誰もこの若き抗議者たちに注目することはなかった。香港人は経済が最優先で、厳しい教育競争という聖なる塔《ジッグラト》を登りつめ、一握りの高収入の職に就くことを目指している。政治で遊んでいる時間はない。[5] ウォンにもその感覚はわかる。小学校のとき、先生にどうすれば社会に一番貢献できるかを質問すると、頑張って多国籍企業に入ることだと言われた。「それで、お金持ちになったら貧しい人に寄付をすればいい」と先生は言った。ウォンは、「負債と信用、市場細分化」あるいは「利益の見積」といったごく普通の勉強もしている。授業以外では、普通の十代と同じように「テレビゲームばかりしている」[6]。政治運動は彼にとってまわり道なのだ。それでも彼はプレイステーションを脇に置き、それを続けてきた。

その忍耐は無駄にはならなかった。オンラインでの立ち上げから数カ月後、ウォンは二百人の若いボランティアに、地下鉄の駅や広場、歩道に出て請願書への署名を集めてもらった。中国の国旗に包まれた若者の脳を描いた黒い横断幕を掲げ、「思想の自由を守ろう！　洗脳教育反対！」と唱えて、若者たちは十万人もの人々の署名を集めた。学民思潮の若い活動家たちの行動をアラブの春と呼応するものととらえた国際的なメディアが集結し、ウォンは多くのカメラやマイクを前にしてインタビューを受けることになった。断固たる口調で、少しぎこちない動作をしながら控えめに語るウォンは輝いていた。のちにユーチューブで数百万人がその姿を視聴することになった。この学生に同調する政党も現れ、団結して新カリキュラムに反対した。それでも、政府は何もしなかった。

翌年の春、中国共産党が支持する梁振英が香港特別行政区行政長官に選ばれると、ふたたび抗議の気運が高まった。千二百人の選挙委員による密室での選挙が行われたことで非民主的な支配への注目が集まり、香港市民の感情はさらに刺激された。梁が平和的な抗議行進やウォンのテレビインタビューを無視すると、学民思潮のリーダーたちは直接行動に打ってでた。その年の九月、道徳教育が香港の学校で導入される四日前、数十人の若い活動家たちは政府の庁舎の前にある広場を占拠し、コンクリートの地面にテントを張った。サウスチャイナ・モーニング・ポスト紙のインタビューに、ウォンは日本の作家村上春樹を引用し、小さな努力を重ねることで大きな力を倒すことができると語った。「高く、堅固な壁と、それに当たって砕ける卵

＊　私は少し過剰にわが身の安全を考え、中国国内に入るまでウォンと直接連絡を取っていなかった。私のメールを中国共産党が傍受し、入国を拒否されることを恐れたからだ。ウォンとはじめて会うためにカフェですわって待っていたとき（結局彼は現れず、実際に会ったのはその三日後になった）、私はその喫茶店にいたほかの二人の客がスパイで、私の一挙手一投足を観察しているにちがいないと考えていた。

があれば」と、彼は言った。「たとえ壁がどんなに正しくて、卵がどんなに間違っていようとも、私は卵の側に立ちます[7]」

土砂降りの雨が三日間続き、現場にやってきた活動家は少数で、二百人のボランティアはほとんどがそこを離れてしまったが、ウォンはあきらめなかった。「香港の政治への警告灯は赤く灯っています」と彼は言った。その大胆な口調は、大学生たちの心に響き、大人たちに行動を起こさせた。四日目には、四千人の群衆が抗議に参加し、「私たちが未来だ」と主張する横断幕を掲げ、ろうそくを灯して秩序正しく夜明けまですわりこみを行った。すぐにほかの人々も参加した。占拠の九日目を迎えるころには、民意は決定的になっていた。十二万人の群衆が揃いの黒いTシャツを着て集まり、政府庁舎のまわりのハイウェイを封鎖し、洗脳するかのようなカリキュラムに反対を唱えた。行政府は抗議の規模に驚き、その「平和的で合理的で非暴力の抗議」に気勢をそがれ、ついに根を上げた。国民および道徳教育は静かに撤回された。

「学生もまた、社会に変化をもたらすことができます」ウォンはそう締めくくった。私もそう思うからこそ、香港まで彼の話を聞きにきたのだった。多くの子供たちは勉強で、またほとんどの大人は仕事であまりに忙しいなかで、ジョシュア・ウォンは自分の価値観に従った。権力が教育を変え、思想の自由が脅かされているのを見て、彼は未来の世代への責任を果たそうとした。私にはそれが、究極的な思いやりからの行為だと思えた。私の向かいにすわっているこの細身の香港の大学生は、若者に関するあらゆる固定観念を裏切っている。私はこの、一見まるで目立たない青年がわずか十四歳にして世界で最も強大な国に対して立ちあがり、勝つことができた理由が知りたかった。この章は、その疑問に対するウォンの回答だ。そこで示されるのは、私たちは他者と協力することによってようやく自分の可能性のすべてを知ることができるということだ。そして、思いやりとは、私たちがそこに住みたいと思えるような世界を築くことのできる、グローバルな市民を育てることなのだ。まずはウォンや香港の若者が、自力で批判的に考える権利を守る闘いに勝ったいきさつから述べよう。私も教室での経験から、その重要性はよくわかっている。

真実はそこにある

私が思考力の必要性をはじめて心から理解したのは、ウォルワース・アカデミー時代、バラク・オバマの一期目の大統領選挙の翌日のことだった。七年一組の生徒たちは、昼食のあと教室に入ってきた。私は生徒たちに、すごいニュースだよねと声をかけた。すると、そうですね、と気のない返事が返ってきた。学校は、年に一度ガイ・フォークスが議会を爆破しようとした事件を記念して行われるボンファイヤー・ナイトの準備で盛りあがっている。生徒たちはイベントで花火を各々や建物に向かって発射するのを楽しみにしていた。「心配しないでください。ちゃんとジャケットを着ますから」と、ジョナサンは目を大きく開いて言った。生徒たちの生ぬるい反応にも、私は落ち着きを保った。何時間もかけて「Oh–bama!」「Yes We Can」「The Change of Face」といった新聞の見出しを使った授業を準備していたから、それ以外のことをやるつもりはなかった。アメリカではじめて黒人大統領が誕生したんだ。今日は地球レベルで重要な一日じゃないか。

生徒たちが沈黙するのを待っていると、顔にいたずらっぽい表情を浮かべてタイソンがゆっくりと手を挙げた。私はいらだちを抑えた。

「先生、ちがいます」

教室は静まりかえった。タイソンはいつも居残りをさせられている生徒のひとりだ。生徒たちは何かが起こるのを察知した。

「ちがわないよ」と、私は答えた。

「いいえ、ちがいます」とタイソンは言い、第一ボタンを外し、靴ひももほどけたままで、椅子から立ちあがってゆっくりと私の机に向かってきた。

「証拠だってあります」

私の机の上のパソコンのモニターでグーグルの検索ボタンを押し、それからあるリンクを開くと、こちらを向いて満足げに腕組みをした。

「ほら！」と、彼は得意そうに言った。

残りの生徒たちと私はホワイトボードにウェブページが映しだされるのを見ていた。「バラク・オバマ以前の七人の黒人大統領」と書かれている。

私は深いため息をついた。当初、インターネットは知識を民主化し、本を切り刻み、それを細かい情報に変えることで、私たちの学び方を変えるだろうと考えられていた。ところが、いま起きているのは何かおかしなことだ。知識はもはや文化的なエリートのみのものではなく、あらゆる人（少なくともWi-Fiを持っている人）のためのものだ。このこともまた問題を起こしている。以前は慎重に収集、整理された単一の知識が共有されていたのだが、現在ではわずか二日間で、二〇〇三年までの人類の歴史二十万年に生みだされた以上の情報が生みだされていると推測されている。[8] ところが、私には知識もない陰謀論者がどこかでベッドに寝そべりながら書いたと思われるブログが、タイソン（そして、七年一組の影響を受けやすい生徒たち）には真実のように見えているのだ。[9]

現在、多くの子供たちは事実と虚構の区別がきちんとできないままだ。二〇一六年に行われたスタンフォード大学の研究によれば、中学生の五人に四人、そして大多数の大学生がスポンサーつきの記事と本当のニュース記事を区別できないという。「若者はソーシャルメディアに慣れているから、そこで目にする情報をしっかり察知できると考えられている」と、研究者は書いている。「だが私たちの研究で、その逆であることが示された」[10]。私の経験から言ってもそうだ。いま手に入れられる、どんな意見にも合うような「事実」は、子供（そして教養ある大人）を、国家による洗脳や、フェイスブックのニュースフィードのような客観性のない情報のあいだに置き去りにしてしまう危険がある。

私はオバマが黒人として最初のアメリカ合衆国大統領であることを告げるニュースのページを開いた。それからべつのページを。タイソンは動かない。

「事実と事実でないものを区別することは今日では極めて重要なスキルだ」[11]とアンドレアス・シュライヒャーは語っている。それはいまに始まったことではない。ホロコーストを生き残った哲学者ハンナ・アーレントは、ナチスが権力を握った時代には「絶えず変化する、理解しがたい世界のなかで、大衆はすべてを信じ、また同時に何も信じていないような地点へ、あらゆることが可能であり、また同時に何も真実とは思えない地点へと到達していた」[12]と書いている。とすると、情報が氾濫している現在ならば、人を操ることも極端な主張を広めることもたやすいだろう。今日の子供たちは、歴史上かつてないほど批判的な思考を必要としている。私がジョシュア・ウォンにたどり着いたのはそのためだ。子供たちのことを真剣に心配するなら、自分の力で考えるように教えなければならない。

出発前に、私は洗脳の恐ろしさを誰よりも知っている人物に会いにいった。誰もが子供たちを誤った道へ引きこんでしまう可能性がある世界で、学校は子供たちに何ができるかを尋ねるつもりだった。

過激化する

アダム・ディーンは遅れていた。私はロンドンのフリート・ストリートのとある建物のなんの変哲もない待合室で、セント・ブライズ教会の尖塔の下をラッシュアワーのタクシーが列をなして通過するのを見ていた。おかしなことに、受付では彼の名も組織のことも聞いたことがないと言われたが、来る場所を間違ったわけではなかった。あるいは、意図的に秘密主義をとっているのかもしれない。ディーンはイスラム教への改宗者で、イギリスではじめての反過激主義シンクタンク「キリアム」を運営している。私は、その団体を数年前に設立したマージド・ナワズの自伝『Radical』を持参していた。彼らと連絡を取ったのは、ロンドンの学校でふたつの悲劇が起きたあとだった。はじめに、イスラム過激派組織ＩＳＩＳに所属して人質を殺害したモハメド・エムワジが、かつてセント・ジョンズウッドにあるクインティン・カイナストン中等学校の、おとなしく優しい生徒だったことが判明した。それから、ＧＣＳＥで優秀な成績を取っていたベスナルグリーン・アカデミーに通う三人の少女が、ある日家を出たあと、学校へ行かずに飛行機に乗り、イスラム過激派に参加するためにシリアへ向かうという事件が起きていた。

　そうした事件の原因はなんだったのだろうか。インターネットによって時代はさらに極端へと走り、ナショナリスト、性差別主義者、人種差別主義者、過激主義者らの思想はさらに先鋭化している。こうした状況に、学校はどう対処すべきだろうか。イギリス政府は過激主義への対策として「予防」措置をとってきたが、それは魔女狩りであるとの批判をずっと浴びており（キュウリ《キューカンバー》の絵を描き、誤って「キューキューボム」と発音した小学生が、爆弾《ボム》を描いたのだと思った教師によって当局に通報されたことがある）、しかも目立った成果も挙げていない[13]。ナワズとディーンから学ぶべきことはたくさんあるだろう。彼らの厳格な態度について知れば、子供たちを洗脳から守る方法がわかるかもしれない。

　ディーンを待っているあいだ、ナワズの本を読み返してみた。一九八〇年代にサウスエンド・オン・シーでパキスタン系イギリス人として十代を過ごした彼は、かつては賑わった海ぞいの町で白人労働者階級が数多く住む地区の、小規模な民族的マイノリティに属していた。当時、サウスエンドには黒人やアジア出身の子供は数えるほどしかおらず、ナワズはずっと無知と嫌悪から生じる人種差別を受けて育った。サッカーのゲームでは仲間はずれにされ、小学校のときには給食係の女性のミスでソーセージを食べさせられ、吐いてしまったこともある。疎外された彼は、叔父のナシルからN・W・Aやパブリック・エネミーといった反抗的なラップを教えられ、Bボーイに感化された。同じ地区の黒人やアジア系の子供たちとつるみ、周囲から身を守った。彼と友人たちはスキンヘッドのネオナチから執拗に悪質な攻撃を受けていた[14]。

イスラム教徒を自認するようになったのは自然のなりゆきで、それによって若いナワズはより大きな力、深いアイデンティティ、真の苦闘と出合った。兄のオスマンのあとを追って、当時はオマール・バクリが率いていた革命グループのヒズブッタフリールによる研究グループに出席するようになった。バクリの友人ジョン・ロンソンはやはりグループに加わっており、著書『Them』でそれについて書いている。[15] そこでナワズは学ぶ目的を見つけ、やがてイースト・ロンドンのニューアム・カレッジに入学し、『The Islamist』の著者で現在は急進主義に転向したエド・フサインとともに徐々に学生自治会を配下に収めていった。この「ロンドニスタン」の日々は大学のグラウンドでアフリカ人の若者が殺されたことで終わりを告げた。その後ナワズはヒズブッタフリールに入り浸り、ヨーロッパの勧誘員の中心として働きながら、ロンドンの東洋アフリカ研究学院でアラビア語と法律を学んだ。二十四歳のとき、カイロでのヒズブッタフリールの仕事によりナワズはエジプトの秘密警察に逮捕され、四年間投獄された。アムネスティ・インターナショナルによって解放されたのちは、自らの知性とカリスマ、経験を生かして、過激主義に反対する社会運動を起こした。

電話で取材した際、人々が犯した最大の間違いは、過激主義の根には無知があると考えたことだと彼は語った。

「教育を受けていれば過激主義には陥らないという保証はない」。逆に、彼は才能あるパキスタン系イギリス人が一九九〇年代に「頭脳流出」してしまったことを嘆いた。アンジェム・チョードリー、エド・フサイン、そしてナワズ自身も、大学で学んだ知識人だった。ナワズはまた、イスラム教は愚かな宗教だという推論も嫌っている。イスラム学者たちは世界史上でも稀な優秀さで、バグダードの知恵の館は学問の中心地としてアリストテレスの言葉を伝えた。イスラム教徒は、学習の力を深く信じている。勧誘員が成功するのは、相手に対して自分が見せたいものだけを見せる能力を持っているからだ。

ディーンは遅れたことを詫びながら到着した。私は学校へ通うことにはかならずいくらか洗脳の要素が混じっているという自分の考えを伝えた。

「$E=mc^2$を教えるのは教育であって、洗脳ではない」と彼は答えた。むしろ、学校は今以上に子供たちを洗脳するべきだ。世界の考え方、感じ方を教えこまなければならない。それは単により多くの知識や事実を習得することとはちがう。「極端な思想を持つ者は世界の政治情勢に通じている。ところが普通の子供たちはそうしたことはまるで知らない」。そこから、子供たちに共通の価値観のセットを植えつけるべきだと考えるようになった。ディーンはイギリス政府と協力して予防プログラムの改善に取り組んでおり、多くの時間を「最も子供と接することの多い」教師の訓練に費やしている。彼自身が先鋭化したのはウェストミンスター大学に在学していたころのことだが、そこに至る内面的な過程はそれよりもまえ、ノース・ロンドンのサウスゲイトに住む友人が極右政党のイギリス国民党の活動家になり、彼と敵対したときに始まっていた。

「誰でも、自分はもっと大きなものの一部だと感じたいと思うものだ」。過激派はその受け皿のひとつになる、と彼は言った。明確な判断基準はないが、子供が疎外されているように感じていれば、その可能性は高まる。イギリスでは極右とイスラム過激派が互いに攻撃しあい、子供たちを社会の隅へ追いやっている。ディーンは教師たちに、そうしたサインに気をつけるように教えている。「友達と遊ばなくなったり、独りぼっちでいたり、教室内でいら立ち、騒ぐようになったり」。多くの十代は孤立し、つながりを必要としている。脳は思春期に構造が変わり、仲間のグループの影響をとくに受けやすくなる。[16] ナワズはそのはけ口をN・W・Aに、アーロン・スワーツはハッカーのコミュニティに、イフラはKSAのチームに見いだした。エモやレイヴにはまったり、スケボーをやったり、チェルシーのサポーターやマルクス主義者、あるいは保守主義者になる者もいる。こうした衝動は、みな同じ理由に基づいている。人はグループに属し、その規範に従って行動することを求めずにはいられないのだ。

また、人は迫害を受けるとアイデンティティを求めてさらなる過激主義へと向かう傾向がある。「彼らは人種差別を内面化し、それをイスラム教対非イスラム教という思想対立という形で処理しようとする」とディーンは言う。ナワズは学校に通っていたころ、経済学のモス先生が生徒たちに大英帝国とその偉業を誇りに思うならば手を挙げようと言ったことを覚えている。ナワズは教室で唯一の非白人で、手を挙げなかったのは自分ひとりだった。その話題に関して、何か口をはさむ余地はなかった。「それは恐ろしいことだ」とディーンは言った。彼もまた、学校が議論や深い思考を締めだし、生徒たちを狭い認知的スキルの習得に集中させるのを見てきた。だが、マルクス主義者でも白人のナショナリストでもイスラム教徒でも、すべての子供たちが思想について学ぶ必要がある。学校には、それらについて議論する場がなければならない。子供たちのためを思うならば、彼らが思想の構造についてできる限り深く理解できるようにするべきだ。思想を分析することで、自分自身の偏りが見えてくる。自分の環境を理解し、目を向けることを学ばなければならない。「大事なのは、彼らが子供たちを取りこむまえに子供たちを取りこむことだ」

私はウォルワース・アカデミーでの自分の教室のことを考えた。そこにどんな空間を作っていただろう。「自分がなれる最善のものになれ」と私たちは子供に語りかけていた。真面目に勉強し、テストでいい点を取ろう。人に優しく。よい自分を見せよう。そこには、強いつながりを持つコミュニティがあった。子供たちは安心していた。だが彼らは、ほかのグループに対してより強くアイデンティティを感じていた。たとえばジャマイカやトルコ、ポルトガルといった母国や、地元のミルウォールFCなどのスポーツチームや教会などに対して。悲しいことだが、ギャングにアイデンティティを感じる者もいた。ウォルワース・アカデミーには、そうした全員が同じように通っていた。それでも、子供たちは当たり前のように互いの違いを認め、受けいれあっていた。これは例外的な状況だろう。フィンランドでは三十人のクラスが先生も替わらず五年間一緒に過ごすことで、家族のように深く結びつく。上海では、子供たちは愛国心を学び、明確な社会規範を守っている。KIPPやKSAでは、子供たちは「チームにして家族」のはっきりとした規則や価値観に従っているが、ウォルワースはちがった。制服があり、深く生徒を思いやる教師たちがいて、日々親切な行動が見られる。それでも学校は外の世界の隙間として存在しているにすぎなかった。

電話で話したときに、ナワズは二十一世紀の学校に必要な五つの計画の概要を話してくれた。それはしっかりとした学術的基盤を持ち、考え抜かれたものだ。学校は子供たちを洗脳できるようになるべきだ（彼はこの言葉が強すぎるとは考えていない）。ただし植えつけるべきは、「正しい考え方」、共有すべき事実と価値観の組み合わせだ。また、「生徒にあまり期待しないという逆の意味の頑迷さ」を避け、宗教によって規律の適用に差をつけないことも重要だ。すべての教師が反過激派のツールキットを持つべきだ。最後に話してくれたのはカリキュラムに関するアイデアだった。ナワズは自分が生徒だった時代に、ロシア革命や第二次世界大戦、帝国主義、そしてイギリスの民主主義の歴史について学んだが、それらはみな遠い過去の出来事だ。「私たちが本当に学ぶべきは9・11やアフガン戦争、テロリストに関する現代史だ」。学校は思想の自由に配慮しすぎている。「自信を持たなくてはならない」。自分たちの価値観を知り、それを明らかにすること。そしてとことん議論すべきだ。学校では、誰もが介入することにおよび腰になる。「人種差別主義者とは呼ばれたくないからだ」

八〇年代、アメリカの教育学者E・D・ハーシュは、すべての子供は共有された「文化的リテラシー」に関する重要な知識を学ぶべきだと主張した。要するに、すべての子供がニューヨーク・タイムズやガーディアンなどの新聞の一面記事を理解できるようにしよう、ということだ。ハーシュは自分の経験から、子供たちが知らなくてはならない事実の膨大なリストを作成した。彼の発想はイギリスでは、国内初のフリースクールを設立した右翼ジャーナリストのトビー・ヤングや、学校のカリキュラムをやや時代遅れな知識に基づくものに変えた学校改革担当大臣のニック・ギブらによって受けいれられた。ナワズはハーシュのアイデアに賛同し、最後にこう言った。「まずは事実からはじめなければならない。必要なのは共有できる確実な知識だ」

インターネットによって浸食されているのは、まさにこの点だ。現在では誰もが自分に都合のいい事実に簡単にアクセスできる。それが過激派の見解の基礎だ——もっとも、彼らはウェブが出現するまえから存在しているが。陰謀論者のような、政治的見解をプロパガンダする者は、出来事と事実と基準点を結びつける。するとあとは、パターンや物語、意味に飢えた私たちの脳が仕上げをする。ナワズはそれを「作りあげられた無知」、そして「十代の若者に自分はかなり知性的だと思わせるだけの、偽の知性主義」と呼んでいる。だが彼は、そうした運動の可能性も認識している。グローバル化の時代において、若者が目的を見つけようとすれば、過激派に行き着くことは避けられないと彼は考えている。それが最善のように見えるからだ。彼は現代を「行動の時代」と呼ぶ。そこでは、考えや物語、仲間はつねに移り変わる。

学校の改善すべき点を質問すると、ディーンは私の言葉が終わるまえに声を上げていた。「哲学だ。もし哲学を学んでいたら、あれほど簡単に洗脳されることはなかっただろうね」。彼はイスラム教の知的厳格さを強調した。それは心地よいものだった。一般には、過激派になるのは家庭崩壊や教育を受けられなかったことが原因だと考えられている。だが彼にとって、それはある種の知的啓蒙だった。本当に思考するよう促されたのは、そのときがはじめてだった。学校は格差を生む。すると、それを埋めるためのさまざまな要素が登場してくる。ウォルワース・アカデミーの例で言うなら、ギャングもそのひとつだ。ディーンもノース・ロンドンで同じことを経験していた。過激派は、思考も思いやりもない世界からの避難所だった。彼はさらに高いレベルの厳格さで思考することによって、ようやくそこから逃れることができた。「哲学や批判的思考、考えを厳しくチェックする能力があれば、その欠陥や矛盾に気づけるはずだ」。ディーンは、哲学には世界を変える力があると考えている。

「世界が今のように先鋭化している現状では、批判的思考は欠かせない」。ディーンはそれこそが学校にとって重要だと考えている。彼自身が過激派から脱したのは二十代のときだった。「その際に主な役割を果たすのは会話だ。まずは相手と友人になり、信頼を得る。それから彼らの思考に触れていく。そうやって固まった思考をほぐす」。その過程には時間がかかる。そのために、彼は若いイスラム教徒に批判的思考を教えるディーン・インスティテュートを設立した。そして、すべての学校がそのための場を設けるべきだと強く主張している。ベスナルグリーン・アカデミーは、過激派を生む可能性がとりたてて高かったわけではない。だが、その可能性を下げることにも貢献していなかった。「問題は何をやっているかよりも、むしろ何をやっていないかということにある」

「若い人々に普遍的な真理や価値を植えつけなくてはならない」とディーンは言った。だが私は、それ以上のことが必要だと思う。ディーンはディベートクラブを作ることが最善の策だと考えている。悪くないが、それでは十分でないと私には思える。子供たちが過激派やギャング、マルクス主義、ナショナリズム、イスラム教へと向かっている現状は、ただ頭だけで解決できるものではない。現在の資本主義は啓蒙主義の世界的な理想を打ち破った。私たちは子供たちに、人は平等で自由で、なんでもなりたいものになれると語る。だが多くの共同体で、それはただの絵空事にすぎない。世界は不公平であふれている。忍耐、勤勉、家族、テレビ、買い物といった共通の価値観が、社会に怒りによる分断をもたらす不平等に耐えて生き残るとは思えないのだ。どの程度の教育を受けたかで、イギリスのEU脱退を問う国民投票やドナルド・トランプに投票するかどうかは予測できる。だが、それで何もかもわかるわけではない。リベラル左派に属する人々はまた、より裕福で、グローバリゼーションの恩恵も受けている可能性が高い。真の批評は、現状の欠陥をさらけ出す。もし本当に共通の価値観を大切にするならば、もしかしたら私たちは革命家を育てるべきなのかもしれないのだ。

哲学者は、子供であれ大人であれ、ただ世界を解釈するだけだ。大事なのは世界を変えることだ。ウォンやナワズはそう考える。

知れば知るほど、自分は知らないということがわかってくる

「大きな意味があるのは、無知そのものではない」と、認知科学者のスティーヴン・ジョンソンとフィリップ・ファーンバックは『知ってるつもり――無知の科学』で書いている。「人は自分で思っているよりもものを知らない。私たちは程度の差こそあれ、理解の幻想を抱いている。実は少ししかわかっていないのに、物事のしくみを理解していると思いこんでいるのだ」[17]。この幻想が、私のクラスでタイソンを動かし、ディーンをイスラム教へと走らせた。私たちは、自分の知的な能力を過大評価しがちだ。『ファスト&スロー』で、ダニエル・カーネマンは逆説的にも、人は少ししか知らないほど、自分を専門家だとみなす傾向があることを明らかにしている。この認知バイアスが私たちの世界観を形作っている[18]。私たちはまず自分の信念を自分に言い聞かせ、それから、それに適合する意見や事実を見つけるのだ[19]。

「わずかな知識は危険なものだ」という言葉もある。深く飲め、さもなくばピエリアの泉の水を飲んではならない。「浅く飲めば、脳は酩酊する」[20][21]。インターネットは知識の友だ。知識は思考に欠かせず、世界の見方に深く影響する。しかし、私たちはひとつの知識に従うことに同意できるのか、そしてそれを教えることをひとつの機関に委ねることが望ましいのかについて

は答えは出ていない。政府に絶対の信頼を寄せることはできない。主要なメディアはビジネス上の利害に取りこまれている。ならば、私たちは自らの手で真実を手に入れなければならないのだろうか。スローマンとファーンバックは、これまでもつねにそうだったのだと言う。

人間の精神は、大量の情報を保持するように作られたデスクトップ・コンピュータとはちがう。精神は、新しい状況で決定を下すのに最も役立つ情報だけを引きだすように進化し、柔軟に問題を解決する。そのため個人は、世界に関する詳細な情報を自分の頭にほとんど蓄積しない。その意味で、人間とその社会は、蜂と蜂の巣に似ている。私たちの知性は個々の頭脳ではなく、集合的な精神のうちにある。精神を働かせるために、個人は自分の頭にためた知識だけでなく、ほかの場所に蓄積された知識を利用する。それはたとえば自分の身体や、環境、とりわけほかの人々のなかにある。それらをすべて合わせれば、人間の思考は信じられないほどすばらしいものになる。だがそれは共同体の産物であって、誰かひとりだけが産みだしたものではない。[22]

思考や真理を本当に大切にするなら、そうした営為は人類が共有しているものだということを理解しなければならない。この、知識は権威的ではなく、民主的でなければならないという気づきこそが、香港の十代の若者たちを駆りたて、大きな力を与えた。

大国に立ちむかう少年

ショッピングモールや歩道橋が建ち並ぶ香港中心部の金鐘の地下深くにある、騒々しい喫茶店で、ジョシュア・ウォンは朝食についてきた大量のケチャップの小袋の山に驚きながら、大学三年生らしくリラックスしていた。「これ、なんだろう」と楽しげに疑問を口にしている。ショッピングセンターの照明に照らされ、彼は素足にナイキのスニーカー、くるぶし丈のチノパンツという格好をしている。タイム誌にメガネをかけたウォンが載ったのは一年前のことだった。彼の名は世界的に知られるようになり、マララ・ユスフザイと並んで新世代の自由の闘志の象徴になった。「ダビデとゴリアテの神話はいまも残っています」と、彼は卵とトーストを見ながら嘆いた。「自由主義諸国のメディアは共産主義国家に対抗する若者に肩入れしたがるんです」

国民教育を打破したことは、ウォンの活動の第一歩に過ぎなかった。中国政府はビジネスやマスメディア、教育を通じて中国共産党の思想をさらに押し進めようとしていることを知り、ウォンは民主主義のために闘うことを誓った。中国政府は香港に対して、一九九七年にイギリスからの返還されたのち二十年以内に普通選挙を実施すると約束したが、どうやらその言葉は守られそうにない状況だった。そこで学民思潮はほかの反体制グループと手を組んだ。二〇一四年九月に新たな抗議運動を行い、香港全土で学生運動を組織し、驚くべきことに広場を占拠した。警察は催涙ガスで学生たちを攻撃し、ウォンを逮捕して四十八時間拘束した。

ウォンの解放後、民主主義を求める抗議運動は拡大した。その熱気に後押しされ、大学教授のベニー・タイは、「セントラルを占拠せよ」と宣言した。二十万人もの人々が団結して通りに出て、商業エリアを平和的に占拠した。催涙ガスから身を守るために使われた色とりどりの雨傘が抵抗の象徴になった。この雨傘運動のニュースはすぐに世界中に広まり、数千の抗議者が傘を高く掲げて毅然として立っている画像が世界に発信された。香港の高校生たちは有名になった。通りには臨時の教室ができたことも関心を高めた。道路を封鎖し、商業活動を封鎖したあとになっても、生徒たちは学習をやめなかった。木箱を椅子に、板を机代わりにし、発電機の光で本を読み、コンセントにノートパソコンをつないだ。教師たちもそこへ行き、若い抗議者たちの学習を助けた。こうした出来事が象徴するものははっきりしていた。

　私はウォンに、これははじめての思考の革命だと指摘した。学ぶことから生まれ、学びの場が生みだす力に満ちている。

　ウォンは「香港では教育は重視されていません」といってそれを認めなかった。アジアの金融の中心地にそびえ立つ高層ビルに陽光が注いでいる。労働者たちが駅の出口から出てきて広場の街灯の下を進んでいく。トーストを口に運びながら、「ほら」とでも言うかのようにウォンは手で人々を指ししめす。街を行く多くの人にとって、自由な思考は大事なことではない、と彼は言った。「ビジネスがすべてなんです」。私はその週、ふたりの高校生と話をしていた。将来の計画について尋ねると、ひとりは「芸術家か、または芸術関係のビジネス」と答え、もうひとりは「環境保護活動か、エネルギービジネス」と答えた。ここでは大学も含め、学校は仕事を得るための手段にすぎない。

「それを批判するにしても、やはり学校に行かなくてはならないんです」と、ウォンは笑みを浮かべて言った。学民思潮の活動のため、彼は香港では最も低いランクのオープン・ユニバーシティにやっと進学していた。だが、後悔はしていない。学位を手に入れるのは、選挙に出馬して公職に就くという新しい夢のためだけだ。ウォンの本当の仕事は中国政府に対抗する組織を作ることだが、そのためにはまだやらなければならないことがある。二〇一六年に、彼は学民思潮を解散し、香港衆志（デモシスト）という政党を立ちあげ、事務局長となった。党の主席であるネイサン・ローはすでに前年の選挙で香港立法会の議員に当選していた。ウォンの電話にはロイターや弁護士、友人や同志からたびたびメッセージが入る。やはり普通の大学生とはちがう。

私は食いさがった。世界中を見渡しても、同世代の十万人もの人々を動員できる十四歳は多くない。政治活動に目覚めたきっかけは？

「学校に科目があったんです」。彼はそう言ってトーストを一口かんだ。「一般教養という名前でした」

学民思潮ができる二年前、香港教育局は暗記中心の学習が生徒に長期的に悪影響をおよぼす可能性があると考え、高校で一般教養を学ぶことを義務づけた。生徒が批判的思考のスキルを身につけ、より広い視野を持つことを狙ったものだった。高校生は、個人の発達と個人間の関係、現代中国、グローバリゼーション、エネルギー技術と環境、社会福祉、香港の現在の六科目を学んだ。それは学力で世界の上位三カ国に位置する香港の学校が次世代のクリエイターや起業家を生みだすための最後のピースだった。ディベートの形式で学び方は生徒自身が決められる点も普通とは異なっていた。教師と生徒たちが話しあうのは、テクノロジーや環境、イノベーション、社会福祉、民主主義と法による統治についてだ。

雨傘運動の時点では、香港の高校生と大学生は全員一般教養の授業を受けていた。ウォンは試験でマーティン・ルーサー・キングが唱えた市民の不服従の三つの定義を暗記したことを覚えている。「人は不正な法には従わない道徳的責任がある」。香港のこの例は、学校は考えることを教えられるということを意味している。それには、まえの晩に私が香港大学法学部を訪れて会った人物も同意していた。それは二〇一四年の反政府デモで「セントラルを占拠せよ」と呼びかけたベニー・タイで、彼は現在も公然と北京政府への批判を続けている。彼は理想主義に陥らないようウォンに忠告したことがあるが、それでも彼を畏敬していた。「ウォンは社会のなかで特別な存在のひとりです」とタイは言った。私たちは彼の九階のオフィスで話をした。窓から見下ろすと、大学の構内の並木に照明が当たり、建築家が設計した未来の都市部のような印象を与える。タイの本棚には、芸術家の友人が彼の似顔絵を描いた卵が置かれている。聡明で率直なタイの顔の特徴を捉え、にっこりとほほえんで細いフレームのメガネをかけている。

「あなたはどちらになりたいですか?」と、彼は村上春樹の言葉を口にした。「卵ですか、壁ですか?」

卵は現在の世界のなかで批判的な思考を身につけ、創造性を発揮することができるのだろうか。それには、自ら壁に自分の身体を投げつけなければならないのではないだろうか。

「それが中国政府の狙いです」。タイはほほえんだ。彼らの思いどおりになってしまう可能性もないとは言えない。「中国文化はとても現実的で、即物的です」と彼は言った。香港人はいまだに、政治的な自由よりも経済的な繁栄を重視している。フランシス・フクヤマは、『歴史の終わり』で、国民の平均年収が六千ドルを超えると民主主義が育ってくるという歴史の必然性を説明している。タイによれば香港ではその条件を三十年前、一九八〇年代に達成したが、いまだに民主主義は影も形もない。少なくとも数年前までは、その兆しすらなかった。「中国文化はこれからもその方向に進んで行くでしょう。それでもまだ長い時間がかかります」。中国政府寄りの政治家は、一般教養という科目を「反体制的な考えから、反体制の人物が生まれる」場として批判している。老世代は、自由な思考をする若者に恐れをなすものだ。上海でも言われたことだが、タイもまた、個人の自由と批判的な思考という西洋の思想が少しずつ文化に浸透していると考えている。彼はソクラテスを引用した。「批判的でなければならない。自らの師に対しても」。彼が「批判的思考を身につける」ように学生たちを洗脳しているとして攻撃する批評家もいる。彼はその逆説を笑った。大学では、より民主的な手法への変化が起こっている。彼自身の学生時代にはより教師中心だったが、それも変わりつつある。

「私はずっと、人類の知識は増えつづけると信じていました」と彼は言った。タイは学習を、啓蒙の必然的な歴史の過程と考えてきた。だがいまは、それは揺らいでいる。「それは後退することもありえます。人々は必要に迫られて批判的に思考することをやめてしまうのです。それは奴隷になることとはちがいます。今以上の安全を手に入れたいがためです」

現代は生きづらい時代だ。土地の価格は賃金以上の速さで上昇し、社会保障費は削減されつつある。フランスの経済学者トマ・ピケティは画期的な著書『21世紀の資本』で、この厳しい傾向が続くことを示している。r＞gという不等号が示しているのは、資本収益率の成長はかならず賃金の上昇を上回るということだ。香港では、これがいっそう固定化されている。高級ショッピングモールと派手なマンションが貧困を覆い隠しているが、その陰では、三世代が靴箱のような家に押し込められ、ダブルベッドほどのスペースに二段ベッドや食器棚、冷蔵庫、衣類がすべて置かれているのだ。私は彼の向こうの街の灯を見ながら、どうすれば学習が人々を目覚めさせ、力を与えられるのだろうと考えた。

学習による現実的な見返りは減少しつつある。だからこそ、思いやりという観点からシステムを構築することの重要性は高まっている。

カフェでの話に戻ると、朝食を食べおえたウォンは元気になってきた。彼はタイを守旧派の理論家とみなしており、学校の役割には期待していない。「理論から学べるものはありません」。その代わりに、彼は実践から学ぶ。それが学民思潮の成功の一因だった。二〇一四年の反政府デモはしだいに混乱に陥った。ウォンによれば、グループは議論ばかりで実行が伴わず、目的に達することよりも手段そのものにこだわるようになっていたが、それでも彼は成功した。「私は昔ながらの左翼活動家とはちがいます」。むしろ彼は、学民思潮が主催する会合を通じて学んでいった。古代ギリシャの広場で行われた対話のように、毎週の会合は五時間から、ときには十時間におよぶこともあった。学生たちはともに運動の情勢を分析し、進捗状況を評価し、新たな活動を計画し、政府への対策を練った。

ウォンは人事管理とデジタル・マーケティングについて驚くほど簡単に習得した。運動はソーシャルメディア革命と呼ばれたが、それは彼によれば比較的ローテクなものだった。

「ソーシャルメディアは議論には向きません」。それは考えを広めるためのものだ。また、本質を突いた思考を受信するアンテナでもある。「考えを言葉で的確に伝えたり、計画の細部を詰めるためのものではないんです」。彼の経験では、高校生たちは面と向かいあって議論し、探究することで知識を深めていた。フランスの学者ブルーノ・ラトゥールは、批評家は知識を粉々の瓦礫に変えてしまったと書いた。今日、私たちはそれを寄せ集めて何かを構築しなければならない[23]。ウォンの会合は創造的で、ソクラテスの対話のようでさえあった。しかも、直接メンバーと相対して行われた。学生たちはときには妥協し、他人の意見と向きあい、リスクをとり、ともに考えなければならなかった。ソーシャルメディアは「プロモーションの効果的なツール」ではあるが、人とのつながりを深めるものではない。誰もオンラインで自分の意見を変えることはない。極右勢力が台頭したことも、インターネットはユートピアに向かうものではないとウォンが考えるきっかけになった。

ウォンはソーシャルメディアの革命家でありながらソーシャルメディアを信じておらず、理論よりも行動から学ぼうとしている。

雨傘運動では学習センターが有名になったと指摘すると、彼は首を横に振った。

「あれはみんなが勉強好きだったからではありません。宿題が多すぎたからです」

香港の学校は韓国と同じくらい厳しい。一流の塾講師は生徒たちを名門大学へ送りこむことで、年に四百万ドル稼ぐ。彼らはまるで人気歌手のように、駅のポスターのなかで爽やかなほほえみを浮かべている。革命に参加した生徒たちにとって大切なのは自由と民主主義だったが、よい職に就くことを目指す戦いはそのあいだも続いていた。授業ボイコットではなく占拠活動という形を取ったのはそれが理由のひとつだった。生徒たちは勉強をやめるつもりはなかった。頂点を目指す重圧は活動家たちにもかかっていた。そのような状況でも、彼らの勝利は教育熱心なタイガー・マザーたちの手に委ねられていた。*

「親たちは中国政府が自分たちに取って代わって子供の教育をすることを望みませんでした。しかも中国の政府だという点が問題だったんです」。彼は親たちの態度を簡潔にまとめた。「私の人生を妨害しても、私は何も言わない。だが私の娘や息子の妨害をしたら立ちあがる」。ウォン自身の両親は彼に不正に対する意識を植えつけた。幼いころに貧しい人々のもとを両親と訪れ、はじめは彼らのために祈ったが、それでは効果がないことを知り、話ではなく行動をするようになった。

ジョシュア・ウォンのような人材をもっと育てるにはどうしたらいいのだろう。私はあたりを見回した。この目眩がするような世界的な商業都市では、人々のふれあいはほとんど忘れ去られている。あるいは少なくとも、反政府デモで人々がそこを埋め尽くしたときまでは忘れられていた。学習は最も人間的な行いだ。ひとりではなく、仲間とともにいるときにこそよく学ぶことができる。それは困難なことで、会合や話しあい、共有、時間など、脳幹に訴えるオンラインのコンテンツやチャットが盛んな今日では忘れられがちなさまざまなものが必要になる。村上春樹の卵と壁のたとえ話が頭に浮かんだ。「システムが私たちを思うままにすること、私たちを作ることを許してはなりません」と、村上は言った。「私たちがシステムを作ったのです」[24]

それはつまり、自由な思想家のコミュニティを作ることだ。それが実現すれば、いくつものグループを渡り歩いたマージド・ナワズと同じような経験が、学校に居ながらにしてできるだろう。

自分の土地と彼らの土地

ハートレー先生は、カレーライスの画像をホワイトボードに映すと、不規則な円が描かれた絨毯の上にすわっている二十六人の二年生のほうを向いた。マスキングテープで区分けされた片方の端には「イギリス的」、反対の端には「イギリス的でない」と書かれている。この六歳の子供たちはいま、ソマリア出身の陸上選手でオリンピックのヒーローであるモハメド・ファラーがイギリス人なのかソマリア人なのか、あるいはそれ以外の何かなのかを話しあった（「両親はジャマイカ出身なんだよね」と、自分の両親が同じ出身地のライリーは言った）ところだった。そして、イギリス的かどうかはふるまいだけでは決められない（「ほかの国でも、おばあちゃんのためにドアを開けてあげるはずだよ」と、イゴールが言った）と結論づけ、国籍は話し方と関係している（「リトアニア出身の友達は、あまり英語が上手じゃない」とデイジーが言った）ことに全員が同意した。つぎは、わが国で一番愛されている料理だ。

「カレーライスは、モハメド・ファラーよりもイギリス的と言えるだろうか？」

ターコイズブルーのセーターと黒のズボンをはいた小さな哲学者たちはじっと考えこんだ。

私が来ているのは、イースト・ロンドンのベクトンにあるガリオンズ小学校だ。ここに通えば、すべての子供が思考能力を身につけられると言われている評判だ。近隣には、スタン

＊　二〇一一年、イェール大学法学教授のエイミー・チュアは厳格な子育てを賞賛する著書『タイガー・マザー』で世界的に話題になった。タイガー・マザーの行く手を阻むことは誰にもできない。たとえ習近平でも。

リー・キューブリックの映画『フルメタル・ジャケット』で廃墟と化したベトナムのシーンが撮影された古いガス工場がある。工場はいまもニューアムの片隅にその姿をさらしている。近くにはスクール21もあり、またイギリスで最も多様な人々が暮らす場所でもある。ガリオンズ小学校の児童も多様だ。三歳から十一歳の六百七十人の児童のうち、五人に一人が特別な支援を必要とし、給食費が免除されている児童は三人に一人、五人に三人は英語が第一言語ではない。

ハートレー先生はひとりの児童を指した。ケイシャは立ちあがった。

「カレーライスはイギリス的ではありません」と彼女は言った。「キリスト教徒の食べ物ではないから。それはイスラム教徒の食べ物です」

ハートレー先生は穏やかな様子で聞いている。おそらく多くの教師は、私がタイソンにしたように、途中で児童の話を遮ってしまっただろう。ところが彼は最後までその発言を続けさせた。ケイシャ、イスラム教徒のイギリス人に知り合いはいる？

ケイシャは考えた。はい、います。

ハートレー先生は全員に話を向けた。「カレーライスを食べたことがある人は？」

二十六人全員が手を挙げた。

ケイシャは少し考え、「カレーライス」の札をはがし、少しだけ「イギリス的」のほうへ動かした。

「この意見に賛成する、反対する？」ハートレー先生はあごに親指と人差し指を当て、考えるような様子をしながら尋ねた。つぎは黒いアディダスのジャージを着た男の子の番だ。彼はさらに札を「イギリス的」のほうに寄せた。

ハートレー先生は、なぜそうしたのかを質問した。「イギリスで多くの人が食べているからです」

この日の朝ベクトンへ来たときには、ソクラテスに会えるとは思っていなかった。駐車場と、ところどころに木立があるくらいで、周囲にはあまり見るべきものもない。ところが一歩校内に足を踏みいれると、庭も菜園もよく手入れされていて、子供たちが楽しそうに遊んでいる。しかも、ハートレー先生は見事だった。子供たちの考えを正したり、誘導することはなく、慎重に問いかけていく。その方法は、一九七〇年代にアメリカの教育思想家ジョン・デューイの考えをもとに始まった計画を参考にしている。デューイは、子供は知識と理解を深める民主的な方法である「協同的探究」によって学ぶべきだと語っている。P4C（Philosophy for Children／子供のための哲学）と呼ばれる手法だ。

円が描かれた絨毯の上で、二十六人の未来のプラトンは新しいシナリオに移っていた。身体を震わせて古い自分を振り落とし、はるか彼方の土地へと旅をしている。

「ここはウシーアだ」とハートレー先生は言った。彼はホワイトボードに映された青い背景に浮かぶふたつの緑の島の西端を指した。「そしてこれが、テーミア」と、東の方を指して言う。「君たちはみなウシーア出身のウシーア人だ」

ウシーア人になった子供たちは真面目にうなずき、ハートレー先生は思考実験を始めた。休みの日にテーミアまで飛行機で行ったと想像してみよう。そのとき、君たちはテーミア人だろうか？　子供たちは不安そうにまわりを見る。「そうです」と、ひとりが言う。「両方だと思います。だって両方の国に行っているんだから」と、もうひとりが言う。「ちがうよ」と三人目が割りこむ。「ウシーア人だよ。そこの言葉を話してるんだから」

「じゃあ、三週間そこにいたら？」と先生は楽しげに尋ねた。「住んでいるのはウシーアなんだから、ウシーア人です」と答えが返ってくる。「だったら一年いたら？」「一年いて、言葉を覚えたとしても、やっぱりウシーア人です」と、ポーランドからイギリスに来たライナスが言った。「なぜだい？」「生まれた国だからです」と、彼はみんなに向かって歌うように言った。ハートレー先生はつぎにいくつかの画像を見せた。害虫、地震、火事。ウシーア人たちがテーミアで休日を過ごしているあいだに、ウシーアは破壊されてしまった。家をなくし、ウシーアには食べ物もなく、もうそこで生きていくことはできない。ウシーア人たちは黙りこんだ。「君たちはそれでもウシーア人だろうか？」

「テーミア人だと思います」と、クリストファスが言った。

「ウシーアで生まれたんだから、テーミア人じゃないよ」とライナスが言った。

「帰ることができないからといって、その国の人でなくなるわけじゃないでしょう」とデイジーがつけたした。だが、あまり確信はなさそうだ。

ハートレー先生はべつの問題を提示した。テーミア人は、なんとフルーツが嫌いで、マナーが悪いことがわかった。それはウシーア人（と、この二年生たち）には生きていくうえで欠かせないものだ。ウシーア人たちはどうすべきだろう？　フルーツを食べ、行儀よく行動すべきだろうか。それともテーミア人に溶けこむためにフルーツもマナーもあきらめるべきだろうか。

「フルーツを食べないと病気になってしまうかもしれない」とダナが言った。「そしたら骨が腐っちゃう」

「まわりの人たちに、自分はウシーア人で、フルーツが好きで、これは健康にいいんだよって言えばいい」とマリウスが言った。

クリストファスはもっと複雑なことを考えていた。

「フルーツを食べるのをやめればいいよ」。それはいじめられるのが心配だからだった。「フルーツを食べているところを見られたら、みんなに言いふらされて、いじめられるかもしれない」

私は子供たちの考えの深さと、率直な意見交換に驚いた。怒りに満ち、分断が広がるこの世界で、ハートレー先生は子供たちが思ったことを言いあえる場所を作っている。ガリオンズ小学校のP4C担当であるリサ・ネイラーは、ノース・ロンドンのある小学校の子供が仲間たちに「イスラム教徒はみんなテロリストなんだよ」と言ったという出来事を話してくれた。校長先生はその女の子のことを恥じ、そのようなことを言ってはいけない、二度とその言葉を繰りかえしてはいけないとその子に言った。だが、それは間違った反応だ。「口をふさいでしまうことは本当に危険です」と、ネイラーは言った。「そうした考えはどこへ行くでしょうか」。ネット上に吐きだされる、と私は推測した。オンライン匿名掲示板の魅力は、自分が心に抱くどんな考えでも、それがどれだけ常軌を逸していても、誰かとそれを共有できる場所だということだ。そうした考えを安心して話せる現実の場を作らなければ、それを聞いた人から反論されることもないだろう。

「べつの宗教に変えることはできません。もとの宗教に残らないといけないの」とケイシャが胸を張って言った。「改宗したら神様が悲しむでしょ」

私たちは、自分に言い聞かせている物語を意識し、自分が何を、なぜ信じているのか理解しなければならない。自分がどんな物語を信じたいと思っているにしても、それに合う大量の事実を見つけることができるが、あえてそれから逃れるために、意見を言いあい、ときには信念を変えることもできる安全な公共の場所を作らなければならない。学校にそうした場を作ることが、子供たちのためになる。アダム・ディーンは、哲学と議論はどんな洗脳にも対抗できる、原理主義に対する第一の砦だと語った。学校は、自分の考えを人に伝え、面と向かって議論できる場所だ。少なくとも、そうでなければならない。ジョシュア・ウォンは、路上で多くのことを学んだと言っていた。

「テーミア人がフルーツを食べられるようになるかもしれない」と、ライリーは希望を込めて言った。「礼儀正しく接していれば、向こうが礼儀を覚えるかもしれない」

わずかな知識は危険なものだ

批判的思考とは、共通の知識の組みあわせを学ぶだけのことではない。また、自分の文化を内面化するだけでもない。本当の学習とは、答えを自分たちで作りださなければならない場合もあると認めることだ。自分でやらなければ、ほかの誰かが代わりにそれをやる。それは中国だけのことではない。民主主義国家でも、政府が国民の考えを型にはめようとすることに変わりはない。ジークムント・フロイトの甥で「広報の父」と呼ばれるエドワード・バーネイズは著書『プロパガンダ』のなかで、民主主義は信用に値する制度ではないが、「合意を生みだす」ことで操作することができると書いている。第一次世界大戦中、アメリカ人に向かって「全ヨーロッパに民主主義をもたらす」努力への参加を呼びかけるプロパガンダをしたことがきっかけで、バーネイズはこの分野の第一人者になった。「民主主義社会では、大衆の習慣と意見を意識的に、理性的に操作することが重要だ」と彼は書いた。「社会の目に見えないメカニズムを操る人々が、私たちの国を実質的に支配する見えない政府を形成する」。彼は学校と教科書を、影響をおよぼすための重要な経路とみなしていた。[25] ノーム・チョムスキーなどの知識人が民主主義国家にも洗脳は存在すると考えるようになったのはそのためだ。[26]

今日では、政府だけでなく企業の意思にも注意をする必要がある。ダフ・マクドナルドは、卒業生が世界中の要職に就く、権威あるハーバード・ビジネス・スクールのケーススタディの内容にも企業が影響をおよぼすことを示している。テクノロジーの専門家であるティム・ウーは、カリフォルニアでは財政の厳しい学校は子供たちを広告にさらしていると書いている。[27] 著書『The Attention Merchants（意識の商人）』は、中部カリフォルニアのツイン・リバーズ統合学区が、二〇一二年に教育基金パートナーズ（ＥＦＰ）と提携し、「学校の門戸」を企業の広告に対して開いたという記述で始まる。「われわれは現にある資産を有効活用し、収入を増やさなくてはなりません」と学区の広報担当者は語り、ツイン・リバーズ統合学区では、生徒の意識の一部を大企業に売ることについて自由な発想をすべきだという考えを示した。その結果、子供たちがその企業の生涯の顧客になる可能性があることは承知していた。フロリダ州では、報告用カードにマクドナルドのブランドロゴを入れる権利を販売した学校もあった。[28]

本当に子供のことを考えるなら、批判的に考えることを身につけさせ、操作から自由にさせなければならない。たしかに共有された知識の組みあわせや文化的資源を自分のものにすることは必要だが、どの知識を、誰が選ぶのかという問題は残る。それを中国政府がするべきだろうか。香港の生徒や保護者たちだろうか。新聞の編集者か。あるいは、インターネットについてはどうだろう。ウェブ上には極論や陰謀説ばかりがあふれている。誰もが人の気を引き、自分の側に取りいれようとしている。ティム・バーナーズ＝リーが万人のために作ったインターネットは、いまではどこもかしこも誰かに占領されている。「インターネットは人間がはじめて作った、自らの理解を超えるものであり、かつてない壮大な無政府主義の実験だ」と、グーグルのCEOエリック・シュミットは述べている。

ジョシュア・ウォンは、自分がしたのはソーシャルメディア革命ではないと主張している。この生き生きとした学習の経験は、心を開き、具体的に論じあい、十時間におよぶ会合をすることで生まれたものだ。もちろん事実は重要だが、人々が探究や議論を重ね、その末に合意し、到達できるような真理も存在する。学校はそうした議論の環境を整えることで、生徒の議論や分析の能力を高め、市民として意見を調整して政治を進められるようにしなければならない。ハートレーやネイラーがやっているのはこうしたことだ。私はかつて、教育とは騙されない能力のことだという定義を聞いたことがある。[29] うっかりひっかからないようにすることは大切だが、また同時に、「誰も信頼できない」という陰謀説にも陥らないようにしなければならない。私たちには共有できる価値観や事実が必要だ。ただし、洗脳ではなく民主的な議論によってそこへ到達しなければならない。考えるためには知識が欠かせないが、何より懐疑することを身につける必要がある。

マッカーサー賞[30]を受賞しているアメリカの短編作家ジョージ・ソーンダーズは、エッセイ「The Braindead Megaphone（脳死の拡声器）」で、人々が自分の部屋に入るなり大声で、思っていることをわめきちらすという想像の世界を描いている。それは、ある意味でいまの世界そのものだ。そこには、トム・ソーヤーからとったトムと、ハックルベリー・フィンからとったハックという二種類の人間がいる。

トムは惨めな状態にある人を見るとこう言う。俺はそんなふうにしなかった。不平等を見れば、これまでずっと俺は自分の尻を叩いてこの地位を築いてきたんだ、だから俺に泣きつくんじゃない、と言う。トムは王や貴族、確固たる特権が好きだ。ハックは人や公平さ、友達を増やすことが好きだ。トムは知っているが、ハックは疑問に思う。ハックは希望を抱くが、トムは推測する。ハックは思いやり、トムは否定する。こうしたアメリカ人の精神のふたつの部分は建国以来ずっと闘っている。考えてみれば、こうした世界の精神のふたつの部分は世界が始まって以来ずっと闘っているのだ。そしてこの国と世界の希望は、ハックの部分を抱きしめ、トムの部分をその本来の場所へ返すことにある[31]。

現在の学校制度は、トムの精神を表している。子供たちの認知能力を高めることには成功したが、一位を目指す苛酷なレースに彼らを駆りたて、その結果うつ病に苦しむ子供たちを増やした。私たちはハックのような心の豊かな子供を育てなければならない。ベニー・タイはそのことを理解している。若い世代に、ふたつの矛盾する考えを心に持つことを教えなければならない。そのひとつは、専門性や知識だ。先生は、なんらかの点で自分よりも知識がある。情報源の多くは信頼できる。試験勉強を頑張るのは価値のあることだ。一方で、先生が言ったことに疑いを持ち、オンラインや本で読んだことについて批判的に考えることも必要だ。そして、自分の意見や信念にも疑問を持たなければならない。それがダニエル・カーネマンが遺してくれたものだ。Ｐ４Ｃの最大の贈り物は、子供たちに、考えるとは何かについて考えさせたことだ。学術用語ではメタ認知と呼ばれるが、これは子供の成績を伸ばした[32]だけではなく、彼らのなかのハックをうながし、トムを抑えることにつながった。

「成績だけを意識するのではなく、自分が住み、愛している街のことを考えてみたらどうでしょう」と、ウォンは私に言った。[33]私たちは街を築いていかなければならない。ソーンダーズのすばらしい言葉がある。「混乱することを恐れるな」。こうした態度があれば、人々はともに考えることができる。それは寛容を生み、つながりを育む。あらゆることについて答えを知っていると思うことは、人間であることの意味の重要な部分を否定することになる。学ぶべきことはつねにあるのだと思えば、考えるべきことはなくならない。本当に子供のためを思うなら、学校はもっと真剣にこのことを考えるべきだ。「混乱に耐えよう」と、ソーンダーズは続ける。「どんなことでも起こりうる。心を開きつづけよう。開きすぎて、痛みを感じるほどに。ずっと、それまで以上に開いていくことだ。終わりなき世界で、君が死ぬ日まで。アーメン[34]」。アーメン。

Part 4
CODA

まとめ

chapter 10

上手に間違える
──オープンソース

なぜなら未来は、今日そのための準備をしている人のものだからだ。
教育は未来へのパスポートだ。
──マルコムX

バック・トゥ・ザ・フューチャー

ローズクランズ・ストリートのパール・ホテルでは、その晩の『バック・トゥ・ザ・フューチャー』の上演のために、日焼けして白いポロシャツを着た従業員がプールサイドに照明を設置していた。会場は程よく古びていて、木枠の壁面があり、岩の柱と淡い色の花崗岩の作業台がある。だがいまは五〇年代ではなく二〇一五年十月二十一日、つまりマーティとドクのふたりが一九八九年から、歴史を変えるという途方もない使命を持って飛んできた日時にあたる。「じゃあ、未来にいるってこと?」と、映画のなかでマイケル・J・フォックスが言った、まさにその時が現実にやってきたのだ。ただし、映画で未来の発明品として登場したホバーボードも、自動で紐が結べるスニーカーもここにはないけれど。しかし残念ながら、私は用事のためイベントには出席できない。私は旅の出発点であるカリフォルニアに戻ってきた。

私は学校にはもっとやるべきことがあると確信して香港を出た。百年にわたり、プロイセンの方法をもとにした教育法が世界中に広まり、その改良がなされてきた。上海では、それは完成の域に近づいている。しかしその間に世界は変わり、世界についての理解は進んでいる。すべての子供は学ぶために生まれてきたことや、人間の可能性を開花させるには現在の試験では不充分だということもわかってきた。旅を通じて、私は学習のあらゆる領域で優秀な生徒を育てる学校を見学し、人間の精神の可能性や、創造性を育むこと、誰もが成功し、幸せに暮らすための思いやりについてあらためて考えた。その仕上げとして、私はそれらを同時に体現している学校か制度を見つけたかった。個人化された教育を一般化して、すべての子供がそれぞれの可能性を開花させることのできる方法はあるのだろうか？　その答えを見つけることができるとしたら、それはここなのではないか。デジタル化と自動化、そしてグローバル・ネットワークの風が吹き、クールエイドが水にまで染みこんでいる、このアメリカ西海岸なのではないか。

一年中いつでも照らしているサンディエゴの太陽も悪くない。

数時間後、「天気は毎日こんな感じだね」と、ラリー・ローゼンストックは射しこむ光を指さし、ポーズをとりながら言った。私たちは彼のオフィスの丸テーブルについている。背後の棚には外国旅行のフレーム入りの写真が置かれている。マグカップには「創造的な不服従を育む」という彼のモットーが記されている。彼は早口の、怖いもの知らずの偶像破壊者だ。「一九七七年以来、天候のせいでゴルフができなかったのはたった二回しかない」と、彼は言った。靴紐が光っているアシックスのスニーカーを履き、灰色の長袖の上着を着た彼は、いまコースからここへ着いたばかりといった様子だった。子供のころアメリカの堅苦しいプレップスクールを出たあと、彼はスーツを着ないで仕事ができるよう全力を尽くしつつ、ほかの人たちが自分と同じ苦しみを味わわないように学校について考え直してきた。ローゼンストックは南カリフォルニアで二〇〇〇年に設立されたチャータースクールのネットワーク、ハイテック・ハイのCEOであり創設者だ。その学校は、地元の子供たちがこれからの世界で成功するための力をつけることを目標にしている。

私がここに来たのは、それがうまくいっているからだ。入学者は郵便番号によるくじ引きで決めているため、多様な生徒たちが入学してくるが、その全員が大学へ進学する。そしてそのうち、平均を大きく上回る二十五パーセントが理学または工学の学位を取得する。しかも私が聞いたところでは、このユートピアではそれを、目覚ましいテクノロジーによってではなく、可能性を引きだし、技能を大切にし、コミュニティを作ることで達成しているという。ここサンディエゴの、日干しレンガ風の壁に囲まれた農園が広がる郊外には、たしかな教育がある。ハイテック・ハイは子供たちが自由に考えることのできる共同体で、周囲の都市とは異質だ。学校はアメリカ海軍から購入した古い訓練施設に建てられている。遠くにある太平洋艦隊の基地の上空で、星条旗が風に揺れている。

「私にはふたつの義務がある。ひとつは自分の力を尽くして生徒たちを教育すること。もうひとつは世界を変えることだ」。ローゼンストックは真面目にそう考えている。「ここからそういう生徒を出せればいいね」

彼と会うまえに、私は十二年生のコールマンと学校を見学していた。彼はユニクロの迷彩柄ヒートテックを来て髪の毛を逆立て、両耳に光るピアスを入れているが、教室にいる生徒たちのなかではごく普通の格好だ。みな映画『サイバーネット』の登場人物のようだ。だが、コールマンはテクノロジーにとくに興味があるわけではない。この年卒業したら、ニューヨークの料理学校へ行くつもりだ。得意なのはカップケーキで、自分のパン屋を開くことが夢だ。この学校では探究と手作り、実地に学ぶことが重視されており、生徒たちは好奇心を育み、実際にやってみるように促される。ハイテック・ハイを開校する以前、ローゼンストックはアメリカの教育省に勤め、新たな都市部のハイスクールはどうあるべきかを模索するプロジェクトで優秀な学校を研究していた。[1] そこで発見した、将来の成功のための三つの要因がハイテック・ハイの使命になっている。それは個人化、大人の世界とのつながり、学業を修めることだ。[2] ここでは教育は考え、行い、思いやることを意味している。

　コールマンと私はベトナム戦争のプロジェクトが行われている丸天井の講堂で足を止めた。九年生たちが地元のコミュニティで帰還兵に話を聞き、戦争に関するさまざまな声を集めたオーラル・ヒストリーをまとめて地元の博物館で展示している。その近くでは、改造したタバコの自動販売機を使い、生徒の芸術作品が五ドルで販売されていた。それを眺めていると、校庭で生徒たちのグループがロケットを打ち上げているのが目に入った。授業時間の半分はこうした科目をまたいだ、実地のプロジェクトにあてられている。生徒たちはとても楽しそうだ。コールマンがいま受けている授業は「構造をコード化し、アイデンティティを解体《デコード》する」で、それは人間性（彼は写真、とくにゴミを素材にしてインスタレーションを制作し、それを記録しているブラジル人芸術家の作品についてレポートを書いている）、文化（形成外科と移植の関係の探究)、そしてマルチメディア(スペクトルディスプレイの組み立て、プログラミング)にまでおよんでいる。残りの半分の時間は、大学入試のための準備だ。壁にはふたつの格言が掲げられている。

科学で最も興奮するセリフは「わかった!」ではなく、「面白い」だ。
――アイザック・アシモフ(3)

成功とは、失敗から失敗へと熱意を失わず歩きつづけることだ。
――ウィンストン・チャーチル(4)

コールマンが授業に出席したので、そこからはひとりで歩きまわった。学校見学をしていて、こうした自由は与えられたことがない。たいていは先生の付き添いがつくし、ときには地元の労働者や公務員、講師、トレーナーの一団と行動を共にすることもある。自分が教師をしていたころ、授業内容は忘れたが、見学に来た大人はわずか四人だった。学校は普通、まるで教えることが恥ずかしいことであるかのように、閉ざされ、隠されていて、透明性もない。ハイテック・ハイはそれをひっくり返してしまった。ここでは教育は外へ開かれている。教室に入るときには、学習の流れを断たないよう、ノックはしないようにと言われる。見学者は音を立てずに入室して、見学する席につく。教師も生徒も、付属病院の医師と患者のように、見知らぬ大人がいることに慣れている。一年間にこの建物に入る人は五千人にのぼる。それがこの学校の環境だ。

「オープンソースであることを基本としている」とローゼンストックは説明した。それは見学者だけでなく、生徒たちにも当てはまる。

七年生の教室では、ひとりのベトナム系の女の子が長い金髪の白人のサーファー風の男の子に、「なるほど」とか「すごいね」と言いながらフィードバックを与えていた。青いハイテック・ハイのロゴ入りパーカーを着たあるアフリカ系の生徒が、ふたりは「ウォーク」という活動のまとめをしているんですと説明してくれた。十二歳でハイテック・ハイに入学した七年生は、百二十人全員でボーダー・フィールド州立公園へバス遠足に行く。そこで彼らは、高い鉄製の柵を見ながらメキシコとアメリカの国境の海へと走っていき、それから三日間かけて、学校までの三十七キロをトレッキングして帰る。七年生と先生たちはテントで夜を過ごし、地元のコミュニティと関わり、自分たちのルーツへの意識を深める。生徒たちは道中で目にしたホームレス、あるいは自然とテクノロジーといった対極にあるものに気づくことで、市民としての自覚を持つことを期待しているのだ。

「二重性」について漫画を書くという課題が与えられる。先生は七年生が家を持っている人と「すごいね」と言っていた女の子は、サーファー少年の草稿をふたつの点（カラフルでまとまりがある）でほめ、ひとつだけ（綴り）注意した。

まだ入学してわずかな日数しか経っていないのに、生徒たちはすでに強い仲間意識を育てている。

「ジャスティン・ビーバーが見られない」と、青いパーカーを着た男の子が、アイドル歌手についての話を耳に挟んで言った。ノートパソコンの使い方に苦労しているようだ。「それは引用じゃないわ」と、さっきの女の子はサーファー少年の原稿の感想を続けている。この年頃の子供たちと、かなりコミュニケーションスキルの高い大人だけが持つ気楽で協力的な態度だ。

「提出が遅すぎるのよ」と、サンダルの女の子が口を出す。「もう二週間も経つじゃない」。遠慮していても意味はない。

「なんでこのコンピュータ、こんなに使えないの？」青いパーカーの子が言い、おおげさに顔をテーブルに埋める。

苦労していることに人文科学の先生が気づいて近づいてきた。大丈夫？　なんて入力して検索をしたの？　先生の質問で、彼は自分に原因があるのかもしれないと慎重に考えてみた。「ほかの言葉を足して検索したほうがいいかもね。思いやり(caring)と同じ意味の言葉は？」。ところが、彼はひとつも思いつかなかった。同義語を探すには、どうしたらいいのだろう？彼は文字を入力した。「そう、類義語辞典を使うの。『care』と打ちこんで、出てくるリストを見て」。私はイギリスで一番頭がいい学生、デイジー・クリストドゥールーが人間はずっと知識を学びつづけると言っていたことを思いだした。思考能力を高めるためにはそれが不可欠だという点で、彼女は正しいと思う。だがそれでも、ここの生徒たちはずっとグーグルやそれに代わるものを使いつづけるだろう。

「生きている限りテクノロジーから離れられないんだ」と、灰色のTシャツの男の子が嘆いた。彼は国境の山々を懐かしんでいた。

人文科学の授業の冒頭では、ウォークから派生した人口分布の地図作成と人口統計学の計画が説明され、一方その隣の教室で行われている製作の授業では、生徒たちが設計支援ツールを使って、自分たちが歩いてきた地域の三次元の地形図を作成している。全体を四つに分割して担当し、各グループは画面上で作図してから、ベニヤ板をレーザーで切断して部品を作る。最後にジグソーパズルのように組みあわせて、学校の裏にあるプールくらいの大きさの地形図を作る。先生たちの授業での説明は、まるでデザイン会社の打ち合わせのようだった。金髪の少女が、レーザーで切断したあとピースのつなげかたがわからなくなりませんかと質問すると、先生は海抜ごとに輪切りにして切断面を設計するから、ピースを滑らかに積むことができると説明した。

「なるほど」と、女の子は言った。

「学ぶってのはそういうことだよ」と先生は答えた。「思わず『なるほど』って声が出る」

「『そりゃすごい！』っていうのもありでしょ」と、『バック・トゥ・ザ・フューチャー』の仮装をした男の子が言った。

「そのとおり」と、先生はにっこりと笑って答えた。

準備が終わり、「グループ・ミーティング！」というかけ声とともに生徒たちは話しあいを始めた。あらゆる大陸出身の両親を持つ子供たちが混ざりあっているのをみるのは楽しかった。すでに、現実の社会でも通用しそうなほどの仕事ぶりだ。要求水準はとても高い。本ばかり読んで育った自分自身を顧みて、私は後悔の念を覚えた。子供たちはここで考え方ややり方、思いやりを学ぶことを楽しんでいる。すべての学校がこうであることはできないのだろうか。そうすれば早期教育はよりよいものになり、小学校への準備も万端になる。そうすれば、九十九パーセントの子供は十二歳までに読解や作文、算数が得意になるだろう（現在は先進国の子供の半数、発展途上国の二割にすぎない）。より多くの学校でこれが実現すれば、本当に世界を変えることができるだろう。

「世界は変わりつつあるのに、学校は取り残されている」と、ローゼンストックは言う。問題は、自分たちは学習革命を一から起こさなければならないのか、それとも「世界が変わることで、学習も自然と変化していくのか」だと彼は考えている。

彼は自然な変化にはあまり期待していない。教育には長期的な取り組みが必要だが、合意点を探るための将来のビジョンや協力は、どうしても政治的な変化による影響を受けてしまう。「大統領は四年ごとに変わる。選挙前の二年間は、マスコミは誰がつぎの大統領になるかということばかり考えている。つまり、人生の半分を次期大統領の心配ばかりしているメディアに囲まれた世界に暮らしているということになる」。将来に向けての真に価値ある行動は、自分でしっかりと物事を決め、新しい世代の子供たちを育て、彼らに世界を変えてもらうことだ。偉大なアメリカの政治運動家アンジェラ・デイヴィスは、いま私たちは自分の未来のためではなく、自分の孫の世代のために闘っているのだと言った。[5] 探究と共同体と協力を重視するハイテック・ハイは、私たちが必要とする世界への展望の種をまこうとしている。その発想のもとは、ソクラテスなど過去の思想家たちだ。

「学問とは個人がひとりで行うものではない」と、ローゼンストックは言った。「私たちがともに行うものだ」

E・D・ハーシュと同じく、共有された物語や知識を理解することが学習の出発点だ。それから、その知識を用いるための協力で学ぶこと。学校はこのふたつの両方の道を示さなければならない。「よい授業をして、高い点を取らせ、子供たちの質問にうまく答えることは可能だ。だが、それだけでは十分ではない」。彼の考えでは、学校はこれまで、ともに生きていくことの意味を子供たちと学んでいくという難しい問題をずっと放置していた。「二年生がふたりで南北戦争について学んでいるとしよう。白人の子が黒人の子に向かってこう言う。『こういう結果になってよかったね。じゃなかったら、僕が君を所有してたかもしれない』と。二年生の先生だとしたら、あなたはどうする？　もしくは、ある三年生の女の子がこう言ったとする。『私にはお母さんがふたりいるの』」。ローゼンストックはかつて、女性としての自己認識を持つ、ふたりのトランスジェンダーの子供の母親の訪問を受けたことがある。ほかの生徒とトイレが共通であることを心配し、専用のトイレを使わせることを要求するためだった。心の傷になってはと心配し、彼は女の子たちに、専用トイレを使ってもいいと伝えた。「ところがまったく使わなかったんだ。女の子たちは一切気にしていなかった」

問題は込みいっている。内容によっては、一方的に教えたほうがいいこともある。読み書きや数学の公式、レーザーカッターの使い方、歴史的事実などがそれに当たる。そうしたものを、それぞれの世代が改めて「発見」しなければならないとしたら時間の無駄だろう[6]。マイケル・トマセロの文化的ラチェット効果の意味はこうした点にある。だがそれ以外にも、子供たちが向きあわなくてはならないことはたくさんある。何を読み、書くか。どこに数学を適用するか。歴史をどう解釈するか。最新のテクノロジーを利用する目的は何か。最善の生き方とは。ここでは、知識は固定されたものではないし、固定することなどできない。こうした難問には議論が必要となる。記憶をすれば認知的能力は高まるが、そのとき学習者はある固定化された世界像を知らず知らずのうちに受けいれることになる。ハイテック・ハイの生徒は、不確実性への備えをしている。

「ここでは規則はふたつしかない」と、ローゼンストックは笑った。ひとつめはローラースケート禁止で、ふたつめは取材者に話しかけないこと。彼は、生徒たちが言われたから何かをする、というのを望んでいない。生徒には責任を持って行動し、自分の頭で考えてほしい。フィンランドやスクール21のように。ここにはベルも規則も、校内放送もない。この場は生徒たちのものであり、また生徒たちもそう感じている。「仲間たちからの圧力は過小評価されているが、悪い影響だけでなく、よい影響もある」。成績もない。成功したプロジェクトの数が記録されるだけだ。生徒たちについて、家庭環境や学習の進度の記録もない。その代わり、教師と生徒は互いに目配りをしている。それでも、卒業生全員が大学へ進学する。ローゼンストックは「一八九六年に実業家が学習を標準化するために始めた英語、歴史、数学、科学などの科目」で作られるビジネスに基づくモデルを拒否し、人間がより古くから持つ組織である共同体をより大切にしている。

ビジネスに基づくモデルは識字率を飛躍的に高めたが、同時に競争やストレスをもたらし、教育の目的を矮小化してしまった。スティーヴン・ピンカーは、人類が持つ知識の総計を増やすことを目指すべきだと主張した。識字率や計算能力、大学卒業率などで測られる学習が高いレベルにある社会は、健全で裕福であり、しかも安全性が高い。それはある意味で正しいが、過去の世代が、必要な変化を遅らせたために危機を招いたということもまた真実だ。高い教育を受けた数多くの銀行員や公務員が、社会全体ではなく個人の利益を追い求め、石油会社は世界の長期的な利益を損なう気候変動を引き起こした。教育は、テクノロジーと同じく、善だけでなく搾取のためにも使われうるのだ。

新たな視点で考え、能力を高め、人を思いやるためには、ローゼンストックがハイテック・ハイでしているように、より人間的な学校のモデルを作る必要がある。まだどのような制度を目指すべきかについての研究は始まったばかりだが、その方向性を示唆する研究はすでに行われている。私たちが生まれついての学習者なのだとしたら、人を制度に合わせて変えるよりも、制度のほうを人に合わせたほうが、人が長年にわたって洗練させてきた教えあい、協力しあう能力を生かすことができるだろう。

規模のメリット

一九九三年、あるイギリス人物理学者が都市について同じようなことを考えていた。テキサス州ワクサハチーに設置される予定だった予算数十億ドルの加速器デザートロンの予算がカットされ、暇をもてあましたジェフリー・ウェストは関心を素粒子物理学から人間に移したのだった。そのころ、世界的に都市化が進行しており、二〇五〇年には、地球上の百十億の人口が都市部に密集して生きるようになると予測されていた。「ただし、そのころ考えられていたのは、レストランや美術館や天候といった細部についてばかりだった」と彼はニューヨーク・タイムズ誌に語っている。(7) スタンフォード大学とロス・アラモス国立研究所で問題を分析することを学んできた彼は、それ以外の可能性があるのではないかと考えた。あらゆる都市に共通する隠された法則があるのではないだろうか？

ニューメキシコ州、サンタフェ研究所の元物理学者ルイス・ベッテンコートとともに、ウェストは自然のシステムを観察することから研究を始めた。彼は生命の大きさを支配する法則、つまり「大きさが変化したときにシステムはどう対応するか」を理解しようとした。生物は多様で、自然は複雑であるにもかかわらず、ウェストは生物の大きさが「細胞から生態系に至るまで、驚くほど単純に規則的に変化する」ことに気づいた。彼はそこから、力の法則を提唱した。体や組織の大きさが二倍になっても、それを維持するためのエネルギーは二倍にはならず、七十五パーセントしか増加しない。要するに、生物のシステムは、大きく複雑になるにつれてエネルギー効率が改善するのだ(8)。自然界には、規模のメリットが存在する。同じことが人間のシステムにも言えるのではないだろうか？

ウェストはそうした疑問を抱いて、外見は生物に似ていて、どこまでも広がる道路網が植物の葉脈や人間の神経組織を思わせる都市の研究を始めた。都市が大きくなるとき、生産性はどのように変化するか。会社は巨大化するとやはり利益が増加するのか。都市は生物と同じような働きをしているのではないか。そうした考えを検証するためにデータを調査した。そしてインターネットや図書館で、中国の中型都市の人口統計に関するこれまで誰も読んだことがないであろうほこりをかぶった報告書や、ドイツの地方のインフラに関する詳細な技術的情報などを読みあさった。そして二年ののち、ウェストとベッテンコートは結論を下した。都市にはたしかに法則が存在する。その法則はとても単純で、ある都市の人口（二十万人であれ、二百万人であれ）を知るだけで、その都市の住民の平均年収や道路の表面積、舗装道路の上を歩く人々の速度まで、八十五パーセントの正確さで予測することができる。その都市の所在地が四川省であろうとスコットランドであろうと、サウスカロライナ州であろうと、その法則は同じように当てはまった。(9)

ウェストとベッテンコートの法則によると、都市のサイズが二倍になると、一人当たりの生産性は十五パーセント上昇する。つまり市民それぞれが平均して少しずつ裕福で、生産的で、創造的になる。

「この驚くべき等式が、人が都市に集まる理由だ。ただ規模が二倍の都市にいるというだけで、同じ人に関する計測可能なあらゆる数値が十五パーセント高まるのだ(10)」。人口ごとの特許の取得数なども同じ法則によって高まるが、また犯罪や災害なども同様に増加する。さらに、大都市がこの増加を達成するために必要とするエネルギーやインフラ、資源は十五パーセント減少する。都市は有機的で、リーダーはおらず、計画や運営もあまりされていないが、著しい規模のメリットを享受している。自然の法則では巨大化すると動きが遅くなる（キリンはのんびり動き、ネズミはすばやく走りまわる）が、都市は加速する。その理由は、社会的なものだとウェストは考えている。都市は人々をつなぐ。交流と協力が学習とイノベーションを促す。ハイテック・ハイと同じように、都市はオープンソースなのだ。

「自由こそが都市を生かしつづける(11)」と、彼は言った。この発見に勇気づけられ、ウェストとベッテンコートは企業を手始めに、人間が作るほかのシステムを調べていった。ところが、二万三千社のデータを調査してみると、驚くべきことがわかった。規模が大きくなるにつれて都市と逆の効果が表れて、従業員当たりの利益は減少していたのだ。その理由はウェストの仮説によれば、企業の規模が拡大すると官僚的になり、効率性をなくしてしまうためだ。また企業は四、五十年で死んでしまうことも多い。これは企業の業績が悪化すると、真っ先に研究や新規開拓の予算が削減されることによるのではないかとウェストは考えている。「こうした思考法が企業に死をもたらす」と彼は書いている。都市はより有機的で、そのためより生産性が高い一方で、企業は人工的に作られた構造によって学習を阻害してしまうのだ。

私はウェストの研究を読み、その法則が学校にも当てはまることに驚いた。二十世紀の教育システムは企業をモデルにして作られたものだ。数十年にわたり、政府は企業を参考にして教育を改善しようとしてきた。目標にこだわり、説明責任を導入し、データの奴隷でありつづけた。このモデルによって、識字率や計算能力は目に見えて向上した。しかし、ウェストの研究を考慮すれば、学習の量や方法に関する考え方は変化すべき時期に来ていると考えられるだろう。おそらく、たとえ試験の点数は上がったとしても、マネジメントの理論は学習や行動、思いやりを抑圧してしまっている。(12) その代わりに、共同体をできるだけ活用する人間本来の能力を基にしたシステムを考えることはできないだろうか。新たな視点で考え、能力を伸ばし、人を思いやることができれば、人間のシステムを損なうのではなく、もっと生かす方法を作りだせるかもしれない。

ボストンで、私はマイク・ゴールドスタインに会った。彼はマサチューセッツ州にあるチャータースクールと教員養成ネットワークですばらしい成功を収めているマッチ・エデュケーションの設立者だ。いまは長期休暇中で、リンクトインのプロフィールには「パパ見習い中」と書かれており、リビングの内装はアスレチック遊技場のようだ。休暇を取るまえには、ブリッジ・インターナショナルという、月五ドルで授業を受けられる私立幼稚園、小学校五百校のネットワークで教務主任として三年間勤めていた。学校はケニア、ウガンダ、リベリア、ナイジェリア、インドにあり、現在二十五万人の子供たちが通っている。ブリッジはビジネス型のモデルを採用して識字率の向上に大きく貢献し、低コストと規模の大きさを生かして、その学校で学んだ子供たちは各国内のほかの学校で学んだ子供よりも読み書き算数の成績が向上した。(13) だが批評家は、テクノロジーに過度に依存していると非難した。教師はタブレットに表示される内容を読みあげるだけで、子供たちもデバイスを使って勉強をしており、ロボット教師による授業によく似ていた。(14)

大切なのは現実だ、とゴールドスタインは言った。ハイテック・ハイやヒーデンキヴィ基礎学校は、すばらしい教師がいるからこそやっていける。だが例外的に優秀な人材に頼っていては、規模を拡大することはできない。ブリッジはこうした現実を受けいれている。ケニアでは、きちんとした教育を受けた人の数はまだ少ない。高い能力を持つ人々も豊富というわけではない。そこで理想を追っても仕方がないではないか。「規模を拡大するためには、規模に応じて確保できる平均的な教師がやっていけるシステムを作らなくてはならない」。医師のアトゥール・ガワンデは、有名なチーズケーキに関するエッセイのなかで、高級レストランの全国チェーンで、すべての店舗が同様に高品質の料理を提供するためには何が必要か、そしてそこから医療部門が学ぶべきことは何かを考察した。(15) ゴールドスタインは、学校について同じ考え方をしたのだ。「一軒の最高級レストランを建てるか、あるいはあり合わせの労働力を生かして顧客によい経験を提供するか？」

ゴールドスタインはそのどちらもが必要だと言う。「スターバックスのようなものがあるのも、個人経営者によるひと工夫したコーヒーが飲める店があるのも、どちらも嬉しい」。だが私にとっては、スターバックス式教育の問題点は、教師や学校の運営者など、そのシステムを作った人々が生徒の学習という目的のための手段に過ぎず、学習のための歯車になってしまうという点にある。それではヒエラルキーにおける個人の位置は固定化され、人間としての能力は限られ、せいぜい反復的な仕事のルーティンに従うだけになってしまう。これでは、百五十年変わらぬ学校のモデルに追随しているだけではないか。個人経営者の喫茶店はこれとはちがう。それは手作りの思想の上に作られている。実験や、メニューにはないものを試すこともできる。従業員はコーヒーや料理、接客を学び、やがてビジネス・パートナーへと成長するかもしれない。だが、これにも危険がないわけではない。すべての店が繁盛するわけではなく、閉店に追いこまれる場合もあるためだ。

改めて考えてみれば、私がこれまでに見学した学校が持つ使命は、大きくふたつに分けることができる。ＫＳＡとＫＩＰＰではかなり学習の遅れた子供たちを受けいれ、現在の社会的階層から抜けだすことを目指してシステム化された方法で成績を上げている。その点はマッチやブリッジと同じだ。そこでは企業のように、生産性が重視されている。その一方、ハイテック・ハイやスクール21は時代遅れになった学校制度に対する反省から出発し、未来の教育を想像しなおすことに資源を注いでいる。これらの学校はよりフラットで階層がなく、都市に似たところがある。どちらのやり方にも、それぞれに長所がある。ならば両者のいいところを集めて、システム化されていながら人間らしいモデルを作ることはできないだろうか。私はアメリカ西海岸の学校のネットワークで、まさにこの方法で教育と学習について再考し、大きな成果をあげているところがあると耳にし、調査に向かった。

システムが私たちを作るのではない。私たちがシステムを作るのだ

カリフォルニア州デイリー・シティのセラモンテ・アベニューのスターバックスでは、ふたりの元警官が雨宿りをしていた。ベイエリアでは鉄砲水の警報が三日間続き、土砂降りの雨はまだやんでいなかった。ふたりのうち若いほうは短髪で、近ごろ規則違反により停職になったのを機に退職していた。新しく着任した上司は規則と手続きのことしか考えていなかった。カクテルで悲しみを紛らわすその男に、引退した友達は元気を出してつぎの仕事を見つけるように言った。「フォードの求人が出ていたぞ。ゼネラルモーターズも」。だが、無職の四十男に何ができるだろう。大人になれば仕事はいくらでもあるからと、学校の成績なんか気にしたことはなかった。いま南東に数キロ行ったところでは、シリコンバレーの道路を自動運転トラックがテスト走行している。やはり学習は大切な、人間が手放すことのできない資質なのだ。

車でそこから移動する途中、アメリカのベッツィ・デヴォス教育長官が、学校は教師ではなく親のためのものだと力説している声がラジオから聞こえてきた。それはちがう、と私は心のなかで反論した。学校は私たちが全員で共通の未来を作っていくところだ。学校は子供たちのものだ。

次世代の育成を真剣に考えている学校、サミット・シャスタ・ハイは州間高速道路二八〇号

線を見下ろす岩だらけの場所にあった。外観は目立たない。舗装された通路の両側に見栄えのしない仮小屋が並んでいる。その向こうの生涯学習センターはまるで刑務所のようで、新しい校舎の建設予定地で景色のなかに埋もれている。「予定地の草刈りが終わったばかりです」と、ひとりの教師が教えてくれた。その周囲には木が並び、低い雲の切れ間から太平洋が望める。アーネスト・クラインの小説『ゲームウォーズ』で描かれた、ゲーマーたちの国、都市の廃墟のようなアメリカが霧雨の向こうに見える。(16) だが、この光景は現実のものだ。仮小屋にはどれも色鮮やかなドアがついている。カリフォルニアのティーンエイジャーたちが集団で水たまりをよけて歩いていく。靴は水浸しで、長い髪やパーカーも雨に濡れているが、健康さがあふれている。

デイヴィー先生による十一年生の科学のクラスはもう始まっていた。小屋の壁に、一九五九年以来の大気中の二酸化炭素濃度の巨大なグラフが貼られている。それはまえの週に生徒たちが、気候変動を認めようとしない政府への抗議の第一弾として作成したものだった。ニコラスは、環境問題は大きな問題だと発言した。そのまえは水不足問題に関するプロジェクトで、水質浄化の技術を実験していた。ボードには青いマーカーで「バイオディーゼルとは何か？」そしてその脇に「私たちのチームはどうすればバイオディーゼルを生みだせるか？」「なぜバイオディーゼルは重要か？」と書かれている。三十人の若者たちは各自のコンピュータに向かい、世界を改善するために問題を解決しようとしている。私がサミットに注目したのはこのノートパソコンと取り組みのためだ。その始まりは、二十年前にカリフォルニア生まれのある優秀な教師が子供たちの未来を心配したことだった。

ダイアン・タヴェナーは教師として働きはじめたころから何かが間違っていると感じていた。「当時のやり方が根本的におかしいということは明らかでした。あんな育て方をしたら、子供はきっと成功できません」と、彼女は私に言った。人々にその理由を尋ねると、誰もがずっとそうしてきたんだからという答えが返ってきた。それでも彼女は尋ねつづけた。システムが学習を阻んでいた。だが、タヴェナーはまわりの教師とはちがうやり方をした。「私は子供のような意識でいました」。彼女は生活でも仕事でも、これまでずっとそうした意識を持ちつづけてきた。その後、サミット・パブリックスクールを創設し、CEOを務め、学習を改革してきた。金髪で鋭い知性を持ち、家族や飼い犬の黒いラブラドール・レトリバーと長い散歩をすることが好きだ。また時間があるときには『ヒルビリー・エレジー』など社会問題を扱った本を読む。ロサンゼルスの公立校の教師として働いたのちスタンフォード大学に進んで、十年間学習についての最新の研究成果を学んだ。自分の探究心の根は、子供時代にあると考えている。

子供のころのタヴェナーは、自分は大人にはなれないだろうと思っていた。もしなれたとしても、きっと教師にはなれないだろう。「あまり長く生きられるとは思っていなかったんです」と彼女は打ち明けた。「貧しく、悲惨な状況で育つと、多くの子供がそう考えるようになります」。アルコール中毒の父親から虐待され、母親が保育学校の教師をしていたタホ湖の近くの小さな田舎町は、とにかく恐ろしかった。もし抜けだすことができたら、近所で会う大人のようにはなりたくなかった。村の学校は唯一の避難所で、「自分が知る限り一番安全な場所でした」。そこはたまたま実験的で、自由で進歩的な雰囲気の学校で、教室はなく、ただ講堂がひとつあるだけだった。彼女は、やがて先生たちが講堂内の自分のよく使っている場所のまわりに壁を建てはじめたのを覚えている。そのことから、変化を起こすことの難しさを学んだ。地元の高校へ進学し、仲間たちが進路について悩んでいることを知った。

「大学まで行ける子供はごくわずかでした」。硬直化した能力別の、産業化したシステムに多くの子供たちが苦しんでいた。

探究を続けていくなかで、ある日ふと気がついた。現状の教育システムは最もよく学習できるようにではなく、システムを最も効率よく運営できるように設計されているのだ。それは啓示だった。「産業モデルの重要な特徴のひとつは、時間という変数は固定されているということです」と彼女は言った。伝統的な教育方法では、アドルフ・ケトレーの平均人を基にして、すべての子供が同じペースで、同じ学習内容を、同じ規則のもとで学んできた。もし第一の目標が「環境を管理、運営すること」であるなら、それでなんら問題はないだろう。だがタヴェナーにとって、それは明らかに間違った目標だった。「すべての子供は、それぞれ異なる時間が与えられ、必要に応じた方法で学ぶことができれば、同じ習熟度に達することができるだろう」[17]。ベンジャミン・ブルームの2シグマ問題が示したとおり、一対一の補助があれば、すべての子供ができるようになる。スティーヴン・ピンカーからジェームズ・ヘックマン、トッド・ローズまで、それを裏づける証拠は揃っている。問題は、個人に合わせた学習を大規模に、システム化して提供するという点だ。

この問題には、アインシュタインでも頭を悩ませただろう。ひとつの教室に三十人の子供がいて、特別な予算もなしに、それぞれの子供にちがう時間をかけることができるのか。

それを解く鍵のひとつがノートパソコンだ。六年生か九年生でサミットに入学すると、新入生は在学中に学ぶすべてのことに、個別学習プラットフォーム（ＰＬＰ）を通じてアクセスできるようになる。生物の授業で、ニコラスが私にそれを見せてくれた。クロームブックのシンプルな画面の左のほうに、「進行中」「今年の予定」「継続学習」「成績」のタブが見える。「進行中」をクリックすると、「ＡＰ微積分」「ＡＰ英語」「スペイン語３」「化学」など、この学期に学習している科目が画面に現れる。それぞれの下に、提出期限つきの現在の宿題と、自分で選択する評価のタブ、「パワー・フォーカス・エリア」のタブが緑かオレンジで表示されている。それを見ればそのコースの学習内容をどこまで習得したかがわかる。「今年の予定」を選択すると予定表が現れ、プロジェクトごとに大きな青い枠がある。その下に何列か、自主課題を表す緑色の枠が並んでいる。どれでも好きなときに取り組むことができ、自分で学習を進めて、準備ができたと思ったらオンラインテストを受ける。

画面には恐ろしげな青の縦ラインが入っていて、現在どこまで進んでいるべきかが表示されている。ニコラスはそのだいぶ先まで進んでいた。

これは、人間対人間の学習はもう終わりだということを意味するのだろうか。家にひとりでいて、輝くスクリーンに視線を落とし、個人化された学習内容をゆっくりとたどって学んでいる子供の姿が浮かぶ。だが、タヴェナーの考えはそれとは異なっている。テクノロジーにばかり気をとられては、サミットが目指しているものを見失ってしまう。「それは重要な要素です。でも、答えではありません」。大切なのは人だ。「私たちの学校では関係を生みだし、強めることに取り組んでいます。それは産業モデルの学校にはまったくありません」。それだけではない。サミットは一年を各八週間の四学期に分けている。そのうち六週間は学問的なプロジェクトやPLP、数学と英語の補習にあてられる。だが残りの二週間は探究の時間だ。生徒たちはヨガや演劇、芸術、映画、コンピュータ科学、ウェブデザイン、旅行、インターンシップなどから好きなものを選ぶ。サミットは大学やその先で成功するとはどういうことかを真剣に考えている。学業成績が優秀なのはもちろん（卒業生の九十六パーセントが四年制大学へ進学する）、彼らには自分がしたいことを見つけるチャンスがある。ニコラスはプログラミングとバスケットボールが好きだ。仲のいい友達のことも熱心に話してくれた。私はもっとこの学校のことをよく知るために、十二年生の英語のクラスへ向かった。

シェイクスピアの授業をしている小屋に入ると、私は思わず何度もワッツ先生をじっと見つめてしまった。アナーキーなタトゥーが彼女の率直な性格を物語っている。クラスは『オセロ』を学んでおり、生徒たちは一時間で先生が用意した六つの課題のうちひとつに共同で取り組んでいる。私は『一九八四年』『崩れゆく絆』『響きと怒り』などの名作が並んだ書棚の横にすわった。となりにはスポーツウェアを着た五人のアジア系の生徒のグループがいて、ジェンとパムがそばについている。課題は第一幕第三場の現代版を書くというものだが、そもそも全員がシナリオを読み通しているのかも定かではない。「じゃあ、ドキュメントを開くよ」とジェンは言い、「ハック・トゥ・ザ・フューチャー」「ジュラシック・ハック」などと書かれたプログラミング・クラブのステッカーがびっしり貼られたクロームブックを開いた。

シリコンバレーでは、文字を読むことと同じくらい自然に誰もがプログラミングを覚える。「登場人物ごとにセリフがちがう色で表示されます」とパムが言った。グーグルドキュメントのまっさらなページが、生徒たちが同時に入力することで五色の文で埋まっていく。なかなか上手だ。

このシーンではオセロがデズデモーナを誘惑したあと、彼女の父ブラバンショーに取るに足らない者のような扱いを受ける。五人の生徒たちはオセロをバスケットボール選手に、ブラバンショーをＮＢＡチームのオーナーに見立て、すばやく登場人物の割り振りをした。

「デスかデスティニーはどうかな」と、アレックスがデズデモーナの名前を変える提案をする。するとほかの登場人物の名前も、つぎつぎにバスケットボール選手のステフィン・カリーとレブロン・ジェームズ、Ｒ＆Ｂ歌手のアッシャーへと書きかえられていく。

ひとりが「あのお方に直メをさしあげた！」と書いた。これはどういう意味だろう？

パムやほかの生徒たちが笑いだした。そして私に、それはソーシャルメディアを使って口説くという意味だと教えてくれた。

「アッシャーはどこ出身なの？」とギャビが尋ねた。

「直メ？　そんなこと書くなんてありえない！」

脚本家たちはひとしきり笑い転げたあと、気を取りなおして入力を再開し、ときどき手を止めて誰かのセリフに笑みを浮かべたり、それを修正したりする。私はこうした光景を見たことはなかった。できたものがとくにすばらしいというわけではない（十六歳のころ私が書いたどんなものより面白く、独創的ではあるが）のだが、目立っていたのは、生徒たちがとても楽しそうに作業していたことだ。創造性や協調性について評価するのはむずかしいが、私が会ったことがあるどの子供よりも、この五人にはそれが備わっているように感じた。リラックスし、アイデアを生みだし、さまざまなことを考えながら、思いついたことを洗練させ、形にしていた。しかもそれをみなで一緒に、能力を生かしあってやっているのだ。つまり新たな視点で考え、能力を高め、思いやりの心も持っている。彼らは十五分で二ページ分のシナリオを作り、提出時間までにそれを仕上げた。ハリウッドの脚本家のチームのようだ。

「私にシナリオのページのリンクを送って」とワッツ先生が言った。私は驚いた。わずか一時間で、五人の十二年生はプロジェクトの指示を受け、役割を決め、短いテキストを読み、それから印象的で想像力に富み、しかも面白い二ページのシナリオを共同で書きあげてしまったのだ。私は延々と何時間も続く実りのない会議や、マネージャーと上層部のあいだで何度も送信される草稿と修正稿のことを思い起こした。この生徒たちには現実世界で生きていくスキルが備わっている。いずれ就くことになる仕事でもきっと成功するだろう。ロボットが人に取って代わり、人間の仕事がなくなったとしても、彼らは成功するだろう。この生徒たちには困難に立ち向かい、状況のなかで最善を尽くす力がある。何より、その過程を楽しみ、仲間を見つけることができる。

「もしあのお方への直メ許されるのなら、出場停止になってもかまうものか！」

脚本家たちは爆笑した。

壁には、C・S・ルイスの言葉が掲げられている。「読書によって、私たちは独りではないことを知る」。なるほど。ソクラテスにとっての読書は、いまの私たちにとってのスマートフォンのようなものだった。新たな仮想世界を覗くことによって、現実の人々からは遠ざかる。その長所と短所のバランスをとる必要がある。サミットでは、生徒たちは週十六時間ＰＬ

Ｐを利用し、スクリーンを眺めながら自分のペースで読書や鑑賞、作文をし、小テストを受ける。教科書はオープンソースで、先生たちがつぎつぎに手を入れる。指示が入ったり、改訂やプロジェクトの追加がなされる。それがこのシステムのいい点で、決して古くなってしまうことはない。また生徒たちはプロジェクトチームに入っていて、一緒に考え、互いに助けあう。自立や責任を学んでいる。「言葉は尽きることのない魔法の源だ」という掲示もある。ハリー・ポッターからの引用で、人間性を思いださせる詩の力についての言葉だ。「その力で、人を傷つけることも癒やすこともできる」(18)

タヴェナーはこの人間性を強調した。二〇〇三年に、彼女はパロアルト近郊のレッドウッドシティで最初の学校を設立した。それがサミットの始まりだ。すぐに成功を収めたが、二〇一一年に、彼女はＫＩＰＰのデイヴ・レヴィンと同じような問題に突きあたった。九十六パーセントの生徒が大学に進学するが、五十五パーセントほどしか留年せずに卒業できなかったのだ。その衝撃を受け、一から考え直す必要に迫られた。「成績を高めることのできる環境を作りましたが、同時に生徒たちをサポートしすぎていました」。卒業し、そのネットワークがなくなると、学生たちは新たな困難に挑む方法がわからなかった。タヴェナーは言う。「そうしたスキルは、何年も実践しつづけることでようやく身につくものです」と、規則に従うことを評価する環境では生徒たちに自立心や判断力を身につけさせることはできない。すべてを変えなければならなかった。

「それは、最終学年で一度やれば身につくというものではありません」と彼女は言った。私は上海で、成績はいいが権威主義的なシステムの矛盾と格闘する政策決定者たちを見てきた。

フィンランドでは、もっと自然な方法がとられていた。「面白いことに、一度そのことに気づいて行動するようになれば、すべてが変わります。学校のすべてを考え直さなければならなくなります。なぜならそれは、すべて大人がコントロールし、運営するという方向で作られているからです」。ジェフリー・ウェストの企業分析とまったく同じことだ。サミットは、生徒たちが自分で成功できる力をつける方向に転換した。そして、認知能力だけでなく心の習慣を重視し、生徒の学力レベルを維持するために数学と国語の補習を始めた。テクノロジーの助けを借りて、教師の時間を節約し、生徒たちは自分のペースで学習できるようになった。

タヴェナーは二〇一三年になってようやくソフトウェア開発者を採用した。はじめに開発者がしたことは既存のシステムを統合することくらいだったが、マーク・ザッカーバーグと妻のプリシラ・チャンが見学に訪れたことで状況は一変した。彼らは状況を知って微笑み、すぐに開発者のサム・ストラッサーにフェイスブックのソフトウェア・エンジニアのチームを貸しだし、システムの改善に協力させた。そしてPLPと、サミットが世界中の人々と無料で無制限にPLPを共有するためのプラットフォーム、ベースキャンプが生まれた。タヴェナーはそれを「未来の学校のオペレーティングシステム」と呼んだ。フェイスブックの創業者夫妻の支援によって、その言葉はすでに現実になりつつある。ベースキャンプは現在アメリカ各地の数百の学校で使用されている。

染みのついた天井の、ところどころ欠けたタイルやクロームブック、舗装された通路にできた水たまりを見れば、このモデルはほとんどどこでも再現できることは明らかだ。必要なのは教師と生徒とノートパソコンだけ。そのなかで一番手に入れにくいのは教師だろう。サミットは教師の育成にも取り組んでいる。個人学習の時間によって負担が減るため、教師は毎年五十日間を、指導力の向上と仲間との協力のための時間としているが、こうしたことはほかの学校では聞いたことがない。サミットは、人間のシステムを補助するインフラを整備している。「私は教師やリーダーを強く信頼しています」とタヴェナーは言う。人間をシステムから解放し、流れに逆らって泳いでくたくたになるような状況から救いだす必要がある。教師が学びの専門家になり、専門家の共同体を作り、規模のメリットを生かせるように補助しなければならない。テクノロジーは単なる道具だ。学習は私たちのなかにある。私たちはみな学ぶべくして生まれてきた――もちろん、教師たちも。

創設当初、サミットはずっと資金不足に苦しんでいた。一番厳しいときには、タヴェナーは全生徒と家族を集めて会合を開き、学校閉鎖を阻止するための公聴会への出席を要請したこともある。その席で彼女は、生徒たちの道を誤らせ、約束を果たせなかったと語った。その日を回想する彼女の声は震えていた。「ひとりの生徒が立ちあがって言いました。『心配しないでください、タヴェナー先生。この学校は校舎に建っているんじゃありません。私たちの関係でできているんです。私は公園でも、駐車場でも気にしません。先生について行きます。学校は私たちの共同体です。私たちはひとつです』。彼女はその瞬間、サミットは成功したのだと気づいた。「そのときに、私は気づきました。これまでの学校は非人間的だったし、それはいまも変わっていないのだと。子供たちがみなに愛されていると思える場所ではなかった。子供たちは愚かではありません。これまでの学校では、自分たちがやがて世界で生きていく備えができないことに気づいています。私たちの学校ではそれができたのだから、駐車場で勉強などする必要はないはずです」

子供たちにとって大切なのは仲間たちで、仲間が何を気にしているかを考えている。学習は人と人のつながりによる相乗効果から生まれる。それは都市に似ているし、また意識にも似ている。

学習機械、再考

ウェストの都市研究はＡＩの発達があってのものだ。機械が、従うべき一連の規則によらず、人間の脳と同じように感覚から得られたものと科学的探究によって学習することができたらどうなるだろう、とアラン・チューリングは一九四〇年に疑問を抱いた[19]。専門家たちは七十年間この問いを無視し、規則に従うコンピュータをプログラムしてきた。もしＡならばＢ、ＸならばＹ、こうすれば、ああなる、といった形に。コンピュータのシステムの各要素にはひとつの機能が割り当てられ、それを何度も繰りかえすよう指示される。規則どおり動くこの機械はすばらしい力を発揮し、チェスでグランドマスターに勝利を収め、「ジェパディ！」ではケン・ジェニングスを上回り、Ｘ線技師よりも的確にＸ線の検査をすることができるが、どこまでいってもまがい物でしかない。ガルリ・カスパロフがディープ・ブルーに負けたあと指摘したように、機械には目覚まし時計くらいの知性しかない。脳が持ついくつかの側面を模倣することはできるが、複雑な思考はできない。専門家はこれを「弱い」あるいは「トップダウンの」ＡＩと呼ぶ。それに対して「ボトムアップ」型のものは作ることは不可能だと考えられている。

二〇一六年十一月、日本の情報工学者、暦本純一教授はグーグル翻訳の性能が海外旅行の会話帳から詩の翻訳のレベルへと一夜にして向上したことに気づいた。それを調査するため、彼はアーネスト・ヘミングウェイの小説『キリマンジャロの雪』の日本語訳を英語へ翻訳させてみた。以前のグーグル翻訳のぎこちない文章に慣れていたため、暦本はいつものようにセンスのない訳文がでてくるだろうと考えていた。ところが、提示されたのはほとんど文学作品のような文章だった。(20) チューリングが最初に問いを立てて以来ずっと辺縁に追いやられていた「強い」AIがようやく出現したのだ。

翻訳を改善する力になったのは、チューリングが当初考えていた、ニューラルネットワークというアイデアだった。

人間の脳をイメージして設計されたニューラルネットワークは、自然のシステムを発想の源としている。ニューヨーク・タイムズ紙の記事で、ギディオン・ルイス＝クラウスはニューラルネットワークによる学習を進化になぞらえた。それに対して、弱い、トップダウンのAIの働きは神による創造に似ている。人の脳のなかでは、「その人の経験とともに、試行錯誤に応じて、ニューロンにおけるシナプスの結合は強まったり弱まったりする」が、人工ニューラルネットワークでも「同様のことが起こり、試行錯誤によって徐々に人工ニューロンの関係は変化していく」(21) と彼は書いている。古典的な人工知能の働き方が企業に似ているとしたら、ニューラルネットワークは都市に似ている。

私たち人間が無限の学習の可能性を解き放つときにも、このようなことが起きているのではないだろうか。強い学習のシステムを、ボトムアップ・モデルを参考に作ることはできないだろうか。

　最後の目的地に出発するまえに、世界的な教育者ウェンディ・コップと話をした。私は六年前に教員をやめてティーチ・フォー・オールに参加した。十年前に設立された、教師、子供、親、校長、政治家たちが力を合わせて地域に住む全員の学習を改善するための地球規模のネットワークだ。コップはCEOで、私の上司だった。大学時代に、自分の国で教育の機会が不均衡であることに懸念を抱き、自分のまわりに「一緒に変化を起こす活動をしてくれそうな人々」がいることに気づいた、と彼女は私に言った。「そして、変化を起こすなら、教育が行き届かない共同体でするのが一番いいでしょう」。卒業後、彼女は将来のリーダーを集め、育成し、動員して教育の平等を目指して活動する非営利組織、ティーチ・フォー・アメリカを設立した。

　三十年間にわたり、アメリカから世界へと舞台を広げて、コップは貧しい子供のために教育を改革することを目指して活動してきた。はじめはマイク・ゴールドスタインのように「成績の格差を埋める」ことを目指したが、やがて集団指導という発想に共感し、二十一世紀の子供のための教育をともに思い描くことのできる共同体と協力するようになった。彼女はこれまで、政府の教育政策がつぎつぎに変更されるのを見てきた。チャータースクール、教育バウチャー制度、教員の質向上、カリキュラム改革など。「毎年のようにそんな話をしていて、問題を解決する特効薬を探しています。いま言われているのはプロジェクトを基礎とした学習ですね」と彼女は言った。だがコップははるか昔に、特効薬など存在せず、スーパーヒーローが現れてシステムを修復させてくるようなことはないと結論を下していた。

それは「トップダウン」方式の限界なのだ。なにもスターバックスのコーヒーが悪いというわけではない(私はこの本を書きながら、何杯も飲ませてもらった)が、このシステムでは、私たちはハワード・シュルツが采配を振るうことを期待するし、それぞれの従業員がひとりのリーダーからの指示どおりに動くことでシステムは最もうまくいく。こうした考え方はすでに時代遅れになっている。国際法学者のアン＝マリー・スローターは、「ひとりの『自由主義世界のリーダー』という発想はまもなくかなり古めかしくなるだろう」と書いている。むしろ「異なった形のリーダーシップ」を取りいれるべきで、ニューラルネットワークのように、「力を合わせて責任を担い、特定の問題に取り組む」べきだと彼女は主張している。[22] システムが絶対的な存在としてあらかじめあるわけではない。私たちがシステムを作るのだ。だから人間の成長は、私たちひとりひとりが新たな視点で考え、能力を伸ばし、思いやる能力を伸ばすことにかかっている。偉大なリーダーに依存してしまえば、その可能性に気づくことはないだろう。

「私たちは力を合わせてシステムを考え直すべきです」とコップは言う。「私たち全員で」。これは、人々の団結力によってそれぞれの状況で何が最適かを決定するということだ。まずはじめに、地元のあらゆる職業の人々を集め、「自分の子供に何を望みますか?」と問いかける。「私たちのシステムは、この問いに対する二百年前の答えをもとに作られているんです」

トップダウンのＡＩはボトムアップのＡＩの弱々しい模倣にすぎない。そして、教育システムについても同じことが言える。ひとりのリーダーや、あるいは政治家、教育者のグループが全員に指示をし、従わせることはまったくよいことではない。人間の成長のような複雑なことにおいては、そうした方法ではうまくいくことはない。自主性を奪われた人々はシステムのなかで従順になり、やる気や、学習と成長の機会を失ってしまう。その代わりに、子供や親、教師、政治家など全員が力を合わせて全員にとっての学習を改善するための努力をし、子供たちにとって望ましい結果を得るための方法を試し、何を、どのように教えるかを決めるための判断材料にするほうがいいことは明らかだ。私たちの学習システムは、自己学習のシステムでなければならない。

「それが私たちをひとつにします」とコップは言った。「自分たちよりもはるかに大きいものを追い求めるには、全員がひとつになる必要があります」

私たちはともに学ぶように生まれついている。システムの再構築はそこから始めなければならない。底《ボトム》から出発し、都市や神経回路のイメージを持って。個々の要素が十分に協力することの可能性に気づくことによって、全体の力が生まれる。真の学習システムはオープンソースだ。

学習の将来は未知だ

ハイテック・ハイで、私は非常口からかつては軍用施設だった細長い格納庫に入った。その半分には、ガラス張りの二階分の高さがある部屋が並んでおり、その向かいの壁は一面が舞台のような黒いカーテンで覆われている。壁には三十個の自転車のタイヤをつなげた、クランクで動かせる芸術作品がある。背の高い棚にはエッシャーの無限に続く階段の模型が展示されている。囲いのなかで、生徒たちが二階への階段とジオデシック・ドームをマツ材で組み立てている。天窓から日光が降りそそぎ、天井から吊された実物大の肖像画を照らしている。夏とおがくずの匂いがあたりを満たしている。看板に丁寧な文字で「快楽の園」と書かれている。

最初の部屋では、ザックとアヴァが忙しそうに自分たちで製作したドローンのリモコンを操作している。少し間を置いて四つのモーターが申しわけ程度に動きはじめた。だが機体は浮き上がらない。ストッパーが外れ、プロペラが回って飛行機は床を走りだした。栄養ドリンクの空き瓶とクリームチーズの箱に入った食べかけのレーズンベーグルが、今日一日の努力を物語っている。ザックはマッドサイエンティストを思わせる巻き毛をかきむしった。「金曜までに動くようにしなきゃいけないのに」。ドローンについて学んでいて、どうやら何かの締め切りが迫っているらしい。つぎの部屋では、ほかのグループがやはりテスト飛行の準備をしている。この学期、これらの十二年生たちは時間の半分をこの環境学のプロジェクトに、残りの半分をアメリカの大学進学適性検査ＳＡＴの準備のための人文科学と微積分の授業にあてている。

ふたつのドローン製作チームのなかで、ゾーイはヘッドフォンをつけて腰を下ろし、コンピュータに何かを打ちこんでいる。彼女はニューヨークのリベラルアーツ・カレッジに進学し、演劇を学びたいと思っている。このプロジェクトでの役割は、ドキュメンタリー映画のためのあらすじを書くことだ。ドキュメンタリー担当のあとのふたり、エミールとジムはノートパソコンでその日すでに撮影した映像の編集をしている。部屋の外では、ドローンの操縦者アマチが練習中だ。白衣を着たグループは種子の研究をしている。いくつかの土壌が入ったトレイを用意して、粘土と土と生物分解性のプラスティックでできた種子を包む数種類の鞘《さや》をテストする。ドローンから蒔くんです、とジムが説明してくれた。準備ができたら、プロジェクトチームはカメラを積んだドローンをカブリヨ国定公園の上へ飛ばし、生物多様性と、砂漠化の兆候がないかを調査する。カリフォルニアは干ばつが多発する地域だ。もし通常の植物や動物が見られない地域があれば、彼らはもう一度ドローンを飛ばしてそこに種を蒔く。そのためには原生自然のなかを四日間ハイキングしなければならない。その様子を、ドキュメンタリー担当がカメラに収める。

「きっとすごいことになりますよ」とジムが言った。「穴に詰まったゴミも持ち帰ります」

私自身がシックスフォーム・カレッジで書いた『荒地』と『シラノ・ド・ベルジュラック』についての論文は自分にとっては重要だったが、ここで生徒たちがしている研究はもっと現実世界に根ざしている。廊下の先で、愛情を込めて「変人」と呼ばれる教師のジェフ・ロビンが最新のプレイリストのボタンを押すと、激しいギターリフが流れてきた。学際的な協力の重要性は高まっているが、専門分野のあいだには交流があるわけではない。ハイテック・ハイの十六、七歳の生徒たちが学校の時間の半分を使って行っている環境活動は、結局のところ世界規模で調整することが必要となる。彼らはプラカードや論文を書いたりはしないものの、本当にそれを行っている。壁にかけられた、レーザーで切断された木材のパネルにこう書かれている。

思想家は自分の行動を実験や問いとみなす。それは何かを見つけだす試みだ。成功と失敗とは、何よりその答えにある。

――フリードリッヒ・ニーチェ

この学校で大事なのはコンピュータでもない。「たしかに誤解を招く校名だね」。オフィスに戻ったとき、ローゼンストックはそう認めた。ちょうど入れちがいで、チンギス・ハーンの墓探しから帰国したばかりの著名な探検家が部屋を出て行った。「新しいものはない。テクノロジーは道具にすぎない」と、ローゼンストックは続けた。まるでｉＰａｄばかり使っているような印象を与える校名だが、見学して回ったところ、一番大切なのは教師のようだ。「生徒たちは全員チームに入っている」。ここの生徒たちは、密室で何かをしたり、自主的に独りでいることはない。彼らの特徴はチームワーク、密接なコミュニティ、開放性、「専門家としての成長」だ。ローゼンストックは職員の仕事が順調に進むよう慎重に配慮している。ミーティングは午後ではなく、午前に行う。「放課後に会うと、悪いことをした生徒の話になってしまう。でも午前中に会えば、自然と来年の予定の話になる」。学校の評判からして、ここには優秀な教師が集まっているようだ。求人に対して、毎年千八百人の応募があるという。

ハイテック・ハイには独自の教員養成システムがある。ローゼンストックがハーバード大時代の同僚とともにアメリカのすべての教員が受講する千四百の教員養成プログラムを調べたところ、「学校に併設されているものはひとつもない」ことを知った。彼は驚いた。「教員養成の大学院がＫ－12（幼稚園の年長から高校卒業までの13年間）の学校に存在しないということは、まるで医学校へ進学したのに人間の体をまるで見ないようなものだ」。そこで彼らは自分たちでそれを作った。またしても、その行動から多くのことが学べた。教師たちは適切な質問をし、最新の理論をふまえて教室での行動を計画し、熱心にこなした。まさに技能《クラフト》だ。彼らは社会的に構築された知識だけでなく、意図的な実践を信じていた。私は外で指導教官のひとりに会い、ある話を聞いていた。ピアノを教えてくれたジャズマスターから、五分間の完璧な練習のほうが一時間だらだらと練習するよりもいいと言われたというのだ。この学校の学習の文化は世界に広まりつつある。それはオープンソースであることを誇りにしている。

これが未来の学校なのだろうか。そう質問すると、ローゼンストックはたとえ話をした。教育省時代に、プロジェクトの締めくくりで全米五十州の知事の前で発表をしたことがある。そのとき、理想の学校について語る代わりに、ある映画の話をした。『Chan is Missing（チャンは消えた）』は一九八〇年代にサンフランシスコで低予算で製作されたインディーズ映画だ。ふたりのみすぼらしいタクシー運転手が、かつて免許証をとるために渡した金を返してもらうため、チャンという名の老人を捜すという物語だ。週末、主人公たちはチャイナタウンを回り、風呂屋や茶店、食堂の店主などさまざまな住民に会って話を聞くのだが、彼らが語るチャンは互いに食いちがっている。「チャンとはどんな人物なのか」と私たちは疑問を抱きながらラストを迎える。最後にはチャンの娘が運転手たちに金を返し、写真を手渡すが、そこに写ったチャンの顔は指で隠されていて、視聴者にはわからないまま終わる。

私は自分の旅について考えた。ハイテック・ハイとサミットはヒーデンキヴィ基礎学校や万航渡路小学校、42、ＫＳＡと同じように、未来の学校ではなかった。ラリー・ローゼンストックとダイアン・タヴェナーは、デイジー・クリストドゥールーやキャシー・ハーシュ＝パセック、アンドレアス・シュライヒャー、ジョシュア・ウォンと同様に、ただひとつの答えを持ってはいなかった。チャンの姿と同じように、まだ完璧な学校や教育システムを見ることはできない。だが、重要なのは探求することだ。映画を見ながら、視聴者はチャンの人物像を知人たちの話から少しずつ思い浮かべていく。どの旅先でも、私は人々が子供の可能性をできる限り引きだそうとしている姿を目にした。子供たちを際だたせるのは学習だ。どの教育者たちも、子供がどうすれば学習できるのかを、ずっと考え、試み、反省し、そして学んでいる。重要なのは、彼らがどう考えたかではなく、彼らの努力そのものだ。ウェンディ・コップが言ったように、学習において全員（子供たち、親、教師、校長）が協力して役割を果たせば、それだけ大きな影響を与えることができる。

私はこの旅を始めたとき、学校を変革することを望んでいた。いまわかっているのは、自分たちがいまいる場所から始めなければならないということだ。

私たちは学ぶように生まれついている。もし考えることを機械に委ねてしまったら、脳の力は衰えてしまうだろう。権威やヒエラルキーに基づいた学校を作れば、潜在的な創造性や成長しつづける力を奪ってしまうだろう。学習とは知り、行い、変わることだ。その根底には、はじめにどうすべきかを教えてもらわないと、考えたり、共通の基盤を見つけたり、専門的知識を身につけることはできないという逆説がある。また、教えられるだけではだめだ。それでは、誰も私たちの知恵を高め、文化を発展させ、大きな問題を解くべく未来を見据える精神を持つことはできないだろう。実験し、試し、何よりも失敗をしなければならない。人間はともに考える。人間は学ぶべく生まれついている。そして、そこにはかならず間違いがついてくる。コンピュータ時代とは、人生からリスクを排除し、誰もが同じようになることを求める時代だ。だが、私たちにはリスクが必要だ。リスクとはつまり間違うことだ。私たちはともに間違え、上手に間違えなければならない。それこそが学ぶための唯一の方法だ。そしてそれを安全に行うことのできる場所は、世界にひとつしかない。

私はハイテック・ハイの門を出て、午後の日差しを反射している広大な青い海を見渡した。未来の学習を探すこの探求のなかで、私は人工知能や神経科学、幼児教育、創造性、人格、生涯学習、教育と民主主義などについて知り、これから起こることや、学ぶことの重要性を垣間見ることができた。しだいに日が陰っていく太平洋を眺めながら、私にはひとつの明らかな答えが見えていた。学校そのものが人類最大の、最も重要な発明品であり、そこで私たちは人間にとって最も価値ある遺産を育んできた。それは文化とテクノロジーを発達させる手段であり、社会を動かす力だった。その成功を足場に、新たな視点で考え、能力を伸ばし、思いやる心を持つことによって、つぎの世代の学習の姿を描きなおそう。古代アテネでは、学校は貴族のためのものだった。シェイクスピアの時代には、革手袋商人の子供が学んだ。今日では、ほぼすべての子供たちが学校に通うことができるが、全員が学ぶことができる状況にはほど遠い。それでも、私たちはそこに近づいている。すばらしい学習に必要なものはわかっている。暗い夜空には星が輝きはじめている。主体となるのは人間であって、テクノロジーではない。競争ではなく、つながりを大切にしよう。知性と倫理だけでなく、行動力を。経済だけでなく、政治を。学びはすべての人のものだ。

まとめ　学習革命

学んでいないなら、時間の無駄だ。
――ファレル・ウィリアムス(1)

教育は特効薬だ

この十年間、教育こそが答えだという言葉を何度聞いたかわからない。貧困への対策として、何ができるだろう――教育。男女平等を成し遂げるためにどうすればいいか――教育。人口爆発への解決策は――教育。ロボットに仕事を奪われるのだろうか――教育。戦争に翻弄される難民。地球を脅かす気候変動。分断された社会。それらはいずれも、教育によって解決することができると言われてきた。学習はあらゆるものを治癒し、健康と幸福、地球規模の協力の鍵だ。

いかにも「だが」と来そうなところだが、そうではない。たしかに、教育こそが答えなのだ。私たちは富を再配分し、貧困をなくし、より公平で倫理的で持続可能な世界を築き、現在の行動原理を変えなければならない。だが私たちの社会が問題を抱えているのは、学校の責任ではない。学校こそ解決策なのだ。そうした困難に立ち向かうには、創造性と共感と協力が必要だ。それはつまり、人間の可能性に気づき、未来の人々が全員にとってよりよい世界を作るために力を育むということだ。学習は私たちの世代の大義だ。脚本家のアーロン・ソーキンはドラマ『ザ・ホワイトハウス』でこう書いている。

教育が特効薬だ。教育こそすべてだ。小さな変化など必要ない。巨大な、途方もない変化が必要なんだ。学校は王宮のようでなければならない。優秀な教師を求める争いは熾烈になり、彼らの年収は十万ドルを超える。政府は巨額の資金を学校につぎ込み、国民は無料で授業を受けられなければならない。つまり、教育に国防並みの予算を投じるということだ。(2)

そのとおり。幸福や健康に関するどんな指標を見ても、教育は最高の投資先だ。フィンランドや韓国、シンガポールはそれによってすばらしい利益を得ている。人間の生涯の半分ほどの時間で、それらの国は教育による社会の改善によって、テクノロジーや学力、影響力を備えた一流国になった。歴史的にも、やはり同様の話はある。十六世紀のグラマースクールによってシェイクスピアが生まれ、イギリス・ルネサンスが起こった。プラトンのアカデミーによって、西欧世界に哲学がもたらされた。私たちは学ぶ、それゆえに進歩する。

いまは新しいルネサンスの時代だ。そして、変革は必要とされている。世界中の学校に通う十億人以上の子供たちのうち、六億人は勉強が遅れている。(3)現行のシステムは変化を拒み、不平等や貧困、不幸を固定化している。それを変えるには大変な労力がいる。だがあらゆる部分に問題が生じているグローバル化した世界では、学習革命を起こす以外に人類が繁栄しつづける方法はない。土地や食物、燃料が減少しつつあるいま、思考、行動、思いやりこそが尽きることのない資源だ。私たちはそれらをできるだけ生かさなければならない。「一年の計画を立てるなら米を植えよ、十年の計画を立てるなら木を植えよ、百年の計画を立てるなら子供を教育せよ」と管仲は言った。(4) 私たちは、みな学ぶために生まれてくる。

だが、いったい何を学べばよいのだろう。人間が持つ可能性に気づき、学校を最大の発明だとみなし、究極の技術である教えることを大切にするためには、何が必要なのだろう。将来の世代にとっての成功とは何を意味するのだろう。学校を運営することではなく、人の学び方を基にすると、学習のシステムはどのように変わるだろう。(5) プラトンの時代から、科学技術の発展は世界の姿を変えてきた。この旅で、最新の技術的発展は、価値観を変え、教育システムのツールを新しくし、学習革命に火をつけていることがわかった。まずは私たちを過去に結びつける発想を問いなおし、語るべき物語を書きなおそう。革命はここから始まる。以下に、そのマニフェストを記そう。

1　学びつづける

それは学ぶことから始まる。教育は人類の知識の総体をある世代からつぎの世代へと譲り渡すことを意味していたが、今日では、学校の発展があまりに遅いため、増えていく知識に追いつくことができていない。もはや、人生の初期段階で必要な知識をすべて詰めこむ、という発想は意味のないものになっている。私たち旧世代は、授けるべき知識を網羅しているわけではない。フランスの一流技術者だったニコラ・サディラックは、42で現在学生がコンピュータを使って行っていることを理解できないと告白している。私たちが子供に教えるべきは知識ではなく、学び方だ。

私たちには生まれつき学ぶ力がある。人間の精神のすばらしさは、どこまでも適応できるという点にあり、しかもその力は、自分でも気づいていないほど強い。ところが従来の教育システムではその秘めた可能性を開花させることなく、むしろ制限して、情報を与えられるのを待つコンピュータのように扱い、学習を単なるインプットとアウトプットへと還元してしまっている。しかし、人間の知性は固定されたものではなく、絶えず変化するものだ。私たちは生涯を通じてこのすばらしい力を行使し、認知能力を高めつづけなければならない。

イフラ・カーンやリラ・メルブーシェが示したように、その鍵となるのは動機づけだが、大人はしばしばそれを押し殺してしまう。すべての子供は本来好奇心を持っており、それぞれに個性がある。ペッカ・ペウラが言ったとおり、学習を画一的なテストに合格することと同一視してはならない。不思議を感じ、想像し、自分の考えを表現し、分析し、批評し、問い、科学者のように探究し、あるいは学ぶことの楽しさのために学べるよう、子供たちの能力を育むことを中心に方法を作りなおさなければならない。

「早い段階で、一生のあいだひとつのことをやりつづけるように訓練することはよくない」と、アンドレアス・シュライヒャーは私に語った。将来の世代は、いくつもの職業を経験する、長く不確実な人生を送ることになる。もし生涯学びつづけるという心構えがあれば、自信を持って生きていけるだろう。選択肢の検討の仕方や目的意識の持ち方、自分が選んだ分野での専門知識の深め方、他者と協力して働く方法を教えよう。ジョージ・ソーンダーズの言葉をもう一度引こう。「心を開きつづけよう。開きすぎて、痛みを感じるほどに[6]」

2　批判的に考える

とはいえ、知識はもはや不要だというわけではない。シェイクスピアの英語やニュートン力学、ユークリッド幾何学、歴史的事実はやはり西欧文化の共通基盤であり、認知能力を高め、世界に根を下ろすための錨の役割を果たしている。だがこれらを学ぶ目的は「ジェパディ！」や「ユニバーシティ・チャレンジ」で勝つためではなく、思考の基礎を身につけるためだ。

批判的に考える能力は何より大切だ。人も組織も、私たちの意識を乗っ取り、誰かの目的を達成する方向へと巧妙に誘導しようとする。ユーチューブやインスタグラムは私たちの意識を奪う。広告は行動に影響を与えようとする。誤った情報は共通の文化に入りこんでくる。では私たちは、どうしたらデヴィッド・フォスター・ウォレスが言うように「いかにして、何を考えるかをコントロールする」ことができるようになるだろう。

そこに近道はない。ＫＳＡでのイフラの経験からわかるのは、この過程には地道な努力の継続が必要となるということだ。簡単だと思えるなら、それは本当に考えることを回避していると判断してもいい。教室では、生徒たちは科学者のように探究し、懐疑を抱く態度を身につける必要がある。ベニー・タイが語ったように、生徒たちに教師自身の言葉さえ疑い、自分の信念に疑問を抱き、仲間たちの考えに挑むように教師が教えることでこうした能力を育成することができる。

ガリオンズ小学校のハートレー先生は哲学を教えることでこうした役割を果たしている。子供たちに優しく自分の意見の由来を調べさせ、グループとして共通の判断基準を作るようようながす。公開の話しあいやディベートをすれば、偏見を抱いたり他者に意識を操作されることを防げる。学校は、自分と同じ意見ばかりに耳を傾けがちになるコミュニティへの対抗手段になる。子供たちが騙されないように育てよう。

3　創造的になる

子供たちは生まれつき自由だが、学校との関わりは避けられない。ウォルワース・アカデミーにいたころ、私は成績や行動計画のことで頭がいっぱいで、生徒たちの想像力や好奇心、創造的な能力を伸ばすために何ができるのかを考える余裕はなかった。自分が少し勉強ができたせいで、実行力を高めたり規則から自由になることの重要性が見えていなかった。従順さは後回しにして、創造的であることを教えよう。

そのとき、技能《クラフト》が学びの中心となる。ヒーデンキヴィ基礎学校やスクール21、MITメディアラボのように、子供たちにもっと遊ぶ場所を用意し、自由に実験と失敗をさせ、情熱を注ぐことができるものを見つける機会を与えることだ。私たちの時代には学校では芸術作品を作り、劇で役を演じ、科学の実験をすることで好奇心を満足させたものだが、今日の子供たちはそういう経験をする機会が少ない。

いま、創造性の供給は追いついていない。世界ではクリエイティブ産業が勢いよく成長しているだけでなく、人口の増加に伴って資源はますます乏しくなり、アイデアもやせ細っている。そうした状況で、新たな視点から根本的に考え、過剰消費や気候変動、環境破壊といった大問題に取り組むのに創造性は欠かせない。

創造性は作文、芸術、音楽、演劇、数学、科学、プログラミング、スポーツなどどんな分野を通してでも高めることができる。それはあることが望ましいものではなく、なくてはならないものだ。子供たちはこうした取り組みのなかで目的を発見し、生涯を通じて人間に固有の性質である自己表現をすることができるようになる。もし主要科目を修得するために、学校で想像力と創造性を発揮できる芸術の時間が取れないのなら、べつの場所でその時間をとらなければならない。ひとりの子供のひらめきが、世界を変えるかもしれない。あるいはその子供の仕事につながったり、意味や楽しみが見つけられるかもしれない。そうなればしめたものだ。

4　人格を鍛える

健全な社会とは、子供たちが心身両面で十分な栄養を与えられる場でなければならない。だが今日の子供たちは、とても精神的に健康とは言えないだろう。イギリスの女の子の四人にひとりは十四歳までにうつ病と診断される。(7)全世界で四億五千万人の人々がなんらかの精神疾患に罹っている。(8)教育は深く人間に関わっている。だから、知性と行動力だけでなく、子供たちの感情的発達を真剣に考えるべきだ。大人が幸福を大切にしなかったら、子供たちにどういうメッセージが伝わるだろうか。どのような社会が望ましいと思っていると伝えることになるだろうか。

忍耐強さは学ぶことができる。アンジェラ・ダックワーズの研究やＫＳＡ、ＫＩＰＰ、韓国の例からわかるのは、子供たちは困難な状況でも成功するだけの力を身につけ、生きていくことができるということだ。そのためには厳しい愛情が不可欠で、子供たちに高い期待をかけ、言い訳を許さない環境を築かなければならない。また信頼と愛情のある関係が共同体のメンバーのあいだで結ばれる必要がある。他者と安心して接することのできる子供ほど、人生の困難にうまく立ち向かうことができる。

共同体の一員だという感覚は、子供の幸福と精神的健康の基礎となる。そして、さらに健康な社会を築くためには、子供たちの自己意識のもとになり、行動を決めている力から自由になるよう促さなければならない。男の子も女の子もより一層、自分の感情を鋭敏に読みとることができるようになり、ジェンダーとは複雑な要素が絡まったものであることを理解し、美しさや勇敢さ、知性、リーダーシップ、ユーモア、愛などに関して内面化した期待から自分を解放することができるだろう。学校は安心して新しい選択をしたり、ちがう自分を試したり、愛することを学ぶことができる場であるべきだ。

マインドフルネスはこうした成果を生む方法のひとつだ。ブレイクスルー校で、私は幸福を教育の使命とすることの力を目の当たりにした。子供たちは考え、行動することだけでなく、感じることを学んでいた。マインドフルネスのクラスでは、子供も教師も、自分の感情に耳を澄ませようとしていた。たしかな心理学のテクニックによって、幸せで愛着の持てる共同体を築いていた。これは、どんな学校でも実行できることだ。

精神的健康と生涯にわたる幸福を学習革命の柱にしよう。一位を目指す競争に駆りたてられているときも、若者たちが満足感を持ち、意味のない競争に自己評価を下げてしまわないために、できることはある。KIPPインフィニティでは、ジェフ・リーは勇気をもって私に、そして生徒たち自身にも、生徒たちを愛していると語ってくれた。これは、絶対に必要なことだろう。

5　早期教育

自分自身に照らしても、就学前から、学校へ通いはじめて学年が上がっていくにつれてしだいに学習の重要さが増していくのは当然のことだと思っていた。だが、それは大きな間違いだった。一九六〇年代、ミシガン州のペリー・プレスクール・プロジェクトの保母たちが一時間のうちに子供たちの成功の可能性に与えた影響は、その後学校の先生が何週間もかけて与えた影響と同じほどの大きさだった。教育制度について考えるうえでも、これは大きな意味を持つ。

古い階層にしたがって考えれば、大学教授は単科大学の講師よりも偉く、またその講師はその他の学校の教師よりも偉いことになる。シックスフォーム・カレッジは中等学校より、中等学校は小学校より上位だ。その階層の一番下、食堂のおばちゃんや用務員さんよりもさらに下に、保育士が来る。だが、学習者がどれだけ成長したかではなく、習得する知識の複雑さによって格付けをすることは間違っている。こうした無意味なことはすぐにやめるべきだ。

私はペン・グリーン幼児センターで新しいやり方を目にした。妊婦は出産前から講習を受け、子供が生まれてからも幼児センターに通いつづける。生後一年から、赤ん坊は時間の半分を保育室で過ごし、スタッフから専門的で、発達上の必要に応じたケアを受ける。幼児センターの隣には世界的な研究施設がある。しかもそこは、専門家を世界各地から集めているわけではない。学士号や修士号を持つ女性のほとんどは、イギリスで最も貧しく、教育の遅れた町コルビー出身の地元の母親たちなのだ。

幼い学習者の環境が、彼らの生涯の成功を最大化するべく、またとりわけ貧困に苦しむ父母をサポートするように設計されたシステムを考えてみよう。現在は最小限の予算しか配分されていないが、生まれたばかりの子供に費やされる金額は、その子の生涯にわたってきわめて大きな利益をもたらすのだ。

6　協力

今日の若者は、以前よりも社会意識が高く、利他的で清廉な暮らしをしている。「ジェネレーション・ミー（自分のことしか考えない世代）」のつぎには、「ジェネレーション・アス（私たちのことを考える世代）」が現れた。だが五歳にもならないうちから子供たちは一位を目指す苛酷な競争に駆りたてられ、基準に従わせられ、格付けされ分類されている。これは十八世紀のプロイセンならば意味があったのだろう。あるいは、現在のビジネス界でも。だが、状況はもう変わった。

ヒエラルキーは、もはや物事を行ううえで最善の方法ではない。世界はあまりにも複雑で、状況の変化はあまりに速い。むしろ私たちは子供たちにチームワークと共同体を作ることを教えるべきだ。人間を基にしたこうしたシステムでは、すべてのメンバーがグループの成功に重要な役割を果たす。そのため個々のメンバーの能力を高め、協力しあうことが欠かせない。

「誰が一番か」ではなく、「互いにどんな貢献ができるか」そして「どうすれば最もよく協力できるか」を問わなければならない。

チームと共同体という発想のもとに組み立てられる学びは、開放的で民主的だ。成功の画一的な基準を達成するために子供たちを競わせるのではなく、それぞれに合ったやり方とペースで学習を進めさせることで、誰もがしっかりと学べるようにすべきだろう。ペッカ・ペウラがマルティンラークソでやっていることや、トッド・ローズが『平均思考は捨てなさい』で書いているのはこういうことだ。それは学習に苦しんでいる人や何かを必要としている人により多くのリソースを割くことを意味する。そのための手間を惜しんではならない。

ただし、それを言い訳にして成績への期待を下げてはならない。一番を目指す競争は学習のレベルを高め、よい成績をとるための新しいモデルを生みだしてきた。それをうまく活用し、教育レベルの格差を埋めるべきだ。より平等な社会は、より健康で、幸福で、あらゆる指標で高い数値を示す。だが、だからといってその社会のメンバーがみな同じだということではない。[9]

7　指導力を高める

フランスで最も権威あるソルボンヌ大学のジョルジュ・ハダッド元学長は最近、驚くべき発言をしていた。物理学を専門とするハダッドは、若者について情熱のこもったスピーチをした。「教師を愛さない社会は、子供たちを愛していないことになります」と、彼は結論づけた。これまでに、子供を愛していない社会などあっただろうか？

いまから五十年後、私たちは教師を、現在の医者のように尊敬しているだろう。教師は運動選手のように技を磨き、科学者のように探究する。彼らは学習に習熟し、人々はその役割をあがめるだろう。人が人のために仕事をするようになる将来において、教師という職業は究極の技能になるだろう。世界最高の学校や教育システムでは、これはすでに現実になりはじめている。フィンランドやシンガポールでは、教師は誇りにあふれ、自主的で高い技量を持ったプロフェッショナルであり、学習というものに精通している。スクール21、ハイテック・ハイ、サミット、キング・ソロモン・アカデミーでもそうだ。

しかし、こうした状況が広まるにはまだ時間がかかりそうだ。世界的に、教師たちは労働時間が長く評価もされないこの職業から離れつつある。イギリスでは、五十万人近い教師がほかの仕事へ転職している。世界の開発目標を達成するためには、二〇三〇年までに新たに六千九百万人の教師が必要だ。[10]つまり現在の教師の数を倍増させなければならない。学校に通う子供の数は十五億人になる。オックスフォード大学のオズボーンとフレイによる職業のオートメーション化に関する予測が正しければ、教えることは大きな価値と豊富な仕事を生みだせる数少ない分野のひとつだ。

ウォルワース・アカデミーで、私は教えることが究極の技能となりうることを目の当たりにした。ジャハンス先生やトウォーフ先生は子供たちに考えさせ、本来持っている動機を引きだし、子供たち自身ができると思っていなかったところまで導いていた。ヘルシンキのペッカ・ペウラなど、旅先で出会ったほかの数多くの教師たちもそうだった。彼らは認知的発達の科学やコミュニティの作り方、やる気の心理学に精通し、教科に関する深い知識があった。そうした専門知識は、さらに増やすことができる。

教師の力を存分に発揮させるには、信頼し、技能を高めさせ、自主性に任せ、雑務から解放し、責任を持たせることだ。リレー教育大学院のブレント・マッディンは将来教師が果たすであろういくつかの役割を思い描いている。教科の専門家として教科指導をしながら、科目の最先端の研究を続ける。学習コーチが子供のやる気と、仲間と効果的に学習する力を育む。データ分析によって、より効果的に子供の学習の格差が発見できるようになる。私たちは困難に立ち向かう教師たちを信頼しよう。

8　テクノロジーを賢く使う

ロボット教師はまだ実現しそうにない。シリコンバレーに行くまえは、そこへ行けば学習を一変させてしまうような機械が見つかるのではないかと期待していた。ところが、テクノロジーによって世界が変わりつつあることはたしかだが、コンピュータにできるのは、単調な繰りかえしの、規則に従うタスクであり、それは学びの場で必要となるものとはまったく異なっていた。学習はモバイルゲームとはちがうのだ。

テクノロジーは道具にすぎない。だからそれを学習を進めるのに有効活用すればいい。42は教師のいない学校で、ソフトウェアにより運営されていた。ＭＩＴのミッチェル・レズニックは教師不在のオンライン学習コミュニティ、スクラッチを作った。サミットでは、生徒たちは週に一日ノートパソコンと向きあって、各自のオンライン個別学習プラットフォーム上で出される課題に取り組んでいる。こうしたイノベーションにより効率化が進み、生徒に合った学び方ができるようになり、教師の時間に余裕を生みだすことに成功している。こうした取り組みは今後さらに広まっていくだろう。

コンピュータによって、学校のないコミュニティでも学習することができるようになるだろう。インドのウッタル・プラデーシュ州に住む三百万人の子供たちに読み書きを教えているインドのＮＧＯプラサム教育財団は、タブレットを使った放課後の学習グループを作り、英語力向上に効果を発揮している。ブリッジ・インターナショナルは、その取り組みに対して賛否両論はあるものの、東アフリカとインドの二十万人以上の子供たちに、教師があらかじめ組みこまれたタブレットを使った教育をしている。

正しい組みあわせは、人間＋機械＋巧みなデータ処理だ。そのため、子供たちが最新の道具を使えるようになることも教育の目的になる。タブレットや携帯電話でさまざまなことを試したり、道具そのものへの理解を深めること。すべての子供が読み書き、算数や科学的な思考を学ぶように、プログラミングの基礎も学ぶべきだ。思考を機械に委ねてしまえば、人間は愚かになってしまう。

将来の仕事のほとんどは、特定の技術的スキルがなくてもできるようになるだろう。読解力や数学力も基礎的なレベルが身についていればいい。ロボットに仕事を奪われないために、大切なのは人間的なスキルだ。栄養や知識、精神、身体的な面で、私たちは互いの必要を満たすだろう。テクノロジーが学習におよぼす最大の影響は、逆説的だが、私たちをより人間らしくすることなのだ。

9　未来を作る

最後に、未来が来るのを待つのではなく、未来を作る子供を育てよう。今後、ロボットが仕事を奪うかもしれない。テクノロジー企業の経営者にさらに富が集中するかもしれない。大規模な気候変動や、コントロールできないほどの人口増加が起こるだろう。リーダーが救ってくれるのを願って、それを傍観していてもかまわない。だが、ジョシュア・ウォンやリラ・メルブーシェ、ダージャ・コーニックのように、望ましい未来をともに思い描き、作っていくこともできる。

つぎの世代は、彼らのように育てなければならない。イギリスで最も権威ある学校で、卒業生から十七人の首相を輩出しているイートン・カレッジには、気候変動活動家で、あえてこの学校で教えるキャリアを選んだ教師がいると聞いた。その理由はいたって単純で、教師になれば、地球を保護するために最も大きな影響を与えられると考えたからだ。彼女の教室で学び、巣立っていく生徒たちはやがて下院議員や裁判官、ジャーナリスト、企業経営者、外交官になっていく。彼女の指導のもと、彼らはみな気候変動活動家として卒業していく。世界を変えたいなら、まずは学校から始めよう。

想像のつかない未来に備えることなどできない。未来は子供たちが作っていくものだ。では、何をすべきだろう。ムンバイのある学校で、私はスラム育ちで現在は有名大学に進んだ六人の若者に会った。彼らは生まれ育った共同体に戻り、教育ビジネスを立ちあげる計画を立てている。ロンドンのスクール21は、生徒に残りの人生の準備をするのではなく、今の世界にいい影響を与えられるようになりなさいと説いている。アメリカのボルティモアにある「ザ・インターセクション」という組織の十人ほどの若者たちは、夢見る人々を応援する政治家を当選させるための運動をしている。

いまの子供たちは、不確実な時代をうまく生きていくことができる。正しい知識とスキル、態度を身につけさせることができれば、彼らは協力して全員にとってよりよい未来を作っていくことができるだろう。学習とは自分の能力を伸ばす孤独な行為ではない。社会をよりよくするための共同作業だ。

私たちがシステムだ

問題解決の特効薬であるとはいえ、教育は子供たちの学習を簡単にする特効薬ではない。私は教育を変えるテクノロジーやイノベーションを捜して世界を旅した。だがそこで見つけたのは、学習の未来は私たちのなかにあるということだった。これこそ私たちが目指すべきものだ。「最も重要な社会基盤は教育を受けた人だ」と、世界の教育を改善するために設立された国連の教育委員会の広報担当、アメル・カーブールは言う(11)。その社会基盤を強化することが、私たちの手段であり目的だ。

システムは自分たちの外側のどこかにあるものではない。システムとは私たちであり、それは人と人との関係でできている。誰もがそのなかで役割を担い、よくも悪くも影響を与える力を持っている。人間には生まれつき学習し適応する能力が備わっているのだから、現状は、必要ならば変えていけばいいのだ。子供たちに何を望むのかについて、私たちは共通の決定を下すことができるし、また下さなければならない。家族や学校、共同体といった単位でそれができれば、システムの目的や方法を変えることができる。

現在の世界が抱える使命を見渡すことができるのは、過去の巨人たちがもたらしたものの上に立っているからだ。ニュートンはエゴイストで狷介な人物だったが、彼にしても自分独りの力では成果を挙げることはできなかったと認めるだろう。人類がこれからも進歩しつづけるためには、協力し、知識を開放し、集合的知性と団結を信じて世界の問題に取り組まなければならない。これほどまでに複雑な問題に対処するには、集合的リーダーシップが必要になる。

まずは、生まれてから死ぬまでともに学び、新たな視点で考え、能力を高め、人を思いやる能力を高めることができる学習の新たな見取り図を描くことから始めよう。そうすれば人々は、尽きることのない学習能力を生かして、キャリアの途中でプログラミングやデータ分析を身につけたり、幼児教育の資格を取ったり、心理療法士の職業訓練を受けるようになるだろう。また必要なときに芸術教室やスポーツに参加し、自分の居場所を知り、競争ではなく満足を求めるようになるだろう。経済学者ですら、教育は投資に見あった利益をもたらすと認めているのだ。ためらう必要はない。

謝辞

ひとりの子供を育てるには村人全員の協力が必要だという言葉があるが、この本を書くために協力してくれた人々の数は、とても村という規模では収まらない。お世話になった人々に十分な感謝を捧げたら、あと数百ページは必要になってしまう。そのため、教室や家、職場に私を招きいれ、温かく、忍耐強く接してくれ、質問に答え、快く自分の経験を教えてくれた世界中の子供たち、先生方、その他たくさんの人々にこの本を捧げたいと思う。小さな親切や有益な説明、思慮深い言葉のすべてに深く感謝する。現在、世界は苛酷で、分断されているという思いが一般にはあるようだ。だが経験から言って、それはむしろ逆だ。どこへ行き、誰と会っても、みな寛大で優しく、親切にしてくれた。この本は彼らのために書かれた。

とりわけ親切に、扉を広く開け、度重なるメールに寛大に時間を割いてくれた人々がいる。なかでも感謝の気持ちを伝えたいのは、ＫＳＡのマックス・ハイメンドルフとイフラ・カーン。スクール21のデビー・ペングリスとハンナ・バーネット、オリ・デ・ボトン。ペン・グリーン幼児センターのマージー・ウェアリー、アンジェラ・プロジャー、レベッカ・エリオット。キッザニアのジェル・グラウス、ガリオンズ小学校のリサ・ネイラー。インタビューに応じてくれたスガタ・ミトラ、イロイーズ・デュモンテイユ、デイジー・クリストドゥールー。最高の一日をともに過ごしてくれたジェイコブ、ソフィア、トール、エリノア、そしてドミニク・ハーヴスティーン＝フランクリン。サラ＝ジェーン・ブレイクモア、トビー・グリーニー、スーザン・ダグラス。ミカエラ・スクールを案内してくれたジョー・カービー。イートン・カレッジのティム・ノークスには特別な感謝を。何度も訪問を歓迎してくれたことが考えをまとめるのにとても役立った。

アメリカにも恩を受けた人々はたくさんいる。シンギュラリティ大学のブレット・シルク。MITメディアラボのフィリップ・シュミット、ミッチェル・レズニック、キム・スミス、デブ・ロイ。サミット・パブリックスクールのダイアン・タヴェナー、サム・ストラッサー。ハイテック・ハイのラリー・ローゼンストック。メルローズ小学校のケリー・ウィリスとマシュー・ニードルマン。宇宙船のプレストン・スミス。KIPPインフィニティのピーター・クロンコタ、アディー・カパルディ、ジェフ・リー、ドミニク・メヒア、アリソン・ハーリー、ジェラルド・グリフィス、そしてチームメンバー全員が、家族の一員のような気持ちにさせてくれた。性格研究所のアンジェラ・ダックワース、ドナルド・カメンツ、チャド・スパージェオン、ショーン・タラマス、エミリー・アイゼンブリーは時間を割き、洞察を与えてくれた。リレー教育大学院のブレント・マッディンとジェレミー・ヴェリッツリ、ノース・スター・アカデミーの子供たちと職員、ハーバード大学のクリスティーナ・ヒントン、スタンフォード大学のB・J・フォッグ、ロサンゼルスのナヤ・ブルームとドリュー・フレディー、テンプル大学の研究チーム、ユー・チェン、イン・リン、ジェラニー・メドフォード、ヘイリー・ウィーヴァー、ルーファン・ルオ、ブレナ・ハッシンガー＝ダス、ブリアナ・マクミラン。最後に、キャシー・ハーシュ＝パセックには自宅へ招いてくれたことに対して特別な感謝を。

ヨーロッパでも、私はたくさんのすばらしい人々の優しさに助けられた。フィンランドでは、アンニ・ラウティアネンとサク・トゥオミネン、ヒーデンキヴィ基礎学校のメルヴィ・クムプライネンとイルッポ・キヴィヴオリ、マルティンラークソのペッカ・ペウラ、フィンランド研究開発基金シトラのジェンナ・ラーデンマキ、教育庁のオリ・ヴェステリネン、デモス・ヘルシンキのアレクシ・ネウヴォネン、TET4・0とMehackitのチーム。オランダでは、クリストフ・ファン・ニムウェーゲンに大きな感謝を。パリでは、OECDのアンドレアス・シュライヒャー、42のニコラ・サディラック、ハビエンヌ・ハース、リラ・メルブーシエ、CRIのフランソワ・タディに大きな感謝を。

また、アジアで働く同業の方々にも同じように心を打たれた。アジア・ソサエティのジェシカ・ケハイエスとジュー・ミンガン、理解を助けてくれたジャン・ミンガンとザオ・ヨン、さまざまな人に紹介してくれたソフィー・チェン。上海では、チャン・ミンシェン、ステラ・シー、シュー・ジンジー、シュー・イジー、ハイリン・ホー、上海育才学校と万航渡路小学校の生徒と先生方には特別な感謝を。北京大学フューチャースクールのオレステス・ザー、北京で会ったジェシー・ロザーノとライアン・ダンウッディのピートップ・チーム。香港では、真の意味の学習者であるジョシュア・ウォンとベニー・タイ、そしてUWCのアーネット・エドワーズとアイシャ・スピアースにいつまでも変わらない感謝を。韓国では、アショーカとフューチャー・クラス・ネットワークはすばらしいもてなしぶりで、訪問や食事の世話をしてくれた。イ・スンビン、キム・ガンホー、ユミ・ジェウン、チャンピル・ジュン、ありがとう。アショーカでは、イ・ハエユン、クォン・ボキョン、ノ・ユジン、リュー・ジンイはもてなしの範囲をはるかに超えた歓待をしてくれた。アレックス・リム、ベック・ジヌ、イ・スンヨン、ソン・インスー、そしてもちろんイ・ジュホもよくしてくれた。

本書では述べられていない人々にも多くの助力をいただいた。インドでは、パーダダ・パーダディ教育ソサエティのレヌーカ・グプタ、プラサム教育財団のルクミニ・バネージは、ビザの問題で訪問できなかったのだが、変わらず忍耐強くサポートしてくれた。ムンバイでは、FSGチームのサマンサ・キング、ガウリ・キルタネ、プリヤムヴァダ・ティワリは幼児教育センターへ案内してくれたが、最終稿にはその記述を残せなかった。シンガポールでは、デイヴィッド・ハンは親切にすばらしい教授法を教えてくれ、オードリー・ジャレとスヴェニア・ブッソンや、UWCのポリー・アックハーストとアショーカのヴィリアナ・ザートヴァは多くの人に紹介してくれた。

すべての始まりへと戻り、私自身を指導してくれた先生方や重要な仕事をしている各地の教師たちに感謝したい。また、ウォルワース・アカデミーの生徒たち、職員のみなさんにも感謝を伝えたい。彼らは若かった私の失敗を忍耐強く、ユーモアを持って支えてくれた。とりわけ英語科のフェイ・クパクワナ、パトリシア・トウォーフ、マイク・ヒギンス、デイヴィッド・ジャハンス。また、十年一組、十年四組の生徒たち、私のキャリアとこの本のアイデアを与えてくれたことに、またディベートクラブのメンバーには楽しい時間をありがとう。またティーチ・ファーストを設立したブレット・ウィグドーツ、そして教育の道に進むときに背中を押し、この本を書くように勧めてくれた友人のジュリエット・クックにも感謝したい。また、ティーチ・フォー・オールの同僚たちには、仕事の穴埋めをしてくれたことに。とくにフェリシア・クエスタ、カイル・コンリー、ルーシー・アッシュマン、アイシー・ファインゴールド。スティーヴン・ファーには、多くの有益な考えや教示をしてくれたことに、そしてもちろん、私の悪友で、この仕事を始めたときには支えになってくれたリー・キンケイドに。またウェンディ・コップにも、とても大きな感謝を伝えたい。彼女がいなければ教師になることも、本を書くことも、世界中のすばらしい人々から話を聞かせてもらうこともなかっただろう。

わたしの考えに大きな影響を与えた多くの人々。オラジオ・カペッロ、ジェイコブ・ケストナー、エド・ヴェインカー、ローランド・マンソープ、エド・フォーニエルズ、アルトゥル・タヴェレ。刺激的な会話をありがとう。ネス・ホワイトとバーティー・トラウトンはタイトルをつけてくれ、エレノア・オキーフとジョン・ゴードンは販売面で助けてくれた。また私が書いたものをいつも読んでくれる人々に。コーデリア・ジェンキンス、マット・ロイド＝ローズ、アーチー・ブランド、アモル・ラジャン、ザック・シモンズ、ケイティー・オマホニー、ロージー・ボイコット。彼らはみな文章や考えについて価値ある意見と適切なアドバイス、率直な感想を述べてくれた。これ以上の親切はないだろう。彼らに読んでもらったおかげで文章が大幅に改善された。ただし至らぬところがあれば、それはすべて著者の責任だ。

これはアトゥール・ガワンデに触発されて書いた本だ。三年前、彼が『死すべき定め』の刊行時にロンドンで行った講演を聴き、私はベア・ヘミングに教育の分野でもこういう本があればいいのに、と話した。その一年後、私の企画書を読んだ彼女は、この本の出版社であるW＆Nに持ちこんでサインを交わした。そのときに彼女が示してくれた信頼は、決して忘れられないだろう。また、チームのほかのメンバー、アラン・サムソン、ホリー・ハーリー、カイト・デイヴィーズ、エリザベス・アレンにも、ウィットと忍耐とたしかなサポートに対して感謝したい。L&Rのすばらしいチーム、フェリシティ・ルービンシュタイン、サラ・ラチェンズ、ジュリエット・マホニーとほかの全員に、私が最初に書いたまるでまとまりのない原稿に可能性を見いだし、それを本にする手助けをしてくれたことに対して。

比類ない編集者のジェニー・ロードはその間ずっと編集を担当してくれた。彼女はすばらしいメンターであり、幾度も書きなおした草稿を熟読し、いつも的確な叱責や励ましをして、最後にはどうにか出版できるだけの本を書かせてくれた。そのことに対する感謝の気持ちは、とても言葉では言いあらわせない。また、この二年のあいだ、親しい友人のジェーン・フィニガンをエージェントとすることができたのはとても幸運だった。仕事に取りかかったころの彼女の支えと、この本への変わることのない支持がなければ、書きあげるだけの自信を持つことはできなかっただろう。それはまさにかけがえのないものだった。

それに、家族や友人たちの支えがなければやはりこの本を完成させることはできなかっただろう。私が二年間も引きこもって本を書いているあいだ、見捨てずにいてくれてありがとう。とくにロージー・ボイコットとチャーリー・ハワードは家に泊めてくれ、エリスとイッポリータは生まれながらの学習者とはどのようなものかを見せてくれた。私の兄弟たち、ジャック、ローリー、マックスは、私がやり忘れてしまったことをいつも指摘し、結局はそのどれもがやれずじまいになってしまっても許してくれた。また両親のミックとショーナ・ベアードにも、ありがとう。父は私のお手本だ。いつも自ら好きなことを一生懸命にやり、しかも人のために時間を割いている。初期の草稿に対して考えを述べてくれたことが重要なヒントになった。母は私の最初の先生で、いまも一番大切な先生だ。世界に受けいれられているという感覚を私に植えつけてくれた。読書の喜びを教えてくれた。数カ月におよぶ執筆をやり抜くことができたのはそのおかげだ。また職業としても教師をしていて、そのことが私を教師の道へ導いた。

最後に、ありがとうデイジー。何もかも君のおかげだ。君がいたからこそこの本が書くことができた。そばにいるときも離れているときも、君はいつも私を受けいれてくれた。君の洞察が私の考えとなり、君が手を入れたことでこの本はよくなった。すべての幸せは、君がいてくれるからこそだ。君は書くための発想の源であり、書く自由を与え、最後までサポートしてくれた。すべてに対してありがとう。

Common Mental Disorders' を発表し、世界中で推定約３億人がうつ病に苦しんでいるとしている。

9 Kate Pickett and Richard W., *The Spirit Level: Why More Equal Societies Almost Always Do Better*, London, Penguin, 2009.『平等社会』(酒井泰介訳、東洋経済新報社)

10 http://www.unesco.org/new/en/media-services/single-view/news/close_to_69_million_new_teachers_needed_to_reach_2030_educat/.

11 Amel Karboul, 'The global learning crisis and what to do about it', TED talk, October 2017, at http://www.unesco.org/new/en/media-services/single-view/news/close_to_69_million_new_teachers_ needed_to_reach_2030_educat/.

7　Jonah Lehrer, 'A Physicist Solves the City', *New York Times*, 28 December 2010.

8　Geoffrey West, 'Scaling: The surprising mathematics of life and civilization', *Medium*, October 2014, at https://medium.com/sfi-30-foundations-frontiers/scaling-the-surprising-mathematics-of-life-and-civilization-49ee18640a8.

9　Luis M. A. Bettencourt, Jose Lobo, Dirk Helbing, Christian Kuhnert, and Geoffrey B. West, 'Growth, innovation, scaling, and the pace of life in cities', PNAS, 24 April, 2007, vol. 104, no. 17.

10　Lehrer, *New York Times*. 前掲。

11　Lehrer, *New York Times*. 前掲。

12　ハーバード大学と世界銀行の経済学者ラント・プリチェットは、『*The Rebirth of Education*』の冒頭でこの点に関してすばらしい見解を述べている。どうかお読みいただきたい。教育システムはとりわけ、ある生物がほかの生物に似た形に進化することで利益を得る擬態という自然の偉大なしくみを利用するのが巧みだ、と彼は説明する。私たちの学習のシステムもまた同じことをしている。統治やマネジメントのやり方を真似し、大きな犠牲を払って取りいれているが、子供の学習に向上は見られない。

13　'Could do better: Bridge International Academies gets high marks for ambition but its business model is still unproven', *The Economist*, 28 January 2017.

14　https://www.theguardian.com/global-development/2017/may/05/beyond-justification-teachers-decry-ukbacking-private-schools-africa-bridge-international-academies-kenya-lawsuit.

15　Atul Gawande, 'Big Med', *New Yorker*, 13 August 2012.

16　Ernest Cline, *Ready Player One*, London, Arrow, 2012.『ゲームウォーズ』（池田真紀子訳、SB 文庫）

17　Todd Rose, *The End of Average: How We Succeed in a World That Values Sameness*, London, Penguin Books, 2017.

18　J. K. Rowling, *Harry Potter and the Deathly Hallows*, Bloomsbury, 2007.『ハリー・ポッターと死の秘宝』（松岡佑子訳、静山社）

19　Alan Turing, 'Intelligent Machinery: A Heretical Theory', 1948.

20　Gideon Lewis Kraus, 'The Great A.I. Awakening', *New York Times*, 14 December 2016.

21　同上。

22　Anne-Marie Slaughter, 'Discard Old Ideas of a Leader of the Free World', *Financial Times*, 17 June 2017.

まとめ　学習革命

1　これは、2013 年にニューヨークで開催されたイベント、イノベーション・アンセンサードでの彼の発言だ。母親がずっと教育者だったため、ファレルはこの話題に関して積極的に発言している。ニューヨーク大学の学位授与式でのスピーチの際は、卒業生たちにこう語った。「私は好んで、自分は生涯の学習者だと言っています」

2　このスピーチはドラマ『ザ・ホワイトハウス』のシーズン 1、エピソード 18 に登場する。

3　UNESCO Institute for Statistics, *More Than Half of Children and Adolescents Are Not Learning Worldwide*, Fact Sheet No. 46, September 2017（accessed at http://uis.unesco.org/sites/default/files/documents/fs46-more-than-half-children-not-learning-en-2017.pdf）.

4　紀元前 7 世紀の中国の政治家。

5　*Learning to fulfil education's potential*, 2018 World Development Report.

6　Saunders, *Braindead Megaphone*, p. 55.

7　Praveetha Patalay and Emla Fitzsimons, 'Mental ill-health among children of the new century: trends across childhood with a focus on age 14'. September 2017. Centre for Longitudinal Studies: London.

8　たとえば以下を参照のこと。'Investing in Mental Health', a 2003 report by the World Health Organization, at http://www.who.int/mental_health/media/investing_mnh.pdf. 2017 年には、WHO は 'Depression and Other

20　Alexander Pope, in 'An Essay on Criticism', 1709.『批評論』（矢本貞幹訳、研究社）
21　私はこの点に関するフランシス・ベーコンの見解も気に入っている。「わずかな哲学は人の精神を無神論へと傾けるが、哲学の深みは精神を宗教へと向かわせる」。'Of Atheism', in Meditationes sacrae,1597.『随筆集』（神吉三郎訳、岩波文庫ほか）所収、「無神論について」
22　Steven Sloman and Philip Fernbach, p. 5. 前掲。
23　Bruno Latour, 'Why Has Critique Run out of Steam? From Matters of Fact to Matters of Concern', at http://www. bruno-latour.fr/sites/default/files/89-CRITICAL-INQUIRY-GB.pdf.
24　Haruki Murakami. 前掲。
25　Edward Bernays, *Propaganda*, 1928.『プロパガンダ』
26　オンラインで見ることができるノーム・チョムスキーの動画で、彼は 1960 年代のフリーラブへの反動から起こった面白い物語を語っている。とりわけマイノリティたちの過度の自由や独立不羈のビートジェネレーションに恐れをなして、1970 年代にふたつの秘密組織によって、国家による機関は学校も含め、もっと従順な人々を育てなければならないと主張する文書が発表された。「パウエル・メモ」の執筆者はタバコ産業の広告を擁護した弁護士であり、教科書の内容の統制を続けるよう主張した。一方「民主主義の危機」は民主主義の統治しやすさに関する報告で、教育を使って社会的政治的なヒエラルキーを固定化することを推奨していた。
27　Duff McDonald, *The Golden Passport: Harvard Business School, the Limits of Capitalism, and the Moral Failure of the MBA Elite*, New York, HarperCollins, 2017.
28　Tim Wu, *The Attention Merchants: The Epic Struggle to Get inside Our Heads*, London, Atlantic, 2017.
29　グレアム・ブラウン＝マーティンの、2013 年に開かれたデジタル時代の教育に関する欧州委員会主催の会議での発言。
30　ウィキペディアによると、マッカーサー・フェロー、別名「天才賞」は、マッカーサー基金から毎年 20〜30 人に対して授与される賞金である。分野を問わず、「人並み外れた独創性、創造性探究への献身、顕著な自己実現能力」を発揮した人々で、アメリカ合衆国市民または居住者を対象とする。
31　George Saunders, 'The Braindead Megaphone', in *The Braindead Megaphone: Essays*, New York, Riverhead, 2007, pp. 203-204, 'The United States of Huck'.
32　Hattie, Visible Learning.
33　Netflix documentary *Joshua: Teenager v. Superpower*（2017）.
34　Saunders, 'The Braindead Megaphone', p. 55. この言葉は「The New Mecca」より。ドバイを題材にした最高の作品だ。

part 4　まとめ

chapter 10　上手に間違える

1　*The New Urban High School: A Practitioner's Guide*, Cambridge, Mass., Big Picture Co., 1998.
2　Seeing the future: http://newvistadesign.net/dnlds/NUHS%20Seeing%20the%20Future.pdf.
3　掲示物にはよくあることだが、この言葉をアイザック・アシモフが語ったことを示す資料は存在しない。
4　やはり、これも広くウィンストン・チャーチルの言葉として知られているが、彼の作品集のなかには見当たらない。
5　2017 年 3 月 11 日、ロンドン、サウスバンク・センターでのジュード・ケリーとの対話にて。
6　この点に関するジェローム・ブルーナーの素晴らしい発言をデイジー・クリストドーローが『7 つの神話との決別』で引用している。「過去の文化の伝達方法を考慮に入れることなく、教育について考えることはできない（中略）また、人間が依存しあう生物であることを考えれば、私たちの種に特有のこれほどの長期にわたる依存のなかで、長い時間をかけて人類が集めてきたもの、つまりさまざまな発明品をいたって非効率な方法で次代に伝えてきたとは考えづらい」

lineFirst, published on 10 April, 2015 as doi:10.1177/0956797615571017.
25　ダニエル・ピンクの下記の本はやる気を新たな角度から研究しているすばらしい本だ。報酬と罰のような昔からある外在的なテクニックを使うのではなく、やる気が最大化するのはそれが内側から生じたときだと主張する。自分の裁量で物事を行え、習熟していて、目的があるとき、やる気は最も高まる。Drive: *The Surprising Truth about What Motivates Us*, Edinburgh, Canongate, 2011.『モチベーション 3.0 持続する「やる気!」をいかに引き出すか』(大前研一訳、講談社 + α 文庫)

chapter 9　マインドコントロール

1　Katherine Boo, *Behind the Beautiful Forevers*, London, Portobello, 2014.
2　ウォンの弁護士を務めるマイケル・ヴィドラーによると、「彼はとても若いが聡明で、話をしているとつい長い時間が経ってしまう……理想的な息子だ。親思いで、礼儀正しく、ルールを守り、努力家だ」。ヴィドラーはウォンの両親、グレースとロジャーについて「とても物静かな中流階級で、ごく普通の家族」であり、活動家ではないと語っている。
3　Joshua Wong, 'Scholarism on the March', *New Left Review*, 92, March?April 2015, at https://newleftreview.org/II/92/joshua-wong-scholarism-on-the-march.
4　2017 年の Netflix でのドキュメンタリーの題名は以下の通り。*Joshua: Teenager vs Superpower.*『ジョシュア:大国に抗った少年』
5　ジッグラトを登るというイメージはトム・ウルフの『ザ・ライト・スタッフ—七人の宇宙飛行士』(中野圭二、加藤弘和訳、中公文庫) による。
6　Joshua Wong. 前掲。
7　Haruki Murakami, in his Jerusalem Prize acceptance speech, quoted in the *Jerusalem Post*, 15 February 2009.
8　2010 年のテクノロジー会議でグーグルのエリック・シュミット CEO (当時) が用いた喩え。
9　この源流はヨーロッパの近代思想にあるということもできるだろう。聖書をドイツ語に翻訳したマルティン・ルターや「我思う、ゆえに我あり」と言ったルネ・デカルトは、千年ものあいだ学習を妨げてきた教会の反啓蒙主義から人々を自由にした、インターネット時代の先駆けだった。フランシス・ベーコンとともに、彼らははじめて、高い権威ではなく、知識を個人の経験と観察可能な現象から取り出そうとした。それは知識の民主化をもたらしたが、同時に、「この国の人々にはもう十分な専門知識がある」とか「教育はあまり好きではない」といった態度をも招くことになった。
10　Sam Wineburg, 'Evaluating Information: The Cornerstone of Civic Online Reasoning', November 2016, at https://sheg.stanford.edu/upload/V3LessonPlans/Executive%20Summary%2011.21.16.pdf.
11　Harroon Siddique, 'Teach schoolchildren how to spot fake news, says OECD', *Guardian*, 18 March, 2017.
12　Hannah Arendt, *The Origins of Totalitarianism*, 1951.『全体主義の起源』(大久保和郎訳、みすず書房)
13　Ben Quinn, 'Nursery raised fears of radicalisation over boy's cucumber drawing', *Guardian*, 11 March 2016.
14　すべて以下の作品より。Maajid Nawaz, *Radical: My Journey from Islamist Extremism to a Democratic Awakening*, London, W. H. Allen, 2012, pp. 30–68.
15　Jon Ronson, *Them: Adventures With Extremists*, London, Picador, 2001.
16　ユニヴァーシティ・カレッジ・ロンドンのサラ = ジェーン・ブレイクモアなどの神経科学者たちは、脳は思春期により「敏感な期間」を迎え、とりわけ仲間からの社会的影響を受けやすくなると述べている。これは、幼年期から青年期を通して脳は学習に対して開かれていること、だが同時にそのことで、よくも悪くも仲間からの重圧を受けやすくなってしまっていることを考えると、諸刃の剣だと言えるだろう。
17　Steven Sloman and Philip Fernbach, *The Knowledge Illusion: Why We Never Think Alone*, London, Macmillan, 2017, p. 8.
18　http://www.newyorker. com/magazine/2017/02/27/why-facts-dont-change-our-minds.
19　Daniel Kahneman, *Thinking, Fast and Slow*, New York, Farrar, Straus and Giroux, 2011.

chapter 8　やり抜く力

1　この箇所は以下の２冊とデイヴ・レヴィンへの電話でのインタビューによる。Jay Mathews, *Work Hard, Be Nice: How Two Inspired Teachers Created the Most Promising Schools in America*, Chapel Hill, NC, Algonquin Books, 2009（『情熱教室のふたり』), Paul Tough, *How Children Succeed: Grit, Curiosity, and the Hidden Power of Character*, London, Random House, 2013 (『成功する子　失敗する子　何が「その後の人生」を決めるのか』).

2　'Mike & Dave on Oprah', April 2006 (accessed at vimeo.com/91438778) .

3　同上。

4　KIPP segment on *60 Minutes*, August 2000, at https://vimeo.com/91447154.

5　マルコム・グラッドウェルは *Outliers: The Story of Success*, London, Penguin Books, 2008（『天才！成功する人々の法則』）でこれについて書いている。

6　Sarah Montague, 'Character Lessons', *The Educators*, BBC Radio 4, 30 May 2016.

7　ユーチューブの動画でセリグマンが語っている姿を見ることができる。

8　Martin Seligman, *Learned Optimism: How to Change Your Mind and Your Life*, New York, Random House, 2006, Chapter 1. iii. Depression.『オプティミストはなぜ成功するか』（山村宣子訳、パンローリング）

9　Office for National Statistics, 'Young people's well-being: 2017', at https://www.ons.gov.uk/ peoplepopulationandcommunity/wellbeing/articles/youngpeopleswellbeingandpersonalfi nance/2017.

10　たとえば以下を参照のこと。'Investing in Mental Health', a 2003 report by the World Health Organization, at http:// www.who.int/mental_health/media/ investing_mnh.pdf. また、WHO は 2007 年に 'Depression and Other Common Mental Disorders' を発表している。それによると、全世界で３億人がうつ病に苦しんでいるという。

11　Avner Offer, cited in Jen Lexmond and Richard Reeves, 'Parents are the principal architects of a fairer society: Building Character', London, Demos, p. 23.

12　Angela Duckworth, *Grit: The Power of Passion and Perseverance*, London, Vermilion, 2016 (pp. 1-14)（『やり抜く力 GRIT（グリット）』）この章の多くは本書を参考にしている。

13　同書 p.15.

14　同書 p. 8.

15　同書 pp. 15?34.

16　Sarah Montague. 前掲。

17　Martin Seligman and Christopher Peterson, *Character Strengths and Virtues: A Handbook and Classification*, New York, American Psychological Association and Oxford University Press, 2004.

18　マシュマロ実験に関する解説は以下を参照のこと。Jonah Lehrer, 'Don't', *New Yorker*, 18 May 2009; Maria Konnikova, 'The Struggles of a Psychologist Studying Self-Control', *New Yorker*, 9 October 2014; および Michael Bourne, 'We Didn't Eat the Marshmallow. The Marshmallow Ate Us', *New York Times*, 10 January 2014.

19　Jonah Lehrer. 前掲。

20　Jonah Lehrer. 前掲。

21　たとえば以下を参照のこと。Steven M. Brunwasser, Jane E. Gillham, and Eric S. Kim, 'A Meta-Analytic Review of the Penn Resiliency Program's Effect on Depressive Symptoms', *Journal of Consulting and Clinical Psychology*. Dec 2009; 77 (6) : 1042?1054.

22　こうしたコンピュータによるテストは、教師と親が「すべての生徒の学習を改善し、成績向上を促進するための決定に関わる情報を得る」ことに資するよう設計されている。それらはまた、ソウルのスンビンの苦労からもわかるように、生徒のストレスのもととなるものでもある。

23　Emma Young, 'Iceland knows how to stop teen substance abuse but the rest of the world isn't listening', *Mosaic*, 17 January 2017.

24　David Paunesku, Gregory M. Walton, Carissa Romero, Eric N. Smith, David S. Yeager, and Carol S. Dweck, 'Mind-Set Interventions Are a Scalable Treatment for Academic Underachievement', *Psychological Science On-*

16 Eric Hanushek, 'The economic value of higher teacher quality', *Economics of Education Review*, 30, 2011, pp. 466-479.

17 The New Teacher Project, 'The Mirage: Confronting the Hard Truth About Our Quest for Teacher Development', 2015.

18 Anders Ericsson, 'The Making of an Expert', *Harvard Business Review*, July 2007.

19 John Hattie. 前掲。

Part 3 思いやり

chapter 7 ビッグデータ

1 Amanda Ripley, 'The World's Schoolmaster', *Atlantic*, July 2017.

2 OECDのウェブサイトにはPISAの例題が載っており、自宅で解くことができる。読者のみなさんはもちろん全問正解されることだろう。http://www.oecd.org/pisa/pisaproducts/pisa-test-questions.htm.

3 'On the World Stage U.S. Students Fall Behind', *Washington Post*, 6 December 2016.

4 Amanda Ripley. 前掲。

5 Michael Gove, 'The benchmark for excellence: Can British schools catch up with other nations?', *Independent*, 6 January 2011.

6 Ju-Ho Lee, Hyeok Jeong, Song-Chang Hong, 'Is Korea Number One in Human Capital Accumulation?: Education Bubble Formation and Its Labor Market Evidence', *KDI School of Pub Policy & Management Paper*, No. 14-03, 9 August 2014.

7 Michel Foucault, Discipline and Punish, Part Three, the Means of Correct Training (1995), *Discipline & Punish: The birth of the prison*. [Trans. A. Sheridan, 1977.]. New York, Vintage Books, p. 184.『監獄の誕生』(田村俶訳、新潮社)

8 正答は(5)。

9 Simon Mundy, 'South Korea's Millionaire Tutors', *Financial Times*, 16 June 2014.

10 Sung-Wan Kim and Jin-Sang Yoon, 'Suicide, an Urgent Health Issue in Korea', *Journal of Korean Medical Science*, 2013 Mar; 28 (3) , pp. 345-347.

11 私はアマンダ・リプリーの以下の本ではじめてこの話を知った。ウェブ上には、この事件に関するさらに詳細な記事がある。The excellent *The Smartest Kids in the World*, New York, Simon & Schuster, 2013.

12 Michael Horn, 'Meister Of Korean School Reform: A Conversation With Lee Ju-Ho', Forbes, 14 March 2014.

13 Milena Mikael-Debass, 'Land of the Robots: Why South Korea has the highest concentration of robots in the world', 24 May 2017, at https://news.vice.com/story/south-korea-hasthe-most-robot-workers-per-humanemployee-in-the-world.

14 以下を参照のこと。'PISA 2012 Results in Focus' および 'PISA 2009 Results: Executive Summary' https://www.oecd.org/pisa/keyfindings/pisa-2012-resultsoverview.pdf and https://www.oecd.org/pisa/pisaproducts/46619703.pdf.

15 紀元前七世紀中国の政治家、管仲の言葉。

16 Yong Zhao, *Who's Afraid of the Big Bad Dragon?: Why China Has the Best (and Worst) Education System in the World*, San Francisco, Jossey-Bass, 2014.

17 Yong Zhao, *Who's Afraid of the Big Bad Dragon?*, Introduction.

18 Yuval Noah Harari, 'Yuval Noah Harari on big data, Google and the end of free will', *Financial Times*, 26 August 2016.

19 'China Invents the digital totalitarian state', *The Economist*, 17 December 2016.

20 Daniel Koretz, *The Testing Charade: Pretending to Make Schools Better*, London, University of Chicago Press, 2017.

19 Janet Murray, 'Tony Blair's Advisor Starts a Free School', *Guardian*, 3 January 2012, at https://www.theguardian.com/education/2012/jan/03/tony-blair-adviser-starts-free-school.
20 グーグルによれば、それは「唯一無二の」という意味である。
21 OCED, 'The Survey of Adult Skills', *Readers Companion*, 2nd edn, Paris, 2013, as reported for example by Randeep Ramesh, 'England's young people near bottom of global league table for basic skills', *Guardian*, 8 October 2013.
22 Richard Sennett, *The Craftsman*, London, Allen Lane, 2008, p. 105.『クラフツマン：作ることは考えることである』
23 Marshall McLuhan, *Understanding Media: The Extensions of Man*, New York, Mentor, 1964.『メディア論』(栗原裕、河本仲聖訳、みすず書房)
24 私は12個しか思いつかなかった。ウェブサイトを見て、自分の失敗に気づいた。ブロックを3次元につなげることができるのに、わたしは2次元のつなぎ方しかしていなかったのだ。
25 Alain Badiou (trans. Peter Bush), *In Praise of Love*, London, Serpent's Tail, 2012.『愛の世紀』(市川崇訳、水声社)

chapter 6　一流の教師

1 このシーンは、フューチャー・クラス・ネットワークが作成した「反転授業」に関するビデオによる。
2 私は以下の本でこの逸話をはじめて知った。これもまた、誰もが読むべき良書だ。Atul Gawande, *Better: A Surgeon's Notes on Performance*, London, Profile, 2007.『医師は最善を尽くしているか――医療現場の常識を変えた11のエピソード』
3 Ignaz Semmelweis (trans. K. Codell Carter), *Etiology, Concept and Prophylaxis of Childbed Fever* [1861], Madison, University of Wisconsin Press, 1983, pp. 1?49.
4 Howard Gardner, *Frames of Mind: Theory of Multiple Intelligences*, 2nd edn, London, Fontana, 1983, -68a handful e, ogle" Yeager2Studying Self-Control'some of the lowest levels of literacy in the developed world.e things down.
5 Doug Lemov, *Teach Like a Champion: 49 Techniques That Put Students on the Path to Knowledge*, San Francisco, Jossey-Bass, 2010.
6 Ian Leslie, 'The revolution that's changing the way your child is taught', *Guardian*, 11 March 2015.
7 同上。
8 Doug Lemov at teachlikeachampion.com/.
9 Benjamin S. Bloom, 'The 2 Sigma Problem: The Search for Methods of Group Instruction as Effective as One-to-One Tutoring', *Educational Researcher*, vol. 13, no. 6 (June-July 1984), pp. 4-16.
10 John Hattie, *Visible Learning: A Synthesis of over 800 Meta-Analyses Relating to Achievement*, London, Routledge, 2009.『教育の効果：メタ分析による学力に影響を与える要因の効果の可視化』(山森光陽訳、図書文化社)
11 Charles Duhigg, 'What Google Learned From Its Quest to Build the Perfect Team', *New York Times*, 25 February 2015.
12 John Hattie. 前掲。
13 Playing to the Gallery: Grayson Perry's talk at the Royal Festival Hall, 16 September 2014.
14 とりわけ以下の論文を参照のこと。Steven G. Rivkin, Eric A. Hanushek, and John F. Kain, 'Teachers, Schools, and Academic Achievement', *Econometrica*, vol. 73, no. 2, March 2005, p. 417-458.
15 Dylan Wiliam, 'Assessment for Learning: why, what and how', Institute of Education, edited transcript of a talk given at the Cambridge Assessment Network Conference on 15 September 2006 at the Faculty of Education, University of Cambridge.

18 Eric Schmidt, 'How Google Manages Talent', *Harvard Business Review*, September 2014, at https://hbr.org/2014/09/how-google-manages-talent.

19 Harriet Agnew, ' "Big Four" look beyond academics', *Financial Times*, 28 January 2016, at https://www.ft.com/content/b8c66e50-beda-11e59fdb-87b8d15baec2.

20 「人生の学校」は「心理学、哲学、文化を日常生活に」適用することで感情の発達を促す地球規模の組織だ。崇高な目的が掲げられたそのコースの参加には高額な受講料がかかる。

21 シンガポールの生涯学習については、以下を参照のこと。*Straits Times*, http://www.straitstimes.com/singapore/education/starting-jan-1-singaporeansaged-25-and-above-will-get-500credit-to-upgrade.

22 'Graduates earn £500,000 more than non-graduates', *Telegraph*, 16 July 2015, at http://www.telegraph.co.uk/finance/jobs/11744118/Graduates-earn-500000-more-thannon-graduates.html.

23 Paul Oyer, *Everything I Ever Needed to Know about Economics I Learned from Online Dating*, Harvard Business Review Press, p. 178.

chapter 5 創造

1 同じことを表現した言葉はたくさんある。たとえば、「大人になるむずかしさは、子供のころの遊びの真剣さを取りもどすことだ」——フリードリッヒ・ニーチェ。「私たちは崖から繰りかえし飛びおりているようなもので、しかも落ちているあいだに飛ぶための翼を作らなくてはならない」——カート・ヴォネガット。

2 Maria Montessori, *Discovery of the Child*, 1903.『子供の発見』

3 さらに詳しくは、以下を参照のこと。http://iwantyoutowantme.org/ and http://wefeelfi ne.org/.

4 ジョン・サールの中国語の部屋については、サール自身が1980年に書いた論文がよい解説になっている。'Minds, Brains and Programs', *Behavioral and Brain Sciences*, vol. 3, no. 3 (September 1980) , pp. 417-24.

5 Benjamin Bloom (ed.) , *Developing Talent in Young People*, New York, Ballantine Books, 1985.

6 Malcolm Gladwell, *Outliers: The Story of Success*, London, Penguin Books, 2008(『天才!成功する人々の法則』)は学習に関する真剣な考察であり、最高の読み物だ。

7 Adam Grant, *Originals: How Non-conformists Change the World*, London, Ebury, 2016, p. 9.『ORIGINALS 誰もが「人と違うこと」ができる時代』

8 ニューヨークタイムズの記事より。'How to Raise a Creative Child. Step One: Back Off', 30 January 2016, Adam Grant references a 1989 study by John S. Dacey, 'Discriminating Characteristics of the Families of Highly Creative Adolescents', *Journal of Creative Behaviour*, Volume 23, Issue 4, December 1989, pp. 263?271.

9 もし本が手に入るなら、以下の書籍にこれに関するよい説明がある。Jonah Lehrer, *Imagine* .

10 Adam Grant, *New York Times*.

11 同上。

12 同上。

13 同上。

14 Carol Dweck, *Mindset: Changing the Way You Think to Fulfil Your Potential*, London, Robinson, 2017.

15 K. Anders Ericsson, Ralf Th. Krampe and Clemens Tesch-Romer, 'The Role of Deliberate Practice in the Acquisition of Expert Performance', *Psychological Review*, vol. 100, no. 3 (1993) , pp. 363-406, at http://projects.ict.usc.edu/itw/gel/EricssonDeliberatePracticePR93.pdf.

16 これにはいくつかの反論がなされている。たとえばエリートレベルとされる人々のあいだでも能力に18パーセントの開きがあることから、意図的な練習の重要性は過大評価されているという。また、環境や遺伝といったほかの要素もある。そして意図的な練習を行う能力さえも、遺伝的に決まっている場合もある。

17 Rebecca Jones, 'Entries to arts subjects taken at Key Stage 4', Education Policy Institute, at https://epi.org.uk/report/entries-arts-subjects/.

18 'Schools Minister Makes No Apology for Sidelining the Arts', at http://www. ahsw.org.uk/news.aspx?id=1540

Part 2 能力を高める

chapter 4 ジャスト・ドゥー・イット

1 *Time for Change: An Assessment of Government Policies on Social Mobility 1992?2017*, Social Mobility Commission, June 2017, at https://www.gov.uk/government/uploads/system/uploads/attachment_data/file/622214/Time_for_Change_report_-_An_assessement_of_government_policies_ on_social_mobility_1997-2017.pdf.

2 Pascual Restrepo, 'Skill Mismatch and Structural Unemployment', 2015, at http://pascual.scripts.mit.edu/research/01/PR_jmp.pdf.

3 Carl Benedikt Frey and Michael A. Osborne, 'The Future of Employment: How Susceptible are Jobs to Computerisation?', September 2013, Oxford Martin Report, at http://www.oxfordmartin.ox.ac.uk/downloads/academic/The_Future_of_Employment.pdf.

4 Joel Mokyr, Chris Vickers, Nicolas L. Ziebarth, 'The History of Technological Anxiety and the Future of Economic Growth: Is This Time Different?, *Journal of Economic Perspectives*, Vol. 29 No.3 Summer 2015.

5 「雇用者、労働者、教育者に判断材料となる労働市場分析を提供する」バーニング・グラス・テクノロジー社の分類による。

6 John Lanchester. 前掲。

7 ダグラス・アダムスは現代世界の方向性に影響を与えている。『銀河ヒッチハイク・ガイド』(安原和見訳、河出文庫)は人間を時代遅れにしようと熱心に働くすべてのAI研究者の想像力に火をつけた。

8 「J・R・R・トールケイン(Tolkein)」を名乗るメンバーもいる。

9 そしてジョージ・ルーカスに由来する。

10 Scott Sayare, 'A Computer Academy in France Defies Conventional Wisdom', *New York Times*, 15 November 2013, at http://www.nytimes.com/2013/11/16/world/europe/in-france-new-tech-academy-defiesconventional-wisdom.html.

11 Xavier Niel, 'La Philosophie 42', at http://www.42.fr/ledito/.

12 Scott Sayare. 前掲。

13 http://www.kidzania.com/thecompany.html.

14 Rebecca Mead, 'A City Run by Children', *New Yorker*, 19 January 2015.

15 教育改善地域活動は学習の遅れた生徒の成績を伸ばすために1990年代に短期間行われた政策で、イノベーションを期待して地元の企業と学校が協力したが、効果は小学校レベルでわずかに見られただけだった。

16 Carol S. Dweck, *Mindset: Changing the Way You Think to Fulfil Your Potential*, rev. edn, London, Robinson, 2017.『マインドセット「やればできる!」の研究』(今西康子訳、草思社)

17 私はこの本のための取材で訪れたイートン・カレッジで有意義な時間をすごすことができた。なかでも、歴代首相の胸像が飾られた講堂でのミーティングに出席できたことは最も印象に残っている。この学校は、近年ではデイヴィッド・キャメロンなど、歴代の53人の首相のうち17名を輩出しているほか、室内の木製パネルには、やはり卒業生である詩人のパーシー・シェリーの名も刻まれている。ここはそのような場所なのだ。

私は、この学校が高い学術的基準を守っているということ以上に、生徒が情熱を発見し、学校という共同体のなかで居場所を見つけられるような校風と機会を生みだそうとしている職員の方々の努力に感銘を受けた。成績優秀者ばかりではなく、リーダーシップや創造性、音楽、演劇、スポーツなど、なんらかの面で学校を活性化できるものを持つ生徒が入学を許可される。

この男子校の生徒は時間の使い方を自分たちで責任を持って決めている。彼らは時間の多くを学校の運営のために使う。たとえば、生徒がとくに興味を持つ国内外の専門家を夕食会に招待することもある。在英イスラエル大使やヒースロー空港の重役など、多くがこの招待に応じている。この学校はカリキュラム外の活動のほうがよく知られているほどだ。卒業生には俳優のダミアン・ルイス、ドミニク・ウェスト、エディ・レッドメインらもいる。

7　1971年の記事‘Designing Organizations for an Information Rich World’で、AI研究者ハーバート・サイモンは以下のように語っている。「情報の豊かな世界では、情報が豊富にあるということはほかの何かが不足していることを意味する。それは情報が消費するものの一切である。情報が消費するものとは、明らかに情報閲覧者の意識だ。それゆえ豊富な情報は意識の貧困を生みだし、どのような過剰な情報源が意識を消費しているのかを注意することに意識を振りわける必要が生じる」。Martin Greenberger, *Computers, Communication, and the Public Interest*, Baltimore. MD: The Johns Hopkins Press. pp. 40?41.

8　ジェイコブ・ワイズバーグはこの数値を以下の記事のなかで紹介している。‘We Are Hopelessly Hooked’, *New York Review of Books*, 25 February 2016. それに加えて、私はイアン・レズリーの‘The Scientists Who Make Addictive Apps’, 1843, October 2016から、カプロトジーという謎めいた分野について多くのことを学び、興味を刺激された。

9　B. J. Fogg and Clifford Nass, ‘Silicon Sycophants: The Effects of Computers That Flatter’, *International Journal of Human-Computer Studies*, vol. 46（1997）, pp. 551?61.

10　これは家庭の年収が16,190ポンド未満（日本円にして240〜250万円）であることを意味する。

11　Steven Pinker, *The Blank Slate: The Modern Denial of Human Nature*, London, Penguin, 2002.『人間の本性を考える 心は「空白の石版」か』（山下篤子訳、上中下、NHKブックス）

12　Eric Kandel. 前掲。

13　Gerald Eugene Myers, *William James: His Life and Thought*, New York, Yale University Press, 1986, p. 204.

14　Daisy Christodoulou, *Seven Myths about Education*, Abingdon, Routledge, 2014.

15　豊富な知識を授ける教育がいまなお重要である理由については、デイジー・クリストドーローの前掲書をお読みいただきたい。知識、記憶、異文化理解といったテーマに関するすばらしい文章であり、考えるためにはなぜ知らなくてはならないかを示している。

16　Daniel Willingham, *Why Don't Students Like School?*, San Francisco, Jossey-Bass, 2009, p. 43.『教師の勝算 勉強嫌いを好きにする9の法則』

17　同書 p. 48.

18　Christof van Nimwegen, ‘The Paradox of the Guided User: Assistance Can be Counter-Effective’, doctoral thesis, University of Utrecht, 2008, at https://dspace.library.uu.nl/handle/1874/26875.

19　Peter Blatchford, ‘Reassessing the Impact of Teaching Assistants’, London, Routledge, 2012.

20　Daniel Dennett, *From Bacteria to Bach and Back: The Evolution of Minds*, London, Allen Lane, 2017.

21　Lisanne Bainbridge, ‘Ironies of Automation’, *Automatica*, vol. 19, no. 6（November 1983）, pp. 775?9, and also at http://www.bainbrdg.demon.co.uk/Papers/Ironies.html.

22　E. L. Bjork and R. A. Bjork, ‘Making Things Hard on Yourself, But in a Good Way: Creating Desirable Diffi culties to Enhance Learning’, M. A. Gernsbacher and J. Pomerantz（eds.）, *Psychology and the Real World: Essays Illustrating Fundamental Contributions to Society*, 2nd edn, New York, Worth, 2014, pp. 59?68, また、https://teaching.yale-nus.edu.sg/wp-content/uploads/sites/25/2016/02/Making-Things-Hard-on-Yourself-butin-a-Good-Way-20111.pdf.

23　Eleanor Maguire, ‘London taxi drivers and bus drivers: a structural MRI and neuropsychological analysis’, at https://www.ncbi.nlm.nih.gov/pubmed/17024677 studies of cabbies' brains.

24　Stanford Persuasive Tech Lab homepage at http://captology.stanford.edu/（accessed on 15 November 2017）.

25　Jacob Weisberg, *New York Review of Books*.　前掲。

26　Natasha Dow-Schull, *Addiction by Design: Machine Gambling in Las Vegas*, Princeton, Princeton University Press, 2012.

27　同書 p. 167.

28　Gerald Maurice Edelman and Giulio Tononi, *A Universe of Consciousness: How Matter Becomes Imagination*, London, Penguin, 2000.

DNA メチル化が起こり、ネズミの子供の脳内の遺伝子発現を調節する。それは細胞分裂後にも引き継がれる。

22　ダン・シーゲル教授はこの「マインドサイト」を良質な新聞に喩えている。

23　『Seven Up』と『Child of Our Time』は、数十年にわたってごく普通の子供たちの生活を追いつづけているイギリスのテレビ番組だ。

24　Lawrence J. Schweinhart, *The High/Scope Perry Preschool Study Through Age 40: Summary, Conclusions, and Frequently Asked Questions*, High/Scope Press, 2004.

25　James Heckman at http://bostonreview.net/forum/promotingsocial-mobility-james-heckman. For more on the curve visit: https://heckmanequation.org/resource/the-heckman-curve/.

26　Patricia K. Kuhl, Feng-Ming Tsao, and Huei-Mei Liu, 'Foreign-language experience in infancy: Effects of shortterm exposure and social interaction on phonetic learning', PNAS 2003 100 (15) 9096?9101.

27　Maia Szalavitz, 'Like Crack for Babies: Kids Love Baby Einstein, But They Don't Learn from It', *Time*, 7 September 2010.

28　同上。

29　この点に関しては以下も参照のこと。Erica Christakis, *The Importance of Being Little: What Preschoolers Really Need from Grownups*, New York, Viking Press, 2016.

30　Daphna Bassok, Scott Latham, Anna Rorem, 'Is Kindergarten the New First Grade?', *AERA Open*, at https://doi.org/10.1177/2332858415616358, January 2016.

31　David Whiteread at http://www.cam.ac.uk/research/discussion/school-starting-age-the-evidence.

32　同上。

33　Thomas S. Dee, Hans Henrik Sievertsen, 'The Gift of Time? School Starting Age and Mental Health', NBER Working Paper No. 21610, October 2015.

34　『WE LIVE IN PUBLIC～公開生活 24 時（2009）』はオンディ・ティモナー監督が IT ビジネスで億万長者になったジョッシュ・ハリスの全生活を記録したドキュメンタリー映画だ。

35　ジョン・ロンソンの『サイコパスを探せ！:「狂気」をめぐる冒険』（古川奈々子訳、朝日出版社）で鮮やかに描きだされている。

36　Helen Keller, *The Story of My Life*, 1903. ヘレン・ケラー『奇跡の人 ヘレン・ケラー自伝』（小倉慶郎訳、新潮文庫ほか）

37　T. S. Eliot, Little Gidding *The Four Quartets*, London, Faber, 1944.『四つの四重奏』（岩崎宗治訳、岩波文庫）所収。

chapter 3　脳は成長する

1　Francis Galton, *Hereditary Genius: An Inquiry into Its Laws and Consequences*, London, Macmillan, 1869.

2　トッド・ローズは『平均思考は捨てなさい』で知性の歴史を詳細に記述している。

3　Eric R. Kandel, *In Search of Memory: The Emergence of a New Science of Mind*, New York, W. W. Norton & Co., 2006. カンデルは、ニコラス・G・カーの『ネット・バカ　インターネットがわたしたちの脳にしていること』と、Andrew Solomon, *Far from the Tree: Parents, Children and the Search for Identity*, London, Scribner, 2012 にも登場する。この 2 冊は互いにまったく似ていないが、いずれも人間の知性に関するすばらしい本だ。

4　このイメージはプルーストの『失われた時を求めて』で使われているものだ。私はかつて「日本の水中花」がどういうものなのかわからなかったのだが、その後妻の名づけ子がその玩具で遊んでいるのを見てようやく理解した。

5　この点に関しては、心理学者ロバート・プロミンのように知性は遺伝で決まるとする立場と、オリヴァー・ジェームズのようにすべては育て方しだいだとする立場のあいだで激しい議論が続いている。

6 Peter Diamandis, 'The Way We Learn Today is Just Wrong', *Huffington Post*, 19 June 2016, at https://www.huffingtonpost.com/entry/the-way-we-learn-today-is-just-wrong_ us_5766c8c9e4b0092652d7a173.

クーターに乗っていた）が、教室の方は、まあ、可もなく不可もなくといったところだ。生徒は裕福なサンフランシスコの家庭に生まれた、どのような学習環境でも優秀に育つ素質がある、映画『X-MEN: ファースト・ジェネレーション』の登場人物から超能力を引いたような子供たちのように思われた。
28 Robert D. Putnam, *Our Kids: The American Dream in Crisis*, New York, Simon & Schuster, 2015.『われらの子ども』

chapter 2 学ぶために生まれた

1 Jonathon Roy, 'The Power of Babble', *Wired*, 1 April 2007, at https://www.wired.com/2007/04/truman/.
2 同上。
3 同上。
4 From Deb Roy et al., 'The Human Speechome Project', presented at the 28th Annual Conference of the Cognitive Science Society, July 2006, at https://www.media.mit.edu/cogmac/publications/cogsci06.pdf.
5 Betty Hart and Todd R. Risley, 'The Early Catastrophe: The 30 Million Word Gap', *American Educator*, vol. 27, no. 1（Spring 2003）, pp. 4?9, at https://www.aft.org/sites/default/files/periodicals/TheEarlyCatastrophe.pdf.
6 同上。
7 Anne Fernald, Virginia A. Marchman and Adriana Weisle, 'SES differences in language processing skill and vocabulary are evident at 18 months', Dev Sci, 16: 234?248, 2013
8 Roberta Michnick Golinkoff and Kathy Hirsh-Pasek, *Becoming Brilliant:What Science Tells Us About Raising Successful Children*, American Psychological Association, 2016（p. 8） 『科学が教える、子育て成功への道』
9 J. R. Saffran, R. N. Aslin and, E. L. Newport（1996）, 'Statistical Learning by 8-Month-Old Infants', *Science*, vol. 274, no. 5294, pp. 1926-1928.
10 Alison Gopnik, Andrew N. Meltzoff and Patricia K. Kuhl, *The Scientist in the Crib: Minds, Brains, and How Children Learn*, New York, William Morrow & Co., 1999. Published in the UK as How Babies Think: The Science of Childhood, London, Weidenfeld & Nicolson, 1999.『0歳児の「脳力」はここまで伸びる』（峯浦厚子訳、PHP研究所）
11 Eino Partanen, Teija Kujalaa, Risto Naatanen, Auli Liitolaa, Anke Sambethf, and Minna Huotilainena, 'Learning-induced neural plasticity of speech processing before birth', PNAS 2013, 110（37）15145?15150.
12 Michael Tomasello, *The Cultural Origins of Human Cognition*, London, Harvard University Press, 2003, pp. 1?12.『心とことばの起源を探る』
13 ユヴァル・ノア・ハラリ『サピエンス全史』には、人類の認知革命について読みやすくまとまった記述がある。
14 Michael Tomasello, p. 7.
15 Michael Tomasello, pp. 13?55.
16 Coronado, N.（2013, November 19）, The critical period hypothesis on language acquisition studied through feral children. Retrieved from http://www.newsactivist.com/en/articles/knowledge-media/critical-period-hypothesis-language-acquisition-studied-through-feral.
17 Harry F. Harlow, 'The nature of love', *American Psychologist*, 13, 673?685, 1958.
18 たとえば以下を参照のこと。John Bowlby, *Attachment and Loss*: Vol. 1. Loss. New York, Basic Books, 1969.
19 この研究は、ウィスコンシン大学マディソン校子供感情研究所のレズリー・セルツァーによるもので、キャサリン・ハーモンが以下で紹介している。*Scientific American* in May 2010
20 Sue Gerhardt, *Why Love Matters: How Affection Shapes a Baby's Brain*, London, Taylor & Francis, 2nd edn, 2015.
21 マイケル・ミーニーらが 'Epigenetic programming by maternal behaviour', *Nature Neuroscience*, 7, 847-854, 2004で報告しているように、ネズミの子供の脳で環境刺激（この場合は母親に舐められること）への反応で

ムによって太平洋諸国と東南アジアでは学習のブレイクスルーが起こっている」

7 Hubert Dreyfus, *What Computers Can't Do*, New York, Harper & Row, 1963, p. XXXI, at https://archive.org/stream/whatcomputerscan017504mbp/whatcomputerscan017504mbp_djvu.txt.

8 ゲーム2でディープ・ブルーが指した驚くべき手を、カスパロフはこの試合のルールに反して人間が指した手ではないかと疑った。IBMがログデータの提出を拒否したことで、疑惑はさらに深まった。何も証明されてはいないが、この非難によって最強のコンピュータを作り、プログラムし、それに指示を与えた人間の技術者の役割に人々の注目を集める結果となった。

9 人間対コンピュータのチェス対戦、そして一般に人工知能の歴史に関しては、エリック・ブリニョルフソン、アンドリュー・マカフィー著、『機械との競争』(村井章子訳、日経BP社)をお勧めする。

10 Gary Kasparov, 'The Chess Master and the Computer', *New York Review of Books*, 11 February 2010, at http://www.nybooks.com/articles/2010/02/11/the-chess-master-and-the-computer/.

11 Ken Jennings, 'My Puny Human Brain', *Slate*, February 2011,at www.slate.com/articles/arts/culturebox/2011/02/my_puny_human_brain.html.

12 Dr. Seuss, *The Lorax*, New York, Random House, 1971.

13 この言葉は、教室の掲示物などでアメリカの実業家ヘンリー・フォードの言葉としてしばしば引用されているが、彼が実際にこのような発言をしたことを示す明確な資料はない。quoteinvestigator.comによれば、この発言が最も早く引用されたのは1947年のリーダーズ・ダイジェスト誌で、そこでは引用元を明示せず、以下の発言が 掲載されている。'Whether you believe you can do a thing or not, you are right.(できると信じるにせよ、できないと信じるにせよ、君は正しい。)'

14 Sugata Mitra, 'Let's Build a School in the Cloud', TED talk, 3 May 2013.

15 同上。

16 *Los Angeles Times*, at e.g. http://www.latimes.com/local/lanow/la-me-ln-la-unified-ipad-settlement20150925-story.html. 当時の管理者は「不適切な行為は一切なかった」と主張し、ピアソン側は全入札者による正しい競合が行われていたと述べていることは補足しておくべきだろう。

17 'Let Them Eat Tablets', at http://www. economist.com/node/21556940.

18 Organization for Economic Cooperation and Development, 'Students, Computers and Learning', Paris, 2015.

19 たとえば以下を参照のこと。 Jane Wakefield, 'Foxconn replaces 60,000 factory workers with robots', BBC website, 25 May 2016.

20 Kasparov, at http://www. nybooks.com/articles/2010/02/11/the-chess-master-and-the-computer/.

21 John Lanchester, 'The Robots are Coming and They're Going to Eat All the Jobs', *London Review of Books*, vol. 37, no. 5 (5 March 2015) , pp. 3?8.

22 エリック・ブリニョルフソンとアンドリュー・マカフィーの『機械との競争』には、「ロボットの発達に関するパラドックス」に関する初歩的な記述がある。

23 Philip K. Dick, 'Minority Report', in *Minority Report*, London, Gollancz, 2002. フィリップ・K・ディック『マイノリティ・リポート——ディック作品集』(浅倉久志・他訳、ハヤカワ文庫)。本文で原作者ではなくトム・クルーズに触れなければならなかったのは残念だ。

24 Andrew Griffiths, 'How Paro the robot seal is being used to help UK dementia patients', *Guardian*, 8 July 2014.

25 アンスクーリングはホームスクーリングの21世紀版であり、世界的に、とりわけ自らを知的特権階級とみなすシリコンバレーの人々のあいだでますます広まっている。

26 オルトスクールについては、たとえば以下を参照のこと。'Inside the School Silicon Valley Thinks Will Save Education', *Wired*, 4 May 2015, or 'AltSchool's Disrupted Education', *New Yorker*, 7 March 2016.

27 シリコンバレーに滞在中、私は1日をオルトスクールで過ごした。ワイアードやニューヨーカーの記事で賞賛されていたこともあって期待していたのだが、現実にはいくらか幻滅させられた。たしかに、ソフトウェア・チームが控えた、おしゃれな店舗のような教室は魅力的だった(開発者のひとりはオフィス内で電動ス

注

エピグラフ

1 フローベールの作品集より。原文は 'La vie doit etre une education incessante; il faut tout apprendre, depuis parler jusqu'a mourir.' である。英訳は著者によるが、誤りがあったとしたら、そのいくらかは私のフランス語教師の責任だ。

はじめに

1 Pausanias, *Description of Greece*, with an English translation by W. H. S. Jones and H. A. Ormerod, 4 vols., Cambridge, Mass., Harvard University Press, 1918.
以下のサイトで閲覧できる。
http://www.perseus.tufts.edu/hopper/text?doc=Perseus%3Atext%3A1999.01.0160%3Abook%3D1%3Achapter%3D30%3Asection%3D2）.

2 洞窟の寓話はプラトンの『国家』で、師のソクラテスと兄のグラウコンの対話として描かれている。ソクラテスはこれを、「教育の効果と、未開状態の人間にはそれが欠けていること」を示す意図で紹介している。

3 トニー・ブレアは 1997 年にここを訪れ、エイルズベリー・エステートの住民を「忘れられた人々」と名づけたが、それから自分でもすぐに彼らのことを忘れてしまった。

4 カーティス卿はその言葉を乾杯の際に述べたとされる。*The Mirror of Literature, Amusement, and Instruction, Volume 5*, John Timbs, 1825, p. 75.

5 世界の教師の数に関する統計は存在しない。イギリスでは、人口のおよそ 100 人に 1 人が教員をしている。全世界での割合はおそらくそれより低いだろうから、私の推定は少し多いかもしれない。しかしユネスコによれば、今後 20 年で生まれてくる子供たちに良質な教育を保障するためには、2040 年までにあとおよそ 6500 万人の教師が必要となると予測されている。そのうち 1000 人に 1 人でもこの本を買ってくれれば、出版社はとても感謝するだろう。

6 UNESCO Institute for Statistics, *More Than Half of Children and Adolescents Are Not Learning Worldwide*, Fact Sheet No. 46, September 2017（accessed at http://uis.unesco.org/sites/default/files/documents/fs46-more-than-half-children-not-learning-en-2017.pdf）.

Part 1　新たな視点で考える

chapter 1　人工知能

1 www.brettschilke.com

2 Singularity University website, 'About', at https://su.org/about/.

3 Ray Kurzweil, *The Singularity is Near: When Humans Transcend Biology*, New York, Penguin Books, 2006, p. 9.
『ポスト・ヒューマン誕生　コンピュータが人類の知性を超えるとき』

4 Carl Benedikt Frey and Michael A. Osborne, 'The Future of Employment: How Susceptible are Jobs to Computerisation?', September 2013, Oxford Martin Report, at http://www.oxfordmartin.ox.ac.uk/downloads/academic/The_Future_of_Employment.pdf.

5 Thomas Edison, 1922. 以下に引用されている。Larry Cuban, *Teachers and Machines: The Classroom Use of Technology Since 1920*, New York, Teachers College Press, 1986, p. 9.

6 リンドン・ジョンソン大統領はアメリカ領サモアの子供たちの学習を促進する教育テレビプロジェクトの成功について、1966 年のスピーチでこう語っている。「みなさんご承知のとおり、今世紀、教育はほかのあらゆるものを押し流す潮流となっている。そして私の耳に入る限りでは、これまでに開始された試験的プログラ

(2015)
Empowering Global Citizens: A World Course, Fernando Reimers (2016)
Little Soldiers: An American Boy, A Chinese School and the Global Race to Achieve, Lenora Chu (2017)
Finnish Lessons 2.0: What Can the World Learn from Educational Change in Finland?, Pasi Sahlberg (2004)
Lessons Learned: How Good Policies Produce Better Schools, Fenton Whelan (2009)
Learning from Singapore: The Power of Paradoxes, Pak Tee Ng (2017)
The Rebirth of Education: Schooling Ain't Learning, Lant Pritchett (2013)
Work Hard, Be Nice: How Two Inspired Teachers Created the Most Promising Schools in America, Jay Mathews (2009) ジェイ・マシューズ『情熱教室のふたり』(北川知子訳、ダイヤモンド社)
Learning Reimagined, Graham Brown-Martin (2014)

テクノロジーについて

Addiction by Design: Machine Gambling in Las Vegas, Natasha Dow-Schull (2014) ナターシャ・ダウ・シュール『デザインされたギャンブル依存症』(日暮雅通訳、青土社)
Big Data: A Revolution That Will Transform How We Live, Work, and Think, Kenneth Cukier and Viktor Mayer-Schonberger (2013) ビクター・マイヤー＝ショーンベルガー、ケネス・クキエ『ビッグデータの正体　情報の産業革命が世界のすべてを変える』(斎藤栄一郎訳、講談社)
Natural Born Cyborgs: Minds, Technologies and the Future of Human Intelligence, Andy Clark (2004) アンディ・クラーク『生まれながらのサイボーグ：心・テクノロジー・知能の未来』(呉羽真、久木田水生、西尾香苗訳、春秋社)
Propaganda, Edward Bernays (1928) エドワード・バーネイズ『プロパガンダ』(中田安彦訳、成甲書房)
Taking Care of the Youth and the Generations, Bernard Stiegler (2010)
The Attention Merchants: The Epic Scramble to Get Inside Our Heads, Tim Wu (2016)
The Shallows: How the Internet Is Changing the Way We Think, Read and Remember, Nicholas Carr (2010) ニコラス・G・カー『ネット・バカ　インターネットがわたしたちの脳にしていること』(篠儀直子訳、青土社)

平等と民主主義について

Our Kids: The American Dream in Crisis, Robert Putnam (2015) ロバート・D・パットナム『われらの子ども』(柴内康文訳、創元社)
Respectable: The Experience of Class, Lynsey Hanley (2017)
Miseducation: Inequality, Education and the Working Classes, Diane Reay (2017)
The Braindead Megaphone, George Saunders (2007)
The Spirit Level: Why More Equal Societies Almost Always Do Better, Richard G. Wilkinson and Kate Pickett (2009)
Rules for Radicals, Saul Alinsky (1971)
Girl Up, Laura Bates (2016)
Better: A Surgeon's Notes on Performance, Atul Gawande (2007) アトゥール・ガワンデ『医師は最善を尽くしているか――医療現場の常識を変えた 11 のエピソード』(原井宏明訳、みすず書房)
Being Mortal: Medicine and What Matters in the End, Atul Gawande (2014) アトゥール・ガワンデ『死すべき定め』(原井宏明訳、みすず書房)

訳、東海大学出版部）

Out of Our Minds: Learning to be Creative, Ken Robinson (2001) ケン・ロビンソン『パワー・オブ・クリエイティビティ　個性と才能を思いっきり引き出そう！』（尼丁千津子訳、日経 BP 社）

Why Don't Students Like School?: A Cognitive Scientist Answers Questions about How the Mind Works and What It Means for the Classroom, Dan Willingham (2009) ダニエル・T・ウィリンガム『教師の勝算　勉強嫌いを好きにする 9 つの法則』（恒川正志訳、東洋館出版社）

What's the Point of School?: Rediscovering the Heart of Education, Guy Claxton (2008)

Becoming Brilliant: What Science Tells us About Raising Successful Children, Kathy Hirsh-Pasek and Roberta Michnick Golinkoff (2016) キャシー・ハーシュ＝パセック、ロバータ・ミシュニック・ゴリンコフ『科学が教える、子育て成功への道』（今井むつみ、市川力訳、扶桑社）

Mind in Society, L. S. Vygotsky (1978)

The Language and Thought of the Child, Jean Piaget (1923)

The Discovery of the Child, Maria Montessori (1909) マリーア・モンテッソーリ『子供の発見』（鼓常良訳、国土社）

The Uses of Literacy, Richard Hoggart (1957) リチャード・ホガート『読み書き能力の効用　新装版』（香内三郎訳、晶文社）

個人差について

The End of Average: How We Succeed in a World That Values Sameness, Todd Rose (2016) トッド・ローズ『平均思考は捨てなさい』（小坂恵理訳、早川書房）

Far From the Tree: Parents, Children and the Search for Identity, Andrew Solomon (2012)

Neurotribes: The Legacy of Autism and the Future of Neurodiversity, Steve Silberman (2015) スティーブ・シルバーマン『自閉症の世界』（正高信男、入口真夕子訳、講談社ブルーバックス）

成績について

The Craftsman, Richard Sennett (2008) リチャード・セネット『クラフツマン：作ることは考えることである』（高橋勇夫訳、筑摩書房）

Outliers: The Story of Success, Malcolm Gladwell (2008) マルコム・グラッドウェル『天才！成功する人々の法則』（勝間和代訳、講談社）

Grit: The Power of Passion and Perseverance, Angela Duckworth (2016) アンジェラ・ダックワース『やり抜く力 GRIT（グリット）』（神崎朗子訳、ダイヤモンド社）

Flow, Mihaly Czsikszentmihalyi (1990) M・チクセントミハイ『フロー体験 喜びの現象学』（今村浩明訳、世界思想社）

How Children Succeed: Grit, Curiosity and the Hidden Power of Character, Paul Tough (2012) ポール・タフ『成功する子　失敗する子　何が「その後の人生」を決めるのか』（高山真由美訳、英治出版）

Originals: How Non-Conformists Move the World, Adam Grant (2016) アダム・グラント『ORIGINALS　誰もが「人と違うこと」ができる時代』（楠木建訳、三笠書房）

海外での実例について

Cleverlands: The Secrets Behind the Success of the World's Education Superpowers, Lucy Crehan (2016) ルーシー・クレハン『日本の 15 歳はなぜ学力が高いのか？：5 つの教育大国に学ぶ成功の秘密』（橋川史訳、早川書房）

The Smartest Kids in the World: And How They Got That Way, Amanda Ripley (2013) アマンダ・リプリー『世界教育戦争』（北和丈訳、中央公論新社）

Who's Afraid of the Big Bad Dragon?: Why China Has the Best (and Worst) Education System in the World, Yong Zhao

参考図書

以下に挙げるのは私の考えを形作り、私のアイデアにさまざまな影響を与えてくれた本で、ぜひ読んでほしい本ばかりだ。

知性について

From Bacteria to Bach and Back: The Evolution of Minds, Daniel C. Dennett (2017) ダニエル・デネット『心の進化を解明する』(木島泰三訳、青土社)

The Knowledge Illusion: Why We Never Think Alone, Steven Sloman and Phillip Fernbach (2017) スティーブン・スローマン、フィリップ・ファーンバック『知ってるつもり――無知の科学』(土方奈美訳、早川書房)

The Cultural Origins of Human Cognition, Michael Tomasello (1999) マイケル・トマセロ『心とことばの起源を探る』(大堀壽夫、中澤恒子、西村義樹、本多啓訳、勁草書房)

Language, Cognition and Human Nature: Selected Articles, Steven Pinker (2013)

Phantoms in the Brain: Probing the Mysteries of the Human Mind, Sandra Blakeslee and V. S. Ramachandran (1998) V・S・ラマチャンドラン、サンドラ・ブレイクスリー『脳のなかの幽霊』(山下篤子訳、角川文庫)

The Tell-Tale Brain: Unlocking the Mystery of Human Nature, V. S. Ramachandran (2011) V・S・ラマチャンドラン『脳のなかの天使』(山下篤子訳、角川書店)

The Future of the Mind, Michio Kaku (2014) ミチオ・カク『フューチャー・オブ・マインド　心の未来を科学する』(斉藤隆央訳、NHK 出版)

The Learning Brain: Lessons for Education, Sarah-Jayne Blakemore and Uta Frith (2005)

Thinking, Fast and Slow, Daniel Kahneman (2011) ダニエル・カーネマン『ファスト&スロー　あなたの意思はどのように決まるか？』(村井章子訳、早川書房)

未来について

The Second Machine Age: Work, Progress, and Prosperity in a Time of Brilliant Technologies, Eric Brynjolfsson and Andrew McAfee (2014) エリック・ブリニョルフソン、アンドリュー・マカフィー『ザ・セカンド・マシン・エイジ』(村井章子訳、日経 BP 社)

Sapiens: A Brief History of Humankind, Yuval Harari (2014) ユヴァル・ノア・ハラリ『サピエンス全史』(柴田裕之訳、河出書房新社)

Homo Deus: A Brief History of Tomorrow, Yuval Harari (2017) ユヴァル・ノア・ハラリ『ホモ・デウス』(柴田裕之訳、河出書房新社)

Humankind: Solidarity with Nonhuman People, Timothy Morton (2017)

Geek Heresy: Rescuing Social Change from the Cult of Technology, Kentaro Toyama (2015) 外山健太郎『テクノロジーは貧困を救わない』(松本裕訳、みすず書房)

In Our Own Image: Will Artificial Intelligence Save Or Destroy Us?, George Zarkadakis (2015)

The Singularity is Near: When Humans Transcend Biology, Ray Kurzweil (2005) レイ・カーツワイル『ポスト・ヒューマン誕生　コンピュータが人類の知性を超えるとき』(井上健、小野木明恵、野中香方子、福田実訳、NHK 出版)

学習と学校について

Seven Myths about Education, Daisy Christodoulou (2013) デイジー・クリストドゥールー『7 つの神話との決別：21 世紀教育に向けたイングランドからの提言』(松本佳穂子、ベベリー・ホーン監訳、大井恭子、熊本たま

著　者

アレックス・ベアード

教師として働きながらロンドン大学教育研究所で修士号を取得。その後現場を離れ、すべての子供が持てる資質を開花させることを目的とする、それぞれが独立した組織からなるネットワーク、ティーチ・フォー・オールに参加する。現在は世界各地で行われているすばらしい教育的取り組みを取材し、その成果を 46 カ国の教員、学校運営者、政策決定者らと共有している。

訳　者

岩崎晋也

書店員などを経て翻訳家。訳書に『アーセン・ヴェンゲル』『もうモノは売らない』（以上東洋館出版社）、『トレイルズ』（エイアンドエフ）、『海について、あるいは巨大サメを追った一年』（化学同人）、『自然は導く』（みすず書房）など。

最先端の教育 世界を変える学び手

2021（令和 3）年 7 月 1 日　初版第 1 刷発行

著　者　アレックス・ベアード
訳　者　岩崎晋也
発行者　錦織圭之介
発行所　株式会社 東洋館出版社
〒113-0021　東京都文京区本駒込 5 丁目16番 7号
営業部　電話 03-3823-9206 / FAX 03-3823-9208
編集部　電話 03-3823-9207 / FAX 03-3823-9209
振　替　00180-7-96823
U R L　http://www.toyokan.co.jp

カバーデザイン　水戸部功＋北村陽香
イラスト　二階堂ちはる
印刷・製本　藤原印刷株式会社

ISBN978-4-491-03589-5　Printed in Japan